고교학점제,
어떻게 **실천**할 것인가?

모두의 책임교육을 실현하는 공교육 진화 플랫폼

고교학점제,
어떻게 **실천**할 것인가?

발행일	2020년 08월 05일 초판 1쇄 발행
	2022년 05월 27일 초판 6쇄 발행
지은이	김삼향, 김인엽, 노병태, 정미라, 최영선
발행인	방득일
편 집	박현주, 허현정, 한해원
디자인	강수경
마케팅	김지훈

발행처	맘에드림
주 소	서울시 도봉구 노해로 379 대성빌딩 902호
전 화	02-2269-0425
팩 스	02-2269-0426
e-mail	momdreampub@naver.com

ISBN 979-11-89404-36-9 93370

모두의 책임교육을 실현하는 공교육 진화 플랫폼

고교학점제,
어떻게 **실천**할 것인가?

김삼향 · 김인엽 · 노병태 · 정미라 · 최영선 지음

맘에드림

모든 학생의 꿈을 지원하는
교육과정 민주화를 향한 힘찬 시동
고교학점제

우리나라 교육과정이 태동한 때부터 교육의 중심에는 학생이 있었습니다. 하지만 정작 현실은 학생 개개인의 성장보다는 산업화의 대량생산 체제에 필요한 비슷비슷한 인력을 배출하는 데 머물렀고, 지식 전달식의 주입식 교육 속에서 교육의 모든 가치와 질서는 서열화에 매몰되고 말았습니다. 교사도, 학생도, 학부모도 경쟁을 통해 좀 더 높은 지위와 등급을 차지하기 위해 때로는 수단과 방법을 가리지 않고 최선을 다하는 것이 일상화되었고, 그것이 진정한 교육으로 이해되기도 했습니다. 나의 삶이 너무 벅차고 고달픈 나머지 다른 사람의 아픔이나 고통은 눈감아버릴 수 있는 학교가 되었고, 사회가 되었으며, 세계가 되고 만 것입니다.

이렇게 비정상적인 것들의 정상화를 위해 **혁신**이라는 교육 운동이 필요할 만큼 우리 교육은 단지 소수만이 빛나고 대우받을 수 있는 견고한 체제를 구축해왔고, 어느새 이를 당연시하게 되었습니다. 때때로 성찰의 순간이 오기도 했지만, 이미 국민적 신념이 되어버린 물질 만능주의와 입신 출세주의에 휩쓸려 우리 사회는 오랜 시간 끊임없이 표류해왔던 것입니다.

교육의 공공성과 책임교육에 대한 요구 증대

기존의 획일화되고 서열화된 학교문화와 체제의 문제점에 대한 각성은 2012년 일부 시·도에서 학교 혁신의 실천과 함께 시작되었습니다. 모든 학생의 꿈과 끼를 존중하기 위해서 교육과정 개정도 수차례에 걸쳐 지속되었습니다. 그렇지만 학교의 교육과정 편성 및 운영 체제가 교육의 공공성과 책임을 감당하기에는 여전히 한계를 드러내고 있는 게 사실입니다.

더욱이 학령인구의 급감으로 인해 학교가 아예 사라지거나 초등학교와 중학교가 통합된 학교, 학생 수보다 교원 수가 많은 학교 등이 등장하기도 했습니다. 이와 함께 학교급이 상승할수록 증가하는 영포자와 수포자에 대해서도 더 이상 방임이 아닌 적극적인 책임교육이 필요하다는 사회적 요구가 높아지고 있습니다. 또한 '초연결', '초지능', '초융합'의 4차 산업혁명은 교과 교육과정의 변혁을 예고하고 있고, 청년 실업률의 증가와 대학의 미래교육 준비 미흡으로 대학진학을 포기하는 고등학교 졸업자의 수도 계속 증가하는 가운데 학교교육과정의 혁신은 불가피해졌습니다.

고교학점제는 모든 학생이 자신의 꿈을 실현하기 위해서 필요한 과목을 선택하여 책임 있게 이수하는 교육과정 운영제도입니다. 컴퓨터 프로그래머가 되고 싶은 학생에게는 프로그램과 관련된 교과가, 예술가가 되고 싶은 학생에게는 예술 교과가, 체육 교사가 되고 싶은 학생에게는 체육 교과가, 연기자가 되고 싶은 학생에게는 연극이나 영화 교과가 가장 의미 있고 중요한 교과입니다. 하지만 우리의 교육은 이렇게 다양한 꿈을 품고 있는 학생들에게 대학입시를 근거로 국어, 영어, 수학이 가장 중요한 교과라고 강조하면서 오직 줄 세우기에만 혈안이 되었습니다. 다시 말해 김연아, 박태환이 될 수 있는 잠재력을 가진 학생들에게 국어, 영어, 수학만 중요하다고 규정하는 교육과정을 운영하고 있는 셈입니다. 그러다 보니 학생의 진로는 학교가 아닌 학생의 가정이 준비하거나 사회에 나가서 학생 스스로 개척해야 하는 개인적인 영역이 되고 말았습니다. 이미 고등학교는 국어, 영어, 수학의 학업 성취도가 높은 학생들만 진로를 준비할 수 있는 차별적인 교육기관이 되어, 국어, 영어, 수학에 성취도가 낮은 학생들에게는 좌절만 안겨주는 공간이 된 지 오래입니다.

2025 고교학점제 전면 시행을 앞두고

이에 정부는 2025년부터 "모든 학생을 위한 교육과정 운영, 고교학점제"의 전국 전면시행을 예고하였습니다. 그리고 2022년 고교학점제를 포함하는 교육과정 개정이 추진 중이며, 이에 근거하여 경기도와 제주교육청을 포함하는 일부 교육청은 2022년 해당 시·도 고등학교에 고교학점제를 전면 시행할 것이라고 발표하였습니다. 이미 2020년 현재 90개의 고교학점제 연구학교와 434개의 선도학교가 운영되고 있고, 마이스터고등학교의 경우 전면적으로 고교학점제를 실시하고 있습니다.

혹자는 고교학점제가 이번 정부나 차기 정부에서 폐기될 정책이라며 여전히 회의적인 태도를 견지합니다. 하지만 고교학점제를 위한 교육의 법적 문서인 개정교육과정이 이미 추진되고 있고, 학교 현장에도 고교학점제가 적용되어 운영되고 있는 점을 고려할 때, 미래교육을 염두하고 모든 학생의 꿈을 지원하는 고교학점제는 현재 진행 중일 뿐만 아니라, 향후 모든 고등학교가 실행해야 하는 당면 과제임을 부인할 수 없을 것입니다. 2019년에 출판된 《고교학점제란 무엇인가?》(김성천, 민일홍, 정미라, 2019)가 이 책을 집필하는 기간에 벌써 수차례 증쇄했다는 사실에서 고교학점제에 대한 교육계의 뜨거운 관심과 실천의지가 점차 고조되고 있음을 짐작하고, 고교학점제에 대한 실제적 운영 방법에 대한 현장의 궁금증과 요구를 더 반영하여 《고교학점제, 어떻게 실천할 것인가?》를 집필하게 되었습니다.

이 책은 현장에서 고교학점제를 직접 실천하고 있는 교사, 교장, 장학사, 연구자들이 참여함으로써 생생한 실천 사례와 더불어 구체적이고 실질적인 실행 방안을 제시하고 있습니다. 그리고 고교학점제를 실행하는 과정을 학교문화의 조성으로부터 평가에 이르기까지 목차 순서로 제시하고자 노력하였습니다. 이 책을 처음부터 끝까지 탐독하고 나면 성공적인 고교학점제 실현을 위해 가장 중요한 것이 교육 3주체, 즉 교사·학생·학부모의 공감적 소통과 협력이라는 것을 알 수 있을 것입니다. 더 나아가서 지역사회의 협력과 지원이 절실히 필요하다는 것도 깊이 인식할 수 있을 것입니다. 즉 혁신 교육의 핵심인 학교자치와 교육자치가 공고히 구축된 학교와 시·도에서는 고교학점제가 모든 교육공동체에게 행복한 길이 될 것입니다.

모든 학생이 주인공이 되는 학교교육을 실현하기 위하여

모든 학생이 학교교육의 주인공이 되는 고교학점제의 길은 어렵기도 하지만, 한편으론 생각보다 쉽게 이루어질 수도 있다고 생각합니다. 교육공동체가 모든 아이를 내 아이처럼 생각하는 의지와 노력이 있다면 고교학점제는 매일 지나다니는 익숙한 길일 테지만, 반대로 내 아이만 생각한다면 고교학점제는 소원한 길이 될 수밖에 없습니다. 자신의 진로와 관련성이 낮은 과목을 집중적으로 학습해야 하는 수업에서 소외되고 있는 학생들을 생각해봅시다. 그리고 학교에 존재하는 수많은 영포자와 수포자들과 지속적으로 증가 추세인 대학진학이 아닌 취업이나 다른 분야로 진출하려고 준비하는 학생들을 생각해봅시다. 또한 학생 개인의 진로가 무엇이든 상관없이 거의 모든 고3 수업에서 이미 암묵적으로 교과서가 되어버린 EBS 수능특강, 수능완성 등을 생각해봅시다.

학교에서 학생들을 지도하고 있는 교사들은 모두 학생 개개인이 자신의 꿈을 실현할 수 있기를 바라는 마음으로 주어진 현실에서 최선을 다해 지원하고 있을 것입니다. 때로는 학생의 진로보다는 조금이라도 서열이 더 높은 대학과 인기 있는 학과에 학생들을 더 많이 합격시키기 위해 고군분투하고 있을 것이고, 중·하위권 학생들을 상담하며 학생들의 부족한 성적과 수상실적을 못내 안타까워하고 있을지 모릅니다. 그러나 이렇게 교사들이 애써 노력하고 있는 동안에도 서열 경쟁에서 밀려 교사의 관심에서도 소외된 많은 학생들이 있을 수 있다는 것을 우리는 잊지 말아야 합니다. 그리고 학교 교육과정 내에서 자연스럽게 모든 학생의 진로가 존중되고 지원되는 공교육 체제가 교사도, 학생도, 학부모도 모두 진심으로 바라고 원하는 것임을 기억해야 할 것입니다. 그리고 그 체제가 바로 고교학점제임을 저자를 대표하여 강조하고 싶습니다.

이 책을 집필하는 데 있어 인터뷰에 진지하게 응해주시고, 각종 자료와 정보를 아낌없이 그리고 성심껏 공유해주신 많은 분들께 진심으로 감사를 표하는 바입니다. 또한 이 책이 나오도록 적극적으로 지원해주신 교육정책디자인연구소에도 감사의 마음을 전합니다. 모든 학생을 위한 행복한 교육을 실현하기 위해 현장에서 포기하지 않고 애쓰시고 있는 모든 분들에게 이 책을 바칩니다. 마지막으로 고등학교 교육의 본질을 회복하고, **교육과정의 민주화, 고교학점제**가 목적에 충실하면서 안정적으로 도입되어 정착되길 두 손 모아 기대해봅니다.

필자들을 대표하여

정미라 드림

차 례

저자의 글 | 모든 학생의 꿈을 지원하는 교육과정 민주화를 향한 힘찬 시동, 고교학점제 • 004

참고자료 • 474

CHAPTER
01
고교학점제와 미래교육
"공교육의 새로운 진화를 위한 플랫폼이 열리다!"

01 미래 교육과정, 어떻게 재구성할 것인가?　　　　　018

미래 교육과정이 지향해야 할 3가지 중점사항 • 019 / 미래교육이 나아가야 할 방향 •
025

02 교육과정 주체들이 함께 참여하는 시스템 만들기　　　　030

교육과정 거버넌스 구성 • 031 / 교육과정 전문가로서의 교사 • 035 / 교육과정
주체로서의 학생 • 039 / 성공적인 학교교육을 위한 마지막 퍼즐, 학부모 • 042

03 고교학점제 연착륙을 위한 정책, 어떻게 추진할 것인가?　　046

고교학점제 개념 및 도입 방향 • 047 / 고교 체제, 교육과정의 다양화로 • 050 /
교육과정 자율성의 확대 • 054 / 고교학점제와 대학입시제도 • 058 / 우리나라
고교학점제의 현실과 지원 방안 • 061

CHAPTER 02 고교학점제와 학교문화

"왜 학교문화가 중요한가?"

01 우리가 학교문화에 주목해야 하는 이유   068

새로운 학교문화의 필요성 • 068 / 학교문화의 정의(定義) • 073 / 변화의 어려움을
이겨낼 실천의지의 중요성 • 075

02 새로운 학교문화 창조를 위해 무엇을 극복해야 하는가?   081

우리가 인정해야 할 현실 • 081 / 모호해진 경계선과 새로운 개념 정립 • 091

03 낡은 고정관념을 벗고 새로운 시각으로 바라보라!   102

변화가 필요한 담임교사의 역할 • 103 / 벗어나야 하는 업무중심 사고 • 105 / 관행이
아닌 규정에 따른 교원 복무 • 108

CHAPTER 03 고교학점제와 학교운영

"학교, 무엇을 어떻게 혁신할 것인가?"

01 우리는 왜 협력적 소통에 주목하는가?   114

소통구조의 기능과 역할 • 114 / 학교의 자율과 자치 역량 강화 • 119 / 현안 및
위기관리의 개선에 관하여 • 126

02 학교 업무를 재구조화하라!   132

업무 재구조화의 필요성 • 133 / 교과 vs 학년, 업무 우선순위 • 135 / 고교학점제에
대비한 업무분장 방안 • 145

03 학사운영 관리를 재구조화하라!   152

고교학점제에서 달라지는 학사운영의 의미 • 152 / 연간 학사일정의 정교화와 구체화
• 154 / 학생 선택권 다양화와 시간표 작성 • 159 / 필연적 공강 시간의 효과적 운영
방안 • 162

CHAPTER
04

교육과정과 진로교육

"교육과정과 연계한 진로교육, 어떻게 실현할 것인가?"

01 고교학점제는 진로교육의 도약대이다! 168

고교학점제와 진로교육에 대한 인식 전환 필요 • 170 / 개별 진로-학업 지원 과정의
마련 • 173 / 교육과정과 연계한 진로교육을 위하여 • 201

02 진로에 따른 과목 선택, 어떻게 지도할 것인가? 212

선택과목 지도의 초점과 방향 • 212 / 진로에 따른 과목 선택을 지도할 때의 유의점 •
217

CHAPTER
05

고교학점제와 학교교육과정

"학교교육과정, 어떻게 편성할 것인가?"

01 학교교육과정의 의미와 절차를 알아보자! 222

학교교육과정이란 무엇인가? • 222 / 학교공동체가 공유하고 공감하는 학교교육과정의
편성 절차 • 232 / 학교교육과정 편성의 4가지 고려사항 • 234

02 학생중심 교육과정, 어떻게 편성할 것인가? 238

학생의 진로를 존중하는 학생중심 선택교육과정의 필요성 • 238 / 학생중심 선택교육과정의
편성 방법 • 246

03 해외의 고교학점제 교육과정은 우리에게 어떤 시사점을 주는가? 269

모든 학생을 위한 체계적인 진로중심 교육과정 • 269 / 모든 학생을 위한 책임교육
체제 • 272 / 배움의 단계와 심화를 고려한 교육과정 • 273 / 학생들의 과목 선택권
보장 및 확대를 위한 노력 • 278

CHAPTER 06 고교학점제와 평가

"양적 서열화에서 학생의 성장을 위한 질적 평가로!"

01 책임교육의 차원에서 평가를 바라보라!　　　　　　　　　　282

　　고등학교 내신, 상대평가 vs 절대평가 • 283　/　결과중심평가 vs 과정중심평가 •
　　290　/　책임교육 불가능 vs 책임교육 가능 • 294　/　교과 이수기준, 출석일수 vs
　　최소학업성취수준 • 298

02 고교학점제 안에서 평가는 어떻게 이루어지는가?　　　　　　303

　　책임교육 프로그램 운영 • 303　/　참고할 만한 다른 나라의 교과 이수기준 • 309　/
　　과목 선택권의 확대에 따른 정기고사 운영 방안 • 315　/　공동교육과정과 평가 • 323　/
　　평가와 교육과정 편성의 한계　• 327

01 학교 공간은 왜 중요한가?   334

학교교육공동체와 학교 공간 • 334 / 교육과정과 학교 공간 • 338 / 미래교육에
부합하는 학교 공간 • 342

02 고교학점제를 위한 학교 공간혁신의 기준은 어떻게 다른가?   347

학교교육과정의 비전과 목표를 고려한 창의적 공간 • 348 / 맞춤형 교육과정 운영을
위한 공간혁신의 기준 • 350

03 사용자들이 함께 설계에 참여하는 학교 공간혁신   355

사용자 참여 설계를 해야 하는 이유 • 355 / 사용자 참여 설계의 과정 • 357

04 성공적인 학교 공간혁신을 위한 절차를 마련하라!   360

학교 공간혁신을 시작하기 전에 • 360 / 학교 공간혁신 계획의 수립 • 366 / 학교
공간혁신 추진협의회의 구성 • 370 / 학교 공간혁신 아이디어 디자인 • 373 / 설계
방향 확정 및 중간보고회 • 380 / 업체 선정과 시공하기 • 381 / 최종보고회를 통한
사후평가 • 383

05 국내의 고교학점제 학교 공간혁신 사례를 찾아서   384

민주적 학교문화 형성에 기여한 인화여고 • 385 / 학생 친화의 유연하고 개방적인
공간으로 거듭난 전민고 • 389

06 해외 사례로 살펴보는 학교 공간혁신 아이디어   394

학생 소모임 및 휴게를 위한 공간 • 395 / 멀티 공간으로 거듭난 도서관 • 405 /
가변성과 유연성을 높인 일반교실 • 411 / 다양한 진로교육이 이루어지는 노작교실 •
415

CHAPTER 08 특성화고등학교와 고교학점제

"학교 본연의 정체성을 극대화하는 교육과정을 운영하라!"

01 미래사회에 부응하는 특성화고등학교의 고교학점제   420

특성화고등학교의 고교학점제 도입 배경 • 421 / 고교학점제 도입에 따른 특성화고등학교 교육의 변화 • 424

02 특성화고등학교 교육과정, 어떻게 편성할 것인가?   428

고교학점제의 목적에 부합하는 특성화고등학교의 특성 • 428 / 고교학점제에 따른 교육과정 개편의 필요성 • 431 / 특성화고등학교를 위한 맞춤형 교육과정 개편 절차 • 432

03 특성화고등학교를 위한 교육과정 운형모형의 개발 과정 특징   437

일반계 고등학교 학점제 운영모형에 대한 검토 • 437 / 특성화고등학교 학점제 운영모형에 대한 검토 • 439 / 맞춤형 학점제 운영모형의 개발과 적용 필요성 • 441

04 고교학점제에 따른 특성화고등학교의 맞춤형 교육과정 운영모형   444

특성화고등학교를 위한 교육과정 기본 모형 • 446 / 특성화고등학교를 위한 교육과정 선택 모형 • 449

05 사례로 살펴보는 직업계고 학점제 교육과정 운영의 실제   453

마이스터고의 교육과정 편성 및 운영 사례 • 454 / 특성화고등학교의 교육과정 편성 및 운영 사례1 • 456 / 특성화고등학교의 교육과정 편성 및 운영 사례2 • 461

06 특성화고등학교 학점제가 나아가야 할 방향   465

새로운 비전과 목표의 설정 • 465 / 단위 학교 교육과정 편성 자율성 부여 • 466 / 교사의 진로직업 역량 함양 및 표준수업시수제 도입 • 467 / 단위 학교 교육행정 역할 혁신 • 468 / 지역자치, 교육자치와의 정책적 연결 추구 • 469 / 평생학습 체제와의 결합 수반 • 471

HIGH SCHOOL
CREDIT SYSTEM

2025년 전면 시행을 앞두고 있는 고교학점제가 마이스터고부터 첫 시동을 걸었다. 인구절벽, 4차 산업혁명과 함께 찾아온 사회구조의 급작스러운 변화 속에서 고교학점제는 분명 학교교육이 성공적으로 진화하는 데 플랫폼의 역할을 톡톡히 해낼 거라고 기대한다. 아울러 학생의 진로나 희망과 관계없이 모든 학생들이 오직 입시경쟁에만 매몰된 채 학교생활을 해야 했던 과거와 달리 모든 학생의 성장을 지원하는 학생맞춤형 교육과정을 제공함으로써 공교육의 책무성을 다하게 되기를 기대한다. 이 장에서는 본격적으로 고교학점제 실천 방안에 관해 이야기하기 전에 미래의 교육과정이 어떤 방향으로 나아가야 하는지, 교육과정의 주체들이 각자 어떤 역할을 해야 하는지, 또한 어떤 정책적 뒷받침이 이루어져야 하는지 등을 중심으로 살펴보려고 한다.

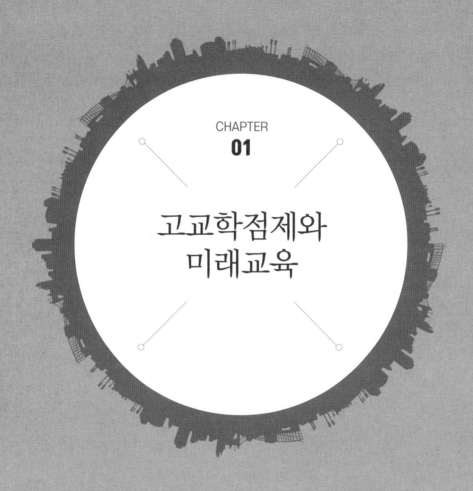

CHAPTER
01

고교학점제와
미래교육

"공교육의 새로운 진화를 위한 플랫폼이 열리다!"

01

미래 교육과정,
어떻게 재구성할 것인가?

미래교육은 달라야 한다. 급속한 산업화와 맞물려 오직 앞만 보고 달려온 우리 교육은 위기에 봉착한 지 이미 오래이다. 많은 사람들이 오랜 시간 지식 전달과 서열화에 기반한 치열한 경쟁에 집착해온 우리나라 공교육의 문제점을 제기하며 혁신을 주장해왔다. 앞으로 한층 더 과감하게, 새롭게 진화해야 한다는 말은 이제 더 이상 새로운 구호가 아니다.

특히 21세기는 '살아남기 위한 교육', 즉 '생존'이 강조되고 있다. 4차 산업혁명에 따른 과학기술의 집약적인 발전은 이미 우리 삶의 구조를 극적으로 바꿔가고 있다. 아울러 인구절벽 현상에 따른 학령인구의 지속적인 감소는 우리의 미래가 어떤 모습일지 다양한 예측과 함께 두려움마저 일으키고 있다. 무엇보다 소득 양극화에 따른 교육 불평등이 심화되면서 교육복지 체제를 크게 강화해야 함을 시사하고 있다.

미래 교육과정이 지향해야 할
3가지 중점사항

학생들이 미래사회에 주체적으로 자신의 삶을 살아갈 수 있도록 하기 위해서 앞으로 우리의 학교교육은 무엇에 더 주목하고 어떠한 방향으로 혁신을 추구해야 할지에 대한 진지한 고민과 성찰이 필요한 시점이다. 여기에서는 미래 교육과정이 고려해야 할 몇 가지 중점사항을 중심으로 살펴보려고 한다.

먼저, **과학기술의 비약적인 발전**에 주목해야 한다. 4차 산업혁명으로 명명되는 인공지능, 사물인터넷, 클라우드와 같은 정보통신 기술의 발전은 과거와는 다르게 이미 우리의 삶을 크게 바꾸고 있으며, 향후에는 이전과 전혀 다른 차원의 삶을 우리에게 제공할 것으로 예측된다. 예컨대 중국 택배 업체들은 1톤 이상의 대형화물까지 장거리 운반할 수 있는 드론 개발에도 앞다퉈 나서고 있다고 한다.[1] 그리고 상용화된 로봇은 제품을 직접 주문받아 만들고 배달까지 해준다.[2] 의료 로봇은 환자 의무기록만 입력하면 진단 및 최적의 치료 방침을 분석하고 이를 주치의에게 권하고 있다. 시각, 청각 등 기계 인식 기술의 발전에 힘입어 인공지능은 사

---

1. 김대웅, 〈[中 무인산업 시대] ① 택배 실은 드론, 대륙을 누빈다〉, 《이데일리》, 2017.07.14.
2. 정심교, 〈[라이프 트렌드] 바리스타·호텔리어·웨이터…우리는 로봇!〉, 《중앙일보》, 2019.04.04.(수정: 2019.06.07.)

람과 비교할 수 없을 만큼 정확하게 사물을 인식할 수 있으며, 나아가 사람과 비슷한 수준으로 자연어를 이해할 수 있게 되었다.[3] 그야말로 우리는 과거 그 어느 때와 비교할 수 없는 격변 속에 놓여 있는 것이다. 기술의 발전은 누구도 미래사회를 섣불리 짐작할 수 없게 만들었다. 이미 스마트팩토리에서는 기계가 인간을 대신해서 과거와 비교할 수 없는 엄청난 생산량을 척척 소화하고 있는 마당에 앞으로 로봇이 인간의 일자리를 점점 더 대처하게 된다면 어떻게 될까? 과연 인간은 인공지능과 함께 평화롭게 공존할 수 있을까 하는 의문이 몰려온다. 인공지능의 발전으로 단순 지식을 활용하는 직업은 점차 사라지고 있다. 하지만 우리나라는 아직까지 학생들이 대학입시에만 비정상적인 노력을 기울이고 있는 것이 안타까운 현실이다.

두 번째, **학령인구 감소**에 주목해야 한다. 바야흐로 인구절벽 시대이다. 인구폭발 시기에 마치 공장에서 찍어내듯 비슷비슷한 인재들을 대거 양산하고, 또 그들을 경쟁시켜 줄을 세우는 데만 주력해온 기존 방식으로는 불확실한 미래사회에 적응하기 어려운 사회구조이다. 앞으로는 학생 한 명 한 명의 잠재력을 키우는 교육이 무엇보다 중요하다. 인구구조의 변화는 단순한 출산율 감소 추세뿐만 아니라 다문화가정 증가, 여성의 경제활동 참여 확대로 인한 가정의 양육 방식 변화 등 복합적인 형태로 총체적인 사회시

---

3. 이승훈, 2017, 〈2017 최근 인공지능 개발 트렌드와 미래의 진화 방향〉. LG경제연구소, 2쪽

스템의 변화를 요구하고 있다.

특히 교육법상의 학령인구로 분류되는 만 6세 이상부터 21세 사이 인구의 급격한 감소 추세가 예사롭지 않다. 2020년 기준으로 782만 명에서 2040년에는 520만 명으로 262만 명이 감소할 것으로 추정되며, 고등학생의 경우는 2020년 138만 명에서 2040년까지 약 46만 명이 감소될 것으로 예상된다.[4]

학령인구의 전국적인 감소와 함께 지역 간 차이는 한층 더 뚜렷해질 것이다. 이미 서서히 진행되고 있는 현상이기는 하지만, 앞으로는 농촌 지역과 도심 일부 학교의 폐교 내지는 통폐합 현상이 더욱 가속화될 가능성이 높다. 그리고 이는 자연스럽게 과원 교사 문제도 유발할 것이다.[5] 이러한 인구구조의 특수한 상황을 고려하여 공교육은 장기적 관점에서 근본적인 대안을 제시해야 한다. 예컨대 지역 내 교육과정 협의체 구축, 학교 규모에 따른 운영모델 다양화, 아울러 지역 간 교육 협력모델 구축 등 다양한 대비 전략이 필요하다.

> 작년에 제가 근무하는 지역의 남자 신생아 수가 250명이었어요. 지금
> 남자 일반계 고등학교가 4군데 정도이니까 학급으로 따지면 한 학년
> 당 22학급 정도 되는데, 거의 매년 1학급씩 줄고 있는 셈이죠. 항상 고

---

4. 통계청, 〈장래인구특별추계〉, 2019, 통계청. 56~59쪽

5. 류방란 외 4, 2019, 〈인구절벽시대, 학령인구에 어떻게 대응할 것인가?〉, KEDI BRIEF 한국교육개발원. 3쪽

민이에요. 올해는 어느 학교가 감축이 될까. 교사들은 얼마나 과원될까. 감축되는 교사는 순회를 받아들이든지, 아니면 학교를 떠나든지 해야 하고, 남아 있는 교사는 내년에는 업무가 더 많아질텐데 수업은 어찌 해야 하나 고민하고요. 저희는 그나마 시 지역이라 다행인데, 바로 옆 군 지역은 고등학교 3개가 1개로 통합되고, 중학교도 기숙형 중학교로 바뀌더라고요. 어느 지역은 교사가 없다 보니 전문상담교사가 담임을 맡기도 하고요.

뭐 아이들 입장에서는 수업이 가장 큰 문제죠. 애들은 다양한 과목을 원하는데 교육청은 예산을 이유로 교사 수를 줄이잖아요. 뭐 상치에 상치를 더해 들어가도 끝이 없어요. 저희 졸업생들이 소규모 학교라 그 과목 개설이 안 되어서 못 들었다고 해도 대학이 우리 졸업생들의 사정을 생각해서 뽑아주는 것도 아니니까요. 괴롭죠. 계속 안 된다 안 된다 설득하기도 힘들고.

그래도 요즘은 교육지원청이 움직이고 있어요. 저희 지역만 해도 2월부터 각 학교교육과정, 수강신청 자료를 다 들고 교육지원청에 모여서 오프라인 공동교육과정 뭐 운영할지, 온라인 공동교육과정 뭐 요청할지, 교원자격증 있는 지역 강사들 누가 있는지 나서서 섭외하고 있어요. 저희 같은 중소도시 입장에서는 이런 부분들이 정말 한 줄기 빛 같아요. 그런데 제가 들어보니 강남도 마찬가지더라고요. 10년 새 학생이 30% 줄었다고… 애들 인원수가 줄어드는 건 어쩔 수 없지만 정말 교육지원청이랑 지역사회랑 함께 움직여야 살아요.

- ○○고 교사

세 번째로 주목할 것은 **개인의 성장**이다. 앞으로는 교육의 불평등을 넘어 개개인을 성장시키는 방향으로 교육이 이루어져야 한다. 특히 우리나라의 경우 학력과 성적에 가정배경이 미치는 영향력이 42.75로 OECD 평균인 29.66을 크게 상회하고 있다. 심지어 이 영향력이 지속적으로 상승하는 추세이다.[6] 또한 1997년 외환위기를 경험한 현재의 40대는 한국 사회에서의 성공 요인으로 개인의 노력과 역량을 중요시한 반면, 20대는 상대적으로 집안 등 사회적 배경을 중시하며 사회에 대한 공정성 평가를 상당히 낮게 인식하고 있었다.[7] 개인의 배경이 가진 능력이 그 사람의 미래를 좌우하는 사회라면 교육 역시 제 역할을 하기 어렵다. 따라서 종합적인 사회복지정책과 더불어 교육정책으로 이러한 상실감과 불평등 요소를 제거해야 할 것이다. 특히 서열화된 고교 체제, 대학입시 등으로 이어지는 불공정성의 악순환은 개선이 절실하다.[8]

저는 21년차 교사이고, 6년 전부터 이곳에 근무하게 되었어요. 이전 근무 지역에서는 학생들의 수업 참여도와 교사에 대한 의존도가 함께 높은 편이었습니다. 방과후수업을 개설해도 참여하는 학생들도 많았죠. 그러나 이곳은 너무 많이 달랐어요. 학생들이 조기유학이나 사교육 경

---

6. 이주호·지상훈, 2017, 〈교육불평등에 대한 실증분석과 정책 방향〉, KDI, 26쪽

7. 강종훈, 〈한국사회에서 성공은…"40대 개인역량·20대 집안배경 중시"〉, 《연합뉴스》, 2019.08.27.

8. 교육부, 2019, 〈고교서열화 해소 및 일반고 교육역량 강화 방안〉, 2쪽

험이 많고, 이로 인해 영어를 잘하는 학생들이 훨씬 더 많았지만 학생들의 학교 수업(교육과정에 따르는) 참여도가 높지 않고, 학습에 있어 교사 의존도는 거의 없었어요. 그리고 수업에서의 작은 특기와 변화라도 발견해서 과목별 세부능력특기사항에 잘 작성해주는 교사의 역할이 학생과 학부모에게는 매우 중요한 것 같았습니다. 이런 상황에 영어 학업 성취도가 정말 낮은 학생들도 존재하고 있었는데, 이 학생들은 학교의 영어 수업과 평가에서 늘 소외되고 있었어요. 교사들은 대학입시 준비를 위해 공부를 잘하는 학생들 위주로 수업을 하게 되고 평가는 등급을 나누기 위해 어렵게 출제하게 되니 학업부진 학생들은 영어를 계속해서 포기하게 되는 거죠. 더욱 안타까운 것은 어떤 책임교육 지원도 없이 10단위만 이수하면 되는 영어를 고3까지 학교지정과목으로 수강하고 있는 것이었죠. 그야말로 들러리 역할이죠. 저는 이러한 상황에 있는 14명 학생들을 위해 방과후수업을 개설했어요. 놀라운 것은 이 학생들의 요구로 3텀까지 수업을 했다는 것이었습니다. 이유는 이 학생들이 사교육의 도움도 받을 수 없는 현실 때문이었죠.

- ○○고 교사

앞선 3가지 중점 고려사항 이외에도 다문화가정의 증가, 환경문제, 감염병 등 앞으로 수많은 변화가 예견되고 또 이미 상당 부분 변화가 진행 중에 있다. 따라서 이 모든 요인들을 미래의 공교육은 간과해서는 안 된다. 물론 사회의 변화에 따라 교육을 고민하는 것이 어제 오늘의 일은 아니다. 아주 오래전부터 아무리 시대가 변해도 가르치고 학습하는 활동은 멈추지 않고 이어져 왔다. 다만 그 과정에서 무엇에 한층 중점을 두는지가 달라졌을 뿐이다. 학생들이 현저히 줄어든 상황에서, 하루가 다르게 발전하는 IT기술, 섣불리 예측할 수 없는 불확실한 미래를 대비하려면 어떤 교육이 이루어져야 할까? 분명한 것은 지식 쌓기의 무한 반복과 서열화가 더 이상 과거만큼 이롭지 않다는 점이다. 나아가 교육 불평등이 날로 심화되는 우리의 현실 등을 고려하여 과연 무엇에 방점을 두고 학습하게 해야 할지를 다시 고민해야 한다.

미래교육이
나아가야 할 방향

불확실성이 만연한 예측 불가능한 사회의 삶 속에서는 절대적 기준이나 잣대로는 도저히 해결할 수 없는 수많은 복잡한 문제들과 직면하게 될 것이다. 혼동과 불안이 가득한 이러한 복잡성 사회에서 생존하기 위해 학생은 어떻게 자신의 삶을 스스로 영위할 수 있을지에 대한 방향성을 갖는 것이 중요해졌다. 아울러 교육 또한 학생들이 꿈꾸는 삶을 어떻게 스스로 채워야 하는지 자신만의 길을 찾아가도록 도울 수 있어야 한다. 이를 위해 OECD의 많은 국가들이 **교육 2030 프로젝트**를 함께 수행하고 있다. 이는 학교교육을 통해서 미래사회에 필요한 역량을 학생들이 어떻게 학습하고 키워갈 수 있도록 할 것인가라는

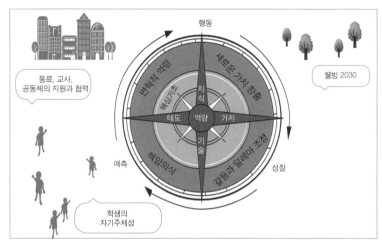

※자료: http://www.oecd.org/education/2030-project/teaching-and-learning/learning/

OECD 2030 학습 나침반
미래의 학교교육은 학생들이 만들어가는 역량을 강조하면서 변혁적 역량을 제시하고 있는 점
에서 과거의 교육과는 다르다.

고민에서 출발한 프로젝트이다. 현재 중학교를 다니고 있는 학생
들이 성인이 되어 취업을 하고 사회에 진출하는 시기인 2030년을
기점으로 예상되는 미래핵심역량이 무엇인가와, 이를 어떻게 학
교교육을 통해서 학생이 학습하고 역량을 키울 수 있도록 할 것인
가에 대한 것이다.[9] 여기에는 교육의 지향점, 변혁적 역량, 핵심기
초, 역량 개발 사이클, 역량의 범주, 행위 주체성(학생 및 공동 행위
주체성) 등 다양한 영역 또는 요소를 포함하고 있다. 특이한 점은
미래사회에서 학생들이 만들어가는 역량을 강조하면서 변혁적 역

---

9. https://eduvision.go.kr/cop/bbs/selectBoardArticle.do?bbsId=BBSMSTR_00000000000
   3&nttId=689. 한-OECD 국제교육컨퍼런스 보도자료

량을 제시하고 있는 점이다.[10] 구체적인 변혁적 역량으로는 학생들이 자신의 미래를 만들어가는 데 사용할 수 있도록 새로운 가치 창출(Creating New Value), 갈등과 딜레마 조정(Reconciling Tensions & Dilemmas), 책임의식(Taking Responsibility)이라는 세 가지를 포함하고 있다.[11]

안드레아스 슐라이허(Andreas Schleicher) OECD 교육국장은 지난해 열린 2030 미래교육 한-OECD 국제교육컨퍼런스에서 한국의 미래교육 비전도 OECD 2030 학습 나침반과 맥을 같이 한다고 밝혔다. 우리나라의 2015 개정교육과정에서 추구하는 인간상은 자신은 물론 다른 사람들을 위한 더 나은 세상을 만들기 위해 자신들의 행동에 책임을 지는 자기주도적이고 창의적인 학습자를 양성하는 목표를 포함하고 있으며, 핵심역량은 학생들로 하여금 그들의 미래를 만들어가는 혁신적인 방법을 찾는 데 기여할 수 있다는 것이다.[12] 다시 말해 우리나라의 교육도 국가수준에서 미래 사회가 요구하는 역량중심 교육, 개별화 교육, 진로 맞춤형 교육을 할 준비를 해나가고 있다는 것이다.

하지만 우리나라의 교육 비전이 OECD 2030 학습 나침반과 맥을 같이 한다고 해도 실제 교육 현장의 모습은 OECD 교육 선진

---

10. https://blog.naver.com/faithfuljk/221934789586

11. https://eduvision.go.kr/cop/bbs/selectBoardArticle.do?bbsId=BBSMSTR_0000000000
03&nttId=689, 한-OECD 국제교육컨퍼런스 보도자료

12. 국가교육회의, 2019, 《2030 미래교육 한-OECD 국제교육컨퍼런스 자료집》, 69~70쪽

2015 개정교육과정이 추구하는 인간상과 핵심역량

1 추구하는 인간상

가. 전인적 성장을 바탕으로 자아정체성을 확립하고 자신의 진로와 삶을 개척하는 자주적인 사람

나. 기초 능력의 바탕 위에 다양한 발상과 도전으로 새로운 것을 창출하는 창의적인 사람

다. 문화적 소양과 다원적 가치에 대한 이해를 바탕으로 인류 문화를 향유하고 발전시키는 교양 있는 사람

라. 공동체의식을 가지고 세계와 소통하는 민주시민으로서 배려와 나눔을 실천하는 더불어 사는 사람

2 핵심역량

가. 자아정체성과 자신감을 가지고 자신의 삶과 진로에 필요한 기초 능력과 자질을 갖추어 자기주도적으로 살아갈 수 있는 자기관리역량

나. 문제를 합리적으로 해결하기 위하여 다양한 영역의 지식과 정보를 처리하고 활용할 수 있는 지식정보처리역량

다. 폭넓은 기초 지식을 바탕으로 다양한 전문 분야의 지식, 기술, 경험을 융합적으로 활용하여 새로운 것을 창출하는 창의적사고역량

라. 인간에 대한 공감적 이해와 문화적 감수성을 바탕으로 삶의 의미와 가치를 발견하고 향유하는 심미적감성역량

마. 다양한 상황에서 자신의 생각과 감정을 효과적으로 표현하고 다른 사람의 의견을 경청하며 존중하는 의사소통역량

바. 지역·국가·세계 공동체의 구성원에게 요구되는 가치와 태도를 가지고 공동체 발전에 적극적으로 참여하는 공동체역량

국들과는 사뭇 대조적이다. 대부분 많은 사람들이 이러한 방향성에 동의하며, 앞으로 학교에서 미래사회에서 더욱 강조되는 역량 중심의 교육이 이루어지도록 획기적인 변화가 필요하다고 주장한다. 하지만 역설적이게도 이를 실현하기 위한 구체적인 변화가 정작 나의 일상 또는 나의 자녀가 학교에 재학하고 있는 시점에서 일어나는 것에 불안과 저항감을 표현한다. 그리고 이러한 변화를 위해서 반드시 수반되는 여러 제반 사항들, 예컨대 이러한 교육의 방향성에 따라 학교 현장의 변화를 위한 역량중심의 수업, 과정중심평가 확대, 진로에 따른 학생중심 교육과정 운영 등 현실적인 실천 측면들은 간과되기 일쑤이다. 즉 미래교육의 방향성은 이래야 한다며 목소리를 높이다가도 정작 관심을 기울이는 것은 행여 나에게 닥칠지 모를 불이익인 경우가 많기 때문에 말로만 혁신을 외치는 선언적인 수준에 머물고 있는 실정이다.

앞으로도 이런 상황이 지속된다면 우리 아이들이 맞이할 미래 또한 여전히 어두울 수밖에 없다. 목표와 방향성에 공감을 얻는 것에서 한발 더 나아가 현재 우리 교육의 실행 과정에서 국민적 공감대를 충분히 형성할 수 있는 진정성이 필요하다. 제도적으로 대입제도, 내신평가, 고교 체제의 개편 등 연관된 정책의 로드맵이 제시되어야 하고, 학교에서는 모든 학생의 성장을 담보할 수 있는 교육과정 체계를 갖추는 것이 전제되어야 한다. 그저 문서상에만 존재하는 것이 아니라 현실에서 실행되고 실현될 수 있도록 관련 주체들 간의 구조적 접근이 필요한 시점이다.

02
교육과정 주체들이
함께 참여하는 시스템 만들기

교육과정의 올바른 방향성을 세우는 것은 매우 중요한 일이다. 하지만 그것만으로는 충분하지 않다. 바로 그 다음 단계에서 교육과정의 방향성에 따라 학교교육과정 운영체제를 어떻게 구성해야 하는가 하는 고민과 직면하게 된다. 우리의 과거를 돌이켜볼 때, 이러한 논의에서 정작 당사자인 교육주체의 의견은 무시되기 일쑤였다. 대체로 몇몇 학자와 행정가들의 탁상공론에 의해 결정된 사항들을 아래로 내려 보내고, 이를 무조건 수동적으로 따르게 하는 형태가 지속되어온 것이다.

지금까지는 교육주체 스스로 학교교육과정을 구성해 나갈 수 있는 시스템이 거의 갖춰져 있지 못한 것이 우리의 현실이다. 따라서 앞으로는 한층 더 적극적으로 현재를 살아가는 교육주체들의 이야기를 담아내고, 이를 실현할 수 있는 교육과정이 운영될 수 있는 체제를 구축하는 것이 시급한 문제이다.

교육과정
거버넌스 구성

　　　　　　　　　　　최근에는 공동의 목표 달성을 위해 이해 당사자들이 함께 힘을 합치는 **거버넌스**의 개념으로 행정을 바라보는 견해가 점차 확산되고 있다. 학교교육과정 운영도 국가가 일방적으로 정할 수 있는 사안은 아니다. 교육의 주체들이 진정으로 원하는 것이 무엇인지, 교육 활동이 전개되는 여러 가지 상황이나 장면에서 누가 어떠한 과정을 거쳐, 또 어떤 방법으로 교육과정을 운영할 것인지에 관해 각 주체들이 함께 논의하고 결정할 수 있는 구조가 마련되어야 한다.

① 교육과정 편성 · 운영 지원체제로서의 거버넌스

고교학점제가 시행되면 각 교육주체들의 의견을 담고 이를 실현할 수 있는 교육과정 운영이 반드시 필요하다. 이를 위한 **교육과정 거버넌스**가 구축되어야 하는데, 여기서 말하는 교육과정 거버넌스란 학교 수준, 지역 수준, 국가 수준에서의 교육과정 편성 · 운영 · 평가 권한의 위임과 분배에 따른 교육과정 편성 및 운영 지원체제를 의미한다.[13] 즉 거버넌스를 통해 각 교육주체들이 참여하여 학교교육이 추구하는 목표는 무엇인지, 교육공동체는 어떤 역할을 수행해야 하는지 그리고 교육과정에 어떤 내용을 담을지 등에 대

---

13. 황현정 외 4인, 2018, 〈학교 자치 실현을 위한 지역 교육과정 구성 방안〉, 경기도교육연구원, 81쪽

한 실제적인 결정을 내리게 된다.

학교교육과정을 결정하는 데는 학생 개인, 교사 개인의 문제를 넘어 온 마을, 국가 차원의 수많은 사람들의 온갖 이해관계가 복잡하게 얽혀 있다. 따라서 교육공동체의 고민과 요구를 반영할 수 있는 의사결정의 정당성 확보가 반드시 필요하다.

이를 위한 노력으로 제6차 교육과정부터 지방분권형 교육과정으로 전환되어 교육과정 결정의 분권화가 추진되었다.[14] 시도교육청 수준에서는 시·도의 특성과 교육적 요구를 구현하기 위해 교원, 교육 행정가, 교육학 전문가, 교과 교육 전문가, 학부모, 지역사회 인사 등을 중심으로 시도교육청 교육과정위원회를 조직하고, 이 위원회에서 학교교육과정 편성·운영에 대한 조사 연구와 자문 기능을 담당하도록 하고 있다. 단위 학교 수준에서도 학교교육과정의 합리적 편성과 효율적인 운영을 위해 학교교육과정위원회를 구성하여 학교장의 교육과정 운영 및 의사결정에 관한 자문의 역할을 담당하도록 명시하고 있다.[15]

하지만 아직은 갈 길이 멀다. 실제로 시도교육청 교육과정위원회의 기능은 교육과정 편성·운영에 관한 협의회 형태로 존재하고, 역할 또한 연구와 개발 심의로 한정된 수준에 머물러 있다. 학교교육과정위원회도 학교의 실정에 따라 위원회를 별도로 구성

---

14. 교육부 고시, 〈6차 시기 고등학교 총론〉(1992,10) , 10쪽

15. 교육부 고시, 제2015-74호, 〈초·중등 교육과정 총론〉, 37쪽

하거나, 교직원회의, 동 학년회의, 교과협의회 등 기존 학교 조직이나 협의회를 활용하도록 되어 있어 산발적이고 형식적으로 존재할 뿐이며, 자율성 발휘를 위한 역할의 근거조차 마련되어 있지 않다. 교육과정 분권화, 지역화, 자율화로 인해 다양하고 자율적인 교육과정 운영에 대한 요구는 계속 늘어나고 있는데, 그에 비해 학교 수준, 지역 수준, 국가 수준에서 의견을 수렴하여 의사결정을 하는 체계는 제대로 갖추어져 있지 않은 것이다. 또 교육과정 수시개정 체제로 바뀌면서 주로 정치적 필요에 의해 일부 전문가들이 교육과정 개발을 주도하게 되었다. 그 결과 교육주체들은 교육과정 참여구조에서 점점 더 멀어진 것이다.

② 교육과정 거버넌스 체제의 기능과 역할

이러한 문제를 해소하기 위해 학교자치를 위한 교육과정 거버넌스의 체계는 최소한 다음과 같은 내용을 보장해야 한다.

첫째, 정책의 형성 과정에서 학생, 교사, 학부모, 교육 전문가, 교육 관계자, 지역사회 주민 등 다양한 사람들이 함께 교육과정을 **논의**하는 구조가 마련되어야 한다. 모두가 같은 방향을 볼 순 없지만 교육과정에 대한 요구와 필요가 학교 단위, 지역 단위 교육과정협의체를 거쳐 국가교육회의와 교육부에 수렴되어야 한다.

둘째, 교육공동체가 교육과정 설계에 함께 **참여**해야 한다. 교육과정 분권화, 지역화, 자율화로 인해 지역 및 단위 학교의 다양하고 자율적인 교육과정 편성 운영에 대한 요구가 높아졌다. 교육과정은 현장에서의 실제적인 구현을 전제로 한다. 교육과정 개발과 실행 사이의 간격을 해소하고 학생들에게 유의미한 경험을 제공하기 위해서는 교사와 학생을 끊임없이 만나고 피드백하는 과정이 반드시 필요하다.

셋째, 교육과정이 다양한 방법을 통해 공유되고 **협의**되어야 한다. 교육과정의 내용을 함께 공유하고, 대화하고 이견을 좁혀 협의되는 것은 중요하다. 특정 기득권 집단에 의한 여론몰이를 지양하고 온라인-오프라인 등의 방법을 다양화하여 교육과정 내용에 대하여 공유되고 수정되는 등의 수차례 논의 과정을 거쳐야 한다. 학교, 지역, 국가 등은 의사결정을 실행하는 주체 혹은 기관이 아니라, 교육과정 생성의 합의 단위, 협의체 구현 단위로 이해되어야 한다.[16]

이 밖에도 교육과정 거버넌스의 역할을 강화하기 위해서는 학교, 지역, 국가 수준에서 각자 역할이 한층 명료화되어야 한다. 또 교육과정 거버넌스 관련 법규 개정을 통해 교육과정 거버넌스의 개선 방향이 확립되어야 할 것이다. 이를 통해 비로소 교육과정 자율권이 담보된 학교운영과 더불어 교육공동체가 함께 교육과정을 논의하는 체계의 확대를 기대할 수 있다.

---

16. 황현정 외 4인, 2018, 〈학교 자치 실현을 위한 지역 교육과정 구성 방안〉, 경기도교육연구원. 102쪽

교육과정
전문가로서의 교사

학교의 교육철학이 실현되기 위해서는 학교교육의 목표, 교육 중점, 교육 방법 등을 규정한 학교 교육과정을 바탕에 두고, 모든 교과에 대해 어떻게 교육과정, 수업, 평가를 설계할지 근본적인 성찰과 변화가 요구된다. 이를 위해 실제 학교 현장에서 학생들을 직접 가르치고 있는 교사의 역할이 매우 막중하다. 특히 교사들에게는 미래교육의 방향에 따른 교육과정 실천 역량이나 수업과 평가의 전문성에 대한 새로운 해석과 준비가 절실히 필요한 상황이다. 최근 혁신적인 기술의 발달로 인공지능이 수업이나 평가의 많은 부분을 담당할 수 있게 되었고, 최근 전 세계를 뒤덮은 코로나19 팬데믹 같은 예측 불허의 상황은 앞으로 교사가 갖추어야 할 전문성이 무엇인지를 다시 한 번 성찰하게 해준 계기가 되었다.

2019년 연구학교 교원 하계 워크숍에서는 교사들이 고교학점제를 실천하는 과정에서 겪게 되는 교육과정, 수업, 평가 등의 여러 가지 어려움에 대해 함께 논의하고, 또한 그 문제들을 해결해 나가기 위한 방안들을 나름대로 제안하기도 했다. 그런데 현장에서의 많은 어려움들 중에는 교사의 전문성으로 해결되어야 하는 부분 또한 적지 않다. 이를 통해 고교학점제를 준비하면서 미래 교사에게 요구되는 것은 무엇인지 다음과 같이 몇 가지로 정리하여 제안하고자 한다.

| 표 1-1 | 고교학점제 운영 시 나타나는 문제점 및 해결 방안

영역	문제점	실천 내용 및 방안
교육 과정	진로진학부서와 교육과정의 분리	진로교사들의 네트워크 구성을 통한 역량 강화 및 교육과정(진로진학 상담 포함) 상담 지원
	수강신청 변경이 많음, 친구 따라 선택 과목 신청, 성적에 유리한 과목 신청	학생의 진로상담 강화
	과목 개설에 대한 경직된 학교 분위기, 시수 맞추기 과목 편성	학생중심의 과목 개설에 대한 공감대 확산
	교·강사 수급 문제 및 교·강사 수업의 질관리	강사 인력풀 확보 및 구축
	선택과목에 대한 이해도가 낮음	과목 설명서 보급, 과목별 역량 강화 연수 확대
수업	일반고 내 전문교과 개설의 어려움	전국 강의 형태인 온라인 공동교육과정 개설
	과도한 수업 혁신에 대한 시도로 학생들의 불만, 피로도 증가, 수업 내용 전달 부족	기존 방식과 혁신적 수업 방법 성찰 및 균형점 모색
	업무 과중으로 수업 연구, 수업 설계 시간 부족	수업 연구, 사례 공유, 자료 개발 업무조직 재구조화
	진도 나가기에 급급한 이론 수업에 치중	교육과정 재구성을 통한 역량중심 교육과정 운영
평가	수행평가 비중 확대로 변별력의 어려움, 수행평가 기준의 일관성 있는 적용이 어려움	교과별 평가기준, 성취수준 구체화, 교사의 평가 전문성 신장

※자료: 2019년 고교학점제 연구학교 교원 하계 워크숍

첫째, 목표와 연계할 수 있는 **교육과정 실천 역량**이 중요하다. 우선 교육목표를 설정하는 데 있어서 차시별 학습 목표를 넘어 한층 더 근본적으로 어떤 교육 목표가 우선적으로 고려되어야 하는지에 대한 고민이 앞서야 할 것이다. 또한 교육 목표를 반영하는 교육 과정 설계 시 부서 간 비협조적인 문화, 학생들의 성적 유불리에 따른 과목 선택, 교육주체들의 다양한 요구, 지역중심의 교육과정 자원 등을 고려하여 함께 공감할 수 있는 학교교육과정을 설계하는 것이 중요하다.

둘째, **수업 및 평가 역량**이다. 교육 목표를 구현하기 위한 각 교과의 수업과 평가를 어떻게 해야 할지에 대한 역량이 중요하다는 뜻이다. 현장의 교사들은 수업 혁신에 대한 요구에 부응하기 위해 이런저런 시도 끝에 지레 지쳐버리거나, 때로는 시간이 없어서 이론 수업에만 치중하고, 수행평가에 대한 어려움을 호소하곤 한다. 이러한 문제들은 결국 수업과 평가를 어떻게 할지에 대한 전문성이 더욱 요구되는 대목이다. 이제 교사는 단순히 지식을 전달하기보다는 학생이 '스스로 배움에 도전하고 몰입하는 자기주도적 학습력'을 키워주기 위해 질문, 대화, 토의, 토론 등 유의미한 학습 경험을 제공하고, 이를 토대로 학생 성장 과정을 평가할 수 있어야 한다. 특히 에듀테크[17] 기능을 단순히 매체나 콘텐츠만을 활용하는 방식에서 벗어나 학생의 자기주도성을 발휘하도록 설계하는

---

17. "에듀테크", 《한경경제용어사전》 교육(education)과 기술(technology)의 결합이다. 빅데이터, 인공지능(AI) 등 정보통신기술(ICT)을 활용한 차세대 교육을 의미한다.

역량이 중요하다.

셋째, **협력적 멘토**의 역할이 중요하다. 교사는 교육과정, 수업, 평가의 전 과정에 걸쳐 학생들과 소통하고, 학생을 이해하는 것을 전제로 해야 한다. 이에 따라 학생들의 다양한 진로 요구를 교육과정에서 풀어내는 진로상담은 한층 더 중요해졌다. 개별 학생들이 학습의 과정에서 행여나 어려움은 없는지, 필요한 지식을 어떻게 선별하는지, 동료 교사 또는 지역사회와 연계하여 해결해야 할 문제는 없는지 등에 대한 지속적인 학습 멘토의 역할이 강화되어야 할 것이다.

이러한 교사의 역량과 역할을 제대로 수행하기 위해서는 교사들도 새로운 전문성을 획득해야 한다. 이를 위해 교사들에게 충분히 학습할 시간을 부여하거나 이에 대한 역량을 기를 수 있는 체계적인 지원체계가 마련되어야 할 것이다. 그런 것 없이 모든 것을 오직 교사들의 성찰, 고민, 관심, 노력의 부족 탓으로만 돌리는 것은 극단적인 해석이다. 교사에게 새롭게 요구되는 전문성을 기르기 위해서는 교사의 성장 시스템이 갖춰져야 한다. 즉 교사들의 성장 단계에 따른 요구, 사회 변화에 따른 요구 등을 반영한 성장 시스템을 마련해야 한다는 뜻이다. 교사 경력별, 학교급 등에 필요한 직무 분석을 교사 평가 등과 연동하여 집합연수 형태부터 파견연수, 고용휴직, 학습연구년 등으로 다양화하여 지속적인 재교육의 기회를 보장하여야 한다.

교육과정
주체로서의 학생

학생은 배움의 주체이다. 여기에 대한 이견은 없을 것이다. 실제로 배움의 주체가 되는 것은 학생 스스로 배움에 대한 결정권을 갖는다는 의미일 것이다. 즉 무엇을 배우고 싶은지, 무엇을 배워야 할지에 관한 학생들의 생각을 교육과정에 담아줄 수 있는 시스템이 있는가를 생각해봐야 한다는 뜻이다. 하지만 많은 수업과 내용들이 학생의 요구나 흥미 등을 반영하지 못하는 경우가 많아서 예전이나 지금이나 '왜 배워야 하는가?'에 대한 답을 제시하기 어려운 경우가 많다. 말을 물가에 끌고 갈 수는 있지만 물을 억지로 먹일 수는 없듯이 학생들은 수업시간에 자리에만 앉아 있는 구조이다. 학생들이 배움에 대한 동기를 못 찾는 데는 배우고 싶은 내용을 말하거나 의견이 반영되는 통로가 없는 현실도 어느 정도 기여하고 있다고 봐야 한다.

하지만 2007 개정교육과정, 2009 개정교육과정, 2015 개정교육과정에 이르기까지 교육과정 성격에는 "학습자의 자율성과 창의성을 신장하기 위한 학생중심의 교육과정이다", "교육청과 학교, 교원·학생·학부모가 함께 실현해가는 교육과정이다"라고 명시되어 있다.[18] 이는 교육과정 운영에 학생의 참여가 중요함을 의미한다. 최근 고교학점제 연구·선도학교 및 일부 고등학교에서 학

---

18. 교육과학기술부 고시 제 2008-148호. 제 2009-41호. 교육부 고시 제2015-74호. 교육과정의 성격

교교육과정위원회를 중심으로 학생들의 교육과정 운영의 요구와 희망사항을 반영하는 사례가 늘고 있다.

교육과정 운영에 관한 피드백을 연말 토론회나 간담회 등을 활용하여 실시하고 있습니다. 피드백의 내용들은 교육 활동을 돌아보게 하는 계기가 되고 다음 해 교육과정을 편성 운영하는 데 있어서 중요한 역할을 하고 있습니다. 특히 학생들의 의견을 충분히 검토하면 차년도 교육과정 계획을 어떻게 수립해야 할지에 대한 답을 찾을 수 있습니다. 이러한 과정이 몇 년씩 반복되다 보니 학생들이 교육 활동 참여도와 만족도가 점점 높아지는 것을 알 수 있었습니다.

- OO고 교사

또한 어떤 학교는 교육과정 개발 과정에까지 학생의 참여를 보장하고 있다. 예컨대 학생들은 학습여행을 기획하기 위해 직접 카페를 운영하고 학교 행사를 만들어가며 스터디 그룹을 통해 자기주도 학습을 하는 등 교육과정과 관련된 여러 측면에서 함께 참여하였다.[19] 하지만 이는 소수 학교에 국한된 이야기일 뿐, 대부분의 고등학교에서는 아직까지도 학생이 교육과정에 참여할 수 있는 방법론조차 거론되지 않고 있는 실정이다. 그렇다면 학생이 수동적 학습자에 머물지 않고 진정한 배움의 주체로 참여할 수 있으려

---

19. 남아영, 2016, 〈학생의 교육과정 개발 참여에 대한 질적 사례 연구〉, 이화여대자대학교 대학원 2015학년도 석사학위 논문, 36~37쪽

면 어떻게 해야 할까? 이를 위해 반드시 필요한 몇 가지 사항을 정리해보면 다음과 같다.

우선, 학생들의 교육과정 **참여 범위에 대한 합의**가 필요하다. 「2015 초·중등학교 교육과정 총론」의 기본사항에서 초등학교 1학년부터 중학교 3학년까지의 공통 교육과정과 고등학교 1학년부터 3학년까지의 선택중심 교육과정으로 편성·운영한다고 제시하고 있다. 특히 고등학교는 선택중심 교육과정을 운영하기 때문에 학생들의 의견 수렴 및 참여가 한층 더 중요해진 셈이다. 학생들의 의견을 수렴하거나 학생자치 활동을 기획 및 운영하는 것에서 한발 더 나아가 이제는 교과 수업으로 연계되고 교과 내 교육과정, 수업 및 평가 단계에서 학생도 하나의 구성원으로서 인정받아야 할 필요가 있다.

둘째, 학생에 대한 깊은 신뢰를 바탕으로 학생들과 **교육과정에 대해 함께 소통할 수 있는 기회**를 제공해야 한다. 단순히 학생들을 가르침의 대상으로 여기고 모든 것을 교사가 결정해야 한다고 생각해오던 낡은 관점에서 벗어나야 한다. 따라서 일정 부분에 대해서는 학생이 배움의 주체가 될 수 있도록 학생의 선택과 의견을 적극적으로 반영하는 것이 중요하다. 이를 위해 학생들 스스로 깊은 성찰을 할 수 있는 다양한 경험들을 제공함으로써 이를 바탕으로 자발성을 키워 나갈 수 있는 여건을 마련해주어야 할 것이다.

셋째, **교육과정의 행정 지원**이 필요하다. 대부분의 교사들이 학생들을 교육의 주체로 인식하고 학생들의 의견을 반영한 교육과정 운영에 동의한다고 해도 이를 제대로 실현하기까지는 분명 수많은 한계에 부딪힐 것이다. 예컨대 교사들이 수업 준비 이외에도 잦은 공문 처리를 포함하여 하루하루 쌓이는 행정업무가 만만치 않다. 늘어나는 행정업무로 인해 자칫 실행해볼 엄두가 나지 않을 수도 있다. 게다가 이를 극복하고 학생들의 의견을 적극 수렴하여 교육과정을 함께 만들어가기 위해 노력한다고 해도, 교사 업무량이 기하급수적 폭증으로 이어지는 악순환의 구조에 얽매이기 십상이다. 이는 결국 단위 학교가 학생중심의 교육과정을 운영하는 데에 한계로 작용할 수밖에 없다. 특히 2025년 고교학점제 전면 시행을 앞두고 이러한 현장의 어려움을 충분히 이해하는 한편, 나아가 해결을 위한 적극적인 지원이 필요한 실정이다.

성공적인 학교교육을 위한
마지막 퍼즐, 학부모

교육은 교사의 질에 의해서 좌우된다지만 교사 이상으로 학생의 교육에 영향을 미치는 사람은 바로 학부모이다. 「교육기본법」에는 학부모의 학교 참여권을 명시하고 있다. 학생의 학습권 보장을 위해 학교의 교육과정에 참여하여 교육 의사를 밝히는 권리로서 '학교운영 참여권'(제5조제2항)과 '학교에 의견 제시권'(제13조제2항)이 그것이다.

정책적으로도 5·31 교육개혁 이후 도입된 학교운영위원회는 학부모 학교 참여의 대표적인 제도이며, 그 역할이 지속적으로 강조되고 있다. 지난 이명박정부에서는 교육부 내에 학부모 전담팀을 신설하고, 학부모지원센터를 설립하여 학교운영위원회와 학부모회를 지원하였다. 최근에도 시도교육청에 따라 학부모회 설치·운영에 관한 조례를 제정하고 학부모회의 법적 지위를 부여하는 한편 학부모의 학교 참여를 정책적으로 지원하고 있다.

실제로 상당수의 학부모들은 기꺼이 교육의 주체로 참여할 의사를 가지고 있다. 서울대학교 학부모정책연구센터에서 전국의 초·중·고교생 자녀를 둔 학부모 1,500명을 대상으로 한 실태 조사 결과에 따르면, 학부모가 학교운영의 주체로서 학교교육 개선을 위한 사업에 참여할 의사가 있다고 응답한 학부모는 62.4%(매우 그렇다 7.3%, 그렇다 55.1%)에 달해, 참여 의사가 없다는 응답 37.5%(그렇지 않다 34.2%, 전혀 그렇지 않다 3.3%)보다 훨씬 많았다. 하지만 아무리 학부모의 학교 활동 참여를 법적으로 보장하고 학부모에게 참여 의사가 있다고 해도 실제 행동으로 옮기는 학부모는 그리 많지 않은 것이 현실이다. 조사 당시 학부모회 활동에 참여한다고 응답한 학부모는 24.3%에 불과했고, 75.7%는 참여하지 않는다고 응답했다. 학부모가 학교교육에 참여하기 어려운 이유로 많이 꼽은 것은 '시간적 여유가 없다'(45.6%)였다. 그밖에 '담임 교사와 만나는 것이 부담스럽다'(20.2%), '학교에 가야 할 필요성을 느끼지 못해서'(17.6%) 등의 답변이 뒤를 이었다.[20]

이러한 실정이다 보니 학부모의 학교운영 참여는 지극히 제한적이었다. 예컨대 정해진 상담 시간에 자녀의 학교생활에 대한 정보를 제공받기 위해 학교를 방문한다거나, 학교 급식 도우미, 교통 봉사 등의 지원이나 자원봉사 활동 수준에 그치는 경우가 대부분이었다. 하지만 앞으로는 학부모가 다양한 학교 의사결정 및 교육과정 운영에 적극적으로 참여할 수 있어야 한다. 학교와 학부모가 학교와 가정이라는 각자의 위치에서 서로의 역할에 맞게 학교교육에 참여하기 위한 몇 가지 제안은 다음과 같다.

20. 유덕영·노지원, 〈[토요기획]교육 참여… '학부모 선생님'모십니다〉,《동아닷컴》, 2017.02.18.

우선 학부모와의 소통을 위한 다양한 **지원**이 필요하다. 소통의 부재로부터 오는 오해, 학부모들의 불안함 등에서 많은 민원이 제기되는 게 현실이다. 학부모의 의견을 경청하고 수용하며 소통할 수 있는 협의나 모임 시간을 다양화하고 교사와의 공식적인 대화 시간을 늘리는 등, 교육과 학교에 대한 이해와 정보를 충분히 제공해야 한다. 사회제도적으로도 '학부모 학교 참여 휴가제' 등 학부모의 학교 참여는 더욱 권장되어야 한다.

둘째, 학부모가 가진 다양한 분야의 전문성을 함께 공유할 수 있어야 한다. 학교의 인적·물적 자원의 한계로 학교교육과정 운영의 제한점이 많은 상황에서 학부모의 다양한 경험과 전문성은 소중한 자산이다. 특히 학부모의 경우 학생들에 대한 애정과 일상에 대한 이해가 깊다. 학부모의 참여를 통해 학생은 학교를 더욱 친숙하게 여기고, 학교는 교육과정을 더욱 풍성하게 채울 수 있다. 학부모가 교육과정 설계에 함께 참여하고 진로, 수업, 봉사 활동 등 교육과정 운영의 협력적 주체로 학교교육과정을 만들어감으로써 학교 교육력을 높일 수 있게 되는 것이다.

셋째, 학부모는 **지역사회의 학부모**로 거듭나야 한다. 학생이 학교에 다닐 때는 학생의 보호자로, 학생이 학교를 졸업하고 나면 지역사회의 학부모로 그 역할과 책임을 공유하는 것이 필요하다. 우리 지역의 모든 아이가 우리 아이라는 인식을 갖고, 학교운영에 지속적으로 참여하여 교육주체들 간에 조화와 균형을 유지하는 촉진자가 되는 것이 중요하다.

03

고교학점제 연착륙을 위한 정책, 어떻게 추진할 것인가?

앞에서 우리는 너 나 할 것 없이 오직 입시에만 매달리며 학생들 각자가 가진 적성이나 능력과 무관한 상대적 서열화에 매몰되어 온 우리 교육의 문제점을 짚어보았다. 아울러 미래의 교육은 과거와 어떻게 다른 방향성을 추구해야 하는지에 관해 살펴보았다. 즉 천편일률적인 교육과정과 잣대를 들이대며 학생들을 서열화하는 교육, 지식 전달에 매달리는 교육은 미래사회가 요구하는 인재를 키워낼 수도 없고, 국제사회에서 더 이상 경쟁력이 없다. 진정한 학생 성장을 도모하고 지원하는 맞춤형 교육 실현을 위한 새로운 교육 체제가 요구된다.

고교학점제는 우리 공교육이 모든 학생을 위해 미래지향적인 방향으로 진화하기 위한 필연적 플랫폼이다. 여기에서는 고교학점제의 본격적인 실천 방안을 이야기하기에 앞서 개념과 정책 기반에 관해 간략하게 살펴보려고 한다.

고교학점제
개념 및 도입 방향

고교학점제는 학생이 진로에 따라 다양한 과목을 선택·이수하고, 누적 학점이 기준에 도달할 경우 졸업을 인정받는 방식으로 교육과정을 이수·운영하는 제도이다.[21] 즉 학생은 진로 및 진학 계획에 따라 다양한 과목을 선택하고, 학교는 학생의 요구에 맞는 과목 개설 및 선택에 따른 학생의 책임을 강조하는 것이다.

| 표 1-2 | 고교학점제 제도 도입 일정

학점제 도입기반 마련 (2018~2021년)		학점제 제도 부분 도입 (2022~2024년)		학점제 본격 시행 (2025년~)
• 2015 개정교육과정 현장 안착	=	• 2015 교육과정 일부 개정 - 학점제로의 전환, 학교 밖 이수과목 인정기준 등 마련·제시 ※ (2018)정책연구 → (2020) 일부 개정 고시 → (2022) 적용	=	• 차기 교육과정 개정 - (선택)과목 재구조화 등 학생별 맞춤형 교육과정 구현을 위해 개정 추진 ※ (2020)주요사항 개발 → (2022.상) 개정 고시 → (2025) 고1 적용
• 진로선택 과목 성취평가제 우선 적용(2019, 고1)		• 진로선택 과목 성취평가제 적용(계속)		• 전 과목으로 성취평가 적용 확대(2025, 고1)

※자료: 교육부, 2018, 〈고교교육 혁신 방향〉

---

21. 교육부 https://www.hscredit.kr

고교학점제가 활성화되려면 교육과정 개정, 내신 절대평가, 고교 체제 개편, 대학입시제도에 대한 한층 구체적인 로드맵이 제시되어야 한다. 우선 2015 개정교육과정에서 이미 학점제를 도입하기 위한 기반 마련이 예고되어 있다. 이후 2022년에는 학점제 정의, 학교 밖 이수과목 인정기준 등을 마련하고, 2025년의 본격 시행에 맞추어 전면 개정된다.

고교학점제 적용을 위해 내신은 **절대평가**로 전환되어야 한다. 2019학년도 입학생부터 진로선택과목에서 절대평가가 적용되고 있으나, 앞으로는 일반선택과목과 공통과목에서도 고교학점제 시행 전에 절대평가로 전환될 수 있도록 단계적 추진이 필요하다.

물론 절대평가 전환을 위해서는 넘어야 할 산들이 있다. 절대평가가 내실 있게 운영되려면 우선 고교 체제 개편이 선행되어야 한다. 이를 위해 교육부는 "서열화된 고교 체제에서 일반고를 중심으로 평등한 고교 체제를 위해 2025년(까지) 고등학교 유형 단순화를 추진"한다[22]고 밝히기도 했다. 고교학점제가 예정대로 2025년부터 일반고에 전면 도입되면, 이때 고등학교 1학년이 되는 학생들부터 학점제를 적용하여 대학입시를 치러야 한다. 따라서 2028학년도 대학입시제도 역시 미래교육에 부합하는 형태로 중장기 개편논의에[23]이어 이를 가시화할 수 있어야 할 것이다.

---

22. 교육부 https://www.moe.go.kr
23. 황희경, 〈유은혜 "2028학년도 대입 개편, 이번 정부 내 사회적 합의할 것"(종합)〉, 《연합뉴스》, 2019.09.30.

한편 2020년 일반고 중에서 고교학점제 연구·선도학교는 지난해 270교에서 올해 524교로 전국 일반고의 31%로 확대되었다.[24] 고교학점제 연구·선도학교 운영을 통해 학점제 도입에 필요한 제도의 개선사항을 발굴하고 교원, 시설 등 인프라 소요를 파악하여 학점제 교육과정 및 학교 운영모델을 확산해 나가고 있는 것이다. 각 연구·선도학교는 학생 수요 과목의 개설을 다양화하고, 기초학력을 보장하는 책임교육, 학점제 운영을 위한 업무 재구조화 등을 차근차근 실천해가고 있다.

실제로 연구·선도학교에서는 학생들의 진로와 학업 역량에 따라 다양한 과목을 개설함으로써 학생들의 과목 선택권을 의미 있게 확대시켰다. 일반학교의 경우 학생 선택 이수 단위 편성이 평균 66.3단위인데 비해 연구학교는 79.4단위로 19.6% 높게 나타났다. 또한 교과 융합수업 등을 통한 수업과 평가를 위해 다양한 노력을 기울이고 있다.[25]

또한 2020년부터는 고교학점제의 도입 기반 조성을 한층 강화하기 위하여 모든 일반고를 대상으로 지원이 확대된다. 이는 학교 단위 역량 강화 지원 차원을 넘어 교육청-지자체-대학 등 다양한 주체 간의 협력 체제를 구축하여 고교 교육의 혁신을 지원하는 것이다.[26]

---

24. 교육부, 〈2020학년도 고교학점제 연구·선도학교 운영계획〉, 3쪽
25. 이경운, 〈고교학점제 연구·선도학교 728개교로 늘어난다〉, 《서울경제》, 2020.01.13.
26. 교육부, 〈2020년 고교학점제 도입 기반 조성 사업 계획〉, 16쪽

고교 체제,
교육과정의 다양화로

1969년에 중학교 진학에 무시험 진학제도가 도입되며 중학생 수가 급증하였다. 그 결과 고등학교 입학을 위한 심각한 병목현상이 나타나게 되었다. 이로 인해 한동안 중학교 교육은 비정상적으로 운영될 수밖에 없었으며, 중학생들의 발달장애와 고등학교의 서열화, 과도한 사교육비 지출, 고입 재수생의 누적, 인구의 도시 집중화 등 다양한 교육적·사회적 병리 현상들이 사회문제로 대두되기에 이르렀다.[27]

바로 이러한 문제들을 해결하기 위해 1974년 고교평준화 제도가 시행되었다. 고교평준화 제도는 지역의 고등학교에서 학생을 선발하지 않고, 지역별 추첨을 통해 학교를 배정받는 방식으로 이루어진다. 고교평준화 정책에 의해 성적 최상위권에서부터 최하위권에 이르기까지 학업 역량 수준이나 진로 희망이 제각각인 학생들이 한 학교, 한 교실에서 공부하게 되었다. 하지만 이렇게 다양한 학생들을 지도할 '학교교육과정'의 편성·운영에 있어서는 특별한 변화나 개선이 거의 없었고, 학생들의 진로는 대학진학과 취업으로 양분되었다.[28] 학습자의 선택권을 보장하고 특정 분야에 소질과 적성이 있는 학생들에 대한 지원을 위해 1974년부터 예술

---

27. 윤정일·송기창·조동섭·김병주, 《한국 교육정책의 쟁점》, 교육과학사, 2002
28. 김정빈, 2016, 〈학생의 진로 희망을 담아낼 일반고 교육과정, 어떻게 재구조화할 것인가?〉, 《교육비평(37)》, 117쪽

고등학교와 체육고등학교를 특수목적고로 지정하여 운영하였으며, 1977년에는 일부 실업계 고등학교로 특수목적고 지정을 확대하였고, 1983년 과학고등학교, 1992년 외국어고등학교가 각각 특수목적고로 지정되었다. 이러한 정부의 노력들이 바로 고교 다양화 정책의 시초가 되었다.[29]

1995년 5·31 교육개혁을 전후로 하여 일반계고와 실업계고에서 과학고, 외국어고, 예·체고 등 특수목적고와 특성화학교, 자율학교 등으로 고교 유형은 더욱 다양화되었다. 이는 사회민주화와 함께 교육의 '자율화, 다양화, 특성화'의 흐름 속에서 고교평준화 체제의 약점을 보완하기 위한 명분으로 각각 도입된 것이다.[30] 이후 2010년 개정된 「초·중등교육법」 시행령에 따라 '자율형사립고(자율고)', '자율형공립고(자율고)', '마이스터고(특수목적고)' 등이 새로 생겼다. 획일적인 고교평준화의 문제를 해결하기 위하여 고교평준화의 큰 틀에서 바라볼 때 고등학교의 유형은 교육과정 운영과 학교의 자율성을 기준으로 특수목적고, 자율고, 특성화고, 일반고의 4가지 위계구조 체제를 갖추게 된 것이다.

그런데 이러한 고교 체제에서 자율고, 특수목적고 등이 우선 선발권을 갖다 보니 고등학교 단계에서 입시경쟁을 부추기며 또다시 고등학교 진학을 위한 사교육 과열, 부모의 경제력에 따른 진

---

29. 김성열·김훈호, 2014, 〈고등학교 체제의 다양화: 양상과 성과, 그리고 과제〉, 서울대학교 교육종합연구원 학술대회, 28쪽

30. 김정빈, 2016, 〈일반고 중심의 평등한 고교 체제 탐색〉, 《교육비평(38)》, 53쪽

학 기회의 불평등 심화, 설립 취지와 다른 교육과정 운영 등 교육 전반에 많은 문제가 제기되었다.[31]

2019년 교육부는 서열화된 고교 체체로 인한 교육 전반의 왜곡 현상을 극복하기 위하여 2025년 고등학교 유형의 단순화를 추진한다고 밝혔다. 물론 학생들의 흥미, 개성, 요구 등이 각기 다르기 때문에 고등학교 또한 이에 맞게 다양화될 필요가 있다는 것이 틀린 말은 아니다. 하지만 기존의 수직적인 고교 체제의 한계를 벗어나 학교 내 교육과정의 다양화에 좀 더 관심을 두고 다양한 교육과정을 통해 학생 맞춤형 교육을 지향해 나가는 것이야말로 진정 모든 학생을 아우르는 시대적 요구라 할 수 있다.

경기도 부천시는 이런 시대적 요구의 지향점을 잘 파악하여 실천하고 있는 좋은 사례이다. 2017년 경기도교육청은 부천시를 교육과정특성화시범지구로 지정하여 운영하면서 일반고의 교육과정 다양화를 추진하였다. 모든 일반고가 교과특성화학교를 운영하면서 사회, 과학, 예술 등 교육과정의 특색을 만들어냈고, 그 지역의 중학생들은 자신의 흥미와 진로에 따라 고등학교를 선택하고 진학하는 체제를 만들었다. 지역 내에서 교육과정의 상호 연계와 교류, 호환을 강화하면서 수준과 위계가 다양한 교육과정이 운영되고 있다. 초기에 부천시가 과학고 설립을 추진하다가, 이 예산을 일반고 살리기에 사용하면서 이끌어낸 변화이기에 무엇보다

---

31. 교육부, 2019, 〈고교 서열화 해소 및 일반고 교육역량 강화 방안〉, 3~4쪽

주목할 만한 현상이라고 할 수 있다.

교육부는 자율형사립고와 특수목적고인 외국어고·국제고 79개교를 2025년에 일반고로 일괄 전환하는 것을 목표로 하고 있다. 다시 말해 현재(2020년 기준) 초등학교 5학년부터는 자사고와 외고, 국제고에 진학할 수 없게 되는 것이다.[32] 2025년 이후 전환한 학교는 현재 일반고와 동일하게 선발 방식이 변경되고, 무상교육이 지원되며, 전환 후에도 동일한 학교 명칭 사용이 가능하고, 특성화된 교육과정을 운영할 수 있다.[33]

2025년 3월 이전		2025년 3월 이후	
일반고		일반고	
자율고	자사고		
	자공고		
특수목적고	외국어고		
	국제고		
	과학고	특수목적고	과학고
	예술고, 체육고		예술고, 체육고
	마이스터고		마이스터고
특성화고		특성화고	
영재학교		영재학교	

※자료: 교육부, 2019

고교 유형 단순화 안
교육부는 자율형사립고와 특수목적고인 외국어고·국제고 79개교를 2025년에 일반고로 일괄 전환하는 것을 목표로 하고 있다.

---

32. 이연희, 〈現 초4부터 자사고·외고·국제고 못간다…일반고로 일괄 전환〉, 《NEWSIS》, 2019.11.07.

33. 교육부, 2019, 〈고교 서열화 해소 및 일반고 교육역량 강화 방안〉, 12쪽

그간 논란이 있어온 고교서열화를 해소하는 한편, 고등학교의 교육과정 다양성을 강화하는 것은 2025년 고교학점제의 주요 가치이다. 이를 통해 각 학교 내 교육과정의 다양화를 바탕으로 학생 맞춤형 교육을 제공함으로써 학생 각자의 진로를 찾아가는 것이 일반고의 핵심가치로 자리 잡아야 할 것이다.

교육과정 자율성의 확대

현재는 일반고에 진학하는 학생들이 학교교육과정에 만족하기 어려운 구조이다. 예컨대 일반고 학생 중에는 특성화고나 특수목적고를 희망했지만, 진학하지 못한 학생이 있을 것이다. 또 어떤 학생은 예체능에 관심이 있고, 어떤 학생들은 직업 교육과정을 이수하고 졸업 후 취업을 원하기도 한다. 하지만 현재의 일반고는 이렇듯 학생들 각자의 다양한 욕구를 충족시켜줄 만큼 만족스러운 교육 활동을 제공하기에는 어려운 구조이다. 최근 들어 부쩍 일반고 교사들은 예전보다 점점 더 학생들을 가르치는 것이 힘들어지고 있다는 말을 많이 한다. 학생은 의욕이 떨어지고, 교사는 교육하기 힘들어진 일반고의 현실이 비단 어제오늘의 이야기는 아니다.[34] 학생의 다양한 꿈과 적성을

---

34. 김영식, 〈[현장보고] 일반고의 위기, 왜?〉, 《중앙시사매거진》, 2017.07.17.

고려해보면 고교평준화 시행 때부터 이미 교육과정에서 소외될 수밖에 없는 학생들을 만들어내는 구조였다고 할 수 있다.

고교학점제는 2020학년도 마이스터고 51개교에서 우선 도입되어 운영되고, 2022년 학점제 제도 부분 도입 후, 2025년에는 전국의 모든 고등학교에서 운영이 본격화된다.[35] 이에 맞추어 2022년에는 2015 교육과정이 일부 개정되어 학점제로의 전환과 학교 밖 이수과목 인정기준 등을 마련하고 2025년에는 고교학점제 전면 시행에 맞춘 차기 개정교육과정이 운영될 예정이다.

2020년부터 적용되는 「초·중등학교 교육과정」의 일부 개정 고시된 내용을 살펴보면 이러한 맥락에 맞추어 단위 학교에서 학생의 진로·적성·학습 수준에 따른 교육과정 운영을 좀 더 가능하게 하고 있다. 2020년 국가 수준 교육과정의 일부 개정된 주요 사항은 다음과 같다.[36]

① 학교자율교육과정 운영의 유연화

우선 수업량을 유연화할 수 있다. 잘 알다시피 고등학교에서는 단위를 기준으로 수업량을 계산한다. 1단위는 50분 수업을 기준으로 학기당 17회 이수하는 수업량이다. 17회 중 단 1회는 학교가 자율적으로 운영할 수 있다. 1회의 수업은 해당 교과 또는 타교과

---

35. 교육부 보도자료, 〈마이스터고 고교학점제로 다시 한번 도약하다〉, 2019.08.21.

36. 교육부고시제2019-211호 「초·중등학교 교육과정」 일부 개정 고시

융합형의 프로젝트 수업, 보충 수업, 동아리 활동 연계 수업, 과제 탐구 수업 등 **학교자율과정**으로 운영할 수 있다.[37]

|표 1-3| 학교자율과정 편성·운영 예시

과목	A	B	C	D	E	F	G	H	I	계	비고
단위	4	4	4	3	4	3	1	3	4	30	
(시수)	(68)	(68)	(68)	(51)	(68)	(51)	(17)	(51)	(68)	(510)	
배정 시수	64	64	64	48	64	48	16	48	64	480	1단위 16회로 조정
조정 시수	-4	-4	-4	-3	-4	-3	-1	-3	-4	-30	

학교자율과정 프로그램	시수	운영 방법	A 과목의 실제 이수 시수 *	학교생활기록부 기록
프로그램1	15	A의 보충 교육	79	A의 과목별 세부능력 및 특기사항
프로그램2	15	B+C	64	B 또는 C의 과목별 세부능력 및 특기사항
프로그램3	30	융합프로젝트	64	개인별 세부능력 및 특기사항
⋮				

* 학교자율과정 선택에 따른 과목별 실제 이수 시수는 학생 개개인에 따라 다를 수 있으며, 이는 나이스의 교과별 편성 시수에는 반영되지 않음

※자료: 경기도교육청 함께만들어가는 교육과정, 2020

---

37. 경기도교육청, 2020, 《2020 함께 만들어가는 학생중심 교육과정》, 32쪽

② 이수 순서 및 대체과목의 허용

공통과목과 선택과목의 이수 순서 및 공통과목의 **대체과목**을 허용할 수 있다. 과목의 이수는 먼저 공통과목을 이수한 후에 일반선택과목을 통해 고등학교 단계에서 필요한 각 교과별 학문의 기본적인 이해를 기르도록 하고, 이어서 교과별 심화학습을 위한 진로선택과목을 이수하도록 되어 있다. 그런데 고등학교 1학년 때 모든 학생이 이수해야 하는 공통과목인 국어, 영어, 수학의 경우 학생들의 수준에 따라 과목의 위계를 더 두어야 한다는 요구가 많이 제기되었다. 이러한 맥락에서 실용국어, 실용수학, 실용영어는 진로선택과목이지만 학생의 학력 및 발달 수준 등을 종합적으로 고려하여 공통과목 이전에 편성할 수 있도록 하거나 공통과목을 대체하여 편성·운영할 수도 있다.

③ 이수 단위의 유연화 및 직업 과정 운영

일반고 필수 이수 단위를 **유연화**하였다. 교과(군)의 총 이수 단위 180단위 중에서 일반고등학교의 필수 이수 단위는 94단위이다. 하지만 이제 일반고에서는 학생의 진로·적성, 학습 수준에 따른 탄력적 맞춤형 교육을 제공하고자 학생별로 필수 이수 단위를 달리 편성할 수 있다. 즉 학교는 기초학력 보충교육, 예술·체육·대안 교육이 필요한 학생을 대상으로 별도의 교육과정을 2년 이상 운영할 경우에 한하여 대상 학생별로 교과(군)별 필수 이수 단위를 감함으로써 필수 이수 단위(94단위)를 다르게 정할 수 있게 된 것이다.[38]

끝으로 일반고등학교에서도 학습자의 다양한 적성과 진로를 고려하여 '직업에 관한 과정'을 운영할 수 있다. 또한 직업에 관한 과정을 2년 이상 운영하는 경우에는 특성화고등학교 및 산업수요 맞춤형 고등학교의 단위 배당 기준을 적용할 수 있다. [39]

교육과정 운영의 자율권은 2025년 고교학점제가 전면 시행되는 시기까지 단계적으로 더욱 확대될 예정이다. 궁극적으로 중앙집중형 교육과정의 한계를 벗어나서 지역과 마을교육과정 중심이 되어야 한다. 국가 수준에서는 비전과 가치, 철학, 목표와 방향, 최소 이수 단위 등만을 제시하고, 세부적인 내용은 학교와 지역의 특성을 반영하여 구성해 나갈 수 있도록 자율성을 최대한 보장해 주어야 한다. 학교와 지역 전체가 교육과정의 로드맵을 설정하고 학생이 중심이 되는 교육과정을 운영해 나가는 것이 중요하다.

고교학점제와 대학입시제도

우리나라 교육에서 현재 가장 큰 비중을 차지하고 있는 것은 뭐니 뭐니 해도 대학입시이다. 실제로 교사들과 전문가들에게 고교학점제 도입을 위한 고교 교육 개선

---

38. 교육부고시 제2019-211호 「초·중등학교 교육과정」 일부 개정 고시
39. 교육부고시 제2019-211호 「초·중등학교 교육과정」 일부 개정 고시

의 우선순위에 관한 질문에서 35.6%가 '대학입시제도'를 1순위로 꼽았다. 이어 '고교 내신 평가제도'(20.9%)가 2순위로 꼽혔다.[40] 이는 현재의 대입제도는 상위권 대학의 선발 기능으로 축소되어 있다 보니, 고교학점제가 본래의 취지대로 잘 실행되려면 학생들에게 필요한 다양한 평가 요소들을 반영하여 공교육 정상화에 기여하는 대입제도가 마련되어야 함을 시사한다.

우리나라 대입제도는 그동안 본고사 중심시기(1980년 7.30 조치 이전), 학력고사 중심시기(1995년의 5.31개혁 이전), 수능·내신·논술 3각 체제 시기(1995년의 5.31개혁 이후)의 큰 변화가 있었다.[41] 앞으로 고교학점제가 대입에 적용되는 2028년은 대학입시제도의 새로운 변곡점이 될 것으로 예상된다. 최근 고교학점제를 준비하는 2021~2017년까지는 실상 과도기적 상황이다. 교육부가 학생부종합전형의 공정성이 확보될 때까지는 정시 확대가 불가피한 상황이라고 밝히면서 현장에 많은 혼선을 주고 있다. 현재 고 1이 대학입학수학능력시험을 치르는 2023학년부터 서울대와 고려대, 연세대 등 서울 16개 대학에 한해 정시 모집 비중을 40% 이상 늘린다고 하였다.[42] 다음의 그림(60쪽 참조)에 나타난 것처럼 우리나라 대입제도의 내용은 지속적으로 변화되고 있다.

40. 황희경, 〈"고교학점제 도입하려면 우선 대입제도·내신평가 개선해야"〉, 《연합뉴스》, 2019.2.17.

41. 서울특별시교육청, 2016, 〈서울미래교육준비협의체 기초 연구 보고서〉, 118쪽

42. 김진하, 〈"서울 16개 대학 2023학년까지 정시 40% 이상 확대"〉, 《동아닷컴》, 2019.11.28.

2021학년도	2022학년도

- 문이과 통합(2015교육과정)
- 기존 체제 수능
- 정시비율 소폭 확대(23.0%)
	- 정시비율 30이상으로 확대
	  논술전형, 특기자전형(어학, 글로
	  벌) 정시로 전환, 점진적 폐지

2023학년도
- 서울 16개대학 정 40% 이상으로 확대

2028학년도	2024학년도

- 고교학점제 도입, 내신 성취평가제
- 고입 시(2025학년도) 자사고, 외
  고, 국제고 일반고 전환
- 논·서술형 등 미래역량을 평가
  하는 새로운 수능 체계 마련
	- 자율동아리, 개인 봉사활동, 교내대
	  회 수상경력, 독서활동 대입 미반영
	- 자기소개서 폐지

※자료: 교육부(교육부 자료를 근거로 재구성하였음)

해마다 달라지는 우리나라 대학입시
우리나라의 대입제도는 해마다 달라지고 있다. 하지만 중요한 것은 교육과정을 통해 학생의 성장을 이루어가는 것이다.

과도기적 상황에서 자칫 고등학교의 교육과정이 입시 위주의 편성과 수업으로 이어지지 않을까 하는 우려가 있는 것도 사실이다. 하지만 교육과정을 통해 학생의 성장을 만들어가는 노력은 계속 가속화해 나가야 한다.

앞으로 고교학점제 시행과 더불어 학생의 선택과목은 더욱 다양해질 것으로 예상된다. 교육의 책무성 차원에서 학생의 수준을 국가 수준에서 점검하는 평가 체제는 필요하지만, 시험 과목은 교과(군) 내에서 다양한 선택이 가능한 구조로 변화되어야 한다. 또한 수능 과목 간의 평가 방법을 일치시키는 것이 필요하다. 현재는 국사와 영어 과목의 경우만 절대평가로 실시되고 있는데, 수능 과목 간 평가 방법의 불일치는 다른 수능 과목에서 더욱 과열된 경쟁만 유발시킬 뿐이다. 아울러 수능을 통해 학생들의 역량을 측정할 수 있는 평가 방법이 제시되어야 한다. 고등학교의 내신과 새로운 수능 체제가 한 방향을 바라볼 수 있는 새로운 대입제도가 학점제 시행을 앞둔 과도기적 상황에서 충분한 사회적 합의를 거쳐 준비되어야 할 것이다.

우리나라 고교학점제의 현실과 지원 방안

공교육의 정상화를 위해 중학교의 자유학기제에 이어 고등학교에서 고교학점제를 주요 정책과제로 선정하여 추진하고 있다. 다만 고교학점제는 완결된 상태로 추진해가는 정책이 아니다. 2025년에 전면 시행 시점까지 고교학점제가 내실 있게 운영될 수 있도록 단계적으로 선결 과제들을 차근차근 해결하면서 완성해가야 한다. 이를 실현하기 위해 현재도 많은 정책이 시행되고 예산이 투입되어 나름 기반 조성을 해나가고 있다.

하지만 그 과정에서 나타나는 정책적 한계 또한 드러나고 있는 것이 사실이다. 알맹이 없이 무늬만 학점제로 끝나지 않기 위해서는 앞서 고교학점제 연구학교·선도학교들이 겪고 있는 현장의 어려움을 함께 해결하기 위한 다양한 그리고 적극적인 정책적 지원이 반드시 필요하다. 특히 다음에 정리한 것과 같은 점에서의 정책 지원 문제는 반드시 해결되어야 할 것이다.

우선 다양한 정책들이 학교에 **분산되어 운영**되고 있다는 점이다. 학교 입장에서는 고등학교 교육과정의 운영을 위하여 교육과정 다양화 사업, 혁신지구 사업, 마을교육공동체 사업 등으로 다양하게 지원된다. 이처럼 교육의 목적은 같으면서도 방법과 운영 체계가 서로 다르다 보니 사업의 효율성이 떨어지고 불필요한 행정적 절차만 늘어나는 실정이다. 올해부터는 고등학교의 고교교육력 제고 사업, 공동교육과정, 교과특성화학교, 고교학점제 연구·선도학교 등의 사업이 고교학점제 기반조성 사업으로 통일되어 단위 학교에 지원이 되고 있다. 하지만 고등학교 교육과정의 정상화를 위해서는 단순한 명칭의 통일이 아닌 운영 체계의 단일화를 바탕으로 한 획기적인 방향성의 전환이 필요하다.

둘째, 학교 차이뿐만 아니라 **지역 차이**를 극복할 수 있을 만한 구체적인 정책 대안이 부족하다는 점이다. 학교가 위치한 지리적인 조건, 지자체의 지원, 지역사회 인프라 등에 따라 각 학교의 교육과정 운영에도 많은 제약이 있다. 특히 농촌 지역 같은 경우 교사나 강사를 구하기조차 어려운 여건이며, 학교 간 이동 거리가 워낙 멀다 보니 공동교육과정도 쉽게 추진하기 어려운 형편이다. 결국 이러한 지역 간 차이가 학교 간의 차이를 유발하고 있다. 이러한 문제는 단위 학교에서 손쉽게 해결할 수 없는 구조적 한계를 내포한다. 이를 위해 학교에서 교육과정을 특색화하는 과정도 필요하겠지만, 이보다 한발 더 나아간 적극적인 지원이 필요하다. 특히 교육지원청, 대학, 지자체 등이 거점 센터가 되어 이들 지역에 대한 집중적인 지원이 이루어져야 한다. 예컨대 올해부터 지역별로 고교학점제 선도지구를 지정하여 이를 더욱 강화해 나갈 예정이다. 지구 내에서의 순회교사제 운영, 교·강사 인력풀 구축, 에듀택시나 에듀버스 지원 등을 통해 학교 간·지역 간 차이를 극복하여 모든 학교의 역량을 지원하는 것이다. 단순한 예산 지원에 그치지 않고, 실제로 필요한 내용에 사업이 추진될 수 있는 행·재정적 지원 방안까지 함께 마련되어야 한다.

셋째, 학교의 자율성을 위한 **지원이 미비**하다. 고교학점제를 운영하는 실행의 주체는 학교이다. 따라서 고교학점제를 준비해가는 과정에서 교육과정 운영에 대한 학교의 책무성이 더욱 강화되고 있다. 하지만 고교학점제 기반 마련을 위해 교육과정을 운영하는 과정에서 교육과정, 평가 부분, 교원 배치, 공간의 문제 등 다양한 요구들이 계속 발생하고 있다. 고교학점제 기반 마련을 위하여 먼저 고민하고 앞서서 길을 찾아가는 학교들이 오히려 더 힘든 상황이다. 이러한 현장의 요구가 적극 반영되어야 추진 동력을 잃지 않을 수 있다. 이러한 문제에 대해 현재는 교육과정, 평가, 교원 배치, 공간 등의 주제로 학교에 운영비 지원이 늘어나고 있는 것은 사실이다. 하지만 예산만 늘어난다고 해서 모든 문제를 해결할 수 있는 것은 아님을 잊지 말아야 한다.

넷째, 교사의 **성장 지원 시스템이 부족**하다. 고교학점제가 현장에 안착하기 위해서는 교사가 갖추어야 할 것이 참으로 많다. 예컨대 수강신청 프로그램 활용 능력, 다과목 지도 역량, 학습 코칭 역량, 공간에 대한 이해 능력, 최소학업성취수준에 미도달한 학생들에 대한 지도 능력 등이 그것이다. 하지만 이 모든 것을 위한 역량이 비단 몇 시간만의 형식적인 연수로 해결될 리 만무하다. 교양 교과목의 직무연수, 고교학점제 전문가 과정 연수, 워크숍 등이 운영되지만 인원 제한이 있거나 시간 등이 맞지 않아 참석하기 어려운 경우도 많다. 교사에게 필요한 것을 지원할 수 있는 다양한 형태의 연수가 운영이 되고 비교과 영역에 대해서도 지원책을 강화하는 것이 필요하다.

끝으로 고교학점제 안착을 위해 전제되어야 하는 **제도적 개선**이 여전히 미비하다. 고교학점제가 단순히 선택과목을 몇 과목 늘리는 정도의 무늬만 고교학점제로 머물지 않으려면 제도적으로 반드시 선결되어야 할 정책이 있다. 특히 교육과정, 평가제도, 졸업제도, 대입제도에 대한 단계적인 추진 과정이 하루빨리 가시화되어야 한다. 고교학점제를 시행하기 위한 적정 교육과정 이수 단위, 학점의 정의부터, 단계별 절대평가 운영 방법, 졸업 여건을 어떻게 정할지 그리고 이러한 과정들을 대입제도와 어떻게 연계하여 운영할지에 대해서 충분한 공론화 과정과 이에 대한 추진 로드맵이 구체적으로 제시되어야 할 것이다.

이상에서 우리는 고교학점제의 당위성과 제도의 성공적인 안착을 위한 제반 조건들에 관해 살펴보았다. 아울러 현재 지원되고 있는 정책들이 어떻게 개선되어야 하는지에 관해서도 정리해보았다. 이제 다음 장부터는 고교학점제를 각 학교에서 성공적으로 안착시키기 위해 학교문화와 운영 체계, 진로교육, 교육과정과 평가, 공간혁신, 특성화고등학교 등 다양한 측면에서 바라보면서 어떻게 준비하고 실천할 것인지 이야기해보려 한다.

HIGH SCHOOL
CREDIT SYSTEM

앞에서 우리는 고교학점제가 미래교육에 주는 방향성과 고교학점제의 연착륙을 위한 정책적 지원 등을 중심으로 살펴보았다. 이 장에서는 고교학점제의 성공적인 도입과 정착을 위해 무엇보다 필요한 각 학교의 노력에 좀 더 초점을 맞추어 살펴보려고 한다. 특히 이 장에서 주목하는 것은 학교문화이다. 오늘날 우리가 마주하고 있는 현실은 이미 과거와는 크게 다르다. 학생 수 급감과 다문화 인구의 증가, 교직원 구성의 다양화, 업무 간 경계의 모호성 등 여러 가지 면에서 기존 학교 환경과 크게 달라진 상태이다. 이러한 변화를 간과한 채 지금까지의 고정관념에만 사로잡혀 있다면 고교학점제는 결코 성공할 수 없을 것이다. 이에 우리의 달라진 현실을 조목조목 살펴보고, 극복해야 할 낡은 고정관념은 무엇인지 그리고 어떤 학교문화를 만들어가야 하는지에 관해 함께 생각해보기로 한다.

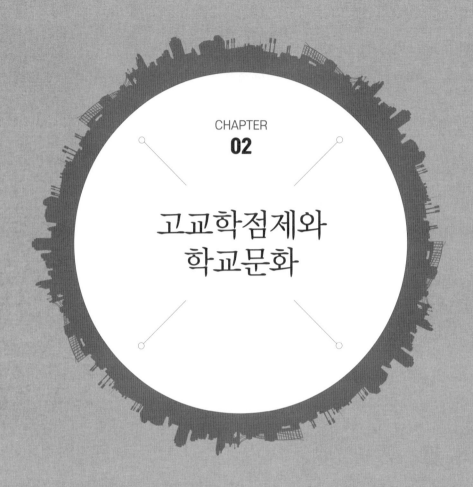

CHAPTER
02

고교학점제와
학교문화

"왜 학교문화가 중요한가?"

01

우리가 학교문화에
주목해야 하는 이유

우치다 다츠루(2012)에 따르면, 정부, 지자체, 교육청, 교사, 아이들, 학부모, 사회교육, 지역사회, 매체 등 교육을 둘러싼 모든 인간 활동이 '그것'을 중심으로 편성되어 있다면, 그것은 바로 교사와 학생이라고 한다.[1] 이는 교육문제의 해결 주체는 교사일 수밖에 없으며, 수업은 문제해결의 장(場)이라는 뜻이다.

새로운
학교문화의 필요성

2025년 전면 도입을 목표로 추진되고 있는 고교학점제도 이와 다르지 않다. 미래사회 변화, 학생

---

1. 우치다 다츠루, 《교사를 춤추게 하라》(박동섭 옮김), 민들레, 2012, 40쪽

수의 감소, 입시중심 교육 탈피 등 절실한 도입 배경 속에 전국의 많은 고등학교가 고교학점제 연구학교 또는 선도학교로 지정되어 새로운 교육과정 및 학사운영 과제를 모색하고 있다.[2] 그런데 이러한 정책적 추진도 결국은 교실 수업에 방점이 찍힐 수밖에 없다. 수업을 통해 학생이 성장하고, 교사가 보람을 느껴야 한다. 하지만 문제는 교실의 변화가 생각만큼 여간 쉽지 않다는 데 있다. 이른바 '잠자는 교실'은 무수한 정책적 노력에도 불구하고 여전히 고등학교의 일상 풍경처럼 눈에 비친다.[3]

우리가 고교학점제에서 **학교문화**를 주목해야 하는 이유가 바로 여기에 있다. 고교학점제의 도입 단계에서 최우선 과제는 학생 선택형 교육과정이다. 학생의 과목 선택권을 실질적으로 보장하자는 것이다. 물론 2015 개정교육과정 시행과 함께 비교적 짧은 기간 내에 이수 경로가 다양해지고 개설 과목도 늘어났다. 하지만 학교의 속내를 좀 더 자세히 들여다보면 실상은 그리 간단치 않다. 학교의 고충, 특히 교육과정을 담당하는 한 현장 교사가 지적한 아래의 문제점은 거의 구조적 성격을 띠기 때문에 고교학점제 안착을 위해서 반드시 해결해야 할 과제이다.

일부 교사의 헌신과 열정에만 기대는 모델은 절대로 성공과 확산의 모델이 될 수 없다. … 고교학점제 연구학교가 지역에 있는 교사들에게

---

2. 2020년 현재, 일반계 524개교, 직업계 208개교가 운영 중이다.
3. EBS 다큐프라임, 〈교육대기획〉, 《다시, 학교 8부-잠자는 교실》, 2020.2.21.

한 번 가서 근무해보고 싶은 교사 효능감을 주는 학교가 되어야 한다. 그러나 … 주변 교사들이 고교학점제 연구학교 근무 교사들을 연민의 시선으로 바라보게 하고 있다. 고교학점제 연구학교가 변화를 요구하는 기존 학교운영 방식 중에서 정작 핵심적인 것은 아무것도 바꾸지 않은 상황에서 새로운 과제가 더해진 형태이기 때문이다. … 학교의 변화를 이끌어내기 위한 리더십의 혁신, 학교 행정의 혁신 과정에서 국가 차원의 실질적 지원과 관심을 요청드린다… [4]

고교학점제를 위해 학생 선택형 교육과정 운영이 필요하고, 그것이 실제 가능하더라도, 학교운영 구조의 개선 없이 '일부 교사'의 헌신과 열정에 의지하는 식으로는 지속되기 어렵다는 주장이다. 과목 선택권 확대라는 가시적 결과가 중요하겠지만, 이에 앞서 학교문화가 새롭게 조성되어야 한다는 뜻이다.

학교문화와 관련한 문제는 향후 고교학점제를 확산하는 과정에서 가장 중요한 과제라고 생각한다. 학교문화의 개선과 관련한 여러 세부 과제들의 내용들은 가장 익숙한 내용들임에도 불구하고 가장 추상적으로 느껴지는 부분이기도 하다. 고교학점제가 아닌 다른 여러 교육정책들에서도 예전부터 제시되었던 내용들이기 때문에 익숙하면서도 지금까지 한 번도 구체적으로 경험해본 적이 없기 때문에 추상적이다. 지금껏

---

4. 정유훈, 2019, 〈2019년 제1차 고교학점제 정책포럼〉, 한국교육과정평가원 연구자료 ORM 2019-68, 88쪽

많은 교육정책들이 실패하고 좌절하고 왜곡되었던 가장 큰 원인은 학교문화와 관련한 문제들이었다.[5]

학교의 존립을 좌우하는 기능은 수업에 있다. 수업의 성공은 잘 설계된 학교교육과정의 지지가 있어야 한다. 학생이 배우고 싶은 것을 배우지 못하고, 교사가 수업에 전념하기 힘든 업무구조에 얽매어 있으면 수업에서 배움은 일어나지 않는다. 반대로 학생에게 과목 선택의 폭을 넓혀 제시하는 **교육과정 내실화**와 교사가 수업에 전념하도록 **학사운영 체제**를 갖춘다면 교실은 비로소 가르침과 배움이 일어나는 장(場)이 될 수 있다.

학생들의 수업 선택권을 확대하면서 일어난 가장 큰 변화는 교실에서 잠자는 아이들이 없다는 점이다. 3학년 이○○(18) 양은 "자기가 듣고 싶은 수업을 선택해 듣기 때문에 딴짓 할 틈이 없다"고 전했다.[6]

학교문화는 수업, 교육과정, 학사운영 체제를 안정적으로 감싸는 바탕이다. 아무리 좋은 엔진도 윤활유가 없으면 무용지물이다. 학교문화는 마치 윤활유처럼 학교가 제 기능을 발휘하도록 작동하게 하는 유·무형의 버팀목인 셈이다. 수많은 변수들이 언제 어떤

---

5. 정유훈, 2019, 88쪽. *굵은 글자는 집필자 강조 부분임.
6. 윤석만, 〈[르포] 인천신현고, 학생들에게 수업 선택권 줬더니 잠자는 아이들이 '싹'〉, 《중앙일보》, 2017.05.16.

형태로 나타날지 모르는 학교의 365일은 어느 누구도 장담할 수 없다. 문제를 완충(緩衝)하는 기제가 없는 경우 순식간에 수습 불가의 상황에 빠져버리기도 한다. 따라서 개설 과목의 확대가 어떤 문화 기반 위에 놓이느냐에 따라 학교 구성원에게 보람이 되기도 상처가 되기도 한다. 학교문화 형성 방안이 고교학점제 연구·선도학교의 컨설팅 과제[7] 중 하나인 것도 그만큼 학교교육에서 중요하기 때문이다.

학교문화가 고교학점제, 즉 학생 선택형 교육과정의 운영 구도에서 차지하는 모습을 도식화하면 다음과 같다.

학교교육 운영 구도
학교문화는 마치 윤활유처럼 학교가 제 기능을 발휘하도록 작동하게 하는 유·무형의 버팀목이 된다.

---

7. 컨설팅 과제는 학생선택형 교육과정 편성·운영 방안, 진로·학업설계 방안, 학생 평가 방안, 학교문화 형성 방안, 그리고 기타 사항이다(교육부·교육과정평가원, 2019, 〈2019년 고교학점제 연구·선도학교 컨설팅 안내서〉, 연구자료 ORM 2019-49, Ⅲ장 참조).

학교문화의 정의(定義)

J. 브루너(2014)에 따르면, 교육을 적절하게 이해하려면 좀 더 넓은 **문화적 맥락**에 관심을 두어야 한다. 문화적 접근과 교육의 관련에 대해서 그것은 하나의 문화에 구성원들의 욕구를 맞추고, 구성원들과 앎의 방식들을 그 문화의 요구에 맞추는 복잡한 추구 과정이라고 한다.[8] 이 말을 고교학점제와 결부하면 학교문화는 워낙 폭이 넓고 유동적이어서 어느 한 측면이나 하나의 잣대로만 접근할 순 없다. 그리고 학생의 '선택'을 기준으로 학교교육 환경을 구성하려고 할 때, 복잡성은 힘겨움과 기피 대상이 아니라 지극히 자연스러운 현상으로 받아들일 수 있다.

학교문화는 "학교에서 이루어지는 교육과정과 수업의 운영에 관련된 것을 총칭하는 것으로, 교사와 학생, 학부모의 사고방식과 학교 내에서의 교사와 학생의 조직 및 생활방식을 의미"한다. 아울러 "학교의 교육 목표를 지지하는 정서적 풍토이자 제반 시스템의 작동 기반"이므로 고교학점제가 안착하려면 민주적인 학교문화 구현이 중요하다.[9] 이를 실현하려면 당연히 구성원의 역할 변화와 협력적 소통이 수반되어야 한다.

---

8. 제롬 브루너, 《브루너 교육의 문화》(강현석·이자현 옮김), 교육과학사, 2014, 104쪽
9. 한국교육과정평가원, 2019, ORM 2019-49, 125쪽

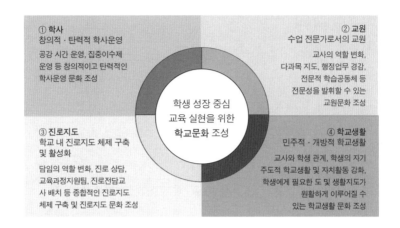

※자료: 황은희, 2019

고교학점제 학교문화 조성 영역
고교학점제는 기존의 고교 교육과정 및 학사운영 체제뿐만 아니라 고교 교육의 패러다임 변화를 포함한 고교 교육 체제의 변화이다. 따라서 구성원의 역할에 대한 인식 변화까지 포함한 학교문화 조성을 강조한다.

황은희(2019)는 학교문화를 "학교 조직의 다양한 요소들의 상호작용의 결과로 형성된 산출물", "학교 조직 전반에 막대한 영향을 주는 근원적 존재" 등으로 정리하면서, 고교학점제는 기존의 고교 교육과정 및 학사운영 체제뿐만 아니라 고교 교육의 패러다임 변화를 포함한 고교 교육 체제의 변화이므로 구성원의 역할에 대한 인식의 변화까지 포함하는 학교문화 조성을 강조했다. 그리고 고교학점제 학교문화 조성 영역을 학사(창의적·탄력적 학사운영), 교원(수업전문가로서의 교원), 진로지도(학교 내 진로지도 체제 구축 및 활성화), 학교생활(민주적, 개방적 학교생활)의 4개 영역으로 구분하여 제시했다.[10]

이러한 학교문화에 대한 정의를 통해 고교학점제는 바로 새로운 학교문화 조성 그 자체임을 확인할 수 있다. 고교학점제의 외양이 학생의 과목 선택 다양화로 나타나겠지만, 이는 학교문화의 안정적인 뒷받침이 있어야만 가능한 일이기 때문이다.

변화의 어려움을 이겨낼 실천의지의 중요성

새로운 학교문화의 중요성은 고교학점제 연구학교들이 일반적으로 겪는 어려움과 그 문제를 해결하는 과정에서도 확인할 수 있다. 예컨대 경기 H고의 경우, 학교교육과정 내 과목 선택권 확대는 물론, 주문형 강좌, 오프라인 및 온라인 클러스터 공동교육과정 등 학생 선택중심의 교육과정을 다양하게 제공하고 있다.

하지만 많은 학교들이 이와 같은 새로운 변화에 대해 미리부터 염려하고 긴장하는 경향이 있다. 운영상 변화로 인한 구성원 내부 갈등은 당연히 나오게 마련이고, 그것은 지극히 자연스러운 현상이다. 중요한 것은 문제를 어떻게 풀어갈 것인가에 있다. H고의 경우 제기되는 여러 문제에 대해 '학교의 주인으로서 함께 고민하고 논의하는 학교문화'를 해결 방안으로 제시한다.[11] 물론 제시된

---

10. 황은희, 2019, 〈고교학점제 학교문화 조성의 방향과 과제〉, 《제3차 고교학점제 정책포럼 연구자료》 CRM 2019-113, 3쪽

문제 상황(고충)		해결 방안(학교문화)
- 교사 간 갈등	→	- 업무분장(부서간 연계), 인사조직(부장, 교사)
- 독점적 지위 배제	→	- (특정교사, 학부모) → TF협의회
- 방학 근무 폐지	→	- 상호 신뢰와 책임 있는 태도
- 교직원 병가 등 사유 발생에 따른 보강	→	- 허용적 분위기 조성

학교의 주인으로서 함께 고민하고 논의하는 학교문화(경기 H고 사례)

많은 학교들이 변화에 따른 잡음을 지레 염려하는 경향이 있다. 하지만 실제 운영상 변화를 경험한 학교들의 대부분이 슬기롭게 어려움을 극복해나가고 있다. 무엇보다 중요한 것은 바로 실천의지이다.

내용 자체는 여느 학교에서도 흔히 볼 수 있는 일반적인 것들이다. 그러나 고교학점제가 워낙 큰 폭의 변화를 요구하는 만큼 이러한 상황들이 결코 가볍지 않게 다가왔을 것이고, 해결 방안 또한 쉽지는 않았을 것이다.

협력과 소통의 학교문화를 통한 문제해결은 고교학점제 연구학교 컨설팅 사례에서도 엿볼 수 있다. 학점제를 도입함으로써 앞으로 학교가 겪게 될 문제들은 실로 다양하고, 또 피할 수 없을 것이다. 하지만 결국 해법은 공동체성에 바탕을 둔 학교문화의 조성에서 찾아야 한다.

▪ 학생과 학교의 개성을 살리는 프로그램의 요청, 학교의 민주적 운영을 통해서 학점제 운영의 성공을 위한 문화 형성 전개의 사례 등과

---

11. 한국교육과정평가원, 2019, 〈고교학점제 연구학교 교원 하계 워크숍〉, ORM 2019-60, 63쪽

같이 고교학점제의 성공적인 운영을 위한 직접적인 교육 활동 그 자체에 대한 컨설팅의 필요와 그 내용에 대한 것도 고려할 필요가 있을 것으로 생각됨.[12]

- 기존 업무에 연구학교를 더하는 방식으로 교사의 업무 부담이 과중되지 않도록 학교 노력과 더불어 고교학점제 운영에 따른 학교공동체 전체의 이해와 협력 분위기 조성이 필요함.[13]

그런데 새로운 학교문화를 조성하려면 H고 및 컨설팅 관찰 사례에서 알 수 있는 협력적 소통 못지않게 구성원들의 실천의지도 중요하다. 그동안 익숙했던 것과 과감하게 결별할 수 있어야 하고, 낯설고 불편한 것일지라도 기꺼이 수용할 수 있어야 한다. 이는 자라면서 몸에 더 이상 안 맞는 작고 낡은 옷을 버리고 새 옷으로 갈아입어야 하는 이치와 같다.

고등학교들이 겪는 어려움은 교육과정, 수업, 평가, 진로진학, 생활지도, 인사 등 학교 업무 전반에 걸쳐 다양하게 제기되지만, 그 출발점을 더듬어보면 결국 학교교육을 둘러싼 변화를 어떻게 인식하고 있는가에 달려 있다. 새로운 변화에 대해 미온적인 태도로만 일관한다면 어려움은 계속될 것이다. 고교학점제는 우리가

---

12. 한국교육과정평가원, 2019, 〈2019년 고교학점제 연구학교 컨설팅 운영평가회 및 사례연구 최종발표회(2019.12.11.)〉 연구자료 ORM 2019-117, 박창언(부산대)의 강평 일부, 39쪽
13. 한국교육과정평가원, 2019, 연구자료 ORM 2019-117, 김택천(방산고)의 강평 일부, 34쪽

기존에 경험하지 못한 새로운 고등학교 교육과정 및 학사운영 방식이다. 따라서 지금까지 해온 익숙한 방법으로만 접근하려고 하면 당연히 어려울 수밖에 없다.

예컨대 대표적인 고충 사례로 꼽히는 교사의 다과목 지도를 살펴보자. 지금까지는 교사의 전공과목을 학교가 지정하여 수업을 보장해왔다. 하지만 이제부터는 학생이 과목을 선택한다. 수강 인원이 너무 적어서 교사의 적정 수업시수가 확보되지 못하는 경우도 발생할 수 있다는 뜻이다. 이때 다과목 지도는 고충이 아니라 교사 수급 문제를 해결하는 방안이 된다. 이 상황을 수용하지 못하면 교사는 계속 힘에 겨울 뿐이다.

다음은 학교 업무분장과 관련한 한 고교학점제 연구학교의 모습(A)과 인식 전환이 필요하다는 제언(B)이다.

A: 관리자의 주도적 운영 리더십이 많은 영향을 주었고 변화의 시작을 견인하고 있다. 따라서 연구학교 운영 초기로 소수의 전문 인력, 즉 업무 담당자와 관련 분과장이 과중한 업무를 처리하는 희생을 감수하고 있어 장기적으로 고교학점제의 안정적 운영을 위한 업무 경감과 효율적 업무 조직 보완이 필요하다.[14]

B: 학점제 운영은 단순히 학생들이 선택하는 과목을 개설하여 운영하는 차원을 넘어서서 학교 전체의 교육과정에 대한 큰 그림을 보는 시야

---

14. 한국교육과정평가원, 2019, 〈인천지역 사례연구〉, 연구자료 ORM 2019-117, 197쪽

가 요구되며, 학교의 업무분장이 기존 행정조직 차원에서 머무르는 것이 아니라 밀도 있는 학습조직으로 운영되어야 하며, 기존 조직을 과감하게 혁신할 필요가 있다. 그리고 학생의 학습을 유의미하게 지도하기 위하여 학교문화를 새롭게 바라볼 필요가 있다. 상호 학습공동체를 추구하는 문화, 담임중심이 아니라 유연한 교실 수업 조직에 대한 대응, 과목 개설과 폐강에 따른 긴장과 갈등의 증폭이 아니라 학생 학습에 대한 상호 지원 문화가 이루어져야 한다.[15]

A사례와 B제언은 우리에게 전혀 낯설고 새로운 게 아니다. 교원이라면 누구나 알고 있고, 또 개선을 위해 충분히 주장할 수 있는 내용이다. 그럼에도 불구하고 A사례에서 관찰된 업무 편중이 계속되고, B제언이 우리의 학교에서 제대로 실현되지 못하고 있는 이유는 무엇일까? 또 연구학교마다 업무 과중 문제를 가장 큰 난관의 하나로 지적하거나 호소하면서도 변화를 주저하는 이유는 무엇일까?

토마스 S. 쿤의 주장[16]을 빌리면 패러다임 전이가 완료되면 그 분야에 관한 관점, 방법, 목표 등이 변화한다. 바뀔 때가 되었으면 바뀌어야 한다. 따라서 시효가 다 되었을 법한 패러다임이 마치 정상적인 모습인 양 지속하고 있는 학교문화의 기제들을 이제는

15. 한국교육과정평가원, 2019, 〈경북지역 사례연구〉, 연구자료 ORM 2019-117, 96쪽
16. 토머스 새무얼 쿤, 《과학혁명의 구조》(조형 옮김), 이화여대출판부, 1995, 91쪽

냉정하게 되돌아볼 때가 되었다. 고교학점제 연구학교 사례들을 살펴보면 학교 담당자들은 각종 상황들을 접하며 '힘들 것'을 예측하면서도 '이러이러하면 좋겠다'는 소극적 방향 제시로만 그치는 경우가 많다. 하지만 이제부터라도 현재 직면한 상황이 '정말 괜찮은가'를 되묻고, 쉽지 않아 보이지만 '이것이어야 한다'는 적극적 설득과 제안이 필요하다.

물론 학교문화의 중요성과 전개되어야 할 방향을 머릿속으로는 잘 알고 있어도 막상 실천은 쉽지 않은 것이 현실이다. 왜냐하면 앞서 한 현장 교사의 언급대로, 학교문화의 개선과 관련된 내용들은 익숙한 데도 추상적이고, 지금까지 한 번도 구체적으로 경험해본 적이 없기 때문이다.[17] 고교학점제도 학생 선택과목 개설 확대 등은 어떤 경우든 드러난 형태이지만, 학교문화는 그 모습이 잘 드러나지 않는다. 예를 들어, 학교문화의 한 과제로서 제시된 교원 업무 경감은 누구나 공감하지만, 막상 '업무'를 분석하고, '경감'을 진행하는 구체적 실천은 결코 쉽지 않다. 업무와 경감을 바라보는 구성원들의 관점과 해석이 각자의 입장에 따라 다르기 때문이다. 따라서 학교문화가 문제를 해결하기 위한 기제로서 좀 더 현실감 있게 작용하려면 현재 학교가 놓여 있는 조건, 특히 변화하는 조건들을 먼저 허심탄회하게 바라볼 필요가 있다.

---

17. 정유훈, 2019, 88쪽

02

새로운 학교문화 창조를 위해 무엇을 극복해야 하는가?

고교학점제라고 하는 기존 우리 교육에 존재하지 않았던 전혀 새로운 제도가 각 학교에 성공적으로 안착하기 위해서는 새로운 학교문화를 만들어야 함을 이야기하고 있다. 그렇다면 먼저 우리 스스로 현실을 올바로 인식할 필요가 있다. 그리고 그동안 익숙하게 사용해온 개념들에 대해 재정립하는 과정 또한 필요하다. 여기에서는 이 문제에 관해 좀 더 자세히 이야기해보고자 한다.

우리가 인정해야 할 현실

고교학점제 환경에 어울리는 학교문화를 위하여 누구나 인정하는 우리의 학교 현실에 관해 살펴보고자 한다. 이미 현실이 된 변화를 현실로 받아들이지 못하면 학교문화 조성은 지체되거나 왜곡될 수밖에 없다. 학교에서 전개되는 양태(樣態)를 구성원 간 반응 측면에서 살펴보면 관행과 원칙, 시점(과거, 현재, 미래)간 혼선, 가치관(교육관) 차이 등 여러 이유로 긴장하거나 갈등하는 경우가 많다. 고교학점제 도입 단계에서 겪는 어려움도 여기에서 크게 벗어나지 않을 것이다. 따라서 어떤 입장, 어떤 위치의 구성원이라도 인정할 수밖에 없는 학교 안팎의 현실에 대한 확인이 필요하다. 문제해결은 있는 그대로의 현실을 직시하는 데서 출발한다.

① 교직원 구성의 다양화

최근 들어 상조회장 구인난을 겪는 학교가 많다고 한다. 과거에는 상조회를 구성할 때면 으레 박수와 함께 훈훈하게 추대되곤 했던 상조회장이 지금은 기피 대상이 되고 만 것이다. 상조회 운영이 쉽지 않은 탓이다. 상조회 구성이 정규교원 중심일 때는 일이 그리 복잡하지 않았다. 하지만 지금은 사정이 많이 달라졌다. 무엇보다 교직원 구성이 다양해졌다. 그만큼 상조회를 운영할 때 고려해야 할 부분도 많아진 것이다. 구성원의 다양화는 최근 몇 년간 빠르게 진행되었으며, 구성원 유형별로 적용되는 법규나 복무 조건이 상이하다. 따라서 상호 이해, 배려, 존중, 소통의 협력적 학교문화가 밑받침되어야 학교가 본연의 교육 기능을 원활하게 수행할 수 있다. 다음의 표 2-1은 광역시 소재 24학급 규모의 한 고등학교 교직원 현황을 정리한 것이다.

| 표 2-1 | 교직원 현황(2019)

구분	교직원 현황
교원	**(정규교원)** 교장, 교감, 수석교사, 교과 교사(44), 진로상담교사, 보건교사, 특수교사(5), *순회 교사(2), 타교 순회 교사(2), 휴직 교사(5) **(계약제교원)** 기간제(6), 시간제근무 기간제(3), 영어회화 전문강사(1) ※ 공동교육과정 지도: (본교 교원) 교사(1), 기간제(1), 시간제근무 기간제(1) 　　　　　　　　　　　(외부 교원) 타교 교사(6), 외부 시간강사(6)
직원	**(일반직)** 행정실장(1), 일반직(3) **(교육감소속근로자)** 구육성회 직원, 행정실무원, 교무실무원, 교무행정실무원, 영양사, 조리실무원(5), 전문상담사, 특수교육실무원(2), 운동부 지도자 **(학교소속)** 시설물 청소원, 사회복무요원, 배움터지킴이
BTL	현장 소장(1), 당직 경비(2), 시설물 청소원(2)

*( )는 인원수

표 2-1의 현황은 세분화(전문화), 다양화, 복잡화된 요즘 학교 현실을 잘 반영하고 있다. 그런데 이 모습에는 양면성이 있다. 즉 학교가 교육 이외에 떠맡는 일이 많아진 현실이기도 하고, 교육적 역할 수행에 전념하도록 제도화된 모습이기도 하다. 어떤 경우든 민주적 의사결정과 전문성에 근거한 합리적 판단이 뒷받침되지 않으면 학교는 제 기능을 발휘하기 어렵다.

구성원의 다양화로 교원과 직원의 역할이 뒤섞인 경우도 나타난다. 예컨대 업무를 위주로 하는 비교과 교사가 있고, 학생 교육(지도)을 주된 업무로 하는 직원이 있다. 교사만 해도 신분 유형, 업무 참여 방식, 심리 요인 등이 한결같지 않다. 특히 학생 선택형 교육과정이 자리 잡으면서 정규교원 이외의 교·강사도 다양화되고 있다. 소수 학생 선택과목, 공동교육과정 등 정규교원으로 충족하지 못하는 과목들에 대해서는 외부 강사를 구인하여 개설하는 경우가 많다.[18]

교원 대비 직원 비율이 점차 높아지고 있는데, 특히 다양한 직종의 교육감 소속 근로자 비율의 증가가 눈에 띈다. 이들은 급식, 상담, 행정실무 등 특정한 채용 목적에 따라 학교 구성원이 되었고 각기 부여된 업무를 수행하고 있다. 학생을 대상으로 수업을 하는 것은 아니지만, 학교의 교육운영에 차지하는 비중과 수요가 점점 높아지는 추세다.

② 다문화 학생 수의 증가

다문화 학생 수가 계속 증가하고 있다. 그런데 이와 반대로 전체 학생 수는 해마다 감소 추세이므로 다문화 학생 비율은 더욱 높아지고 있다.[19] 고교학점제가 전면 도입되는 2025년을 기준으로 추산해보면 2019년 현재 고등학교 다문화 학생 수가 11,234명인데 비해 초등학교 다문화 학생 수는 103,881명(3개 학년을 기준으로 하면 절반인 5만여 명)으로 지금보다 대략 5배 이상 증가한다. 이미 우리나라는 다문화사회로 접어들었다.

---

18. 한국교육개발원 교육여론조사(KEDI POLL 2019, 연구보고 RR 2019-27, 96쪽)에서 교사 자격증은 없지만 현장경험 등이 있는 전문가를 초·중·고등학교 교사로 일정 비율 초빙하는 방안에 전체 응답자의 53.1%가 찬성한 점을 감안하면 교직원 구성의 다양화는 계속될 것으로 예측된다.
19. 2019년 다문화 학생 비율, 교육통계서비스 홈페이지(https://kess.kedi.re.kr/index)

| 표 2-2 | 다문화 학생 수 추이

연도	다문화 학생 비율			학생 수			다문화 학생 수		
	초	중	고	초	중	고	초	중	고
2012	1.1	0.5	0.2	2,951,995	1,849,094	1,920,087	33,740	9,627	3,409
2015	2.2	0.9	0.5	2,714,610	1,585,951	1,788,266	60,162	13,827	8,146
2019	3.8	1.7	0.8	2,747,219	1,294,559	1,411,027	103,881	21,693	11,234

※자료: 통계청, 2019

그런데 현재 큰 폭으로 증가한 다문화 학생 비율과 달리 우리나라의 학교 시스템과 정서는 아직까지 다문화 환경에 그리 익숙하지 않다. 2018년도에 중도 입국 외국인 편입생의 담임을 맡았던 한 교사의 이야기를 들어보면, 종교나 풍속 등 생활환경이 전혀 다른 나라의 외국인 학생이 편입했을 때, 학생은 학생대로, 학교는 학교대로 서로가 서로에 대해 생소하고 낯선 문제를 학기 내내 직면해야 했다고 한다.

가장 힘들었던 것은 아무래도 소통이 아니었나 싶어요. 한국어 사용이 어려우니 서로 간의 의사소통에 문제가 있어서 힘들었어요. 난감한 요구도 많았죠. 종교, 식사, 과외(선생님 구해달라던지), 베이비시터(없는지)… 도우미 학생들도 많이 시달린 것 같은데… 특히 시험 기간에, 너무 많이 물어봐서…

- S 공립 일반고 교사

다문화 교육은 국가 교육과정에서 범교과 학습 주제의 하나로 교과와 창의적 체험 활동 등 교육 활동 전반에 걸쳐 통합적으로 다루도록 하고, 지역사회 및 가정과 연계하여 지도하도록 되어 있다.[20] 시도교육청 수준에서는 좀 더 구체적으로 교육 방안을 제시하는데, 예컨대 인천광역시교육청은 "교육과정 속에 문화 다양성 및 상호 문화 이해 요소를 반영하고 프로젝트 수업 형태로 지속성 있게 다문화 교육(연간 2시간 이상)을 실시"하도록 권하고 있다.[21]

김영순(2017)에 따르면, **다문화 감수성**은 "타문화와 타문화 사람들에 대해 유연하면서도 개방적인 태도를 가지는 것을 의미"하며, "급변하는 환경에서 우리 모두가 갖춰야 할 필수적 능력"이다.[22] 이러한 역량과 태도는 현행 교육과정에서 강조하는 내용이자, 고교학점제 환경에서 더욱 필요한 문화적 소양이기도 하다. 학생 선택을 존중하는 교육 환경에서 소수자의 존재(요구)를 어떤 형태로 학교교육과정에 반영하고, 이를 자연스럽게 여기는 학교문화로 만들어 나갈 것인가에 대해 당장 고민해야 한다. 이미 학교의 기준, 방법, 관행, 문화가 글로벌 다문화 환경에 놓여 있다. 따라서 학교문화가 학생 인권, 진로 진학, 수업 방법, 교사의 역할, 생활지도 등을 보편성 있게 담아내고 있는지 살펴야 한다.

---

20. 교육부(고시 제2015-80호), 초·중등학교교육과정 총론(II-1-아), 8쪽
21. 인천광역시교육청(고시 제2020-70호), 인천광역시 고등학교교육과정(II- 5. 다문화 교육-바), 41쪽
22. 김영순, 《다문화 교육의 이론과 이론가들》, 북코리아, 2017, 124~125쪽

③ 학생 수와 학급 수의 감소

학생 수의 감소는 진작부터 확인되는 사실이라서 새삼스럽지 않다. 아래의 표 2-3은 매년 4.1자 기준으로 산출된 최근 인천광역시 관내 고등학교의 학교 수, 학급 수, 학생 수의 추이를 정리한 것이다.[23] 학교운영과 관련하여 가장 눈여겨보게 되는 수치는 학생 수 감소(전년 대비 2018년도 7,245명 감소, 2019년도 6,591명 감소)와 학급 수 감소(전년 대비 2018년도 60개 학급, 2019년도 52개 학급 감소) 규모이다. 인구 변동이 크지 않은 광역시 상황이 이 정도임을 감안하면 농어촌이나 중소도시 소재의 학교들이 직면한 현실은 두말할 필요도 없을 듯하다.

|표 2-3| 학생 수 및 학급 수 추이

설립별	구분	2017	2018	2019
국립	학교수	1	1	1
	학급수	18	18	18
	학생수	358	356	343
공립	학교수	91	91	91
	학급수	2,444	2,400	2,361
	학생수	65,992	60,727	55,983
사립	학교수	33	33	33
	학급수	916	900	887
	학생수	25,802	23,824	21,990
계	학교수	125	125	125
	학급수	3,378	3,318	3,266
	학생수	92,152	84,907	78,316

---

23. 인천광역시교육청 홈페이지(학교설립과 자료실) 참조

학생 수와 학급 수의 감소는 교육과정 운영과 교원 인사에 직접적인 영향을 끼칠 수밖에 없다. 예컨대 선택교육과정에서 개설 과목마다 서로 다른 수강자 수는 수업 및 평가 방법, 교사와 학생의 관계, 일과 운영, 학생 관리 등 학교 운영 전반에 커다란 변화 요인이 된다. 개설 과목에 따라 교원 수급 등락을 예측하기 어려워진 현실은 교사의 입장에서는 당혹스럽기 그지없다. 지금까지는 단순히 학생 및 학급 수 대비 교원 정원만 확보되면 교육과정 운영에 무리가 없었으나, 이제는 교사 배정 인원과 별개로 교과목에 따라 과부족(過不足)을 조정해야 하기 때문이다. 학점제와 함께 '학생 개별 맞춤형', '수요자중심' 교육 등은 그저 상투적 표현에 머물지 않고 실질적으로 구현해야 할 당면 과제가 되었다.

④ 진로진학 환경의 변화

지속적인 사회 변화에도 불구하고 학교교육이 오랜 세월 요지부동할 수 있었던 배경에는 정시 및 수능중심 입시제도의 영향이 컸다. 그러나 수시전형 비율의 지속적 확대와 대학별 전형의 다양화 그리고 무엇보다 수능에서 응시과목을 선택할 수 있게 되면서 수능중심 학교교육은 조금씩 흔들리기 시작했다. 학교의 교육과정과 학생의 수능 응시과목이 부분적으로 어긋나면서 전국의 수많은 고등학교 교실은 '가르칠 수도, 가르치지 않을 수도' 없는 딜레마에 빠지고 말았다. 새삼 별도의 교육과정을 편성하기에는 학교의 준비가 턱없이 부족했고, 유연성도 없었다. 어느새 그 틈을 파

고든 사교육 업체들은 학생들의 입맛에 맞는 다양한 강좌들을 개설함으로써 수익을 보았다. 그래도 이때만 해도 대입의 큰 틀이 여전히 수능중심이었기 때문에 학교교육은 꿋꿋이 기존 방식을 고수할 수 있었다. 정규과정에서 부족한 부분은 방과후 보충이나 야간 자율학습 등과 같은 전통적 관리 기제의 틀 안에서 학생들의 입시 준비를 지도한 것이다.

하지만 학생부종합전형이 대입전형에서 중심축의 하나로 자리 잡으면서 상황이 급격하게 달라지기 시작했다. 수시전형으로 70% 넘게 입학생을 충원하고, 학교생활기록부가 거의 결정적인 전형 자료로 활용되면서 고등학교의 진로진학지도 풍경 또한 크게 달라졌다. 내신성적의 중요성이 높아지면서 교내 시험 관리는 사소한 실수도 허용되지 않을 만큼 민감해졌다. 교과의 세부능력 및 특기사항 기록이 갖는 의미가 강조될수록 교사들은 수업과 평가에 대한 부담은 물론이고, 혹시 빠진 것이 있지는 않을까 일일이 기록하느라 정신이 없을 지경이다.

학생의 개별적 학습 성향, 그러니까 점수로 반영하기 어려웠던 다른 역량, 배려심, 협력하여 과제를 수행하는 태도, 리더십, 표현력 등이 골고루 반영해줄 수 있어서 좋아요. 비록 업무량은 늘었지만 교사의 평가 전문성 발휘의 기회라는 점에서 좋은 기회죠. 과목 선택제가 되어서 소수 학생을 지도할 때 더 바람직할 겁니다.

- 공립 H 일반고 교사

대입전형을 둘러싼 논란 끝에 교육부는 2019년 12월 '대입제도 공정성 강화 방안'을 발표한 데 이어 2020년 3월 1일자 적용 시점으로 교육과정 총론 일부와 학생생활기록부 관련 지침 일부를 개정했다. 입시에 관한 한 워낙 이해관계가 첨예하게 대립하고 있어 각자의 입장에 따라 편리한 대로 해석하기 쉬운 게 사실이다. 하지만 위에 진술한 현장 교사의 견해를 보면 고교학점제를 기준으로 판단할 때 일반고 교육과정 운영은 앞으로 학생 선택을 기준으로 나아가야 하며, 정규일과 중 정상적인 교육운영에 힘써야 한다는 사실을 거듭 확인하게 된다.

⑤ 교육 권력의 중심 이동: 자율, 자치

지금까지 '학교의 주인은 학생'이라는 말은 학교에 대한 책임감과 애교심을 심어주기 위해 학생들에게 강조되는 상징적 언사일 뿐, 학교교육의 큰 줄기는 어디까지나 국가 주도 시스템이었다. 그러나 1980년대 이후 사회가 빠르게 변화 발전하고, 사람들의 기대 수준이 점점 더 높아지면서 교육(학교)에 대한 개념도 다시 정의되었고, 학교운영의 주체가 과연 누구여야 하는지에 대해 숙고하게 되었다. 어떤 교육이 현재의 사회적 요구에 가장 적합한가? 학교교육은 과연 누구를 중심으로 이루어져야 하는가? 또 학교교육의 운영 주체는 과연 누구여야 하는가? 요컨대 무엇을 어떻게 가르쳐야 할 것인가를 두고 다양한 입장들이 학교를 무대로 때로는 격렬하게, 또 때로는 소리 없이 충돌해왔다.

이러한 과정은 지방분권형으로 평가되는 제6차 교육과정으로부터 학생의 선택을 강조하는 현재의 2015 개정교육과정에 이르기까지 하나의 뚜렷한 흐름을 보여준다. 그것은 교육 권력(power)의 중심이 국가에서 단위 학교로, 공급자(국가, 교육청, 학교, 교사)에서 수요자(지방, 학교/지역사회, 교사, 학생/학부모)로 전환되고 있다는 사실이다. 학교별 특색 있는 교육과정이 장려되고, 교장공모제가 확대되며, 학생 선택권을 보장하는 방향으로 교육과정이 움직이고, 학생의 개별성에 주목한 입시제도의 확대 등을 조합해서 판단할 때 분명히 그러하다.

학교교육의 권력(power), 즉 동인(動因)이 위와 같이 움직이는 현실에서 학교의 **자율**과 구성원의 **자치** 역량은 매우 중요하다. 교육과정 총론의 기준에 따르면, 이제 학교는 상당한 수준의 교육과정 편성 및 운영 자율권을 행사할 수 있다. 자율이 제대로 효과를 내려면 교원의 교육 전문성과 함께 구성원들의 자발적 참여와 소통이 중요하다. 학교 '혁신'을 논할 때 자치의 관점에서 민주적 학교공동체 문화 형성을 강조하는 것도 그러한 까닭이다.

모호해진 경계선과 새로운 개념 정립

고교학점제의 도입과 함께 현장에서 강하게 체감하는 또 다른 주요 변화는 그동안 익숙하게 사용해온 개념이나 기준이 재해석되거나 흐려지는 경우가 많다는 점이다. 워낙 경계선 자체가 모호해진 탓에 명확한 구분보다는 섞여 있는 형태를 지향하거나 권장한다. 예컨대 통섭, 융합, 스팀(STEAM) 등의 용어가 학교의 각종 계획에 흔하게 등장하고, 공동교육과정, 과목 선택, 과정 평가 등은 이미 학교교육의 주요 과제로 자리를 잡고 있다. 기존의 선 긋기 사고로 이해하기에는 낯설고 부담스러운 내용들이다. 새로운 학교문화는 변화의 본질을 이해하고 발전적으로 해석·수용할 때 가능하다. 따라서 정책, 업무, 수업의 영역의 모호해진 경계선을 살펴보는 일은 의미가 있다.

① 정책과 교육

학교는 「초·중등교육법」 제23조 제1항을 근거로 교육과정 운영에 맞게 구조화되어 있다. 학교의 인적·물적 기반과 시간은 주로 교과 수업에 초점이 맞추어져 있다. 이외의 추가된 요구나 과제는 당연히 부담으로 느껴질 수 있고, 따라서 여기에서 학교의 고충이 발생한다. 즉 사회 변화에 따라 어떤 법령이 만들어지면 학교에서 관련 내용의 교육을 의무 또는 권장하는 경우가 많다.[24] 교육부와 교육청에서 특정 내용의 교육을 하도록 학교에 요구하며 시행되는 정책들도 부지기수다.

　이러한 요구들은 대체로 시의성을 띠고 있어 학교가 무작정 외

---

24. 예컨대 안전교육 51시간, 성교육 15시간, 보건교육 17시간 등이 관련 법령으로 규정되어 있다.

면하기도 어렵다. 하지만 이런 것들이 정규교육과정으로 제대로 뿌리를 내리기보다는 주로 계기 교육이나 범교과 학습 주제로[25] 다루어지다 보니, 상투적 운영에 머물러 있기 십상이다. 학교의 시간 대부분이 교과 수업이므로 일과 중에 별도로 시간을 확보한다는 것 자체가 쉽지 않다. 설령 시간이 확보되어도 누가 지도할 것인가를 두고 갈등하곤 한다. 교사들은 교육을 교과지도로 한정하여 이해하는 데 반해, 외부에서는 '교육'이라는 글자가 붙으면 모두 교육이라고 넓게 이해하는 데서 차이가 있다. 교사들의 입장에서는 교과지도 이외는 아무리 '교육'이라는 단어가 붙어 있다고 해도 그저 처리해야 할 과외 업무에 불과할 뿐이다. 그리고 그 간격은 좀처럼 좁혀지지 않고 있다.

교육자치 추세에 따른 지역의 교육정책도 주목해야 할 요소이다. 교육감 공약이 해당 시도교육청의 주요 업무로 반영되고 학교로 이어진다. 관련 조례가 만들어지고, 시도별 교육과정 편성·운영을 〈지침〉에서 〈교육과정〉 형태로 제시하기도 한다. 〈지침〉은 위계상 국가교육과정에 종속된 형태이지만, 〈교육과정〉은 지역의 상대성이 드러난다. 국가중심의 획일적 운영을 넘어 지역의 요구와 특색을 반영한다는 점에서 바람직한 현상이다.

그런데 여기에도 양면성이 있다. 지역 교육청의 정책 기능 강화와 교육적 강조가 개별 학교에 부담이 되기도 하는 것이다. 법령

---

25. 안전·건강 교육, 인성교육, 진로교육, 민주시민교육, 인권교육, 다문화교육, 통일교육, 독도교육, 경제·금융교육, 환경·지속가능 발전교육이 해당한다.

에서 허용한 학교 단위 자율이 지방 조례로 제한되는 경우, 학교의 유연성은 떨어지게 마련이다.

> 서울의 한 초등학교 교장은 "교육부는 두발 제한 등을 전면 금지하는 게 아니라고 하지만, 인사권을 쥔 교육감이 학생인권조례를 준수하라고 한다면 어떤 교장이 버틸 수 있겠냐. 사실상 교육감의 권한만 강화된 것"이라고 말했다.[26]

교육청마다 학교를 살려보자며 역점과제로 추진하는 혁신학교 활성화의 경우도 학교에서는 혁신의 지향점을 바라보기도 하지만, 한편으론 '혁신' 때문에 해야 할 업무를 먼저 생각한다. 이같은 맥락에서 교사들은 '○○부에 고교학점제 연구학교, 행복배움학교(혁신학교), 일반고 역량강화사업 등이 몰려 있어 행복배움학교 운영에 집중할 수 없는 점', '다양하고 복잡한 부서별 사업 운영에 대한 피로감 누적' 등의 어려움을 이야기한다.[27]

고교학점제의 경우도 마찬가지다. 정책과 교육 사이의 모호한 경계에 놓여 있다. 즉 교육부(교육청)는 교육을 제대로 해보자는 취지에서 추진하고 있는데, 학교(교원)는 힘겨운 업무로 받아들이는 경향이 강하다. 학생 선택권을 다양화하는 일은 당연히 교육에

---

26. 천인성, 〈학칙에 두발·복장 규정' 폐지…학교서 용모 규제 사라질 듯〉, 《중앙일보》, 2019.8.30.
27. 인천광역시교육청, 《2019 하반기 행복배움학교 워크숍(2019.12.13.) 자료집》, 148-149쪽

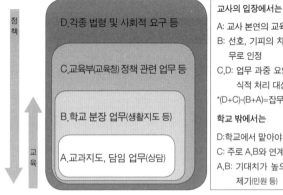

| 교사의 입장에서는 |
| A: 교사 본연의 교육 업무로 인정 |
| B: 선호, 기피의 차이는 있지만, 교사 업무로 인정 |
| C,D: 업무 과중 요인으로 인식하거나, 형식적 처리 대상으로 이해 |
| *(D+C)-(B+A)=잡무로 간주하는 경향 |

학교 밖에서는

D:학교에서 맡아야 할 교육 과제로 간주

C: 주로 A,B와 연계하여 교육하도록 요구

A,B: 기대치가 높으며 미흡할 경우 문제 제기(민원 등)

*화살표는 학교밖(정책)과 학교안(교사)에서 생각하는 교육의 범위임

정책과 교육의 기대차

교육부(교육청)에서는 교육을 제대로 해보자는 취지로 추진하는 고교학점제이지만, 정작 학교(교원) 차원에서는 힘겨운 업무로 받아들이는 경향이 있다.

해당한다. 그러나 다양화를 구체화하는 과정에서 필연적으로 생산되는 무수한 문서들과 이를 처리하는 것은 분명 성가시고 분주한 업무 그 자체일 수 있다.

② **교직원의 업무**

「초·중등교육법」 제20조는 학교 교직원의 임무를 다음과 같이 규정하고 있다.

- 교사는 **법령에서 정하는 바에 따라** 학생을 교육한다.
- 행정직원 등 직원은 **법령에서 정하는 바에 따라** 학교의 행정사무와 그 밖의 사무를 담당한다.

학교 업무는 교원의 학생 교육과 직원의 사무로 구분되고, 업무 간 영역이 비교적 명확하기 때문에 대체로 교직원 사이의 갈등을 일으키는 요인은 아니다. 업무 성격에 따라 구분하기 애매한 경우가 있기는 해도 학교마다 나름의 관례화된 방식으로 무리 없이 진행하고 있다. 예컨대 앨범, 교복, 수학여행, 기자재 관리 등은 교무실과 행정실이 서로 협조해서 처리하는 식이다.

그런데 최근에는 교육과 사무로 간명하게 구분하기 힘든 모호한 성격의 업무가 계속해서 쏟아지고 있다. 예컨대 관련 법령이 정비되거나 정책적으로 강조되고 있는 미세먼지, 학교 안전, 급식, 보건 등은 업무 성격이 워낙 혼재되어 있다 보니 담당자를 지정하는 데만 오랜 시간이 걸리기도 한다. 학교 공간혁신 사업의 경우도 마찬가지이다. 시설 환경 개선은 직원의 행정사무에 해당하지만, '사용차 참여'를 강조하는 공간혁신 사업은 실제 수업을 하는 교사와 학생의 의견이 매우 중요하다. 교실 환경 조성 자체가 교육의 일환이기 때문이다. 그 결과 자연스럽게 교사가 주도하는 업무로 간주되는 식이다.

교육과 사무가 뒤섞여 있더라도 업무량 자체가 간소하다면 큰 문제가 없다. 그런데 학생 선택중심 교육과정의 적용으로 교육과정 업무가 폭증하다 보니 어려움도 그만큼 비례해서 커지고 있다. 이 때문에 그동안 주로 교무부서에 속하던 교육과정업무를 별도의 부서로 분리하는 학교들도 적지 않다. 이 밖에도 교무 소관의 업무인데 성격상 사무에 해당하는 업무[28]량이 늘어나고 있는 것도

| | 〈과거〉 | 〈현재〉 | |

| [교원] | [일반직] | 교육업무 | 행정업무 |
| 교육(교무)업무 일부 행정 업무 | 행정업무 | 교원 | 일반직 |

[교육감 소속 근로자]

(교육지원)

전문상담사, 사서, 운동부지도자, 특수교육실무원 영양사

(업무지원)

교무실무원 조리실무원 행정실무원

교직원 인적 구성의 다양화(인천 I여고 사례)

새로운 법령이나 정책의 요구에 따른 업무가 새롭게 부과되면서 최근에는 과거와 달리 교직원의 인적 구성에도 변화가 생겼다.

부담스러운 고민거리이다.

새로운 법령이나 정책의 요구에 따른 업무가 새롭게 부과되면서 최근에는 교직원의 인적 구성에도 변화가 생겼다. 앞서 언급했듯이 다양한 유형의 교육감 소속 근로자들의 학교 내 비율이 계속 늘어나고 있다. 그만큼 학교의 업무가 과거와 달리 복잡해졌고, 모호한 경계 위에 놓여 있다는 뜻이다.

---

28. 각종 목적사업비 집행, 외부 인력 구인, 학적, 방송/정보 관련 등이 해당할 수 있다.

③ 교과목의 지도와 수업

경계의 불분명은 행정 업무뿐만 아니라 교사의 교과지도에도 나타나고 있다. 2015 개정교육과정으로 학생 선택과목이 늘어남에 따라 교사가 과거와 같이 전공교과목만을 지도하기가 어려워졌다. 아직까지는 고교학점제 연구학교나 선도학교를 비롯한 일부 고등학교의 사례가 다양하게 소개되는 정도의 단계이다. 하지만 일단 물꼬가 터졌기 때문에 학생 선택에 따른 다양한 교육과정 운영은 곧 전체 학교로 일반화될 것이다.

지금까지 교과목은 교사 교육 활동의 주된 경계선이었다. 하지만 학점제가 도입되면서 교과목을 구분하는 기준 자체가 흐려졌기 때문에 교과와 수업을 한층 새로운 관점에서 바라볼 필요가 생겼다. 특히 교육 활동의 경계선을 긋는 주체는 교사뿐만 아니라 학생도 포함된다는 사실을 인정해야 한다. 동일 교과군 내에 여러 과목이 공통, 일반선택, 진로선택으로 구분되고, 게다가 과목의 유형에 따라 학업성적의 평가 방식이 다르게 적용되므로 학생의 입장에서 선택할 수 있는 폭이 과거와는 비교할 수 없게 넓어졌다. 따라서 교사는 자신이 지도할 수 있는 과목의 경계를 종래와 다르게 설정해야 한다.

인천 I 여고의 경우 새로운 환경에서 교사가 지도할 수 있는 교과목을 다음의 표 2-4와 같이 3개 유형(가르쳐야 하는 과목, 가르칠 수 있는 과목, 가르쳐도 되는 과목)으로 구분하여 안내하고 있다. 과목의 경계가 애매한 상황에서 교사가 학교교육과정 내에서 자신의 교육 활동 입지를 확보하려면 다른 전공, 다른 교과 교사와도 같은 과목을 지도할 수 있고, 그런 환경에 자연스러워지도록 스스로 노력해야 한다. 그리고 필요한 지도 전문성을 갖춰야 한다.

수업의 운영도 마찬가지다. 닫힌 교실에 학생들을 몰아넣고 50분간 교사가 오롯이 주도하는 수업은 고교학점제라는 새로운 환경과 전혀 어울리지 않는다. 이미 **교과교실제**를 운영하는 학교에서

| 표 2-4 | 지도 가능 교과목 구분 사례(인천 I여고)

구분	지도 과목	지도 요건
가르쳐야 하는 과목	공통과목 일반선택과목	수업-평가에 전문적 지도가 필요하므로 표시과목 (전공 교사)에 맞게 지도
가르칠 수 있는 과목	공통과목 진로선택과목	동 교과군(통합교과) 내 교사가 지도 가능 (진로선택-성취평가제 적용)
가르쳐도 되는 과목	교양과목	부전공(자격), 관련 연수 이수 등 지도 가능 (교양은 이수/미이수 과목임)

학생들의 교실 이동은 상식이 되었다. 학생의 과목 선택 다양화에 따른 확대학급은 계약제 교원을 충원하여 지도하기도 한다. 또한 수업이 무조건 교내에서만 이루어지는 것이라는 생각도 많이 달라졌다. **학교간 공동교육과정**이 각 시도마다 여건에 맞게 다양한 형태로 자리 잡으면서 학생이 타교로 이동하여 수업을 받는 모습은 이제 더 이상 낯선 풍경이 아니다. 학생들이 과목을 선택함에 따라 불가피하게 생기는 공강은 피한다고 피해질 수 있는 게 아니다. 오히려 공강을 자연스럽게 받아들여야 하는 상황이다.

요컨대 교사의 학교 내 존재 기반이라고 할 수 있는 교과 수업이 유동적으로 바뀌고 있는 것이다. 형태도 워낙 다양해서 수업을 둘러싼 기존의 기준이나 상식들이 지속되기 힘든 상황이다. 모호한 상황에서는 수업에 대한 새로운 상상력과 기획이 필요하다.

고교학점제 연구학교인 인화여고는 수업의 변화를 안정적으로 관리하기 위해 다음과 같이 규정을 마련해두고 있다.[29]

① 모든 수업은 국가 또는 교육청 수준에서 제시(인정)하는 해당 과목의 교육과정을 근거로 하여야 한다.

② 수업은 성취기준, 이수단위 증감, 학생 수준과 관심 등을 근거로 교과를 재구성하여 지도하도록 한다(※필요한 경우 교과의 내용 배열순서와 비중, 방법 등을 재구성하여 지도함).

---

29. 인화여자고등학교, 「교육과정 운영 규정」 제18조(수업)

③ 수업은 내용에 따라 학교 이외의 장소에서도 진행할 수 있다.

④ 필요한 경우에 교과 담임 외에 타 교과 교사, 외부 인사(관련 전문가, 지역사회 인사, 강사(코티칭 포함), 명예교사 등) 등을 지도에 활용할 수 있다.

⑤ 교과수업 중 학생 참여형 수업[30]을 포함하고 과정평가가 이루어질 수 있도록 노력한다.

⑥ 수업은 단일 과목형, 교과목간 융합형, 교과 및 창의적 체험 활동 연계형, 단원간 연계(융합)형[31], 주제중심형 등 다양하게 재구성하여 운영할 수 있다.

⑦ 원격수업은 시교육청의 원격수업 운영기준에 따라 실시하며, 구체적인 운영 방법은 원격수업관리위원회(학업성적관리위원회)의 심의를 거쳐 학교장이 정한다.

---

30. 프로젝트 활동, 실기 실습(노작), 토의 토론, 온라인 연계, 교과 융합, 현지 체험(견학), 발표 등
31. 필요 시, 교과목의 전후 단원 간 융합, 순서 조정 등의 방법으로 운영

03

낡은 고정관념을 벗고
새로운 시각으로 바라보라!

고교학점제를 앞두고 아직도 현장의 많은 교사들이 저항감과 함께 여러 가지 어려움을 호소하고 있다. 그런데 교사들이 힘들다고 하는 이유들의 면면을 자세히 들여다보면 대부분은 정체성 혼란과 역할의 애매함에 있다는 것을 알 수 있다. 사실 교사의 입장에서 학생 선택중심 교육과정을 외면할 이유는 전혀 없다. 궁극적으로는 교육자로서의 본질에 충실할 수 있기 때문에 오히려 두 팔 벌려 환영해야 할 입장이다. 그럼에도 불구하고 많은 교사들이 새로운 변화가 가져올 긍정적인 효과에 대한 기대보다는 막연하게 당혹감이나 거부감을 드러낸다면 그동안의 학교 풍토를 되돌아볼 필요가 있다.

대체 무엇 때문에 변화를 두려워하며 주저하게 되는가? 다소 원론적이지만, 고교학점제의 성공적 도입을 가로막는 학교의 고정관념 몇 가지를 살펴보기로 한다.

변화가 필요한
담임교사의 역할

우리나라의 학교교육에서 '담임 선생님'의 각인은 엄청나다. 학급을 기초단위로 학교가 구성되어 있기 때문이기도 하고, 학교의 교육과 행정이 학생, 학부모와 만날 때 가장 일선의 접점에 위치한 교원은 주로 담임교사이다. 이러한 조건 때문에 학생과 학부모는 담임교사를 통해 학교를 인식하고, 호오(好惡)의 마음을 드러낸다. 교사의 입장에서도 담임의 의미는 각별하다. 전공과목을 가르치는 것과 학급 학생을 개별적으로 관리하고 지도하는 영역은 전혀 다른 차원이다. 학교에서 교사를 담임과 비담임으로 구분하여 업무 영역을 정하는 것도 담임의 역할이 그만큼 막중하다는 의미이다.

학교 환경의 변화에 따라 담임을 선호하거나 기피하는 경향은 오락가락하지만, 기본적으로 학교와 학급의 틀이 유지되는 조건에서 담임의 역할을 빼놓을 순 없다. 다만, 앞으로 담임교사가 어떤 역할을 맡아야 하는가에 대해서는 면밀한 고찰이 필요하다. 기존의 각인된 담임 상(像)을 유지하며 역할을 수행하기에는 학교교육과정의 운영 환경이 너무나 달라졌고, 과거의 상을 고집할 경우 오히려 학생의 진로진학 및 그들이 자율적 주체로서 성장하는 데 걸림돌이 될 수 있기 때문이다.

고교학점제 환경에서 담임교사의 역할은 기존과 분명 달라져야 한다. 지금까지는 '반'으로 묶인 학생들이 같은 교실에 앉아서 같은 시간표를 공유했다. 그리고 담임교사는 이런 학생들로 구성된 학급을 대상으로 지시, 전달, 관리에 적합한 역할을 수행했다. 하지만 선택중심 교육과정에서는 교육 동인(動因)이 학교(교사)보다는 학생으로부터 시작한다. 즉 같은 학급이라도 학생들의 수업 시간표가 서로 다르고, 수업이 이루어지는 교실도 다르다. 따라서 담임교사는 기존과 달리 학생의 선택을 도와주는 유능한 안내자나 길잡이가 되어야 한다.

아이들의 저녁 시간도 담임선생님이 관리하는 형태, 뭔가 책임을 져야 될 거 같은, 담임이 역할을 해줘야 될 거 같은 이런 심리적인 구조였는데 지금은 그렇게 하려고 해도 시간적으로 아이들하고 같이 있을 수 있는 시간적인 길이는 이제 별로 없는 거고, 또 (야간 자율학습 시간에) 남아 있는 얘들도 이제 별로 없어요. 이런 상황인데도 담임선생님들이 예전과 같은 식의 현실적으로는 아이들은 없는데도 심리적인 끈은 그냥 여전히 뭔가를 해줘야 될 거 같은 이런 느낌으로 있을 때, 오히려 더 좀 힘든 부분은 계속될 거예요. 그렇다 보면 실질적으로 담임선생님들은 카운슬링하는 역할, 아이들이 과목 선택하는 거, 또 아이들이 스스로 알아서 공부하게끔 이렇게 하려면 기존과는 좀 다른 형태의 담임 포지션을 잡아야 되지 않겠냐.…**32**

- S 자공고, 고교학점제 선도학교, K교사

---

32. 윤영돈 외, 2018, 〈고교학점제 도입을 위한 담임교사 역할모형 탐색(인천교육청 수탁연구)〉, 75쪽

담임교사의 역할에 대한 현장 교사의 생생한 고민이 역력히 드러난 인터뷰이다. 그런데 여기서 몇 가지 질문을 해본다. 현재 우리 학교의 학년부서 업무(담임의 역할)는 고교학점제와 2015 개정 교육과정의 운영에 적정한가? 학생의 과목 선택권 보장(안내)이 큰 화두가 된 당장의 상황에서 학년, 담임의 역할은 순조로운가? 학생 개별 시간표가 만들어지면 기존의 학급 단위 수업은 점점 해체될 수밖에 없는데, 학급 담임의 학급 지도 루틴이 그대로 유지될 수 있을까?[33] 이러한 질문에 학교와 교사는 답을 내놓아야 하는 상황이다.

벗어나야 하는 업무중심 사고

학교가 교육을 할 때 그 실행은 업무구조 위에 얹혀 있다. 즉 교육의 내용이나 규모와 상관없이 **계획**을 세우고 **절차**에 맞추어 진행하게 된다. 그런데 바로 여기에 딜레마가 있다. 어떤 교육을 제대로 진행하려 하면, 이에 비례해서 수반되는 일의 양 또한 늘어난다. 교육과 일은 별개인 것 같지만 실은 동전의 양면과 같다. 실제로 우리 주변에서는 안타깝게도 학교교육에 의욕적이고 열심이던 교사가 어느 날 갑자기 번 아웃

33. 최영선, 2019, 〈2015 개정 교육과정과 담임교사의 역할〉, 《2019년도 현장교원 교육과정 단위학교별 연수를 위한 사전 워크숍(2019.5.31.) 자료집》, 인천시교육청

상태에 빠지거나 건강을 잃는 경우들을 종종 볼 수 있다. 이처럼 교육(수업)과 업무 간에 적절한 수준에서 균형을 잡기란 동전 세우기만큼이나 쉽지 않은 일이다.

> 교사 본연의 일, 가르치는 일, 평가하는 일은 어쩔 수 없는데, 열심히 하
> 는 선생님들일수록 교무나 연구처럼 행정에 속한 일들을 하게도 되는
> 데, (저는) 연구부장하면서 수업하랴, 일하랴 하다 보니 아이들에게 미안
> 해지더군요.
>
> - 공립 H 일반고 교사

고교학점제도 시작과 함께 기로에 서 있다. 앞으로 학점제가 성공적으로 학교 현장에 안착하려면 학교가 교육을 중심으로 재구조화되어야 하고, 교사는 교사대로 스스로 수업 전문성을 높이는 데 몰두해야 한다. 동시에 학생의 선택을 안내하는 최적의 환경을 구축해야 한다.

이 모든 것을 실현하기 위해서는 학교의 판단이 중요하다. 좀 더 구체적으로 말하면 앞서 언급했던 혁신학교의 경우처럼 교사가 혁신(교육)을 추구하다가 혁신(업무)에 지쳐 번 아웃되는 일이 없도록 해야 한다는 뜻이다. 고교학점제가 충분히 교육적인만큼 교사들은 쏟아지는 수많은 업무들에 휩싸일 가능성이 농후하다. 이는 교육과정 담당교사들의 고충에서 이미 드러난 바 있다. 따라서 "이 업무가 과연 필요한가?", "지금의 수행 방식이 타당한가?",

"학교교육에 도움이 되는가?", "교원의 전문성 신장 또는 교원의 역할 수행과 밀접한 관련성이 있는가?" 등을 끊임없이 되물어야 한다. 참고로 2017년 고교학점제 논의가 처음 시작되었을 때, 현장 교원중심 국가교육과정 거버넌스 1차 포럼(2017.9.26.)에서 나왔던 다음의 문제 제기는 학교문화를 새롭게 조성해본다는 관점에서 함께 생각해볼 만하다.

첫째, 학교는 교육을 하는 기관이다. 교육행정의 말단에 있지만, 교육을 주된 과업으로 수행한다. 상급 기관(교육부, 교육청 등)의 각종 교육정책을 수업으로 녹여내어 학생들을 길러내야 한다. 그런데 학교는 교육정책을 업무(業務)로 감당(처리)하는 경우가 많다. 학교를 교육행정기관이 아닌 교육기관으로 정체성을 잡아주는 일, 누구의 몫일까?

둘째, 교사의 주된 업무는 교과 수업이다. 사범(師範) 과정 자체가 교과 관련이고, 해당 교과 교원 자격을 취득해야만 교직에 종사할 수 있다. 이후에는 잘 가르치도록 끊임없이 요구받는다. 그런데 막상 교사를 바라볼 때는 업무처리 능력으로 판단받을 때가 많다. 경험도 별로 없는 낯선 업무 앞에서 교사는 당황한다. 사람은 자신이 잘할 수 있는 일을 잘할 때 행복하다. 교사가 수업에서 역량과 전문성이 빛나도록 하는 일, 누구의 몫일까?[34]

---

34. 최영선, 2017, 〈2017 현장 교원중심 국가교육과정 거버넌스 1차 포럼〉, 2017.9.26. 229~230쪽

관행이 아닌 규정에 따른 교원 복무

유발 하라리[35]에 따르면, "뒷담화로 결속할 수 있는 집단의 자연적 규모는 약 150명"이라고 한다. 구성원이 작은 경우에는 굳이 공식적 서열이나 규정이 불필요하지만, 그 이상이 될 때는 제도적 시스템이 필요하다는 것이다. 학교의 경우는 어떠할까? 도서벽지의 작은 학교라면 구성원 간 끈끈함에 의지하여 무리 없이 제반 교육 활동이 가능할지 모른다. 그러나 일정 규모 이상이 되면 각종 지침이나 규정의 촘촘한 그물망 없이 오직 끈끈함만으로 정상적인 교육 활동을 운영하기는 어렵다. 구성원의 다양성 때문이다.

교사는 복무규정에 따라 학교교육에 임하지만 규정보다는 관행에 의한 경우도 적지 않다. 규정과 관행이 무리 없이 조화를 이루면 좋겠으나 현실은 그렇지 않다. 특히 학교 구성원이 다양해지면서 규정과 관행이 상호 긴장하고 갈등하는 경우는 점점 늘어나고 있다. 복무를 둘러싼 규정과 관행의 충돌은 학교의 여러 지점에서 쉽게 엿볼 수 있다. 예컨대 정기 고사 기간 중 오후에 교직원 연수가 있게 되면, 담당자 마음이 편하지 않다. 시험 기간 중 오후 조퇴는 흔한 풍경인데, 학교의 필요에 따라 별도의 계획을 세워두면 계획 단계부터 벌써 이견 대립에 봉착하기도 한다.

---

35. 유발 하라리, 《사피엔스》(조현욱 옮김), 김영사, 2015, 52쪽

시·도마다 차이는 있지만, 방학 중 근무조 문제도 자주 논란이 되곤 한다. 교육청은 교직원들의 의사를 반영하여 학교가 자율적으로 정하도록 안내하지만, 학교에 따라서는 여전히 의견이 분분하다. '근무조'를 각기 관행적으로 해석하다 보니 현실에 맞게 방학 중 학교운영 및 교원 복무 형태를 도출하기보다는 일종의 옥신각신 감정적 앙금만 남기곤 한다. 문제의 핵심은 단순히 방학 중 학교에 나오느냐 마느냐가 아니라, 복무관행과 복무규정을 어떻게 조화시킬 것인지 학내 의사소통과 이해의 문제라고 보아야 한다. 아무튼 근무조 문제는 수많은 사례 중 하나의 예시일 뿐이다. 중요한 것은 의외로 학교교육의 많은 부분이 관행과 규정 사이에 긴장 요인으로 작용하고 있다는 점이다.

고교학점제 환경에서는 관행보다 규정에 입각한 복무가 자연스럽게 자리잡을 수밖에 없다. 우선 육아시간, 모성보호시간, 육아휴직, 자녀 돌봄 휴가 등과 같이 국가공무원 복무규정, 교원휴가에 관한 예규 등에 제시된 근무 여건 관련 조항들 때문에라도 복무에 대한 기존의 관행을 바꿔야 한다. 예전에는 교원의 업무가 정규일과 외 야간, 주말의 시간에도 수행되는 것을 자연스럽게 생각했다. 학교에 따라 다르지만, 고등학교의 담임교사라면 아침에 일찍 출근하고 저녁에 늦은 시간까지 학교에 남아 있는 것을 당연시했다. 학교의 업무가 과도하게 확장될 수밖에 없었고, 그것이 정상으로 간주된 것이다. 그러나 사회적으로 주 52시간 근무제가 시행되는 마당에 정상 일과를 넘어선 무리한 업무 수행은 결코 바

구분	시간	과거	학습선택권 조례 시행	현재
아침 프로그램	07:00~	조기 출근		
	08:00~			
정규 일과	09:00~			
	14:00~			
	~17:00			예) 육아시간 등
방과후 보충	~19:00			
야간 자율1	~21:00			
야간 자율2	~23:00	예) 면학실 감독		

*참고

■ 학교에서 업무에 종사하는 시간(의무적)　　　■ 희망자로 한정하거나 업무 수행 유연성 보장

▨ 간섭이 없거나 업무 유연성이 크게 보장된 시간

교사의 업무 수행 시간 범위
교사의 모든 업무는 가급적 정규일과 중에 소화되는 수준이어야 한다.

람직하지 않다. 위의 그림에서 예시한 것처럼 현재 조건을 전제로 업무 수행 범위를 재설정해야 한다.

　다음으로, 고교학점제는 학생이 선택한 과목의 이수를 보장하는 것이 관건이다. 따라서 교육과정의 편성과 운영, 촘촘한 학사 일정 관리는 무엇보다 중요하다. 이를 뒷받침하기 위해 학교의 우선순위, 업무 수행 방식, 교원의 역할 등이 이전과는 달라져야 한다. 한정된 시간과 조건 내에서 업무를 수행해야 하므로 선택과 집중이 필요하고, 발생하는 문제들에 대해서는 관습이나 주먹구구식이 아니라 자체 규정 등을 체계적으로 마련해서 적용하고 해결할 필요가 있다. 물론 모두가 익숙한 환경에서는 때론 경험칙에 따른 관행이 더 바람직할 수 있을지도 모른다. 그러나 이미 수차례 강조했지만 고교학점제는 지금까지와 전혀 다른 교육운영 방식이다. 이미 고교학점제 연구학교 사례에서 기존 방식은 여러 지점에서 문제해결이 아니라 오히려 문제를 야기하는 요인으로 작용하고 있음을 확인할 수 있었다.

정리하면, 복무에 대한 고정관념에서 벗어나려면, 고교학점제 환경을 적극적으로 전제해야 한다. 그리고 관련 규정, 지침 등으로 제시된 사항 중에 관행과 충돌하는 것이 무엇인지? 그리고 문제의 해결을 위한 방법으로서 학교 구성원 간 논의구조는 관련 규정이나 내규 등으로 뒷받침되어 진행되고 있는지, 아니면 관행적으로 이루어지는지? 이런 것들을 구체적으로 확인하고, 학교 여건에 맞게 기반을 차근차근 다져가야 할 것이다.

앞에서 우리는 과거와 비교해서 확연히 달라진 학교가 당면한 현실에 관해 이야기했다. 아울러 우리가 오랫동안 관행처럼 여겨온 것들이 고교학점제가 정착하는 데 여러모로 문제를 일으키는 요인이 된다는 것과 하루 속히 떨쳐내야 할 고정관념들이 무엇인지에 관해서도 살펴보았다. 그렇다면 이제 '어떻게 할 것인가'에 좀 더 집중해야 할 것이다. 이제 이 장에서는 고교학점제의 성공적인 도입과 정착을 위해 학교의 소통구조, 학교 업무의 재구조화, 학사운영 관리 등의 측면에서 좀 더 구체적인 방안들을 제시하고자 한다.

CHAPTER
03

고교학점제와
학교운영

"학교, 무엇을 어떻게 혁신할 것인가?"

01

우리는 왜
협력적 소통에 주목하는가?

2019년 **교원치유지원센터**가 각 시도교육청에 개소되었다. 교권 침해는 사실 어제 오늘 일이 아니며, 하루가 다르게 관련 사안이 늘면서 '교권 보호'가 강조되고 있다. 그런데 '치유'라는 표현이 새로이 등장한 것을 보면, 그동안 교권이 제대로 보호받지 못해온 현실을 반영하는 것 같아 씁쓸하다. 교사의 교육 활동을 보장하기 위해 소극적 보호가 아닌 적극적 치유를 추구해야 할 만큼 우리의 학교가 심각한 위기에 노출되어 있다는 뜻이다.

소통구조의
기능과 역할

고교학점제를 도입하는 과정에서 학교문화, 특히 소통에 주목해야 하는 이유가 바로 여기에 있다. 치유가 필요할 정도라면 학교 환경은 반드시 개선되어야 하고, 그 방안은 다름 아닌 학교 안에서 찾아야 한다. 어려움의 가장 큰 원인은 여러 번 지적되었듯이 구성원 사이의 원활하지 않은 소통에 있을 것이다. 그렇다면 소통에서 무엇이 문제이며, 이를 시스템적으로 풀어 나갈 방법은 없을까?

① 서로 허심탄회하게 의견을 나누는 학교 분위기의 조성

교원을 대상으로 많은 임상 경험을 쌓은 어느 정신과 의사에 따르면, "좋든 싫든 한 사람의 교사가 학급에서의 모든 책임을 지고, 다른 교사는 전혀 참견할 수 없는 폐쇄적 분위기" 속에서 "교사가 여러 가지 문제를 혼자서 끌어안고, 고민하다 못해 쓰러져가는 현상"이 생긴다고 한다. 이러한 일을 예방하기 위해서는 '그 일은 누구에게나 일어날 수 있는 일'이라는 생각으로, 동료 교사와 허심탄회하게 의견을 나눌 수 있는 직장 분위기를 만들어야 한다.[1] 그리고 학교 정신건강을 위해서는 자율성이 중요하고, 자율성을 키우려면 외적 요인(진보강박 증후군)과 내적 요인(희생양 심리)을 극복해야 한다.

여기에서 **진보강박증후군**이란 뒤처지지 않으려는 초조함에 사로잡힌 나머지 미처 소화도 시키지 못한 상태로 따라가는 심리이다. 예컨대 '앞서가는 학교'를 우리도 빨리 도입하자, 다른 학교에서

---

1. 나카지마 가즈노리, 《선생이 부서져간다》(신현정 옮김), 글누림, 2016, 123쪽 참조. 이 책의 저자는 일본의 교원 전문 병원인 도쿄 산라쿠병원 신경정신과 의사라고 한다.

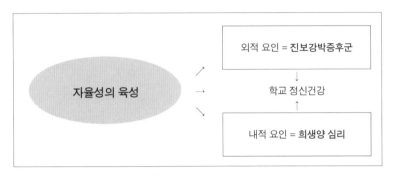

학교 정신건강에 미치는 내외적 영향[2]
학교 정신건강을 위해서는 외적 요인인 진보강박증후군과 내적 요인인 희생양 심리를 극복해야 한다.

도입하고 실천하는 '앞선 방법'을 우리도 빨리 받아들이자는 식의 조급한 태도이다. 학교가 진보강박에서 벗어나려면 유행이나 새로운 것만 쫓지 말고 교육의 근본을 항상 마음에 새기며 현실감을 잃지 않은 교육을 실천해가는 것 이외에는 다른 방법이 없다.[3]

　희생양 심리는 자기실현을 추구하는 인간 본성이 억눌릴 때 생기는 심리상태이다. 사람마다 자기 생각이 있는데, 일반론적 명분이나 당위성만 앞세우면 사람들은 분위기에 눌려 입을 닫게 마련이고, 그로 인해 그 조직에는 겉치레와 위선만 남는다. 따라서 학교는 개별성이나 다양성이 존재한다는 점을 가르치되 차이가 차별이 되지 않도록 지도해야 한다.[4]

---

2. 나카지마 가즈노리, 《선생이 부서져간다》(신현정 옮김), 글누림, 2016, 224쪽
3. 같은 책, 181~193쪽 참고
4. 같은 책, 194~206쪽 참고

② 시스템적으로 접근한 소통 문제의 해결 방안

이 내용을 고교학점제와 연관시킨다면, 먼저 각 학교는 여건에 맞는 교육과정을 자율적으로 운영해야 한다. 그리고 학교 구성원들은 이에 관해 자유롭게 의견을 제시할 수 있어야 하고, 만약 문제가 있으면 공론의 장(場)에서 객관화하여 풀어야 한다. 왜냐하면 구성원들이 가진 진보강박증후군이나 희생양 심리는 개인이 쉽게 드러낼 수 없기 때문에 시스템적으로 접근하여 해소할 수 있는 방안을 찾아야 하는 것이다. 그리고 원론적 주장에 머물지 않고 소통을 현실 과제로 구체화하려면 다음의 몇 가지 점에 유의해야 한다.

첫째, 소통 체제가 중요하지만 **그 자체가 목적은 아니다**. 때때로 소통만 지나치게 강조하다 보면 뭔가 모양새를 갖추고 유지하는 것이 마치 목적처럼 여겨질 때가 있다. 그러다 보면 소통구조는 마련되어 있으나 아래의 의견들처럼 원론적인 수준의 이야기만 형식적으로 오갈 뿐, 상호 간 소통이 진정으로 잘 이루어지고 있다고 보기는 어려운 상황이 발생한다.

> "전문적 학습공동체는 원하는 교사만 참여했으면 함"
>
> "관리자와 교사들 간의 소통의 기회 확대 필요"
>
> "전달식의 교직원 회의에서 벗어나 현안을 논의하는 회의문화 정착 필요"
>
> "여유의 시간을 많이 만들어 교사 간 대화를 나눌 수 있는 기회 제공 필요"
>
>   - 某 공립 일반고의 2019학년도 2학기
>   교육 활동 평가에서 교사들의 쪽지 의견

둘째, 무엇을 위한 소통인지 **방향성이 유지**되어야 한다. 고교학점제와 같이 커다란 변화가 예측되는 상황에서는 학교 내의 소통구조가 자칫 기존 현상을 고수하는 쪽으로 작용할 수도 있다. 예컨대, 고교학점제 정착의 핵심인 학생 과목 선택권 보장을 두고 교사와 학생 간 인식차가 크다. 실제로 인천의 일반고 교사와 학생들을 대상으로 한 설문에서 고교학점제 정착을 위한 최우선 역점 과제로 학생의 31.97%, 교사의 14.47%가 학생 과목 선택권을 꼽았다.[5] 고교학점제 연구학교인 경기 K고 설문에서도 고교학점제가 필요한 이유를 학생 86.5%, 교사 17.6%는 진로에 맞는 과목 선택권 보장을, 교사 55.9%, 학생 7.8%는 교육과정 편성 운영 다양화를 꼽아서 역시 대조적임을 알 수 있다. 과목 선택 방식에서도 학생들은 모든 과목을 자유롭게 선택(51.8%)하기를 원하는 반면, 교사는 공강, 이동수업 간에 생기는 학생관리 문제(35.4%), 선택과목 쏠림 현상(29.4%), 다(多)과목 지도에 따른 수업부담(17.6%) 순으로 우려하고 있었다.[6]

이와 같이 동일한 사안에 대한 서로의 입장 차이가 뚜렷한 상황에서 만약 소통의 방향과 전제가 명확하지 않다면, 자칫 조직이 추구하는 미래보다 구성원의 현재 안위나 염려만을 대변하는 데 급급한 기능에 머물고 말 가능성이 크다. 즉 소통의 결과로 오히려 고교학점제 정착이 지연되거나 이도저도 아닌 애매한 상태가

---

5. 곽치광 외, 2018, 〈고교학점제 정착을 위한 인식조사 및 방안〉, 《인천교육과학연구원 교육정책연구소 연구과제 2018-01호》, 94쪽

초래될 수도 있다는 뜻이다.

셋째, **소통의 한계를 인정**해야 한다. 소통에도 피로감이 따른다. 소통은 시간, 장소, 참석자, 진행, 안건 등을 준비해서 꾸려 나가야 하는 구체적인 실행 과정이다. 게다가 구성원의 관심과 열의가 모두 똑같은 것은 아니기 때문에 소통 과정을 유지하는 것 자체가 결코 쉽지 않다. 의제(議題)의 성격에 따라서는 생산적인 결론을 이끌어내지 못한 채 서로 좁힐 수 없는 의견 차이만 확인할 때도 많다. 예컨대 정작 중요한 큰 틀에서의 논의는 못하고 지엽적인 내용으로 흘러버리는 경우, 구체적 실행을 논의해야 하는 시점에 다시 원론적 문제를 제기하며 제자리만 맴도는 경우 등 성과 없이 에너지만 소모되는 지난한 시간을 보내기도 한다. 따라서 소통 자체의 불완전성, 즉 한계를 인정해야 학교 실정에 알맞은 방안을 찾게 되고, 필요한 역량도 갖추게 될 것이다.

학교의 자율과 자치 역량 강화

소통과 함께 주목해야 할 것이 바로 학교의 자율과 자치 역량에 관한 부분이다. 앞선 장에서 이미 사회 변화와 함께 학교운영의 주체가 누구인지 그리고 누구를

---

6. 교육과정평가원, 2018, 《2018년 고교학점제 연구·선도학교 성과발표회 자료집》, 25~27쪽 요약

중심으로 이루어져야 하는지 등에 관한 논의가 이루어지고 있으며, 현실에서 학교의 '자율'과 구성원의 '자치' 역량이 중요하다고 이야기한 바 있다. 그렇다면 어떻게 해야 자율, 자치 역량을 높일 것인지에 관해 구체적으로 살펴보자.

① 교내 협의체 운영

이미 학교 내에는 법령이나 교육청 지침 등에 근거하여 구성된 공식 협의체들이 많이 있다.[7]

> 학교운영위원회, 교육과정위원회, 학업성적관리위원회, 교과협의회, 학년협의회, 학교자체평가위원회, 학교도서관운영위원회, 수학여행활성화위원회, 교권보호위원회, 교원능력개발평가관리위원회, 다면평가관리위원회, 교원인사자문위원회, 성희롱고충심의위원회, 학교폭력대책자치위원회, 학생선도위원회, 봉사활동추진위원회, 학업중단예방위원회, 정서행동운영위원회, 위기관리위원회, 학교체육소위원회, 교복선정위원회 등

그런데 열거한 것처럼 위원회 자체는 많지만, 구성과 운영의 실제를 들여다보면 한계가 드러난다. 첫째, 대부분 일부 부서(교무, 연구, 학생부 등)의 업무 수행을 중심으로 운영되고 있다는 점이다.

---

7. 인화여자고등학교, 《2019 교육계획서》, 132~133쪽 참고. 학교폭력대책자치위원회는 2020년부터 학교폭력전담기구로 대체

위원 구성도 해당 부서의 한정된 교원, 학부모 운영위원 등이 중심이다. 둘째, 구성이 학교의 필요보다는 법령이나 지침에 의거한다는 점이다. 그러다 보니, 형식적으로 구성만 되어 있을 뿐 위원회가 있는지조차 모르는 경우도 있다. 셋째, 교과협의회, 학년협의회 등 비교적 활성화된 협의체가 있으나 특정 학년이나 교과를 중심으로 국한되고 있는 점이다. 이처럼 위원회는 많아도 면면을 살펴보면 한정된 참여 인원, 일부 부서의 업무를 중심으로 한 운영에 머물러 있어 학교문화 조성을 위한 전체 구성원 간의 적극적인 소통을 이끌어내는 기제로 보기는 어렵다.

학교에서 가장 일반적인 협의체라면 교직원회와 부장교사가 중심이 된 기획협의회 정도일 것이다. 기획협의회는 대개 주 1회 1시간 정도 주중, 월중 학사운영 전반을 논의하며 공유한다. 이때도 부서별 업무 추진을 위한 전달이나 협조 사항을 안내하는 것이 대부분이다. 현안을 깊이 있게 논의하기에는 시간이 충분하지 않다. 교직원회의는 주 1회, 격주, 월 1회 등 학교마다 다른데, 명칭과 달리 현안에 관한 협의보다는 각 부서 업무의 일괄 전달, 간단한 서면 연수로 진행되는 경우가 많다.

최근 혁신학교 등을 중심으로 교직원회에 의결 기능을 부여하는 등 실질적인 협의체로 강화하려는 움직임이 있기는 하나 아직까지는 일반화되었다고 간주하기 어렵다. 학교자치 차원에서 교사회, 학부모회, 학생회 법제화 추진이 여론화되고 있지만, 여전히 이견이 있는 것도 사실이다.[8] 이런 상황에서 「광주광역시 학교

자치에 관한 조례」(2019.3.1. 시행) 시행이 주목되는데, 법제화된 학교자치가 소통 기제로서 제 기능을 수행할 수 있을지를 계속 주시해볼 필요가 있다.

이 조례의 제7조는 교직원회에서 협의하게 되는 사항들을 다음과 같이 명시하고 있다.

1. 교직원 복지와 자치활동과 관련한 제반 사항
2. 교직원회칙 제정·개정에 관한 사항
3. 교직원 자체 연수 활동에 관한 사항
4. 학교운영위원회에 제출할 학교규칙 제정·개정, 교육과정 운영계획, 학교회계 예산·결산 등 주요 안건에 관한 사항
5. 그 밖의 학교자치회의에 부의할 사항

만약 이 조례가 올바른 형태로 학교에 뿌리를 내린다면, 교직원회는 학교자치의 구심점이 될 수 있을 것이다. 조례에서는 학교 구성원의 의견을 차별 없이 존중하고, 운영 절차까지 규정하고 있어 추진의 안정성까지 갖추고 있기 때문이다. 다만 협의 범위가 너무 넓어질 때 초래될 수 있는 피로감 그리고 관련 행정사무 수행에 따른 과중한 업무 부담의 문제가 새로이 제기될 수 있다. 조례로서 법제화했을 때, 학교마다 여건이 다른 사정에서 어떻게 수용될지는 아직 섣불리 예단하기 어렵다. 그저 형식적으로 운영되는

---

8. 정은수, 〈교사회·학생회·학부모회 법제화 여론몰이〉, 《한국교육신문》, 2019.8.11.

데 머문다면, 앞서 예시한 각종 협의체 목록에 또 하나가 추가되는 것으로 그칠 수도 있다.

여기에서 정말 중요한 것은 고교학점제라는 커다란 변화에 직면하여, 학교 구성원들 간의 실질적인 소통의 결과로 학생 교육에 도움이 되는 제반 조건을 만들어내고 있느냐에 있다. 즉 소통을 위한 제도적 기반을 마련하는 것도 중요하지만, 그것이 제대로 기능하려면 학교문화와 관련하여 구성원 간 이해와 소통, 공감, 공유, 협업 등의 분위기가 전제될 때 비로소 가능하다는 사실을 잊지 말아야 할 것이다.

② 학교 사례로 살펴본 자율·자치 역량의 중요성

강원도 J여고는 교원 협의구조 개선을 통해 학교 업무 정상화를 추진했다. 추진 목적을 교원 업무 경감이 아니라 수업 및 학생 생활교육 내실화에 두고 있는 점이 인상적이다. 이 학교가 제기한 문제의식과 구체적인 개선 내용을 정리하면 다음과 같다.[9]

첫째, 교직원 회의의 질(質)과 교직원 간 업무 관련 **대화와 협력 필요성**에 주목하고 있다. 회의는 당일이 아니라 일주일 전에 "회의 주제를 공지하고, 개인별로 의견을 받거나 분과별로 협의를 하여 소통 간담회 시간에는 이를 공유하는 시간이 되어야" 한다는 점을 제언한다.

---

9. 장성여자고등학교, 2019, 〈수업과 생활 교육에 전념하는 학교 시스템 구축방안 연구〉, 《강원도교육청 지정 학교 업무 정상화 연구학교 운영보고서(2019.10.22.)》의 내용을 발췌 정리

둘째, **발언의 격려**이다. 즉 다양한 발언들을 이끌어내기 위한 방안을 적극적으로 모색하고 있다. 아무리 다양한 의견을 권장하고 허용하는 분위기라고 해도 막상 자유롭게 발언하기는 쉽지 않은 법이다. 따라서 교사들이 비교적 편하게 말할 수 있는 소그룹별 회의 등 다양한 방식을 적극 활용하였다.

셋째, **교직원 회의규칙**을 제정하여 회의 내용, 참석 대상, 회의 구분과 개최, 사전 준비 내용, 회의 진행 및 의사결정 방법을 내규화하였다.

J여고는 "치열한 토의·토론, 명확한 방향 설정, 협력을 통한 추진"이 이루어지는 조직문화 조성을 강조하면서 향후 과제를 제언하였는데, 요점을 정리하면 다음과 같다.

- 학교 업무 정상화의 목적을 교직원이 명확하게 인식할 수 있도록 충분한 사전 설명과 안내 필요
- 학교장이나 몇몇 교사가 아닌 교직원 회의를 통한 민주적이고 소통을 통한 업무분장
- 외부 사업은 학생 교육에 꼭 필요한 사업인지 협의체 토론을 거쳐 신청
- 각자 업무에 대한 존중과 협력 문화 조성(*업무순환제의 도입을 고려)
- 교무행정사의 역할 증대(*교육청 차원의 방안 마련)

또 다른 사례로 인천 S고의 경우 교사 협의가 주로 교과와 학년

위주로 운영되다 보니, 개별 교사의 의견을 수렴하는 데 한계가 있어서 유형별 간담회를 운영했다. 예컨대 육아로 시달리는 교사가 늦은 시간 업무를 맡는다면 과연 교육적 성과를 기대할 수 있을까? 성과가 있더라도 그것은 누군가의 양보(또는 희생)를 대가로 한 것이다. 누군가의 양보나 희생을 담보로 한 성과라면 지속성을 기대하기 어렵다. 따라서 교사 개인의 사정을 학교의 필요와 조화시킬 수 있는 방안을 적극적으로 찾아야 한다.

이 문제를 해결하려고 **교과지도별**(교과부장교사, 교과협의회, 소수선택과목 담당교사 등), **지도경력별**(저경력, 고경력, 기간제교사, 전입교사 등), **업무분장별**(보직교사, 담임교사, 업무지원팀교사 등), **그 외**(연구대회 희망교사, 신입교사, 육아시간(모성보호시간) 사용 가능 교사, 근무만기자, 휴복직 교사, 원거리 출퇴근 교사, 청소년봉사단체 운영 교사) 등으로 유형을 나누고, 학교장이 유형별로 협의하는 시간을 가졌다. 학교가 해당 유형의 교사들에게 구체적으로 지원해주어야 할 방안을 찾고, 아울러 학교의 교육 현안에 대한 이해를 함께 공유하고 허심탄회하게 논의한다는 개념으로 추진했다.

2016년 처음 시행할 때는 비교적 호응이 좋았다. 그러나 이듬해 담당 부서를 지정하여 운영하게 되자, 일부 불만족스러운 반응이 나오고, 다소 힘겹게 운영되는 모습이 관찰되었다. 이 과정을 전체적으로 평가하자면, 첫째, 올해 성공적이었다고 내년에도 성공한다는 보장은 없다는 점이다. 학교 구성원이 바뀌기 때문이다. 둘째, 관리자에게는 부담 없어 보여도 담당 교사로서는 부담이 될 수 있다. 무엇보다 교사는 '수업을 하기 때문'이다. 간담회는 관리자가 직접 담당해야 하는 일이었다.

다소의 시행착오는 있었지만, 간담회의 효과와 가능성을 확인할 수는 있다. '개별 맞춤형'은 학생에게만 적용되는 것이 아니라 학교 구성원 모두에게 해당한다. 연령, 경력, 전공, 주거지, 가족, 건강, 전문성, 관심사, 가치관 등 교사들의 다양한 입장과 면모가 있는데, 이러한 점을 감안한 유형별 소통은 기존 협의체로는 채울 수 없었던 부분들을 메우는 데 분명 도움이 되었기 때문이다. 교사들의 다양한 입장을 이해하고, 학교의 현재를 공유하며, 함께 모색할 부분을 찾는 과정 자체가 이후 학교의 학생 선택중심 교육과정을 운영하는 데 큰 바탕이 되었다.

현안 및 위기관리의 개선에 관하여

어느 학교를 막론하고 문제가 전혀 없는 학교는 없다. 문제는 항상 존재하기 마련이다. 이는 마냥 피한다고 해서 피할 수 있는 것이 아닌 학교의 흔한 일상이다. 다만, 기존 경험칙으로는 교육과정, 생활교육, 진로진학, 학교자치 등 학교교육 전반에 걸친 최근의 변화들을 제대로 감당하기 어렵고, 계속 이어지는 예측 불가능한 사안들로 인해 현재 학교에는 피로감이 많이 쌓인 상태이다.

고교학점제가 정착하려면 학교의 에너지가 **교육과정**과 **수업**에 집중되어야 한다. 하지만 말처럼 쉽지 않고 이를 위해 많은 준비와 연구가 필요하다. 또한 위기 요인을 효과적으로 관리할 수 있어야 하는데, 이 문제는 개인이 아닌 시스템을 통해 해결해야 한다. 그래야 학교가 흔들리지 않고 교육에 전념할 수 있다.

먼저, 시스템을 통한 관리가 이루어지려면 업무 담당자 개개인에 대한 배려가 선행되어야 한다. 과정보다 결과를 중시하는 그간의 학교문화 속에서는 어떤 사안이 생길 때마다 오직 문제의 신속한 해결에만 집중할 뿐, 정작 그 일을 맡고 있는 개인에 대해서는 무관심한 경우가 많았다. 담당자 또는 담당 부서 홀로 외롭게 일을 떠맡아야 하는 환경이라면 결코 건강한 조직이라 할 수 없다. 문제해결 못지않게 담당자를 보호하고 지원하는 분위기가 중요한 이유이다.

> 저도 학생부장 처음 맡아보고, K선생님(학폭전담교사)도 처음 학생부 근무하는데 3월부터 학폭이 연달아 발생하고, 위기학생 처리도 해야 하고, … 너무 힘들어서 K선생님과 매일 "우리 같이 휴직할까?" 하고 이야기했습니다.
>
> — 공립 일반고 I고 학생부장 교사

다음으로, 사안이 발생하면 개인이 아닌 시스템을 통해서 해결한다는 원칙이 수립되어야 한다. 학교의 일은 점점 더 세분화되고 한층 복잡한 형태로 전개되고 있다. 따라서 개인의 관계망으로 해결할 수 있는 수준을 넘어선 지 이미 오래이다. 그런데 공적인 업무 수행이 개인의 일로 치환되어 공사(公私) 혼재 현상이 일어나고, 특정 업무는 마치 특정 교사 개인의 몫처럼 간주되는 현상이 아직도 빈번하다. 이렇게 되면 개인과 개인이 완충할 공간 없이 그대로 부대끼는 상황이 일어나고, 그 과정에서 서로 상처를 입게 마련이다. 개인들 사이에 여백을 두어야 하고, 그 여백은 절차를 통해 메워가야 할 것이다.

기존 형태가 담당자 홀로 문제를 감당해야 했던 방식이라면, 개선 방안에서는 담당자가 문제를 직접 해결하는 게 아니라 해결을 위한 절차를 관리한다. 예컨대 교육과정 담당자가 혼자서 모든 교

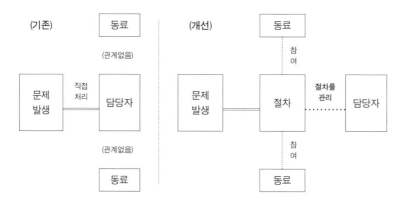

담당자의 역할 변화
학교의 일은 점점 더 세분화되고 한층 복잡한 형태로 전개되고 있다. 하지만 아직도 학교 현장에 공적인 업무 수행이 개인의 일로 치환되어 공사(公私) 혼재 현상이 일어나고, 특정 교사에게 업무가 쏠리는 현상도 빈번하다. 개인들 사이에 여백을 두어야 하고, 그 여백은 절차를 통해서 메워야 할 것이다.

육과정 업무를 수행하는 것이 아니라 교육과정위원회를 중심으로 모든 교사가 함께 참여하여 문제를 처리하도록 관련 규정을 정확히 숙지한 가운데 프로세스를 관리하는 것이다. 개선 방안의 효과는 분명하다. 전자는 공적인 업무 추진임에도 인간적 부탁이나 호소 등의 번거로운 수고가 필요한 반면, 후자는 법령 근거에 따라 공식적으로 해야 할 바를 수행하는 것이다.

규정에 의하지 않고 어떤 결정을 하게 될 경우 온갖 해석과 추측, 오해가 따르게 마련이고 그만큼 감정적으로 힘이 들 수밖에 없다. 하지만 해당 사안을 자체 규정이나 절차에 따라 진행하게 되면 '시켜서' 하는 게 아니라 '해야 할 일을 하는' 것이 되므로, 담당자는 개인적 인연이 아닌 공적인 책임감으로 수행하게 된다. 같은 일을 하더라도 수동적 존재로서 하는 것과 주체적 존재로서 하는 데는 분명한 차이가 있다. 규정된 절차에 따르면 결과에 대해서도 승복이 명확하므로 담당자의 심적 부담도 한층 줄어든다. 무엇보다도 진행의 맥락을 객관적으로 관찰하고 관리할 수 있으므로 해당 영역에 대한 교육 전문성이 자연스럽게 신장될 수 있다.

문제해결의 절차는 다음의 예시와 같다(130쪽 그림 참조). 여기서 협의 및 공론화는 교직원회, 학년협의회, 교과협의회, 기획위원회, 인사자문위원회, 선도위원회, 학생회, 학부모회 등 해당 사안에 관련된 협의회를 통해 진행하는 것이 바람직하다. 특별한 관련이 없는 경우에는 사안에 맞는 임시 협의회를 조직해서 대처 및 대응하게 된다.

| 현안 | ⇨ | 협의 및
공론화 | ⇨ | 해결 또는
대안 마련 | ⇨ | 추진,
적용 | ⇨ | 자체 평가
(피드백) |

문제해결의 절차

규정에 의하지 않고 어떤 결정을 하게 될 경우 온갖 해석과 추측, 오해가 따르게 마련이고 그만큼 힘이 들 수밖에 없다. 하지만 해당 사안을 자체 규정이나 절차에 따라 진행하게 되면 '시켜서'하는 게 아니라 '해야 할 일을 하는'것이 되므로, 담당자는 개인적 인연이 아닌 공적인 책임감으로 수행하게 된다.

인천 I여고에서는 이러한 절차를 적용해서 실제로 위기 학생의 학교 적응을 도운 사례가 있다. 교우관계 문제로 심각한 어려움을 겪는 학생이 있었고, 담임교사 역시 지도에 어려움을 겪고 있었다. 이 문제에 대해 학교에서는 다음과 같이 대응 원칙과 절차를 마련하고 적용하였다. 첫째, 사안 발생 시 사람이 아닌 **시스템에 의한 대처**를 원칙으로 내세웠다. 이에 따라 교사의 심리적 부담을 완화하고, 동시에 절차에 따라 합리적으로 대응함으로써 오히려 학부모가 학교를 신뢰하게 되는 효과를 얻었다. 둘째, 교원의 대응 절차 안내로 교육적 입장에서 **전문성 있게** 처리했다. 위기 학생 등 특수한 조건의 학생들을 지도할 때는 해당 분야 전문가를 적극적으로 연결하여 지도하는 것을 원칙으로 하고, 다음과 같이 위기관리 절차를 적용했다(131쪽 그림 참조).

여기서 중요한 것은 1단계에서 2단계 협의로 넘어갈 때, 담임교사의 역할이다. 즉 담임교사는 본인의 전문성만으로 위기 학생 지도가 곤란하다고 판단되면 신속하게 해당 학생을 2단계로 넘겨서 전문적인 지원을 받을 수 있게 해야 한다. 단지 담임이라는 이

| 부적응
학생 | ⇨ | 학부모,
교원, **전문가**
(4~6명) 협의 | ⇨ | 지원 방안
마련 | ⇨ | 문제
해결 | ⇨ | 지속적 상담관리
(학교 적응) |

위기 학생 지원 절차

절차를 마련해둘 경우 오히려 담임교사 혼자서 문제를 해결하려고 할 때보다 한층 전문적인 해결 방안을 모색하고 처리할 수 있다는 점도 장점이다. 여기서 중요한 것이 바로 명확한 역할 한계를 그어주는 것이다.

유로 부적응 학생에 대한 지도 의무를 계속 부과하는 것은 교사를 위해서도 또 학생을 위해서도 전혀 바람직하지 않다. 학생의 '위기' 원인은 의사의 처방과 같은 전문가의 진단이 필요한 영역이기 때문이다. 핵심은 교사가 감당할 수 있는 직무의 역할 한계를 명확히 그어주는 데 있다.

이상에서 살펴본 것처럼 학교에는 다양한 문제 상황이 끊임없이 이어진다. 따라서 중요한 것은 문제를 무작정 회피하는 것이 아니라 어떻게 현명하게 대처하느냐에 달려 있다. 앞으로 업무 담당자 개개인에 대한 배려와 함께 처리 규정과 절차를 마련해둔 효율적인 시스템이 뒷받침된다면 어떤 문제 상황에 처하더라도 담당자의 피로도를 줄이는 것은 물론 한결 체계적이고 전문적인 해결책을 도모할 수 있을 것이다.

02

학교 업무를
재구조화하라!

앞 장에서 학점제를 도입하게 됨으로써 나타날 여러 가지 변화들과 함께 지금까지 학교 안에서 통상적으로 인지해온 기존 개념이나 기준들의 상당수는 재해석될 필요가 있다고 이야기한 바 있다. 특히 학점제가 도입되면 교육 활동과 사무 업무가 혼재된 사례들이 크게 증가하게 된다. 그 결과 교사의 업무 과중으로 이어지거나 업무 담당자를 누구로 정할 것인가를 두고 소모적인 논쟁이 벌어질 수 있다. 그리고 이는 구성원 간 갈등을 일으키는 주요 원인이 될 뿐만 아니라, 이러한 학내 갈등이 잦은 학교일수록 학점제가 온전히 정착하는 데 어려움을 겪을 수밖에 없다.

따라서 이러한 불필요한 갈등과 온갖 소모적인 논쟁들을 최소화하기 위해서는 기존의 업무들을 재구조화할 필요가 있다. 여기에서는 학교 업무 재구조화와 관련된 이야기를 좀 더 자세히 해보려고 한다.

업무 재구조화의 필요성

냉전 후 미 육군 개혁을 주도했던 고든 R. 설리번 장군은 1989년 11월 베를린장벽 붕괴(철의 장막 붕괴)를 지켜보면서 그 세계사적 변화를 IBM이 애플을 마주했을 때의 느낌으로 비유했다. 그는 스티브 잡스가 "현재 일어나지 않은 일은 무엇인가?"라는 질문을 했기에 애플이 우리 모두의 생활을 바꾸어 놓았다고 했다.[10]

변해야 할 때 변하지 않으면 결국 도태될 수밖에 없다. 굳이 고교학점제와 결부하지 않더라도 학교 업무를 새롭게 구성해야 한다는 요구는 학교를 둘러싼 여러 가지 변화들을 고려할 때 오히려 다소 늦은 감이 없지 않다. 과거 학교는 교육의 유일한 통로였지만, 지금은 학교 밖에 수많은 교육 기회가 꽤 많이 널려 있고, 우수한 교육 콘텐츠도 다양하게 접할 수 있다.

이 책에서 말하고자 하는 학교 업무 재구조화가 기존 업무구조를 전적으로 부정하는 개념은 아니다. 다만 새로운 환경에 맞게 기준을 다시 잡으려는 구체적인 실천으로 보는 것이 합당하다. 무엇보다 학교 업무 재구조화가 불가피한 까닭은 학교를 둘러싼 환경 자체가 과거와 크게 달라졌기 때문이다. 주요 변화들을 정리하

---

10. 고든 설리번·마이클 하퍼, 《전쟁과 경영》(김영식 옮김). 지식노마드, 2019, 118쪽 참조. 고든 설리번은 미국의 제32대 육군참모총장(1991~1995)이며, 베를린장벽 붕괴로 냉전이 끝나자 병력 60만 명을 줄이면서도 세계에서 가장 강한 군대를 유지해야 하는 개혁 과제를 성공적으로 수행했다.

면 다음과 같다.

첫째, 학교교육을 향한 각종 **법령**의 요구가 늘고 있다. 저작권 관련 소송[11], 아동복지법 개정 추진[12] 등의 사례에서 보듯 기존의 관행이나 상식만 가지고 학교교육에 임해서는 곤란하다. 실제로 교사들은 각종 신고의무 때문에 고심하고 있다. 따라서 업무 재구조화는 교사의 안정적 교육 활동을 지원하기 위한 최소한의 보호 장치라고 해도 과언이 아니다.

둘째, 근본적으로 학교 구성원에 대한 **인식**이 달라졌다. 이제 학교의 웬만한 협의체에는 학부모 참여가 거의 의무사항이다. 즉 학부모를 학교 경영의 동반자로 인식하는 것이다. 또한 학생은 과거 생활지도의 대상에서 이제는 권리와 자치 역량을 존중받아야 하는 구성원의 하나로 간주된다. 선택교육과정에서 '선택'은 다름 아닌 학생의 선택을 의미한다. 이처럼 과거와는 달라진 구성원들의 위상 변화를 인식하지 못한 업무구조는 불필요한 갈등을 일으키는 요인이 될 뿐이다.

셋째, 학교는 교사의 시간을 요구하는 게 아니라 **존중**해주어야 한다. 늦은 시간까지 교사의 일방적 헌신을 요구해서는 곤란하다. 오히려 적정 근무시간 내에 최대한 전문성을 발휘하여 교육 활동에 임할 수 있는 여건을 보장해야 한다. 현행 교육과정에서 학교

---

11. 최예나, 〈'윤서체 소송'에 떨고 있는 학교들〉, 《동아닷컴》, 2019.5.21.
12. 강중민, 〈교총, 가벼운 벌금에도 교단 퇴출 "과도"…아동복지법 개정 추진〉, 《한국교육신문》, 2017.5.22.

가 존경받기 위한 관건은 교사의 교육 전문성을 얼마만큼 확보하고 있느냐에 달려 있기 때문이다.

넷째, 학생 선택권 확대에 따라 소홀히 할 수 있는 과목(시간)이란 없다. 수능 응시과목 중심으로 교육과정이 편성·운영될 때는 소위 '주요' 과목이라 불리는 몇 개 교과가 있었다. 하지만 학점제 하에서는 어떤 과목이든 학생의 필요에 의해 개설될 수 있다. 만약 다니는 학교에 개설되어 있지 않으면, 학교 밖 **공동교육과정**을 찾는다. 어떤 과목이든 개설되었다는 것은 학생의 필요와 선택에 의한 결과이므로, 수강 인원에 상관없이 그 자체로 의미가 있다. 따라서 학교가 **교육과정을 중심으로 운영**될 수밖에 없는 구조에 놓여 있는 것이다.

이외에도 학교의 업무구조가 변화해야 하는 이유는 많다. 문제는 업무구조가 무엇에 초점을 두고 있어야 하는가, 구체적으로 교사들이 어디에 주로 위치하며 무슨 업무에 집중하게끔 환경을 조성했는가에 있을 것이다.

교과 vs 학년, 업무 우선순위

학생 선택형 교육과정이 본격적으로 고등학교 현장에 영향을 미치면서 학년을 근간으로 하는 학교운영 업무체제는 더 이상 이전과 같을 수 없다. 학적, 교육과정,

학생관리 등이 학급을 기초단위로 하여 운영되고, 대학입시가 정시, 수능중심으로 진행되던 때에는 학년부서의 기능이 매우 중요했다. 그러다 보니 학교의 학년도 실적은 학년부장의 역할에 달려 있다고 해도 과언이 아니었다. 그런데 과목 선택에 따른 이동수업, 학생 개인별 시간표, 무학년제 수업, 학교 간 공동교육과정 이수, 온라인 수업 등 교육과정 운영 형태가 크게 달라지고 있고, 대학입시도 수시, 학생부 비중이 높아지면서 학년부서의 역할이 다소 애매해졌다. 한 담임교사(50대, 여)와의 인터뷰에서도 이러한 사정을 확인할 수 있다.

> 평소 학년부장이 딱히 하는 일이 없어 보였어요. 그런데 부장님이 한 달 정도 부재하게 되었는데, 막상 안 계시니 문제가 많더라고요. 완충 역할, 담임 조력자 역할. 그런데 평소에는 그게 확 느껴지지 않았거든요. 그런데 그 역할이 생각보다 크더라고요. 소소하더라도 매일 학생들과 부대끼며 쌓인 담임들 스트레스를 위로하고 달래고 힐링해주는 역할. 그게 큰 거 같아요. 있을 때는 모르겠는데 없으면 당장 아쉽고, 뭔가 놓치는 일이 있어요.
>
> - 인천 H고, 공립 일반고 C교사

요컨대 학년부장의 필요성은 인정하지만, 솔직히 그 역할에 대해서는 명확하지 않다는 취지이다. 담임교사는 물밀듯이 쏟아지는 온갖 업무들로 인해 스트레스를 받고 있는 반면에, 학년부장은 그저 전열이 무너지지 않도록 백업하는 모습 정도가 머릿속에 떠오를 뿐이다. 사실 학년부서에서 담임이 감당하는 일들은 학교생활의 거의 모든 것이라고 해도 과언 아니다. 좀 더 구체적인 이해를 돕기 위해 어느 학교의 2학년부 2019학년도 분장업무 내용[13]을 아래의 표 3-1에 제시한다.

|표 3-1| 부장교사와 담임교사의 업무 내용 예시

대상 구분	업무 내용
부장교사 업무	학년부 관리, 자기 주도적 학습계획·관리, EBS교재, 월출결마감관리, 현장체험학습 기획, 국제교류(중국), 진급 관련 업무, 교실환경관리 총괄, 선택형 교육과정 업무 지원(안내, 상담, 선택지도, 관리), 교원학습공동체 운영(상담·생활지도 영역), 모의고사 관리, 학년별 장학생 업무 총괄(선발, 서류취합, 협의록 작성 등), 출결 관련 업무 총괄, 방과후프로그램 운영 지원, 기숙사 업무 지원(학생 선발, 상담 등), 학년별 보조장부 관리(출석부 등), 학생기초자료 입력·관리 총괄, 학생 대상 조사 및 수합 업무 총괄, 생활기록부 교차점검(내용, 오탈자 등), 위탁학생 안내 및 선발 총괄 등 2학년부 업무 총괄
담임교사 업무	수업지도, 생활지도, 학생상담 및 학부모상담, 각종 표창 및 장학생 추천, 학교폭력예방지도, 학생 인성지도, 각종 계기교육실시, 개인별 현장체험학습 관리(계획서, 보고서 등), 교실 환경관리, 출결관리, 생활기록부 작성, 학급별 각종 조사 및 수합 업무 등 학급 경영 및 관리

---

13. 장성여자고등학교, 2019, 38쪽

표 3-1에서 정리한 것처럼 크게 부장교사의 업무와 담임교사의 업무로 단출하게 구분하고 있으나, 실제 수행해야 할 업무의 종류는 참으로 다양함을 알 수 있다.

또 아래의 표 3-2는 시간을 조금 거슬러 올라가 2014년도 인천 I 여고 2학년부 운영계획의 내용[14]을 정리한 것이다. 이는 업무상 구분으로 세분한 것인데, 하나의 업무에 참으로 많은 일들이 포함되어 있음을 알 수 있다.

|표 3-2| 학년부 운영 업무 사례

업무 구분	내용
학습지도	정기고사/학업성취도 및 전국연합학력평가 실시, 다양한 형태의 교과목별 수행평가 실시, 수요자 중심 수준별 방과후학교, 연중무휴 면학실 운영을 통한 수월성 교육, 교과교실제에 적합한 교수-학습지도안 개발, 입학사정관제 자료제공 및 연수 실시, 자기주도학습분위기 조성 및 학습능력 신장, 독서노트 쓰기 및 논술반 운영을 통한 논술지도
생활지도	테마체험학습 실시, 학생개인상담 활동 강화, 봉사활동 지도, 상벌점제 활성화, 공강시간 생활지도, 창의적체험활동 활성화
환경관리	실내외 환경정리 및 정숙지도, 쓰레기분리수거 지도, 에너지절약 지도, 환경보전
학년운영	학년협의회 활성화, 타 학년 및 교과 간 가교 역할

---

14. 인화여자고등학교, 2014, 《인화교육계획》, 77~80쪽 참조

이 학교에서는 별도로 학력향상 계획과 학급별 특색 활동이 추가되는데, 학년부서에서 담당하는 학력향상 관련 추진 업무는 다음의 표 3-3과 같다.

|표 3-3 | 학년부 담당 학력향상 관련 업무 운영 사례

업무 구분	내용
자기주도적 학습운영	영어듣기(07:00 ~ 08:00), 일반 면학실(18:15~21:00), 특별 면학실(21:00~22:00) 토요 특별면학실(08:00~13:00) *특별면학실은 학년부장이 담당
방과후학교	월~금(1일 75분 수업) *희망학생 수익자 부담
독서지도	주 1회 창의적 체험활동이 없는 7교시 활용 *문학 과목 수행평가 반영

위 내용들을 살펴보면 지금까지 일반고의 교육운영이 어떤 모습으로 진행되고 있는지, 그리고 이 업무를 수행하는 교무실의 풍경이 어떤지를 대충 짐작할 수 있을 것이다. 두 학교의 사례를 통해 확인할 수 있는 분명한 사실은, 첫째, 교육과정의 변화와 상관없이 학교가 기본적으로 수행해야 하는 업무가 정말 잡다하게 많다는 것이다. 2015 개정교육과정이 시행되어 교육과정중심 학교운영에 충실하려고 애를 써도 교원 업무는 여전히 너무 많다.

둘째, 불과 몇 년 전 만해도 학교의 주된 관심사는 오직 대입을 위한 학력향상이었다. 학력향상을 위한 학교의 노력은 정상 일과 이전이나 이후 시간대에 주로 진행되고 있었기 때문에, 학점제가 추구하는 교육과정중심의 교육운영 요구와는 상당히 거리가 있다. 다시 말해 학년부서는 학교 일반의 업무를 수행하는 데는 여전히 필요할지 몰라도, 고교학점제를 기준으로 바라보면 학년부서의 역할에 대해 계속해서 의문이 제기될 수밖에 없다는 뜻이다. 지금까지 주로 담당했던 업무들은 대폭 축소되거나 아예 없어진 반면, 새롭게 맡아야 할 과제를 찾지 못하고 있기 때문이다.

물론 학년부서의 역할과 존치 여부에 대해서는 각 학교의 여건에 따라 입장이 다양할 것이다. 고교학점제가 정착 단계에 이른 상태라면 모를까, 현재로서는 부서를 아예 없애거나 무조건 기능을 약화시키기보다는 고교학점제 안착에 기여하는 방향으로 기능을 재조정하려는 지혜가 필요할 듯하다. 다음은 앞서 인터뷰했던 교사의 의견이다.

> 과목 선택제로 가면 담임의 역할이 축소되고 학년부서도 그렇게 될 것 같아요. 지금 제가 담당하는 수업에 우리 반 학생은 단 2명이라서 아이들을 파악하는 데 어려움이 있어요. 최근 3년간 담임하면서 올해 많이 느끼는 점은 심리상담에 전문성이 필요하다는 것, 생활지도 등을 담임이 맡기보다는 적절한 상담을 받을 수 있게 전문가를 연결시켜주는 역할이 더 현실적이겠다는 것, 일종의 허브 역할. 현재의 담임이 너무 많은 것을 책임지는 상황이 아니라 (학년부장이) 안내 역할을 하는 선 긋기가 필요해요.

학년부가 없어지면 교사들이 고독해져요. 문제를 나눌 곳이 없어지면 더 힘들어집니다. 교사가 과목 선택제에서 교과지도는 해결되나 담임에게 요구되는 상황은 아직 너무 많은데, 학년으로 묶여 있으면 연대의식, 문제 공유 등 조력을 얻잖아요. 알음알음하다가 문제가 커지면 그래서 힘들어하는 경우가 많아요. 시스템이 갖춰져 있어야 해요.

- 인천 H고, 공립 일반고 C교사

고교학점제 안에서 학년부서의 역할에 대해서는 학생 선택권 확대를 추구하면서 교원업무 경감 및 재구조화를 시도했던 인천 신현고(현재 고교학점제 선도학교)의 운영 사례(2016~2018)에서 의미 있는 시사를 얻을 수 있다.[15]

교과교실제를 운영하는 이 학교는 2016년도에 5개(국어, 수학, 영어, 사회, 과학) 교과부서를 학교운영의 우선순위로 정하고, 해당 교과교육에만 집중하도록 하였다. 그 결과 수업 개선의 효과가 뚜렷하게 드러났고, 행사성 업무의 축소로 인해 학년부서 업무경감 효과가 나타났지만, 그동안 교과부서에서 담당하던 일부 교무업무가 교무, 연구 등 업무지원부서로 이관됨에 따라 해당 부서의 업무량이 과도해졌다.

2017년도는 교과부서가 활성화되면서 수업 방법의 개선과 교육과정 편성 다양화의 선도 사례로서 외부의 주목을 받기도 했다.

---

15. 윤영돈 외, 2018, 〈고교학점제 도입을 위한 담임교사 역할모형 탐색 연구보고서(2018.12)〉, 인천시교육청 용역연구 과제 중 S고의 사례를 요약한 것임을 밝힌다.

반면, 학년부서와 업무지원부서 간 업무량 격차, 소통 방식 등에서 문제가 있었고, 이로 인해 과목 선택 다양화에 따른 학생상담, 반 편성, 시간표 작성 등의 과정에 어려움이 있었다.

2018년도는 교과부서를 더욱 강화(5개→6개)하고, 학년부서를 개편(3개→2개: 3,2,1학년→3학년, 학년지원부)하였다. 학년지원부를 편성한 이유는 그동안 학생 선택형 교육과정을 추구하면서 교과부서의 역할 확대와 교육과정 편성 업무에 집중하다 보니, 학년부서 역할을 지나치게 간과한 측면이 드러났기 때문이었다. 이로 인해 진행 절차의 지연과 같은 불필요한 업무적 소모가 있었던 것에 대한 보완을 꾀하려는 시도였다. 평가 결과, 절반의 성공이랄까 개선 가능성과 문제점이 각각 드러났다. 우선 2017년에 문제로 제기되었던 내용들이 상당히 개선되어 교육과정 안내 및 편성 작업이 전년 대비 1개월 정도 빠르게 진행되었고, 무엇보다 학년부서의 협조 기능이 확인된 것이 고무적이었다. 그러나 한편으론 1·2학년 통합 운영에 대한 낯섦과 관리상의 어려움이 드러났다. 특히 학년에 따라 적용되는 교육과정이 다르고, 학사일정이 다른 데서 발생하는 혼선이 컸다. 따라서 2019년에는 학년(담임)의 '지원' 역할을 명확히 하되, 1·2학년을 다시 분리하게 되었다.

참고로, 학년부서(학년지원부)의 개념은 이러하다. 고교학점제에서 학생은 계속해서 선택해야 하는 상황에 놓인다. 학생이 최선의 선택을 할 수 있도록 선택의 과정에서 적절한 정보 제공과 안내가 있어야 하는데, 현실적으로 학생과 가장 일선에서 접하고 있

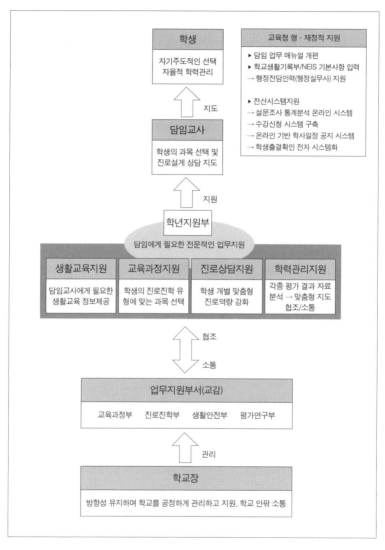

고교학점제하의 담임교사 업무 변화와 지원시스템 개념도

고교학점제에서 학생은 계속 선택 상황에 놓인다. 이때 적절한 정보 제공과 안내가 중요하다. 담임교사와 학교는 꼭 필요한 전문성의 영역을 설정해서 이를 체계적으로 지원할 수 있어야 한다. 바로 이러한 지원을 가능하게 하는 형태로 학년부서를 학년지원부로 재개념화할 필요가 있다.

는 담임교사가 안내자 역할을 맡는 게 바람직하다. 그리고 이 역할을 수행하려면 담임교사는 **안내자로서 적합한 전문성**을 갖추어야 하고, 학교는 꼭 필요한 전문성의 영역을 설정해서 체계적으로 지원해야 한다. 학년부서를 **학년지원부**로 재개념화한 업무구조를 도식화하면 143쪽에 정리한 것과 같다.

인천 신현고는 교과부서 운영을 활성화하고 수업 개선을 도모하기 위해 지금도 끊임없이 더 나은 운영 방안을 연구 및 모색 중이다. 지금까지의 모든 과정을 직접 경험하고 참여해온 담당 부장교사의 아래 의견을 살펴보면 역시나 교과부서와 학년부서의 가능성과 한계가 잘 드러난다.

> 올해 2월 연수 시, 우리 학교교육과정을 소개하면서, 새로 오신 선생님들에게 (학년부가 유지되지만) '우리 반' 개념보다 교과중심으로 간다고 안내했는데, 인식의 변화가 필요하다고 생각해요. 그런데 학교생활기록부 자체가 아직은 담임의 역할 비중이 여전히 크게 남아 있어서, 학점제로 가려면 종합의견 등 학생부를 기록하는 구조가 바뀌어야 할 거예요. 그렇게 되면 학급이 아니라 담당 교과로 자리가 잡힐 거라고 봅니다. … 현재 학년부는 관리하는 차원에서 확실히 효율적이고 학생들을 컨트롤할 때 좋은데, 이번 코로나 사태에서 효율적으로 움직여야 할때, 비상시 획일적으로 움직일 때 그런 거 같아요.
>
> - 고교학점제 선도학교, 교육과정 담당 부장교사

고교학점제에 대비한 업무분장 방안[16]

앞서 기존의 학교 업무가 고교학점제 운영은 물론 달라진 시대 변화를 제대로 담지 못하고 있음에 관해 이야기했다. 그렇다면 고교학점제를 대비하여 학교 업무는 어떻게 달라져야 할까? 이제부터 2020년 고교학점제 연구학교 및 학교단위 공간혁신 사업 대상교로 지정된 인화여고의 사례를 기본 원칙 설정과 현재의 업무분장 분석 그리고 새로운 업무분장 방향으로 구분하여 소개하고자 한다.

① 업무분장의 기본 원칙

업무분장은 정해놓았다고 쉽게 적용될 수 있는 게 아니다. 충분한 이유가 동반되어야 구성원들의 공감을 이끌어내고, 분장 효과도 기대할 수 있다. 또한 분장의 취지와 방향을 가늠할 수 있는 기본 원칙이 전제되어야 순조롭게 추진될 수 있다. 학교에서 전제한 업무분장의 4가지 기본 원칙은 다음과 같다.

첫째, 교육과 사무를 구분한다. 이때 교사의 업무가 한층 교육 중심으로 분장되어야 한다.

둘째, 누군가는 반드시 맡아야 하는 업무인데 현재 공백, 방치, 누락, 관리 소홀 등으로 생기는 위기 요인을 막아야 한다. 예컨대

---

16. 2020학년도 인화여자고등학교(고교학점제 연구학교)의 사례를 중심으로 기술한 것임을 밝힌다.

체육·예술교육과 창의적 체험 활동 등과 같이 그동안 사안의 중요성에도 불구하고 체계적인 지원이 미흡했던 교육 영역들에 대한 보완이 필요하다.

셋째, 학생의 성공적인 진로진학을 기준으로 선택·집중한다. 학교는 학생의 3년간 204단위 교육과정 운영에 집중해야 하고, 학생이 자기주도적으로 학력향상에 힘쓰도록 진로진학 및 학습상담 기능을 강화해야 한다.

넷째, 업무는 교원이 근무시간 안에 소화할 수 있는 적정 수준으로 관리한다. 아무리 교육 업무라고 해도 과도한 업무는 조절하고, 자발성을 원칙으로 한 업무분장이 이루어져야 한다.

② 현재 업무분장 분석

2020년도 고교학점제 연구학교 및 학교단위 공간혁신 사업 대상교로 지정된 학교의 상황을 감안하여 다음과 같이 현재 업무분장을 분석하였다.

첫째, 교육지원부서(교무, 연구, 학생, 진로)에서 연구학교 및 공간혁신 업무를 담당하게 되므로 인원 증원과 기존 업무 재조정이 필요하다. 아울러 공간혁신 사업이 고교학점제를 전제로 추진되는 만큼 이 사업을 고교학점제 연구학교 운영 중점으로 연계하여 추진하면 업무의 분산을 피할 수 있다.

둘째, 교과교실제 운영교로서 고교학점제 연구학교를 수행하려면 교과부서 중심의 업무분장이 필요하다. 그러나 학년별로 적용되는 고등학교 교육과정과 평가기준, 대입전형 조건이 다르므로 (표 3-4 참조) 학년부서의 역할을 재정비하여 운영해야 한다.

|표 3-4| 학년별 운영 조건의 차이

구분	1학년	2학년	3학년
연구학교 적용	연구 대상 학년	연구 부분 적용	-
공간혁신 후 입주 예정 시기	2학년 2학기	3학년 2학기	-
교육과정	학점제 개념 운영	진로선택과목 확대	선택폭 제한
교과 평가	(공통/일반)석차등급제	(공통/일반)석차등급제	(공통/일반/진로선택)
	*진로선택 과목은 성취평가제 적용		*대부분 과목 석차내신제(교양/예술체육 외)
학생부 관리, 대입전형	서울소재 16개 대학 수능위주 40%		현행 유지
	*정시에도 선택과목 가산점 반영 *학생부 기록 항목 축소(*교과세특 기록 중요)		

셋째, 현재의 교과부서 편성기준을 변경한다. 교과교실제 운영교의 교과부서는 대개 국어, 영어, 수학, 사회, 과학의 5개로 편성된다. 이것이 현실적이기는 하나, 2015 개정교육과정이 적용된 시점에서는 검토가 필요하다. 2009 개정교육과정 시기에는 학생의 과목 선택이 보장된다고 해도 상당히 제한적이었다. 즉 대부분 수능응시과목을 기준으로 문/이과중심 교육과정이 운영되었기에 5개교과 영역 부서가 일반적이었다. 그러나 2015 개정교육과정으로

문·이과 구분이 없어지고 학생들의 과목 선택폭이 예술, 체육, 생활·교양 교과 영역까지 크게 넓어진 상황에서는 기존의 5개 교과 이외 영역 교과군의 운영 관리가 반드시 필요하다.

③ 새로운 업무분장 방향

위와 같은 분석 결과를 바탕으로 3개 부서 영역에 대한 기본 방향을 다음과 같이 설정했다.

- **교육지원부서:** 현행 부서 유지하되 업무, 기능, 인원 조정을 통한 업무 적정화
- **학년부서:** 현행 부서를 유지하되 각 학년별 운영 중점 및 담임교사 역할 한계 제시
- **교과부서:** 교과 영역, 교과 상관성, 연계 교육 업무, 교원 수 등을 고려한 재조정

새로운 분장을 둘러싼 쟁점은 첫째, 교과교육부서를 어떻게 재조정할 것이며, 둘째, 조정 시에는 무엇을 기준으로 할 것인가에 있었다. 고교학점제는 학교운영의 기본이 교육과정 중심이며, 대학 입시에서도 교육과정의 충실한 이수가 중요하다. 즉 고등학교 3년간 204단위의 편성·운영 자체가 매우 중요한데, 기존 교과부서 체제에서는 기초와 탐구 2개 교과 영역만 관리될 뿐이다. 사실상 이외의 교과 영역은 별도의 부서가 있기도 또 없기도 한 상태나

다름없다. 그런데 2015 개정교육과정이 적용되면서 학생들은 생활·교양 영역의 과목들을 다양하게 선택하고 있는 상황이다.

이전에는 교양과목의 경우 주로 진로와 직업, 논술 과목 정도만 편성되었다. 따라서 굳이 해당 과목에 대해 교과부서까지 두면서 체계적으로 관리할 필요가 없었다. 설사 부실하게 운영해도 이것을 심각하게 문제 삼는 경우는 거의 없었다. 하지만 학점제 하에서는 사정이 다르다. 지금은 학생들이 저마다 진로진학의 조건을 염두에 두고 과목을 선택한다. 이는 창의적 체험 활동(24단위)의 경우도 마찬가지다. 학교생활기록부 기재가 학교 내 교육 활동으로 제한되면서, 4개 영역의 운영 역시 지금까지와는 의미가 다르다. 봉사시간 10시간이 교내환경정리로 일관되거나, 자율 활동이 '○○교육 ☆시간'으로 채워져서는 곤란하다는 뜻이다. 창체 동아리 활동의 중요성은 굳이 말할 필요도 없다.

결론적으로 말해, 204단위가 편제된 학교교육과정 편성표 중 어느 한 칸이라도 소홀히 다룰 수 없게 된 셈이다. 학생 개별 맞춤형 선택중심 교육과정을 운영한다고 표방하는 한 204단위 전체를 포괄할 수 있게 운영체제가 정비되어야 하고, 교과부서 조직 기준 또한 재조정되어야 한다. 참고로, 현행 고등학교 교육과정 편제에 따른 교과군과 교과 영역은 표 3-5와 같다(150쪽 참조). 지금까지 교과부서는 기초와 탐구 영역의 5개 교과(군)을 기준으로 한 A를 중심으로 운영되었는데, 고교학점제를 염두에 둔다면 교육과정 영역 전체를 대상으로 하는 B로 확대할 필요가 있다.

| 표 3-5 | 고등학교 교육과정의 교과군과 교과 영역

구분	교과(180)				창의적 체험 활동	B
교과 영역	기초	탐구	체육·예술	생활교양		
교과(군)	국어, 수학 영어	사회 과학	체육 예술	기술가정, 한문, 제2외국어, 교양	자율, 동아리, 봉사, 진로	
	A					

④ 2020년 업무분장과 부서별 미션

수차례 의견 수렴 및 검토 협의를 거쳐 2020년도 학교 업무분장이 정리되었는데, 완결된 것은 아니다. 처음 목적이 고교학점제의 도입에 있어 가장 알맞은 업무분장 체제를 모색하려는 것이었기 때문에 앞으로 고교학점제 연구학교 연구 과제의 하나로 설정하여 논의를 계속 이어갈 예정이다. 그리고 부서별 핵심 미션을 설정한 것은 교원 업무에 대해 발상을 바꿔보자는 의미이다. 즉 맡은 업무가 어떤 내용이든 간에 **'일'이 아닌, '학습, 연구'의 대상으로 보자**는 취지이다. 담당자가 그저 '일'로써 받아들이게 되면 수동적 입장에서 비교하게 되고, 아무리 사소해도 부담이 되며, 심한 경우 짜증과 우울감까지 일으킬 수 있다. 반면, '학습, 연구'의 대상으로 받아들인다면 교사는 해당 포지션의 주체가 되어 자기 성장(전문성 신장), 자존감 향상, 결과적으로 학교교육에 기여 등으로 이어진다. 사실 학교 담장 내 학생과 관련된 일 중에서 교육 종사자에게 '학습, 연구' 대상이 아닌 게 과연 있을까?

| 표 3-6 | 업무 부서 편성 및 부서별 미션

교육운영 중점	영역	운영 부서	부서별 핵심 Mission

▫ **교훈**
  착한 마음
  웃는 얼굴
  넘치는 호기심
 	
▫ **학교교육 기반**
  1. 행복배움학교
  2. 고교학점제 연구학교
  3. 학교단위 공간혁신 지정교
  4. 선진형 교과교실제 운영교
 	
▫ **교육 활동 운영 중점**
  1. 학생선택 존중 교육과정(수업)
    중심 운영
  2. 학생 개인맞춤 진로진학 지
    도
  3. 자율, 자치 기반 행복배움
    공동체 확립
  4. 문화예술, 다문화, 소통 역
    량 강화
 	
▫ **지원체제 운영 중점**
  1. 소통을 통한 교육중심 업무
    재구조화
  2. 지역사회 교육자원 활동
  3. 학교시설 및 환경 관리
  4. 교실수업 우선의 예산 관리
	교육
	업무
	지원
		교육과정	학생 선택중심의 2015
			개정교육과정 운영

		연구평가	교원 전문성 향상 지원으로 교육 의 질(質)제고
		학생안전	자율과 인권 존중의 생활교육 풍토 조성
		진로진학	성공적인 진로진학 지원체제 구축
	학년 운영	1학년	진로적성에 따른 과목 선택 지도
		2학년	진로적성에 따른 역량 강화 지도
		3학년	학생 개별 맞춤 진로진학 지도
	교과 수업 운영	교과교육지원	학력향상 및 교과 운영 지원
		세계시민교육	학생자치 및 민주적 시민 역량 신장
		과학기술교육	창의융합 기반 자연이 공계 진로 활성화
		예술체육교육	예술체육, 생활교양 분야 학생활동 활성화
		창체활동	창의적 체험 활동 운영 내실화
	특수	특수교육	특수교육 대상 학생 교육

※자료: 인화여자고등학교, 2020

03

학사운영 관리를
재구조화하라!

학점제가 학교 현장에 효과적으로 안착하기 위해서는 업무구조만 달라져야 하는 것이 아니다. 이제는 기존 학사운영에 있어서도 변화가 필요하다. 매년 천편일률적으로 반복해서 적용하는 방식에서 벗어나 각 학교별로 수많은 변수를 고려해 한정된 시간을 어떻게 선택하고 집중해서 사용할 것인지를 연구하고 고민해야 한다.

고교학점제에서 달라지는
학사운영의 의미

학교의 교육운영은 매 학년 수업 일수 190일 이상, 3년간 204단위 이수(1단위는 50분 기준 17회 수업량), 교사의 1일 8시간 근무, 학생의 1일 7시간 수업 등의 시간적 제한 범위 내에서 이루어진다. 이는 어느 학교, 누구든 상관없이 동일하게 주어진 조건이다. 다만, 그 조건을 어떻게 구획할 것이며, 한정된 시간을 어떻게 선택·집중하여 사용하느냐에 따라 교육적 의미와 성과는 전혀 다르게 나타날 수 있다.

학사운영의 중요성은 2015 개정교육과정이 시작된 이후 많은 고등학교가 겪고 있는 어려움에서 그 이유를 쉽게 파악할 수 있다. 당장 시간표 짜기부터 만만치 않다. 아무리 학교에서 학생 과목 선택권을 보장하려고 노력해도 이를 뒷받침하는 학사운영이 부실하다면 교육과정 운영 자체가 통째로 흔들릴 수밖에 없다. 그 결과 학생과 학교의 소중한 시간이 무의미하게 흘러버리는 위험에 빠질 수 있다.

과거처럼 교육과정이 단순하고, 획일적으로 운영될 때야 학사운영은 전년도의 반복일 뿐이고, 그저 예정된 일정을 기계적으로 소화하는 정도에 불과했다. 즉 특별히 고심하며 방안을 찾아야 하는 특별 과제가 아니었다. 그러나 고교학점제 환경에서는 수많은 가변적 상황과 변수들을 고려해야 한다. 모든 학교에 적용할 수 있는 뚜렷한 모범답안이 존재하는 게 아니라 각 학교가 처한 상황에 맞게 각자 모범답안을 만들어가야 하는 것이 오늘날 학사운영의 본질이다.

예를 들어보자. 이미 지금도 그렇지만 앞으로 모든 고등학교에 학점제가 도입되면 학생이 과목을 이수하는 경로는 공동교육과정, 온라인 수업 등 학교 안팎을 넘나든다. 학생마다 선택한 과목이 다르니 오랫동안 교실의 전형적 게시물이던 학급 시간표는 사

라지고 이제 교실 시간표가 출입문에 붙는다. 개설 과목에 따라서
는 학교 교사가 아닌 외부 강사에 의해 운영되기도 한다. 과목마
다 수강자 수가 다르고, 성적 산출도 한결같지 않다. 오류가 생기
면 즉각 민원으로 이어지기도 한다. 학교를 둘러싼 이 예측 불가
능한 상황들은 마치 폭풍우와 거센 파도가 몰아치는 바다와 같다.
학교는 이 거친 물길을 헤쳐 나가야 하는 배가 된 셈이다. 이리저
리 요동치는 파도 속에서 침몰하지 않으려면 방향키를 제대로 잡
고 있어야 하듯, 학교가 학사운영의 중요성을 인지하고 모든 구성
원이 지혜를 모아야 하는 것은 너무나 당연하다.

연간 학사일정의
정교화와 구체화

학교는 학년도 시작 전, 연간 학
사일정 계획을 세워서 학교운영위원회의 심의를 받는다. 지금까
지는 대개 휴업일, 정기고사 기간, 주요 행사(체육대회, 수학여행
등) 등을 중심으로 안건을 상정하면 특별한 이의 없이 심의 통과
되는 게 일반적이었다. 세부 일정 등은 추후 월간·주간 계획 등
에 포함하여 진행하면 된다. 연간 계획의 수립이 중요함에도 개략
적으로 기본 일정만 잡는 수준에 그쳤던 이유는 한창 분주한 학기
말에 작업을 해야 하는 사정도 있지만, 그동안은 특별한 일이 없
는 한 매년 거의 동일한 학사일정이 반복되었기 때문이다.

그런데 고교학점제 환경을 전제로 하는 학사일정 계획은 기존과 달리 좀 더 긴 시간에 걸쳐 준비되어야 하고, 좀 더 구체화된 형태로 제시되어야 한다. 이는 학사일정으로 뒷받침하게 되는 교육과정 자체가 과거와 달라졌기 때문이다. 교육과정이 한층 복잡하고 다양해진 만큼 학사일정도 이전에 비해 정교하게 구성될 수밖에 없다. 앞으로 학사일정을 계획할 때 기본적으로 고려해야 할 사항을 정리해보면 다음과 같다.

첫째, 학사일정은 **교육과정 운영의 내실화**를 최대한 보장하는 바탕이 되어야 한다. 보통 학기당 96일(연간 192일, 19.2주)의 수업일수를 잡는데, 학기당 편성 과목의 안정적 이수를 위해서 최소 85일(17주)은 응집성 있게 확보되어야 한다. 정기고사, 행사 일정, 공휴일, 재량휴업일, 기타 계절적 요인 등의 일정은 구성원들의 임의적 편의보다 교육과정의 안정적 운영을 먼저 고려해야 한다. 일정에 관한 혼란을 예방하기 위해 우선순위나 고려사항 등을 학교 학업성적관리 규정이나 교육과정 운영규정 등에 반영하는 것도 좋은 방법이다.

둘째, 학사일정은 학교(구성원)의 **불필요한 시간 소모를 최소화**해야 한다. 학사일정이 부실하면 무의미하게 시간을 흘려보내게 되거나 기준 이상을 초과하는 경우가 왕왕 발생한다. '시간이 없다'는 말이 학교에서 일종의 상투어가 된 지 오래이다. 하지만 정확히 말하면 시간이 없는 게 아니다. 무의미하게 흘려보낸 시간이 너무 많을 뿐이다.

셋째, 학사일정은 **학사관리의 안정적 운영**을 보장해주어야 한다. 학생의 과목 선택권 보장으로 많은 과목이 개설되는데, 이에 따라 과목 이수 경로나 교원 유형, 수업 및 평가 방식 등도 다양해질 수밖에 없다. 이 모든 것들이 원활하게 안정적으로 이루어지는 것은 물론, 구성원(학생, 교원)의 요구가 무리 없이 반영되고, 행정적 처리와 마감에 쫓기지 않도록 시간을 충분히 확보해야 한다.

이상에서 설명한 고려사항을 염두에 두고 실제 사례들을 좀 더 구체적으로 살펴보기로 한다.

① 4분기 운영 사례

2017년 인천 신현고의 경우 4계 휴업, 즉 봄/가을 중간고사 직후 각 10일, 하계 13일, 동계 61일 휴업일을 지정하여 연간 학사일정을 4개 분기로 구획하여 운영했다. 교과는 연간 또는 학기별로 편제 운영되는 것이 일반적이지만 과목의 특성, 교원 수급, 교육 활동 적합성, 원활한 선택권 보장(시간표 편성 연계), 누수 없는 교육 시간 확보 등의 상황을 감안하며 특정 시기(분기)의 집중 이수를 시도해본 것이다. 이러한 시도를 고교학점제에서 충분히 적용해 볼 수 있는 이유는 다음과 같다.

첫째, **시간 누수 예방 효과**가 있다. 단적인 예를 들어보자. 학사일정 중에서 정기고사 전후, 2월 등교일 등 정상적으로 수업하기가 쉽지 않은 수업일이 있다. 학교마다 똑같지는 않겠지만 대체로 연간 10~20일 정도가 애매하게 흘러버리는 것인데, 학사일정 구조가 늘 이런 상황으로 돌아가기 때문에 딱히 누구를 탓할 수도 없다. 4분기 구획은 정기고사(연4회)와 공휴일(5월, 10월)이 집중된 계절적 조건을 고려하여 분기마다 '수업 집중 - 평가 - 휴업'을 한묶음으로 학사를 4회 운영하는 것으로 시간 누수 예방이 기대된다.

둘째, **교육과정의 탄력적 운영**이 가능해진다. 과목 선택의 폭을 넓히는 것도 중요하지만, 사실 학교교육 만족도와 관련하여 더 중요한 것은 개설과목을 어떻게 운영하는가에 달려 있다. 과목마다 적합한 이수 단위, 편성 시기, 수업 방법 등이 있게 마련인데, 이수 기간 역시 중요한 고려사항이다. 예컨대 과목에 따라서는 1년이 필요한 과목이 있고, 학기 집중 이수가 적당한 과목도 있다. 나아가 특정 시기 집중 이수가 바람직한 과목도 있다. 특히 학생 활동 중심 성격의 과목, 2단위 수준의 과목 등은 분기별 집중 이수가 훨씬 더 효과적일 수 있다.

셋째, 강사 수급 등 **지도교사의 확보에 도움**이 될 수 있다. 예컨대 외부 강사가 주1회 지도하는 소수 학생 선택과목을 개설해야 하는 상황이 있다고 하자. 이러한 경우에는 강사 확보가 어려워 개설 여부가 불투명하다. 하지만 특정 시기 집중 이수 조건이라면 상대적으로 강사 채용 확률이 높아진다.

다만 1년간 운영해본 결과, 몇몇 문제점도 드러났다. 공동교육과정, 방학 중 교원 연수 등 타학교 일정과 맞지 않아서 생기는 불편함이나 번거로움이 컸다. 그렇지만 이러한 문제는 교육과정 운영 방식 때문이 아니라 시기상조 때문으로 보는 것이 합당할 것이다. 따라서 고교학점제 환경에서는 개별 학교 여건에 맞추어 적극 검토해볼 만하다.

② 학기별 이수 단위

고등학교 교육과정 운영은 3년간 204단위의 이수를 위하여 6개 학기 동안 각 학기별 34단위씩 편성하는 방식이 일반적이다. 이 방식은 교원 수급, 시간표 편성, 학급 구성 등 측면에서 무난하다. 그러나 학점제로 인해 학생 선택권이 확대되고, 학기별로 시간표를 새로 짜야 하고, 개설 과목에 따라서 수강자 수가 제각각인 교육 환경에서는 기계적인 34단위 편성을 다시 한 번 살펴볼 필요가 있다.

무엇보다 중요한 것은 고등학교 3년간의 학기별 편성에서 3학년 2학기의 특수성을 어떻게 관리할 것인가에 대한 고민이다. 이수 단위의 조정, 교과와 창의적 체험 활동의 운영 방식 등을 검토함으로써 부실 운영의 범위를 최대한 좁혀 나가야 할 것이다. 이미 수능 이후 교육과정 운영과 관련하여 학기별 이수 단위 편성의 사례는 종종 제시된 바 있고, 적지 않은 고교학점제 연구학교들이 3학년 1학기까지 35단위를 편성하고, 3학년 2학기에는 29단위를 운영하고 있다. 중요한 것은 학기당 이수 단위를 유연하게 바라보는 태도이다. 특히 창의적 체험 활동(3년간 408시간)을 어떻게 운영할 것인가에 따라 교과 34단위 또는 35단위의 이수 방식은 얼마든지 다양해질 수 있다.

학생 선택권 다양화와
시간표 작성

　　　　　　　　고교학점제 환경, 즉 학생들의 과목 선택권이 다양해지고, 개설 과목마다 수업 운영 및 평가 방식이 제각각 특색 있게 운영되는 형태로 변화한다고 가정했을 때, 학교에서 가장 고심하며 뒷받침해야 하는 작업이 바로 **시간표 작성**이다. 개설 과목과 수강자 변수가 워낙 다양하다 보니 시간표 작성은 쉽게 다가가기 힘든 업무이다. 또한 개발된 프로그램을 활용하는 학교들도 많기는 하나, 학교 여건에 따라 수용 여부는 각기 다르다.

　시간표 문제를 풀어가려면 먼저 시간표에 대한 고정관념을 다음과 같이 바꾸는 데서 출발해야 한다. 첫째, 시간표는 **학생의 수요**를 출발점(선택)으로 시작하는 것이다. 따라서 결코 만만한 과제가 아니라는 사실을 인정해야 한다. 즉 더 이상 신학기를 앞둔 시점에 수업계 1명이 감당할 수 있는 성격의 업무가 아니라는 것이다. 시간표가 선택형 교육과정을 무리 없이 감당하려면 연간 교육계획 일정 속에 적어도 6개월 이상의 기간이 확보되어야 하고, 학교 여건에 맞추어 교과별, 학년별 교사 1명씩 참여하는 태스크포스(TF)를 구성해서 추진하는 것이 바람직하다.

　둘째, 시간표는 목적이 아니라 교육과정(수업)이 잘 진행되도록 돕는 **수단**이다. 시간표 작성이 워낙 고단한 작업이다 보니 시간표 자체가 목적이 되어서, 개설된 과목이 학생들에게 본 모습으로 다가가지 못하도록 하는 경우가 종종 생긴다. 비유하자면, 몸에 옷을 맞추는 게 아니라 옷에 몸을 맞추는 격이어서 과목의 특성이나 수업 형태에 대한 고려 없이 모든 과목이 예외 없이 1시간 단위라는 고정된 칸에 갇혀 버리는 수가 있다. 모든 과목의 요구사항을 담아낼 순 없겠지만, 시간이 걸리더라도 '이 과목은 어떤 시간표 조건이 필요하다'는 요구를 먼저 수합해야 하고, 필연적으로 발생하는 문제들에 대한 조정 과정을 거쳐야 한다. 이러한 조정이 제대로 이루어지지 않는다면 시간표가 잠자는 교실 풍경의 한 원인이 될 수 있다는 점을 생각해야 한다.

셋째, 전형적인 시간표 틀(5일×7시간)의 **고정관념**에서 벗어나야 한다. 지금까지의 시간표는 개설 과목을 요일별, 교시별 35개 칸에 채워 넣는 작업이었다. 빈칸이 없으니 일과 운영의 여유가 없고 학교는 늘 시간이 없다. 시간표에 유연성을 부여하려면 학사일정(수업일수), 필요한 수업시수, 교과와 창의적 체험 활동의 운영 방식 등을 먼저 살펴야 한다. 수업일수(19.2주)와 과목 이수에 필요한 최소수업일수(17주) 간에 2주의 시간이 있고, 만일 창의적 체험 활동(학기 68시간, 1주 4시간)을 교과와 별도로 운영한다면 주당 4시간의 여유를 확보할 수 있다. 교과 체험 활동을 수업시간으로 산입[17]할 수 있으므로 교과목 간 융합 등 사전 계획에 맞추어 시간 운영의 유연성을 끌어낼 수도 있다.

---

17. 인천시 고등학교 교육과정 편성 운영지침(28쪽)에 따르면 "교과 관련 체험활동은 교과 교육과정과 연계한 계획 수립 및 활동 보고서 작성, 평가 등을 실시한 경우에 교과 수업시수에 산입할 수 있다."

넷째, 과목 성격에 따라 시간표와 **별도의 일정**으로 운영할 수도 있다. 물론 시간표에 맞추어 운영되는 것이 가장 바람직하겠지만, 이수 단위가 작거나, 실험이나 실기중심의 과목 등은 시간표가 오히려 수업을 방해하는 결과로 이어질 수 있다. 차라리 별도의 수업일, 시간을 정하여 적정 이수할 수 있도록 또 다른 방안을 마련하는 편이 훨씬 더 효과적일 수 있다. 또 이수 단위와 상관없이 과목의 성취기준에 의거한 '**시간표 + 별도 시간계획**' 형태의 운영 방식도 가능하다. 물론 생각만으로도 너무 복잡해서 감히 실행해볼 엄두를 내기 어려운 것도 사실이나, 수학여행, 체육대회 등의 행사 운영 방식을 떠올리면 전혀 불가능한 일도 아니다. 단지 사전 계획의 여부, 즉 학기 시작 전에 학사일정에 반영하고 준비를 해서

|표 3-7| 교과 재구성의 예시

기존 시간표 방식 운영	재구성에 따른 수업 운영

· 68시간을 교과서 단원에 맞추어 3월부터 학기(년) 말까지 수업진도계획 작성
· 진도계획표 상 68시간 이상 확보되었으나
· 누수 시간이 적지 않음(시험 전후, 학기 말 등)
· 교과 관련 행사를 수업과 별개로 운영 (*부담 요인 발생)
· 수행평가를 수업 중에 소화하지 못하는 경우 많음 (*과제물 형태의 평가로 학생 부담 및 민원 요인)
	· 68시간에 대한 분석→재구성
	· 교과 관련 교육 활동을 수업으로 연계
	  - 40시간: 교과 내용 수업
	  - 8시간: 관련 특강/융합 수업(블럭타임 4회)
	  - 8시간 : 프로젝트 수업(2~4회)
	    ※수행평가 반영
	  - 4시간 : 지필평가(2~4회)
	    ※정기고사 2회, 전국연합 2회
	  - 8시간 : 꿈끼 주간(2회) 수업
	    ※대회, 발표, 포럼, 전시회, 특강, 답사 등

추진하는가에 달려 있을 뿐이다. 즉 이와 같은 운영은 수업일수 기준이 아닌 이수 단위 충족에 필요한 수업시수를 기준으로 교과 재구성을 했을 때 가능할 것인데, 예컨대 4단위(68시간)의 어떤 과목을 운영한다고 하면, 표 3-7과 같이(161쪽 참조) 교과 재구성의 예시를 들어볼 수 있겠다.

　물론, 위의 경우가 현재로서는 다소 무리한 예시라고 생각할지 모른다. 하지만 앞으로 수업이 고교학점제 환경에서 진행된다는 점을 전제해야 한다. 학생의 과목 선택이 지금과는 또 다른 의미로 무겁게 다가오는 상황에서 이제 교과 재구성은 과목의 존립을 위한 절실한 과제이며, 시간표는 이를 뒷받침하는 수단이 되어야 한다. 그리고 이런 과제는 교사 혼자의 힘으로는 도저히 해결할 수 없다. 교과협의회 등 동료 교사들과의 협력이 한층 더 활성화되어야 하는 이유이다. 그러한 참여 속에서 평면적 시간표를 뛰어넘는 입체적 수업일정표가 나올 수 있을 것이다.

필연적 공강 시간의 효과적 운영 방안

　　　　　　고교학점제에서 공강의 발생은 필연적이고 또 자연스러운 일이다. 학생마다 과목 선택이 달라지면 수업시간표도 달라질 수밖에 없다. 수업시간표가 다른데 공강이 없다면 그게 더 부자연스럽다. 많은 학교가 공강 시간에 대한 학부모님께.

본교는 최근 학생부 종합전형 확대 등의 대입전형 추세에 맞추어 학생들이 본인의 진로진학 희망에 따라 과목을 선택할 수 있도록 최대한 배려하고 있습니다. 지도교사와 교실만 확보되면 희망 학생 수가 적더라도 과목을 개설하여, 학생 맞춤형 교육을 충실하게 구현하고 있습니다.

알려드릴 말씀은, 전년도 과목 선택 조사에서 17명의 학생이 〈경제〉 과목을 희망하여, 올해부터 〈경제〉 과목을 추가 개설하여 교육을 진행하고 있습니다. 다만, 소수 학생을 별도로 수업반 편성하여 지도해야하는 까닭에 아래 표와 같이 일과 시간 중 공강 시간이 발생하게 됨을 알려드립니다.

<u>공강 시간은 수업 시간이 아니므로(쉬는 시간과 같은 개념) 따로 지도교사가 배정되지 않으며, 학생들은 다른 수업에 방해가 되지 않도록 학교가 지정한 별도의 교실에서 조용히 자율자습에 임하여야 합니다.</u> 학부모님께서는 이와 같은 학생의 여건을 이해하시어 자녀가 스스로 책임감을 갖고 열심히 공부하도록 많은 격려와 응원을 해주시기 바랍니다. 학교에서도 학생들이 자기주도적 학습을 잘 하도록 지속적으로 상담하며 관심을 갖고 지도하겠습니다. 감사합니다.

〈2학년 경제 과목 선택 학생의 공강 시간〉

반	성명	공간 시간	자율학습 시간
3	000, 000, 000, 000	수4, 목3	
	000, 000, 000	목1, 금3	
	000, 000	월3, 금4	418호(수학 4실) (2학년 교무실 맞은 편 교실)
4	000, 000	월2, 금5	
	000, 000, 000	목4, 금5	
5	000, 000	수5, 목5	
	000	월4, 금2	

공강 안내 가정통신문

공강 운영은 교사, 학생, 학부모 모두에게 낯선 경험이다. 따라서 충분한 안내와 이해, 상호 확인이 중요하다.

부담을 토로하곤 하는데, 진정으로 학생 선택권을 보장하려고 노력하고자 한다면 공강 기피는 그 자체로 모순이다. 공강 시간을 없애기 위한 방안을 모색하는 대신 차라리 공강을 자연스럽게 받아들이는 학교 환경을 만들어가야 한다. 그리고 공강 시간을 어떻

공강 관련 규정

제14조 (수업시수 확보) ① 교육과정부와 각 교과부서는 교과와 창의적 체험 활동의 학기별 이수 단위에 해당하는 수업시수가 반드시 확보되도록 관리하여야 한다.

> ※ 유의사항
> - (교육과정부)학사일정 수립 시, 각종 행사 등의 활동이 특정 요일에 편중하지 않도록 함
> - (교사) 담당 과목 및 체험활동의 연간(학기) 진도 계획 준수로 누락 시수 예방
> - (담당 부서) 분기별로 시수 누계를 확인하여 부족한 과목의 시수를 확보(시간표 조정)

② 담임교사는 특정 과목을 선택하여 일과 중 공강 시간을 갖는 학생이 해당 수업시수를 누락하지 않도록 확인하여야 한다.

> ※ 공강 시간 운영
> - (교육과정부) 공강 시간에 해당하는 과목 확인 및 시간표 편성(이수 단위, 이수 누계 확인)
> - (학년부장, 담임교사) 공강 시간 중 학생지도 방안 안내(※학부모에게 안내)
> - (학생) 담임교사가 지정한 장소에서 조용히 자기주도적 학습 및 활동 시간을 갖도록 함.

인천 신현고의 공강 관련 규정(2019)
실제로 공강 시간을 운영하며 겪은 시행착오를 바탕으로 공강 운영 규정을 마련하였다. 앞으로 경험을 더 쌓고, 추가 변수들을 고려해 보완해 나갈 예정이다.

게 하면 더욱 효과적으로 활용할 수 있을 것인지를 찾아보는 것이 더 현실적이다.

사실 우리나라 고등학교 교육에서 공강 운영은 교사, 학생, 학부모 모두에게 낯선 경험이다. 따라서 충분한 안내와 이해, 상호 확인이 중요하다. 인천의 신현고는 2016년 처음 공강이 발생하였을 때 가정통신문을 보내어 공강의 개념, 학생의 공강 시간 등을 안내하였다(163쪽 참조).

또한 2016년부터 시행해온 공강 시간의 운영 경험을 바탕으로 지도 방안을 정하여 학교교육과정 운영규정에 포함하여 관리하고 있다. 물론 공강 운영에 대해서는 앞으로도 더 경험을 쌓아야 하고, 추가로 고려해야 할 변수들도 많다. 하지만 이러한 규정은 고교학점제가 순조롭게 정착하고 있는지 손쉽게 확인할 수 있는 관찰 대상의 하나임은 틀림없다.

HIGH SCHOOL
CREDIT SYSTEM

과거에는 학생 개인의 적성이나 소질과 무관하게 모든 학생이 거의 동일한 교육 과정을 이수해야 했다. 하지만 고교학점제하에서는 기초학력수준을 보장하는 차원의 공통과목을 제외하고 학생 개개인에게 원하는 과목을 선택할 수 있는 자유를 부여함으로써 고등학교 때 미래 자신의 진로를 진지하게 탐색하고 준비할 수 있도록 적극 지원해야 한다. 이는 다시 말해 정규교육과정 안에서 진로교육이 이루어져야 함을 의미한다. 이에 이 장에서는 고교학점제하에서의 진로교육을 위해 학교교육과정 안에서 어떻게 진로교육과 연계된 교육과정을 편성하고 운영해야 할 것인지에 관해 살펴보려고 한다.

CHAPTER
04

교육과정과
진로교육

"교육과정과 연계한 진로교육, 어떻게 실현할 것인가?"

01
고교학점제는
진로교육의 도약대이다!

이 장을 시작하기 전에 고교학점제를 실제로 경험한 학생과 교사의 인터뷰를 각각 소개하려고 한다. 앞으로 이야기할 고교학점제와 정규교육과정을 기반으로 한 진로교육의 실천에 관해 의미 있는 시사점을 줄 것이다.

저는 경제를 좋아하는데, 경제 수업에 더욱 집중해서 여러 과목을 들을 수 있어서 좋았어요. 사실 선배들 이야기를 들어보면 경제 · 경영학과에 가고 싶어서 고등학교 때 수업을 듣고 싶어도 정작 경제 관련 과목은 과목 자체가 별로 없었고, 저처럼 농업경제에 관심을 가진 선배들은 더 힘들었다고 하더라고요. 저는 그래서 국제경제, 경제지리, 경제수학 등 심화과목을 집중해서 들었어요. 저의 진로 방향에 맞게 필요한 과목을 계속 들으니까 수업에도 더욱 적극적으로 참여할 수 있었고, 집중도 잘 되었던 것 같아요. 그리고 저처럼 듣고 싶어하는 친구들끼리 만나니까 수업 분위기도 정말 좋았고요. 공강이나 자기탐구 활동 시간도 많아서 그룹을 짜서 함께하는 시간이 많아서 좋았어요. 교과서 말고 팀 하포드의 《경제학 콘서트》나 유시민의 《경제학 카페》같은 책을 찾아서 스스로 읽어보기도 했어요. 친구들과 함께 조별로 발제를 하기도 했죠. 대학 입학을 앞둔 지금 생각해보면 정말 유익한 시간이었던 것 같아요.

- 서울 A고등학교 졸업생

기존의 천편일률적인 입시중심 수업에서 벗어나 학생 자신의 진로에 맞는 수업을 스스로 찾아 설계하고 수업에 참여하면서 성장할 수 있게 한다는 데 고교학점제의 가장 큰 의미가 있다고 저는 생각합니다. 급변하는 미래사회를 준비하는 학생들에게 짜여진 듯한 내용을 계속 가르치는 것은 교사로서도 힘들었는데요. 아이들이 직접 선택하고 참여하는 모습에서 자율성과 책임감도 같이 길러지면서 수업뿐만 아니라 인성에서도 한 뼘 더 성장한 것 같고, 교실에서도 교사인 제 자신도 기존의 수업 방식에서 벗어나 거꾸로수업 등을 통해서 학생의 필요에 맞게 더욱 열정을 가지고 가르칠 수 있었던 것 같아요.

- 경북 B고등학교 교사

이전까지 우리나라 고등학교는 대부분 입시에만 초점을 맞추고, 획일화된 교육과정을 강제해왔으며, 진로를 고려한 학생 과목 선택권 개념은 매우 취약했다. 하지만 위 인터뷰 내용에서 미루어 알 수 있듯이 고교학점제는 학생들의 다양성을 인정하지 않는 획일화된 교육시스템의 한계를 깨고 학생들의 진로 다양성을 보장하기 위한 교육과정 변화의 시동을 걸었다고 할 수 있다.

고교학점제와 진로교육에 대한 인식 전환 필요

교육부는 고교학점제가 진로중심 선택교육과정의 일환이라는 것을 강조하며, 2018년부터 고교학점제 연구 및 선도학교들을 운영해왔다. 그리고 교육부가 2025년 고교학점제 전면 실시를 예고하면서, 이제 고교학점제는 고등학교 교육과정의 주된 화두로 떠올랐다. 그럼에도 불구하고, 아직도 일선 학교에서는 고교학점제 도입에 대한 기초 논의조차 제대로 이루어지지 못하는 등 많은 어려움을 겪고 있으며, 현실과 동떨어진 탁상 정책이라며 반대하는 주장도 여전히 존재한다.

반론하는 측의 대표적인 주장은 대체로 이러하다. 과거 우리나라의 계속된 고등학교 교육과정 및 교육정책 변화에도 불구하고 고등학교에 가히 절대적인 영향을 끼치는 대입전형은 학생, 학부모, 교사가 느끼기에 거의 변화하지 않고 있다는 것이다. 아울러 계속해서 인간의 기대 수명이 연장되고 급변하는 사회 흐름으로 인해 학생들은 한 방향이 아닌 다양한 방향의 진로와 직업을 갖게 될 상황에서 진로중심의 고교학점제가 제대로 운영될 수 있겠느냐는 일부 교사들의 우려 섞인 의견도 있다.

"아이들이 자기 진로 방향에 맞게 과목을 선택한다." 말이야 그럴듯하죠. 그런데 생각해보세요. 대학입시는 결국 성적 좋은 아이들을 뽑는 거잖아요. 요즘 정시 비율을 높이라는 것도 그렇고. 나 학교 다닐 때나 선생님 학교 다닐 때나 지금이나 대학은 그대로잖아요. 우선 줄 세우기. 그리고 지금 평생 직업이 있으면 얼마나 있어요. 평생 전문직이 아닌 이상, 평생 서너 번은 직업이 계속 바뀌는 게 지금 청년들이고, 이 아이들 때는 더할 거예요. 그리고 진로교육을 한다고 아이들 진로가 확실하게 정해지나요? 과목 선택하다가 이것도 저것도 아니게 되면 어떡하려고요. 아직 시기상조예요. 고교학점제는.

- 경북 C고등학교 교사

하지만 고교학점제는 단지 "학생들이 자율적으로 과목을 선택"한다는 데서 그치는 피상적인 정책이 아니다. 다시 말해 고교학점제는 단순히 기존 교육과정 고시에서의 '단위'를 '학점'으로 변경하여 학생들에게 그저 과목 선택권만을 부여하는 것이 아니라는 뜻이다. 궁극적으로 학생들이 자신이 희망하는 진로에 맞는 방향으로 체계적으로 준비하고 성장할 수 있게 하는 차원으로 공교육이 진화하기 위해 거쳐야 할 하나의 교육적 도약대인 셈이다.

따라서 학생들의 과목 선택 절차보다 먼저 학생들이 자신에 적합한 진로 방향을 충분히 탐색할 수 있는 기회를 제공해주는 것이 무엇보다 중요하다. 그것이야말로 학교가 수행해야 할 또 다른 중요한 책무이다.

이를 위해 교육부는 기존의 진로교육집중학년학기제[1] 선도학교를 운영하던 것을 2020학년도부터 전국의 모든 학교가 중학교 3학년 2학기, 고등학교 1학년 1학기를 **진로교육 집중학기**로 운영하는 것으로 일괄 전환하여 고교학점제와 연결될 수 있게 정책을 수립하여 안내한 바 있다. 특히 일반고의 경우에는 1학년 때 대부분의 공통과목을 이수하고, 1학년 2학기 때 교과서를 신청하며, 2학년 때부터 본격적으로 자신의 진로 방향에 맞는 과목을 선택하여 이수하는 경우가 많으므로 일선 학교는 학생들이 입학하기 전인 신 학년 준비기간에 학생들이 자신의 진로 방향을 탐색하도록 충분한

| 표 4-1 | 교육과정과 진로교육에 대한 법적 조항

조항	규정
「진로교육법」 제2조 (진로교육의 정의)	국가 및 지방자치단체 등이 학생에게 자신의 소질과 적성을 바탕으로 직업 세계를 이해하고 자신의 진로를 탐색·설계할 수 있도록 학교와 지역사회의 협력을 통하여 진로수업, 진로심리검사, 진로상담, 진로정보 제공, 진로체험, 취업지원 등을 제공하는 활동을 말한다.
「초·중등교육법」 제48조 제2항	고등학교의 교과 및 교육과정은 학생이 개인적 필요·적성 및 능력에 따라 진로를 선택할 수 있도록 정하여져야 한다.
2015 개정교육과정 목적	문이과 계열 구분 없이 학생들의 과목선택권을 확대하고 진로선택 과목 교육활동을 운영하여 학생들에게 진로 탐색 기회를 도모하고자 함

---

1. 특정 학년이나 학기를 정해 집중적으로 진로교육을 운영하는 제도로, 주로 진로탐색과 함께 창업가(Entrepreneurship) 정신을 기르도록 하는 데 그 목표를 두었다.

기회를 제공할 수 있어야 한다. 이를 지원하기 위해 학교는 체계화된 콘텐츠를 미리 준비해둘 필요가 있다.

왼쪽의 표 4-1에서는(172쪽 참조) 「진로교육법」 제2조(진로교육의 정의), 「초·중등교육법」 제48조 제2항, 2015 개정교육과정 등에 따른 법적 조항을 정리하고 있는데, 이를 통하여 교육과정과 진로교육이 얼마나 서로 밀접하게 관련되어 있는지 잘 알 수 있다. 따라서 학교에서는 다양한 진로교육 및 탐색 기회를 고등학교 3년 과정 전체에 걸쳐 학생들에게 제공하여야 할 책무가 있다.

특히 1학년 1학기의 진로교육집중기간의 활동이 매우 중요하며, 이는 일반고냐 특성화고냐에 따라 크게 다르지 않다. 일선 학교의 진로교육은 진로적성검사, 진로진학상담, 직업 및 전공 체험, 교과연계 진로교육의 네 가지 형태로 이미 운영되고 있다. 그럼 이제 고교학점제 운영 학교에서 실제로 어떻게 진로교육이 이루어지고 있는지 좀 더 자세히 살펴보도록 하자.

개별 진로−학업 지원 과정의 마련

고교학점제 운영체제에서는 학생들이 자신의 관심과 진로에 따라 과목을 선택해서 수강하게 된다. 따라서 학생들의 진로 설계 및 교과 선택 성숙도가 매우 중요하다. 특히 학생 스스로 진로와 연계한 과목을 능동적으로 선택하고 자신의 선택에 대해 책임감을 갖게 하는 경험은 분명 생애 전반에 걸쳐 자신의 삶을 설계하고 관리할 수 있는 역량을 키워준다는 점에서 매우 중요하다. 물론 학생 자신의 진로와 적성에 맞는 과목을 선택하기 위해서는 진로 결정이 전제되어야 한다. 하지만 학생마다 진로를 결정하는 시기가 다르기 때문에 진로선택을 못하거나 때로는 진로를 선택한 이후에도 계속해서 고민하다가 결국 진로를 변경하는 학생도 있을 수 있다. 따라서 학생들이 자신의 진로와 적성에 맞는 과목을 잘 선택할 수 있도록 한층 구체적이고 적극적인 진로-학업 지원을 마련할 필요가 있다.

다음의 표 4-2는 학교공동체의 구성원들(교사, 학생, 학부모 등)이

| 표 4-2 | 진로-학업 지원 과정의 흐름

단계	교사	학생	학부모(지역사회 포함)
1단계	진로-학업지원팀 조직 및 역할 분담	진로-학업지원 사전 안내	학교운영위원회 참여
2단계	진로-학업 지원 과정 계획수립	학생 개인별 학업 계획서 작성	
3단계	진로교육·진로체험 운영	진로교육·진로체험 참여(토크콘서트, 공청회, 교육과정 박람회 등 포함)	진로교육 및 재능기부 참여(교육지원, 상담지원)
4단계	학생 개인별 학업 지원 및 관리	학생 수강신청 및 선택과목 수강	
5단계	진로-학업 과정 평가 및 피드백		

함께 참여하는 **진로-학업 지원 과정의 흐름**을 정리한 것이다. 진로-학업 지원 과정은 크게 5단계로 나눌 수 있으며, 각 단계별로 주어진 역할들에 대하여 구성원들이 적극적으로 참여하는 것이 학생의 진로-학업 지원 과정에서 한층 유익한 결과를 얻을 수 있다. 이제부터 각 단계별로 구성원들이 각자 해야 할 역할에 대해 하나씩 자세하게 알아보고자 한다.

> 이전에는 '진로-학업 지원'이라는 용어도 생소했지만, 대부분 학교에서 교육부 고시 및 시도교육청의 지침에 따라 교원 수급에 맞추어 일방적으로 정하고 그냥 통보하는 경우가 많았던 게 사실입니다. 주위 학교들을 보면 "우리 학교에는 이런 과목만 있으니 안 들을 거면 우리 학교에 오지 마라" 이렇게 말하는 경우도 많았지요. 뭐 다들 어쩔 수 없었습니다. 하지만 이제는 철저히 학생중심입니다. 물론 학교의 한계라는 것이 있으니 최대한 인근 학교와 협력해서 공동교육과정이든 뭐든 학생을 위해서 제공하고 학생, 학부모까지 함께 해서 시간이 걸리더라도 교육활동 계획을 세우려고 하죠. 준비하는 시간, 과정은 힘들어진 것이 사실이지만 그래도 학생들의 웃음을 보면 보람을 느낍니다.
>
> - 부산 D고등학교 교감

① 진로-학업 지원팀 조직과 역할

진로-학업 지원팀은 개별 학교의 여건에 따라 구성원을 다양하게 구성할 수 있으며, 일반적으로 교육과정부장, 연구부장, 진로전담교사 등으로 구성하여 학생의 진로에 따른 과목 선택 및 수강을 지원한다. 또한 진로-학업 지원팀은 학생들에게 체계적인 진로진학상담, 과목 선택 및 학점이수 관리 전반에 걸친 지원 역할을 수행하므로 학생의 진로 및 교육과정 선택 지원, 학업관리 지원 등으로 나누어 구성할 수 있으며, 이는 개별 학교의 여건에 따라 융통성 있게 운영할 수 있다. 진로-학업 지원팀의 역할과 제반 조건을 정리하면 다음과 같다.

우선, 학생들에게 개별 학생의 학업 계획서 및 학습 이력을 토대로 개인별 교육과정 컨설팅과 시간표 관리 등을 지원하며, 교과 수업뿐만 아니라 창의적 체험 활동도 학생의 희망 진로 및 교과 이수 상황과 연계하여 지도하고 안내하여야 한다.

이를 위해서는, 교사들을 대상으로 고교학점제 운영 전반에 걸쳐서 정기적으로 연수를 실시하거나 전문적 학습공동체를 활성화하여 교사들의 교육과정 전문성을 향상시키기 위해 노력하여야 한다. 특히 개별 학생에 대한 진로 및 학업 상담은 협력적인 조직 문화 속에서 이루어져야만 효과를 발휘할 수 있다. 따라서 담임교사, 교과담당교사, 진로전담교사가 함께 소통하면서 협력적 상담 지도 지원 체제를 운영하여야 한다.

담임교사는 학생과 가장 밀접한 진로 학업 상담의 조언자로서 학생에 대한 이해를 바탕으로 개별 학생의 진로에 대한 이해 및 진로 변화 경로를 파악함으로써 학생의 진로 및 과목 선택, 과목 학습 등을 다각도로 지원하는 역할을 수행하여야 한다. 또한 진로

전담교사는 담임교사의 진로 및 학업 상담 결과와 연계하여 심화 상담을 실시하고, 교과담당교사들은 과목 정보와 함께 학습경로 정보 제공 및 진로 상담을 진행하여야 한다.

다음의 표 4-3은 이상의 **진로-학업 지원팀 조직과 역할**을 표로 정리한 것이다.[2] 교육과정부장, 연구부장, 교과부장은 교육과정 선

|표 4-3| 진로-학업 지원팀 조직과 역할

구분	역할	세부 내용
교육과정부장, 연구부장, 교과(부장)	교육과정 선택 지원, 학생평가 및 학교생활 기록부 기록 지원	- 선택과목 및 수강신청 안내 자료 제작 - 학교 외 강좌 이수 경로 안내(인근 학교 위탁 강좌, 공동교육과정 등) - 교육과정전문성향상을 위한 교사연수기획·운영
진로진학부장, 진로전담교사	진로 선택, 상담 지원	- 학생 이해를 위한 진로·학업 관련 심리검사 실시 - 진로·학업 상담을 위한 각종 연수 및 정보 지원 - 진로 및 학습 문제 심화 상담 - 학업 계획 수립 및 교과목 선택 자문
학년부장, 담임교사	진로·학업 관리 지원	- 학생 진로상담 및 과목 선택 기초 상담과 지도 - 학업 계획 수립 - 공강 시간 자기주도학습 지도
전문상담교사	학생 정서적 심리상담 지원	- 부모, 학생, 교사 관계 향상 자문 - 학생 개인 문제 심화 상담

택 지원, 학생평가 및 학교생활기록부 기록 지원의 역할을, 진로
진학부장과 진로전담교사는 진로 선택, 상담 지원의 역할을, 학년
부장과 담임교사는 진로·학업 관리 지원의 역할을, 전문상담교
사는 학생의 정서적 심리상담 지원의 역할을 담당한다.

② 진로-학업 지원 과정 계획 수립

진로-학업 지원팀의 조직과 역할이 정해지면 진로-학업 지원팀은
학생의 3년간 진로-학업 지원 과정 계획을 수립하여야 한다.

다음의 표 4-4는 **학생 진로-학업 지원 과정**에 대하여 정리한 것인

|표 4-4| 학생 진로-학업 지원 과정

단계	주요 내용	세부 지원사항
1단계	진로 탐색 지원	학생의 진로 특성 유형에 따른 진로 탐색 지원
2단계	과목 선택 지원	학생의 진로에 도움이 되는 과목을 선택할 수 있도록 진로지도와 연계한 과목 선택에 대한 정보 및 가이드라인 제시
3단계	학습 설계 지원	학생 개인의 진로 희망에 따라 선택한 과목 중 3년 동안 자신이 배우게 될 교과목에 대한 계획을 세워 구체적인 학습 설계 전략과 함께 학교생활 전반을 계획할 수 있도록 안내
4단계	학업 관리 지원	졸업 이수 학점 관리 및 현재 학업 수준 파악

---

2. 한국교육과정평가원, 2019, 《고교학점제 연구학교 운영 안내서》, 한국교육과정평가원, 22쪽

데,[3] 크게 1단계(진로 탐색 지원), 2단계(과목 선택 지원), 3단계(학습 설계 지원), 4단계(학업 관리 지원)로 진행되며, 이전 단계가 잘 이루어지지 못하면 다음 단계로 진행할 때 어려움을 겪는 경우가 많다. 특히 진행 속도도 중요하지만, 학생들에게 진로에 대한 기본 역량을 기를 수 있는 1학년 1학기(진로교육 집중학기)의 진로 탐색 지원에 초점을 두어 계획을 수립하여야 한다.

③ 진로교육 계획

앞 단계에서 진로-학업 지원 과정 계획이 수립되면 학교는 학생을 위한 고등학교 3년간 진로교육 계획, 진로체험 활동 일정, 1학년 학생의 교과목 선택 편성 일정 등을 체계적으로 세우고 운영하여야 한다. 물론 학생마다 진로 방향이 다양한 만큼 학생에 대한 진로지도는 다양한 방면으로 운영되어야 한다. 하지만 이를 진로전담교사 또는 진로진학상담교사 홀로 감당할 수 없기 때문에 학교의 모든 교사들이 함께 책임감을 가지고 참여해야 한다.

　다음의 표 4-5는(180쪽 참조) 고등학교 3년간의 진로교육 계획을 예시한 것이다.[4] 3년간의 진로교육 계획은 진로와 직업 교과, 교과연계 진로교육, 창의적 체험 활동, 진로집중상담기간, 꿈끼탐색주간, 진로심리검사들을 활용한 상시 상담시스템 운영, 학생 비전

---

3. 경상북도교육청, 2020, 《월별 고등학교교육과정 길잡이》, 경상북도교육청, 21쪽

4. 서울대학교 농업생명과학대학 교육연수원, 2019, 《2019 진로교육 기반 학교교육과정 편성 운영 교원역량 신장 연수 자료집》, 서울대학교 농업생명과학대학 교육연수원, 123쪽

| 표 4-5 | 고등학교 3년간 진로교육 계획(예시)

항목	내용
진로와 직업 교과	- 진로와 직업 선택교과 2단위 편성 운영 - 배움 중심 진로활동 운영
교과연계 진로교육	- 학기당 4차시 이상 교과 연계 진로교육(수업) 실시
창의적 체험 활동	- 진로활동 학기당 1단위, 3년 동안 총 6단위 이수 - 진로 맞춤형 자율/동아리/봉사활동 운영
진로집중 상담기간	- 학생/학부모 대상 진로집중상담기간 운영(5,10월)
꿈끼탐색주간	- 4회 꿈끼 탐색주간 운영(5,7,10,12월)
상시 상담 시스템 운영	- 흥미적성검사, 진로성숙도검사, 직업가치관검사, 각종 진로심리검사 - 검사 결과에 따른 맞춤형 상담 　학습 설계 : 학습관리 및 진학준비 　진로 정보 탐색 : 다양한 진로정보 탐색 및 활용 　학교 생활 설계 : 교과 및 비교과활동 계획 및 실천 　진로 경로 설계 : 직업 및 학습경로 설계
비전 선언문 작성	나의 비전 선언문 작성
오프라인 상담	진로상담 기초 자료 작성(입학 초기)
	진로심리검사 결과 작성(연 2회 이상)
	담임교사 진로상담 : 진로고민, 선택 등 일반적 상담(연 3회이상)
	교과교사 진로상담 : 전공 관련 진로경로 상담(연2회 이상)
	진로전담교사 진로상담 : 진로 심화 상담(연 2회 이상)
	또래상담 : 진로고민, 선택 등(연 3회 이상)

선언문 작성, 담임교사, 교과교사, 진로전담교사에 의한 오프라인 정기 상담 등으로 구성할 수 있다. 특히 다른 교과와 관련된 교과 연계 진로교육을 염두에 두어야 하며, 이 부분은 다음 절에서 좀 더 집중하여 다룰 것이다.

표 4-5에서 정리한 것과 같은 학교 내 진로교육도 중요하지만, 학생들이 학교 밖에서 직접 직업 또는 전공을 체험하는 활동들을 마련해주는 것 또한 매우 중요하다. 왜냐하면 이런 활동들을 통해 학생들은 자신이 진로검사나 상담 등의 과정에서 인식했던 자신의 잠재력이 실제 직업 현장에서 어떻게 활용될 수 있는지 직접 경험해봄으로써 충분히 깨달을 수 있고, 이를 바탕으로 미래를 한층 구체적으로 설계할 수 있기 때문이다.

다음의 표 4-6은 학교에서 고등학교 3년간 학생이 참여할 수 있는 다양한 진로체험 활동을 계획한 내용을 정리한 것이다(182쪽 참조). 앞으로는 이처럼 기존의 교내중심으로 짜여진 천편일률적인 교육 활동에서 벗어나 학생들이 다양한 직업 및 전공체험 기회를 가질 수 있게 충분한 교육 활동을 제공할 필요가 있다. 진로체험 활동은 보통 1학년의 경우 진로 탐색 역량에 집중하고, 2학년의 경우 진로 설계 역량에 집중하며, 3학년의 경우 진학(특성화고의 경우 취업) 설계에 집중하여 운영하게 되는데, 주로 진로캠프, 진로심리검사, 인문학특강, 재능기부진로체험, 사회적 기업캠프, 전문직업인특강, 전공체험, 창업체험, 화상멘토링 등으로 다양하게 구성하여 운영할 수 있다.

| 표 4-6 | 고등학교 3년간 진로체험 활동 일정(예시)

	진로체험 활동 일정	비고
1 학 년	* 진로탐색 역량 집중교육의 학년 3월: 진로캠프(행복디자인, 자기이해, 직업탐색, 진학디자인) 3월: 진로성숙도검사 4월: 계열탐색 계열 정보 제공 및 탐색 5월: 전공탐색 전공 정보 제공 및 탐색 6월: 인문학특강(기억전달자, 잃어버린 마음을 찾아서) 7월: 재능기부진로체험(간호학과 외 19개과) 7월: 과목 탐색 교과 및 과목 정보 제공 및 탐색 7월: 수강신청 과목 선택 집중상담 8월: 사회적 기업캠프(미래 직업인 발표 프로그램) 8월~11월: 전문직업인특강(병원장, 경찰 등 9회) 9월: 대학방문 전공체험 프로그램(행정학과 외 8개과) 10월: 진로캠프(대학교수 특강, 경영학부, 의학과 외 13명) 12월: 스타트업 캠퍼스 창업체험(테크노밸리의 기업정신)	EBS 한국가이던스 진로진학상담부, 담임 진로진학상담부, 담임 소설가 경북전문대학교 진로진학상담부, 담임 진로진학상담부, 담임 사회적 기업가 심사 전문직업인 안동대학교 경북대학교명예교수 판교테크노밸리
2 학 년	* 진로설계 역량 집중교육의 학년 3월: 전공적성검사 4월~7월: 진로진학교육컨설팅(전공 안내 및 생활기록부관리) 6월: 전문직업인특강(병원장, 경찰 등) 7월: 재능기부진로체험(간호학과 외 19개과) 8월: 사회적 기업캠프(미래 직업인 발표 프로그램) 10월: 창업 캠프(창업 발표 프로그램) 10월: 진로캠프(대학교수 특강, 경영학부, 의학과 외 13명) 12월: 스타트업 캠퍼스 창업체험(테크노밸리의 기업정신)	한국가이던스 17개대학입사정관 동문 경북전문대학교 사회적 기업가 심사 동문 기업가 심사 경북대학교명예교수 판교테크노밸리
3 학 년	* 진학/취업 설계 집중교육의 학년 3월: 자기소개서 작성 및 컨설팅 4월~7월: 진로진학교육컨설팅(전공 안내 및 생활기록부관리) 5월: 화상멘토링(대학입시 및 수시전형면접지도) 8월: 사회적 기업캠프(미래 직업인 발표 프로그램)	졸업생 동문 17개대학입학사정관 AFE 참여대학 사회적 기업가 심사

앞서 언급했듯이, 고등학교 1학년 1학기, 즉 진로교육 집중학기에서 진로교육 및 체험 활동이 잘 운영되어야 하는 이유 중 하나는 학생들이 자신의 진로 방향에 맞는 과목을 적절히 선택하여 그에 따른 교육 활동에 적극적으로 참여하면서 학생 자신의 미래를 설계하도록 하는 데 있다. 따라서 학교에서는 다음의 표 4-7과 같이 고등학교 1학년 학생의 경우 교과목 선택 편성 일정을 사전에 계획하여 공지하는 과정을 거친다.

|표 4-7| 고등학교 1학년 학생의 교과목 선택 편성 일정(예시)

일정	세부 활동	준비 서류
3월	선택중심 교육과정 안내	선택중심 교육과정 안내서 학업 계획서, 상담 동의서
4월	진로 및 전공 탐색, 진로연계 교과목 안내	진로연계 교과목 안내서
5월	과목 수요 조사	선택과목 수요 조사 가정통신문
6월	진로연계과목 3년간 이수 계획서 작성 1차 수강신청	진로연계과목 이수 계획서 1차 수강신청 안내 가정통신문
7월	2차 수강신청	2차 수강신청 안내 가정통신문
8월	최종 수강신청	최종 수강신청 안내 가정통신문 학생 개인별 수강과목 현황표
12월	수강신청 변경(매 12월)	선택과목 변경 신청서

앞선 표 4-5의 고등학교 3년간 진로교육 계획(180쪽 참조), 표 4-6의 3년간 진로체험 활동 일정(182쪽 참조)과 유기적으로 운영하여야만 학생들에게 실질적인 도움을 줄 수 있는 유익한 진로-학업 지도가 될 수 있다. 특히 학교에서는 중간고사 이전(3, 4월)에 학생에 대하여 교육과정을 안내하고, 진로 및 전공 탐색, 진로연계 교과목 등을 안내하는 과정을 운영하며, 중간고사 이후에는 본격적으로 학생의 희망 선택과목에 대한 수요 조사를 진행하고, 수강신청 및 변경 과정을 거쳐 8월에 최종 수강신청을 하게 된다. 물론 1학년말, 2학년말(일부 학교는 2학년 1학기말 포함)에 학생의 중간 이수 과정 상담 결과 및 학생의 진로 희망 변경 내용을 바탕으로 하여 일부 선택과목을 변경하는 경우도 있다.

중학교를 졸업하고 고등학교에 와서 보니 제가 원하는 과목을 선택한다는 것이 얼마나 중요한 일인지 새삼 깨닫게 되었어요. 고등학교 입학도 하기 전에 사전 오리엔테이션을 통해서 제가 어떻게 진로 관련 수업을 듣게 되는지, 수업이 어떻게 운영되는지, 어떻게 운영 과정에 참여해야 하는지, 진로체험과 수강신청을 하기 위해 월별로 어떻게 준비를 해야 하는지. 물론 중학교 때도 자유학기제가 있었지만, 저는 고등학교에 와서 더욱 책임감을 느끼고 제 자신을 설계해 나가는 거 같아요. 물론 선배들을 보면 중간에 진로가 바뀌는 경우도 있다고 하던데, 그래도 지금 제 꿈을 위해 열심히 노력해 보려고요.

- 인천 E고등학교 학생

④ 교사, 학생, 학부모를 위한 맞춤형 진로-학업 과정 연수 운영

학점제가 성공적으로 정착하기 위해서는 학교 교원들만의 노력으로는 역부족이다. 앞서 언급했듯이 학교에서 아무리 진로교육 및 체험 활동, 교과목 선택 편성 등 고교학점제 운영을 위한 계획들을 수립한다고 할지라도, 교육공동체 안에서의 공감대가 제대로 형성되지 않으면 원활한 진행을 기대하기 어렵기 때문이다. 따라서 학교는 다양한 학생에 대한 진로-학업지도를 한층 알차게 운영하기 위해서 교육공동체 안에서의 공감대 형성 및 역량 증진을 위한 연수 및 교육이 필요하다.

우선, **교원**을 대상으로 고교학점제 이해, 학생 선택형 교육과정 운영(수강신청제 도입), 학생 맞춤형 학습관리 지원 등에 대한 집중적인 연수가 반드시 실시되어야 한다. 그리고 결국 학생의 교육 활동을 실제로 기획하고 운영하는 것은 바로 교사들이기 때문에 빨리 뭔가를 해내려고 하는 마음에 제대로 준비된 계획도 없이 서두르기보다는 시간이 조금 걸리더라도 학생들을 위한 보다 유익한 방안들을 전문적 학습공동체별(교과별, 융합, 업무별)로 도출해 내는 것이 필요하다.

둘째, **학생**을 대상으로 고교학점제 이해, 수업 및 평가의 변화, 시설 및 생활의 변화에 대한 집중적인 교육이 마련되어야 한다. 학생들은 학교생활을 시작하면서 자신의 진로 방향에 맞는 과목을 선택하기에 앞서 그 과목 수업이 어떻게 진행되는지, 과정중심 평가가 어떻게 이루어지는지, 고교학점제를 운영하기 위한 다양한 이동 수업 및 활동을 위한 학교 공간들이 어떻게 구성되어 있는지를 학생의 입장에서 충분히 안내받을 수 있는 시간이 필요하기 때문이다.

셋째, **학부모**를 대상으로 고교학점제와 학생 생활에 대한 이해 및 지원에 대한 교육이 필요하다. 대부분의 학부모들은 학창시절 과목을 직접 선택하기보다는 수능 및 학교의 획일적 교육과정하에서 수업을 들었던 경험들이 대부분이다. 그렇기 때문에 더더욱 학생 참여형 수업, 과정중심평가, 교수-평가 일체화 등 고교학점제가 가진 다양한 교육과정 운영에 대한 인식이 부족한 편이다. 따라서 이에 대한 충분한 공감을 이끌어내지 못하면 번번이 제동이 걸려 원활하게 진행되지 못할 수 있다. 또한 고교학점제 운영상에서 우려할 수 있는 생활지도 문제에 대한 학부모들의 공감대와 협조를 이끌어내야 한다. 특히 지역사회 속에서 다양한 직업을 가지고 살아가는 학부모들이기 때문에 장차 학부모의 참여를 유도하여 학생들이 직업 및 전공 체험을 할 수 있게 도움을 받을 수 있는 자원으로서 학부모들과의 소통에 더욱 의미를 둘 필요가 있다.

지금까지 언급한 내용을 바탕으로 학교는 교사, 학생, 학부모에게 필요한 역량을 기르기 위해 최선의 노력을 기울여야 한다. 다음의 표 4-8은 이와 관련하여 일선 학교에서 실제 운영되고 있는 연수 및 교육 사례들을 정리해본 것이다.[5] 크게 교원은 고교학점제 이해,

---

5. 한국교육과정평가원, 2019, 《고교학점제 연구학교 운영 안내서》, 한국교육과정평가원, 24쪽

| 표 4-8 | 교사·학생·학부모를 위한 연수 내용(예시)

대상	연수내용	연수 내용
교원	고교학점제 이해	• 고교학점제의 근본 취지 • 고교학점제 도입으로 인해 변화될 교육 환경 모형 • 고교학점제 선진학교 사례

	학생 선택형
	교육과정 운영
	(수강신청제도입)
		• 학생의 과목 선택권 확대의 필요성 및 의의
		• 학생선택형 교육과정 운영 방안
		  - 전체 1학년 대상 진로·적성 검사 및 진로·학업 상담
		  - 학생 개인의 진로별·적성별 필요 교과목 안내 및 학업 계획서 작성 지도법
		  - 학업 계획서에 근거한 교과목 개설 가능 범위
		  - 교과별 강의요목 작성 및 수강신청 방법
		  - 학생 수강신청 시 학교 내 과목 개설 요건(인원 제한)

	학생 맞춤형
	학습관리 지원
		• 개별 학생에 대한 학습관리 방안
		  - 학생 개인별 교육과정 지도
		  - 과정중심평가 및 학교생활기록부 기재 내실화
		  - 성취기준 미달 학생에 대한 별도 학업 보충 기회 마련
		  - 학교별 공강 관리 지원 및 생활지도 관리 개선 방안
		  - 교사별 업무 분장 등 선택형 교육과정 운영과 맞춤형 학습관리 지원을 위한 교원 업무 분담 구조 개선

	전문적
	학습공동체
		• 교과별, 융합 전문적 학습공동체 구성
		  - 진로진학 전문 교사 동아리 구성 (진로진학부장, 교육과정부장, 학년부장 주도)
		  - 교과별 교수-평가 일체화에 근거한 수업 계획 수립
		  - 전교사의 공동연구 공동실천 방안 구안 및 실행

학생	고교학점제 이해	• 학생 선택형 교육과정에 대한 이해 • 학생의 과목 선택권의 의미와 중요성에 대한 이해
	수업·평가 변화	• 학생 참여형 수업 및 과정중심평가
	시설·생활 변화	• 변화된 교육 환경에 대한 적응 • 학점제 운영에 따른 수강신청 방법, 공강 활용, 생활태도 등
학부모	고교학점제 이해	• 고교학점제 안내 • 학생 선택형 교육과정에 대한 이해 • 학생 참여형 수업 및 과정중심평가로의 변화 • 학부모중심의 지역사회와 연계하는 교육과정 운영 협조
	학생생활지도	• 변화된 교육 환경에 따른 학교-학부모 연계 생활지도 방안

학생 선택형 교육과정 운영, 학생 맞춤형 학습관리 지원, 전문적 학습공동체 운영을 위한 내용을, 학생들에게는 고교학점제 이해, 학생이 선택한 교과에 대한 수업·평가에 대한 변화, 학생이 생활하는 시설·생활에 대한 변화를, 학부모들에게는 학부모는 이전에 경험하지 못했지만 자녀들이 경험하게 되는 고교학점제에 대한 이해와 그에 연계된 학생생활지도에 대하여 연수를 진행하게 된다.

또 아래의 표 4-9는 교육과정에 참여하는 구성원들이 함께 적극적으로 참여하는 최근 일선 학교에서 운영하는 교육과정 안내 사례를 정리한 것이다.[6] 대학입학사정관 등의 대입 관계자와 교육과

| 표 4-9 | 학생·학부모 대상 교육과정 안내 사례(예시)

교육과정 운영 공감 토크 콘서트	- 대입관계자, 교육과정 외부전문가, 소속교사, 학부모, 학생 대표 참여 - 고교학점제의 필요성, 학교교육과정에 대한 장·단점 및 개선 방향 등에 대하여 토크콘서트 진행
교육과정 편성·운영 공청회	- 소속교사, 학부모, 학생 대표(학년별), 교육청 교육과정 컨설턴트 등 - 입학연도별 교육과정 편제표 검토, 수강신청 가능 여부 점검, 학생 및 학부모 요구 파악 등
교육과정 박람회	- 전달연수 형태에서 벗어나 질의·응답 및 체험을 통해 학생 교육과정 이해도 제고 - 교과별 부스 설치 및 체험장을 통한 교과별 홍보 실시 - 학생 희망 진로에 따른 교실 배치 및 모둠 구성 - 단계별 진행 　→ (1단계) 고교학점제 및 교육과정 안내 　→ (2단계) 교과목 설명(교과부장) 　→ (3단계) 각 교과부스로 이동, 교과서 확인 및 교과목 질의·응답 　→ (4단계) 희망계열별 교실 이동 　→ (5단계) 모의 수강신청 실시, 수강신청 자료를 바탕으로 개별 상담 실시, 학업 계획서에 상담내용 기록

정 외부 전문가들까지 함께 참여하는 교육과정 운영 공감 토크콘서트나, 학교의 교육과정 편성 및 운영에 대하여 구성원들의 의견을 묻고 교육청 교육과정 컨설턴트들과 함께 학교의 수요와 현장에 맞는 대안을 고민하는 교육과정 편성·운영 공청회 그리고 학생들과 학부모들이 직접 교과별 부스에 방문하여 교과와 관련된 내용을 체험하여 학생 자신의 진로 방향에 맞는 과목 선택에 도움을 주기 위한 교육과정 박람회 등이 학부모들로부터 많은 각광을 받고 있다.

아이를 고등학교에 보내고 나서 이제 기숙사에서 열심히 공부하고 대학만 가면 되겠구나 하면서 예전에 제가 학교 다니던 때를 생각했어요. 물론 제가 다니던 그때도 힘들었지만 별반 다르지 않겠다고 생각했지요. 그런데 신입생이 되자마자 아이가 저에게 전화해서 자기가 배우는 학교 활동에 엄마가 참여해서 같이 교육도 듣고, 과목 선택 과정에도 참여해야 한다고 하니… 오히려 이 과정을 통해서 아이와 더 친해진 것 같아요. 특히 공청회에 참석해서 요구사항도 학교에 전달하고. 물론 학교에서 학부모 참여를 원하는 부분에 대해서도 이야기하시고. 그리고 가장 기억나는 건 교육과정 박람회였던 것 같아요. 우리는 그냥 학력고사 과목 선택하고 끝이었는데, 전공별로 교실도 있고, 모의 수강신청도 해보고. 마치 제가 다시 대학에 입학한 기분이었어요.

- 경기 F고등학교 학부모

6. 한국교육과정평가원(2019), 《고교학점제 연구학교 운영 안내서》, 한국교육과정평가원, 52쪽

⑤ 진로-학업 상담 지원 활동

앞서 언급한 교사, 학생, 학부모를 위한 진로-학업 과정 연수의 운영 목적은 교육공동체의 공감대 형성 및 역량을 길러주기 위함이다. 학교는 한편으로 학생들이 실제로 진로-학업 과정 지도에 참여하면서 생기는 어려움들에 대한 해결책을 적극적으로 마련하여야 한다. 하지만 진로-학업 상담은 진로-학업 지원팀(교육과정부장, 연구부장, 진로전담교사 등)만으로는 분명 운영의 한계가 있다. 따라서 졸업생, 학부모, 지역사회의 지원이 특히 더 많이 필요하다.

오른쪽 표 4-10은(191쪽 참조) 담임교사, 재학생, 졸업생, 학부모 및 지역사회의 상담 지원의 특징을 정리한 것이다.[7] 담임교사는 주로 학생들이 3년간 학습하는 교육과정 및 학생의 전반적인 진로에 대하여 상담하는 역할을 담당하는 경우가 많고, 재학생은 또래 도우미와 같이 학생의 입장에서 교육과정에 대한 고민을 공유하고 방향에 대한 대안을 제시하는 역할을 하게 되며, 이미 대구 상인고와 같이 재학생 **아카데믹 어드바이저** 모임이 잘 운영되고 있는 경우도 있다. 또한 졸업생들은 본인이 재학 중 겪은 교육과정 이수에 대한 경험과 졸업 후 대학 및 사회에서 배우게 된 필요 역량에 대한 분석을 통해 도움을 줄 수 있으며, 학부모와 지역사회는 기업체 및 민간기관의 지원 및 교사들과 함께 팀티칭으로 학생들에게 실제적인 진로상담을 지원할 수 있다.

---

7. 한국교육과정평가원, 2019, 《고교학점제 연구학교 운영 안내서》, 한국교육과정평가원, 69-70쪽

| 표 4-10 | 진로-학업 상담 지원 주체의 역할

주체	상담 지원의 특징
담임교사	- 3년간 학습할 교육과정에 대해 상담하고 담임교사의 주도하에 학생들의 전 반적인 진로에 대한 진로상담을 수시로 진행함. - 담임교사에게 별도의 진로상담 시수가 주어져 있지 않은 상황에서 창의적 체험 활동 시간을 활용하거나 방과 후에 별도로 진행하는 경우가 많음.
재학생 졸업생	- 학생의 입장에서 교육과정을 설명하고 공유하는 것과 관련한 것으로, 재 학생을 중심으로 구성하는 경우와 졸업생을 포함하여 구성하는 경우가 있 음.(사례: 대구상인고등학교의 재학생 아카데믹 어드바이저) - 재학생의 경우 학급별로 교육과정 서포터즈와 같은 형태의 자발적 지원단 을 구성하여 동급생들과 자료를 공유하고 홍보할 수 있고, 선배들로 구성 된 지원단 혹은 졸업생 인력풀을 활용하는 경우도 교육과정뿐 아니라 입시 · 진로와 관련하여 폭넓은 조언을 줄 수 있다는 점에서 의미가 있음.
학부모 및 지역사회	- 학생 진로상담 과정에서 학부모, 지역사회 외부 전문가, 기업체 및 민간기 관의 지원을 통해 교사와 함께 팀티칭 형식으로 운영할 수 있음. - 관내 진로전담교사 인력풀을 활용할 수도 있고, 진로상담기관의 전문가를 초청하여 진행할 수도 있음.

⑥ 학생 개인별 학업 계획서 작성 및 관리

학생들 개개인의 학업 계획은 미래 진로 희망이나 앞으로 살아갈 삶의 방향에 따라 얼마든지 달라질 수 있다. 따라서 학업 계획서 작성 이전에 학생들이 희망하는 진로에 대해 충분히 생각해보고 삶의 비전을 스스로 설계해볼 수 있게 하는 과정이 반드시 필요하다. 특히 미래 진로에 대한 설계는 학교교육에서 과목 선택으로 구체화되기 때문에, 학생들이 선택한 과목들의 조합은 상위의 어떤 목적(미래 비전)을 구현할 가능성을 지니는 것으로 이해할 필요가 있다. 따라서 학교는 학생 각자가 미래 진로 설계에 근거하여 과목을 이수하여도 과목 간 상호 의존성이 최대한 보장될 수 있도록 학교교육과정을 세심하게 설계하고 운영하여야 한다. 아울러 '진로와 직업' 과목이나 창의적 체험 활동의 진로 활동 등을 통해 다양한 경험을 제공하는 것이 매우 중요하다.

고교-대학연계 교육에서의 가장 활발한 논점은 대학진학이나 진로선택과 관련하여 고등학교에서 미리 이수해야 할 과목들을 파악하는 것이다. 그러나 고교-대학연계 교육 관점에서 오직 전공 적합성에만 초점을 맞춰 과목을 이수하는 것은 결코 바람직하지 않다. 또한 전공적합성을 지나치게 협소하게 해석한 나머지 마치 지원 학과에 적합한 활동 및 과목이 따로 존재하는 것으로 오해할 경우 다양한 부작용을 낳을 수 있다. 따라서 고등학교에서의 대학 전공 관련 과목을 선택 이수하는 것이 그저 학생들의 대학입시에 유리하기 때문이 아니라 추후 대학에서의 학업 수행에 긍정적 영향을 준다는 점을 강조할 필요가 있다.

진로 희망에 맞춰 과목을 이수한 다음에는 진로와 연관된 학과를 어떻게 선택할 것인가 하는 문제가 매우 중요하다. 대학에는 '대학-학부-학과-전공'의 위계 속에 다양한 전공들을 개설하고 있는데, 대학 전공에서 대계열과 중계열은 미래 진로와 연관된 큰 분류를 의미하고, 학생들은 이러한 큰 분류를 기반으로 자신의 미래 진로를 구상한 다음에 점차 세부 전공에 대해 관심을 가지면서 자신의 꿈을 구체화해 나갈 필요가 있다.

대학의 세부 전공을 선택할 때는 다음과 같은 점에 특히 유의해야 한다. 먼저, 학과 이름만 보고 막연히 나의 진로와 관련된 전공이라고 단정짓지 말아야 한다. 해당 학과가 운영하는 교육과정과 개설 과목 여부를 충분히 살펴본 후에 **진로 연관성**을 판단하여야 한다. 또한 자신이 좋아하는 분야(흥미, 호기심)인지, 자신이 잘할 수 있는 분야(적성, 소질)인지를 명확히 구분하여 검토한 후에 전공을 선택하여야 한다. 또한 자신이 꿈꾸는 미래 직업을 찾아가는 데 해당 전공이 어떤 역할을 할 수 있는지에 대해서도 종합적으로 검토한 후 자신에게 합당한 전공을 선택하여야 한다. 그저 사회적인 명성이나 평판에만 의존하여 전공을 결정하지 말고 자신이 꿈꾸는 미래 직업에 맞는 전공을 소신 있게 선택하되 최종 결정은 본인이 스스로 내리도록 하여야 한다. 또한 미래 진로에 맞는 전공을 하나에만 고정시키지 말고 제2, 제3의 대안도 함께 마련해둘 필요가 있다.

교사도 학생의 학업 계획서 작성을 지도할 때는 여러 요소를 염두에 두어야 한다. 먼저, 입학 초기에 시행한 진로·적성검사 결과와 진로-학업상담을 바탕으로 하여 학생 개인의 진로별·적성별 필요 교과목 안내와 병행하여 **3년간 학업 계획서 작성**을 지도하여야 한다. 또한 학생의 흥미와 적성, 진로 희망이 반영된 구체적인 학업 계획서 작성을 위해 담임교사 및 진로전담교사, 진로-학업 지원팀 간의 충분한 소통과 학생에 대한 상담과 지도가 필요하다.

다음의 표 4-11은 경영 진로 분야 희망 학생의 3년간 학업 계획서를 사례로 제시한 것이다.[8] 이 학업 계획서에는 진로 탐색, 진로

|표 4-11| 경영 진로 희망 학생의 3년간 학업 계획서(예시)

구분	1학년	2학년	3학년
진로 탐색	경영학, 경제학, 무역		
진로 검사			
학습 계획	- 주요 핵심 교과 성적은 __점 이내로 유지하기 - 국제적인 CEO가 되기 위 해서는 어학이 필수	- 교과 등급 관리 - 영어인증시험 __점 목표	- 교과등급 관리 및 수능대 비 학습 계획 수립 - 영어인증시험 __점 목표
진로 연계 선택 과목 이수 계획	- 진로연계 과목 선택 및 수 강신청	- 일반선택: - 진로선택: - 기타:	- 일반선택: - 진로선택: - 기타:
동아리 활동	- 경제 동아리/영자신문반 활동		- 동아리리더 활동, 토론대 회 참가하기 - 경제관련 주제탐구보고 서 작성·발표 - 교내 축제 동아리 부스 운영 등
봉사 활동	- 저소득층을 도울 수 있는 봉사 활동 참여 - 월드비전 아동 후원 - 1학년〉2학년〉3학년 순으로 150시간 이상 달성 목표		
교내 대회	- 영어/수학/경제/토론 대회 등 준비 및 참가		
독서 활동	- 경영, 비즈니스 필독서 정보 수집 - 졸업 때까지 30권 독파하기: 독서 감상문 작성(독서 노트 활용) - 경제관련 신문기사/ 칼럼 읽고 스크랩하기		
체험 활동	- 방학 이용 진학 희망 대학 탐방 - 기업 및 진로 박람회 참가 - 대학전공 및 직업체험	- 방학 이용 진학 희망 대학 탐방 - 직업인 인터뷰/ 세미나 참석 - 경제캠프 또는 기업가 정신 캠 프 참가	- 지원 희망 대학 입학사정 관과의 상담 - 대학박람회 참가 - 모의면접 참가 - 대학입시설명회 참가

진학 준비 계획	- 겨울방학 중 학교생활기 록부 분석 및 자기소개서 작성 연습 - 차기 학년도 학업 계획 및 학습 준비	- 겨울방학 중 학 교생활기록부 분 석 및 자기소개 서 작성 실습 - 차기 학년도 학 업 계획 및 학습 준비(보완)	- 1학기 기말고사 이후 학교 생활기록부 분석 및 지원 시기, 지원전형 선택 및 준 비(자기소개서 작성 등) - 수능 최저학력기준 확인
비고 (교사 평가)			

검사 결과, 학습 계획, 진로연계 선택과목 이수계획, 동아리 활동, 봉사 활동, 교내대회, 독서 활동, 체험 활동, 진학준비 계획들이 포함되어 학생의 진로 방향을 종합적으로 바라볼 수 있도록 구성되어 있다.

> 저는 경제 분야 진로를 희망하는데 처음에 교육과정표인가 1면에 경제 과목 말고는 경제와 관련해서 다른 게 없는 것 같아 조금 아쉬운 마음이 들었어요. 그런데 학업 계획서를 작성하기 위해 진로선생님과 상담하면서 보니 선택과목도 다양하지만, 경제와 관련된 진로 활동 그리고 도시재생 동아리 활동, 증권거래소 등을 통한 체험 활동 등 해야 될 게 엄청 많더라고요. 중학교 때는 이렇게 많을 거라 생각하지 않았는데, 학업 계획서를 쓰고 계속 관리를 받으면서 제가 피상적으로 생각했던 CEO의 꿈을 이루기 위해서 얼마나 제가 책임감을 가지고 수업과 활동에 적극

---

8. 경상북도교육청, 2020, 《월별 고등학교교육과정 길잡이》, 경상북도교육청, 24쪽

적으로 참여해야 되는지 점차 깨닫게 되었어요. 그리고 수시로 제 진로

학업 상황을 체크하고 계속 피드백해주시는 진로선생님을 보면서 저도

선생님을 닮아서 누군가에게 멘토가 되어주어야겠다고 생각했어요.

- 경북 G고등학교 학생

여기서 꼭 염두에 두어야 할 것이 있다. 우선 학생은 자신의 구체적인 학업 계획을 위해 진로·적성 검사 결과 및 진로 희망, 진로 탐색 결과 등의 내용을 기재하고, 본인의 진로 관련 과목이 무엇인지 철저하게 조사하여 구체적으로 기록하여야 한다는 점이다. 또한 학교는 학생이 교과군/교과 영역별 필수이수 학점기준을 충족했는지, 기초교과 영역 총 이수 학점이 교과 총 이수 학점의 50% 이하인지, 과목별 위계를 지켜 순서대로 학습하였는지를 교육부 고시 및 시도교육청 교육과정 편성 운영 지침에 따라 학업 계획서 작성 시 학생이 스스로 점검할 수 있도록 학업 계획서 양식과 자가 점검 목록을 함께 제공해줄 필요도 있다. 또한 학생이 진학하고자 하는 대학(학과)에서 특정 교과군별 최소이수 단위 조건을 제시하는 경우도 있기에, 학교 차원에서 학생이 해당 대학(학과)의 모집요강을 숙지하도록 안내할 필요도 있다.

⑦ 학업관리 상담

고교학점제가 시행되면 학생이 최소학업성취수준 이상을 도달하고 졸업 이수 학점을 관리할 수 있도록 학생 개별 맞춤형 학업 상

담을 제공할 필요가 있다. 또한 학생들의 학업관리 지원을 위해서는 학생의 현재 학업 수준을 정확히 파악하고 학생 개인의 특성 및 학생을 둘러싼 환경을 포괄적으로 이해하는 것이 매우 중요한데, 학생이 자신의 학업 계획서에 따라 학업을 실시하는 가운데 겪을 수 있는 학업 문제의 원인은 어느 한 가지 때문이 아니라 복합적인 경우가 많다. 따라서 학생의 개별 특성을 고려하여 문제의 원인을 종합적으로 살펴보고, 학생과 함께 문제해결 방법에 대해 논의하도록 해야 한다.

학생의 과목별 최소학업성취수준 보장을 위해서는 체계적 학습 코칭 등 학습의 질 관리를 강화할 수 있도록 지원하는 동시에, 학교는 물론 가정에서도 올바른 학습 분위기의 형성 및 지원, 부모의 요구 조정 등 학부모와의 상담이 병행되어야 하며, 학생 자신이 어떤 진로 고민을 가지고 있는지 어떤 진로 유형에 해당되는지에 따라 상담의 방법을 달리할 수 있다.

먼저 담임교사는 학생과의 면담을 통하여 학생의 진로 고민을 파악하고 진로전담교사와의 협력을 통하여 진로상담을 할 구체적인 방법을 적용하여 실시하여야 하며, 심화된 진로상담이 필요한 경우에는 즉각 진로전담교사에게 상담을 의뢰하여야 한다.

다음의 표 4-12는(198쪽 참조) 학생의 진로 유형에 따른 상담의 우선순위를 나타낸 것이다.[9] 진로 유형에 따라 우선순위가 달라지

---

9. 한국교육과정평가원, 2019, 《고교학점제 연구학교 운영 안내서》, 한국교육과정평가원, 72쪽

는 것은 심리상담과 마찬가지로 학생의 진로 유형(동기촉진형, 목
표수립형, 활동강화형, 계획실천형)에 따라 동일한 문제라고 해도 당
면 문제를 분석하고 상담 과정에 참여하는 데 차이가 있을 수 있
기 때문이다. 동기를 우선으로 생각하는지 또는 목표를 우선으로
생각하는지에 따라 진로정보 탐색 상담과 진로경로 설계 상담의
순서를 바꾸어 진행할 수 있으며, 활동을 우선으로 생각하는지 또
는 계획을 우선으로 생각하는지에 따라 학교생활 설계 상담과 학
습과정 설계 상담의 순서를 바꾸어 진행할 수 있다.

| 표 4-12 | 학생의 진로 유형에 따른 상담의 우선 순위

진로 유형	상담의 우선순위 진행
동기촉진형	진로정보 탐색 → 진로경로 설계
목표수립형	진로경로 설계 → 진로정보 탐색
활동강화형	학교생활 설계 → 학습과정 설계
계획실천형	학습과정 설계 → 학교생활 설계

⑧ 진로-학업 과정 평가

학생의 진로-학업 과정은 학생 개개인의 학업 계획에 대한 지속적
인 피드백뿐만 아니라 학기말 또는 학년말 꿈끼주간을 통하여 그
동안 학생이 자신의 진로에 맞게 얼마나 성장했는지를 평가하기
위하여 학생중심 발표회를 개최하고 그 결과를 바탕으로 한 피드
백으로 차기 진로-학업 과정 지도의 나침반으로 삼을 수 있다.

다음의 표 4-13은(200쪽 참조) 학생이 1학기 동안 혹은 1년 동안 학생중심으로 학교에서 참여했던 진로-학업 과정에 대한 스스로의 평가를 발표한 일선 학교의 사례를 정리한 것이다. 진로직업체험 발표회, 직업군체험 수업 발표회, 커리어 포트폴리오 발표회, 진로연계 동아리 활동 발표회, 진로 그룹별로 진행하는 주제탐구 활동 발표회, 개인 진로 TED 발표회, 진로교육에 관심 있는 학생-교사-학부모가 함께 모여 앞으로의 나아갈 방향에 대하여 논의하는 평가 워크숍 등을 그 예로 들 수 있다.

고교학점제는 단순히 현재의 '단위'를 '학점'으로 바꾸는 것으로 끝나지 않는다. 또한 그저 학생이 자신의 원하는 과목을 선택하는 데에서 끝나는 것도 아니다. 고교학점제는 학생이 자신의 진로를 탐색하고 진로에 맞는 과목을 선택하여 잘 이수하도록 돕고 그 이수 과정 속에서 교과 이외의 다양한 활동 등을 통해 학생의 자율성, 책임감을 기를 수 있도록 학생, 교사, 학부모가 다 함께 만들어 가는 협동 작품이다. 그래서 학교에서는 진로-학업 지도의 원활한 운영을 위해 진로-학업 지원팀 조직, 진로-학업 과정 계획 수립, 진로교육 계획, 교사-학생-학부모를 위한 진로-학업 연수, 진로-학업 상담 지원 활동, 학생 개인별 학업 계획서 작성 및 관리, 학업관리 상담, 진로-학업 과정 평가 계획을 체계적으로 계획하여 실행하고 그 결과를 피드백하여 학생들이 자신의 진로를 더 잘 파악할 수 있게 도와야 한다. 그럼 이제 학생 진로교육의 백미라 할 수 있는 **교과연계 진로교육**에 대하여 알아보도록 하자.

| 표 4-13 | 진로-학업과정 평가 발표회(예시)

구분	성격
진로직업체험 발표회	학생이 1년 동안 경험한 진로직업체험을 통해 학생 본인의 진로 방향에 끼친 영향에 대하여 발표
직업군 체험 수업 발표회	매주 토요일 진행된 직업군 체험 수업(토요일 2시간) 활동에 대하여 해당 직업 전문가와 함께 직접 체험하고 경험한 내용에 대하여 발표
커리어 포트폴리오 발표회	학업 계획서를 작성하고 1년 동안 경험하고 정리한 학생 자신의 진로교육 활동 기록에 대하여 발표
진로연계 동아리 활동 발표회	학생이 1년 동안 활동한 진로연계 동아리 활동 내용에 대하여 동아리를 중심으로 발표
주제탐구 활동 발표회	같은 진로에 관심을 가지고 있는 학생들끼리 주제탐구 활동을 통하여 발견하거나 토의한 내용에 대하여 발표
TED	자신의 진로와 관련하여 다양한 주제로 발표를 하고 이를 TED 형식의 동영상으로 제작
학생-교사-학부모 평가 워크숍	진로교육을 공부하는 데 관심이 있는 학생, 교사, 학부모가 함께하여 학교 진로-학업 지도의 나아갈 방향에 대하여 평가 및 피드백

교육과정과 연계한
진로교육을 위하여

기존의 고등학교 교육과정은 개별 학생들의 진로를 고려하기보다는 대학입시를 중심으로 상당히 획일적으로 운영되었다. 하지만 고교학점제는 교육과정 안에서 학생들이 각자에게 맞는 진로교육이 이루어지는 데 초점을 둔다. 그런 면에서 교과연계 진로교육은 학생들이 해당 교과 내에서 자신의 진로를 탐색하고, 그와 이어지는 다양한 과목을 수강할 수 있어야 한다. 이를 통해 학생들이 미래의 직업에 필요한 기초 능력과 역량을 기르게 되는 만큼 이제 교육과정과 연계한 진로교육은 학교교육 활동에서 매우 중요한 위치를 차지하게 되었다.

① 교과연계 진로교육의 개념과 유형 및 설계 절차

우선 교과연계 진로교육의 개념을 살펴보면, **교과 수업과 학교 진로교육 성취기준(2015 개정교육과정에 근거한)의 연계와 진로교육 관련 내용이 반영된 교과 수업**을 의미한다. 과거에는 '교과통합 진로교육'으로 명명되다가 2015년부터 교과연계 진로교육으로 명칭이 변경되었고, 2017년 이후에 공식적으로 사용되고 있다. 간단히 정리하자면, 학교교육과정상에서 독립적으로 운영되고 있던 기존 교과의 내용 속에 포함되어 있는 진로교육적 요소들을 한층 선명하게 부각하여 교과의 목표와 진로교육의 목표가 함께 달성될 수 있도록 하는 데 있다고 하겠다.[10]

| 표 4-14 | 교과연계 진로교육의 유형

유형	특징
교과중심 연계 유형	- 교과 내용 학습이 중심 - 진로교육 관련 내용의 연계 정도가 다소 낮음 - 세계지리 과목 수업에서 기후에 관한 내용을 학습한 후에 기후와 관련된 직업을 언급하거나 학습 마무리 단계에서 생각해볼 수 있는 질문을 제기하는 수준의 경우
진로중심 연계 유형	- 진로교육 관련 내용을 중심으로 하고 교과 내용은 방법적으로 활용하는 경우 - 수학 소인수분해 단원에서 해당 교과의 단원 마무리 활동으로 소인수분해 개념을 활용하여 '나를 소인수분해하기' 활동을 통해 자기 이해와 관련된 학교진로 성취기준을 달성할 수 있는 수준의 경우
교과-진로 균형 연계 유형	- 가장 이상적인 경우 - 학생들이 진로에 대해 생각해볼 수 있는 사항을 주제로 교과 내용을 연계하여 진행하거나, 교과 내용 중 학생들의 진로와 관련된 내용을 찾아서 연계하여 진행하는 경우

실제로 교과연계 진로교육 활동에 참여하게 되면 학생들은 교과에서 학습한 내용을 실생활의 삶과 연계하여 한층 구체적으로 인식하게 된다. 그 결과 교과 학습에 대한 관심이 더욱 높아지는 것은 물론, 교과 내용과 진로와의 연계점을 확인함으로써 교과학습의 의미와 효과에 관한 신뢰도도 높아진다. 특히 대학입시에서 학교생활기록부의 기록이 점점 중요해짐에 따라 학습 활동을 기록

10. 서울대학교 농업생명과학대학 교육연수원, 2019, 《2019 진로교육 기반 학교교육과정 편성 운영 교원역량 신장 연수 자료집》, 서울대학교 농업생명과학대학 교육연수원, 171쪽

하는 것의 의미는 더욱 커졌다는 데 대해서는 아마도 대부분 이견이 없을 것이다.

일선 학교에서는 이런 교과연계 진로교육을 왼쪽 표 4-14와 같이 교과중심연계 유형, 진로중심연계 유형, 교과-진로 균형연계 유형의 크게 세 가지 유형으로 운영하고 있다.[11] 교과연계 진로교육은 먼저 일반교과 시간에 학교 진로교육 성취기준과 연계한 수업으로 진행할 수도 있고, 진로 주간 동안의 수업시간을 교과연계 진로교육 수업으로 운영할 수 있으며, 나아가 교과연계 진로교육 수업의 활동 및 과제를 활용하여 수행평가를 실시하거나 팀티칭으로 운영할 수도 있다.

일반계 고등학교는 교과연계 진로교육 설계를 위하여 다음의 표 4-15와(204쪽 참조) 같은 설계 절차를 거치고 있다.[12] 이는 소위 **애디(ADDIE)**라고 불리는 모형인데, ADDIE 모형이란 교수체제 설계 과정의 일반적 형태를 나타내면서 가장 널리 활용되고 있다. 이 모형은 분석(Analysis) - 설계(Design) - 개발(Development) - 실행(Implementation) - 평가(Evaluation)의 5단계로 구성되어 있는데, 이 5개의 단계는 선형적으로 이루어지기도 하고, 때로는 순환적으로 이루어지기도 하면서, 각 단계는 피드백과 수정의 과정들이 복잡하게 얽혀 있는 특징이 있다.

---

11. 서울대학교 농업생명과학대학 교육연수원, 2019, 《2019 진로교육 기반 학교교육과정 편성 운영 교원역량 신장 연수 자료집》, 서울대학교 농업생명과학대학 교육연수원, 171-172쪽
12. 서울대학교 농업생명과학대학 교육연수원, 2019, 《2019 진로교육 기반 학교교육과정 편성 운영 교원역량 신장 연수 자료집》, 서울대학교 농업생명과학대학 교육연수원, 176쪽

| 표 4-15 | 교과연계 진로교육의 절차

1
단
계
	분석	■ 요구, 교과, 환경 분석
		  - 학습자, 교사, 사회적 요구 파악
		  - 교과 특성 분석
		  - 학습 환경 분석 (물리적, 인적 환경)
		■ 교과-진로교육 성취 목표 분석 및 계획
		  - 학교 진로교육 목표 숙지
		  - 교과 단원의 특성에 적합한 진로교육 세부목표 찾기
		■ 교과연계 진로교육 성취기준 진술
		  - 교과 성취기준과 진로교육 성취기준을 연계하여 새로운 성취기준 진술

2
단
계
	설계	■ 교수-학습 방법 선택
		  - 분석 과정에서 얻은 정보를 기반으로 학습목표 달성에 효과적인 교수-학습 방법 선택
		■ 교수-학습 매체 선택
		  - 교수-학습 진행에 적합한 교수 매체선택 및 관련 자료 구성
		■ 평가도구 설계
		  - 과정중심평가 계획
		  - 성취기준 확인을 위한 평가도구 설계 : 학습자 만족도, 교사 자기성찰, 동료평가, 전문가 컨설팅 등

3
단
계
	개발	■ 교수-학습 지도안 개발
		  - 분석과 설계를 통해 얻은 정보를 기반으로 도입, 전개, 마무리로 구분하여 교수-학습 지도안 작성
		  - 학습자중심 활동 구성

4
단
계
	실행	■ 수업의 실제
		  - 학습자가 교과연계 진로교육 성취기준 달성 촉진
		  - 학습자의 긍정적 진로 가치 형성에 유용한 피드백 제공
		  - 학습자 활동 관찰 및 기록, 학생부 기록에 활용

5
단
계
	평가	■ 평가
		  - 설계 단계에서 계획한 평가 실행
		■ 수업 개선
		  - 평가 결과를 반영 개선 및 새로운 교과연계 진로수업 설계

② 실제 교과와 연계한 진로교육 설계 사례

이상에서 교과연계 진로교육의 개념과 운영 절차 등을 알아보았다. 그렇다면 이제 실제 운영 사례를 살펴보기로 하자. 다음의 글상자는 일반계 고등학교 고1 국어 과목과 연계한 진로교육 사례[13]를 정리한 것이다. 이 수업은 창업가 대상 인터뷰 상황에서 적절한 언어 예절에 따라 의사소통하는 방법을 알고, 진로의 세계에서 창의성, 협업 능력, 창업가 정신이 중요함을 학생들이 배울 수 있게 진행되었으며, 1차시(말하기 원리와 언어 예절, 인터뷰 질문 모으기), 2차시(모둠별 인터뷰), 3차시(실제 창업가 인터뷰), 4차시(창업 계획서 세우기), 5차시(창업 계획서 발표 및 소단원 활동 평가)로 수업이 구성되었다.

일반고등학교 국어 교과연계 진로수업 사례(예시)

1. 단원

　고1 국어 듣기 말하기-상황과 대상에 맞게 대화하기

2. 단원 설정의 이유

　- 상황과 상대방에 맞게 언어 예절에 갖추어 말할 수 있는 소양은 사
　　회인의 기본이다.

　- 창업 경험자 인터뷰 경험이 롤모델을 형성하게 할 수 있고, 창업의

---

13. 서울대학교 농업생명과학대학 교육연수원, 2019, 《2019 진로교육 기반 학교교육과정 편성
　　운영 교원역량 신장 연수 자료집》, 서울대학교 농업생명과학대학 교육연수원, 183-184쪽

필요성을 이해하게 할 수도 있다. 또한 인터뷰 활동을 통해 상황과 대상을 고려하여 논리적·체계적으로 내용을 조직하고 아울러 효과적인 표현 전략도 함께 익힐 수 있다.

3. 교수-학습 방법 및 매체, 자료 선정

가. 교수-학습 방법

- 동영상 시청: 좋은 창업 사례를 보여줄 수 있는 역사적 인물의 스토리를 통하여 그들의 창업 동기나 성공의 요인이 무엇인지 생각해봄으로써 창업 동기를 부여받게 한다.
- 인터뷰 활동: 인터뷰 주체와 대상이 되어봄으로써 인터뷰에 필요한 의사소통 방법과 말하기 예절을 습득하고 역사적 인물의 창업 사례를 자신의 경험인 것으로 가정하게 한다.
- 창업 계획: 성취욕구, 위험감수의 용기 등이 창업에 필요한 요소임을 깨닫고 자신의 창업 계획을 세우게 한다.

나. 교수 매체 선정 및 활용 계획

- 창업 스토리 동영상: 와트와 볼턴의 만남에 관한 동영상을 시청하며 와트가 사업가 볼턴을 만남으로서 어떤 중요한 변화가 있었는지를 생각해보게 한다.
- 인터뷰 질문지: 사업가 볼턴(Matthew Boulton) 또는 와트(James Watt)가 되어 질문하고 답하게 한다.

> 참고 동영상 https://www.youtube.com/watch?v=w_SZtGJJ7Yo
> ('볼턴과 와트' 회사 설립이 가져온 일상생활의 변화)

- 창업 계획서: 창업에 필요한 요소가 무엇인지 생각해보고 창업 계획을 세운다.

4. 교수-학습 과정안(본시, 총 3차시 중 2차시)

과목	국어	학년	1	진로교육성취기준	I 2.2.2 II 1.3.1
단원	듣기 말하기-상황과 대상에 맞게 대화하기 정보의 해석과 조직 영역-정보의 수집과 분석, 대상과 상황에 맞게 말하기				
학습 주제	창업가 인터뷰				
교과연계 진로교육 성취기준	·창업가 대상 인터뷰 상황에서 적절한 언어 예절에 따라 의사소통하는 방법을 알 수 있다. ·진로의 세계에서 창의성, 협업 능력, 창업가 정신 등이 중요하다는 것을 설명할 수 있다.				
준비물	학습지1, PPT, 태블릿 PC				

학습 과정	교수-학습 활동	자료 및 유의점
도입	·동기유발을 위해 창업가에 관한 영상물을 시청한다. ·인터뷰 상황과 대상에 맞는 말하기 원리와 언어 예절에 대해 생각해본다. - 상대방의 답에 적절하게 응대하는 말 사용하기 - 질문을 전환할 때 적절한 표현 사용하기	학습지1 PPT
전개	·인터뷰 질문에 답하기 활동(모둠활동) - 교사가 작성한 질문 1, 2, 3에 모둠이 협의하여 답을 완성한다. ·인터뷰 질문 만들기 답하기 활동(모둠활동) - 인터뷰 질문 4, 5, 6을 만들고 협의하여 답을 완성한다. - 인터뷰 대상이 되어 질문에 답하고 역할을 바꾸어 인터뷰 주체도 된다. (신문기자와 볼턴 또는 와트와 신문기자로 역할 교환 연습) ·다른 모둠에서 인터뷰 대상 선택하여 인터뷰하기 - 태블릿 PC 사용법 익히기	학습지2 인터뷰 대상과 주체 역할 상호 교환 연습 태블릿 PC 활용 연습 (질문 각1개 인터뷰 시간 1분)
마무리	·앞으로의 창업 계획과 인터뷰를 기획·진행하면서 새로 알게 된 점과 느낀 점을 발표한다.	
Tip	·1차시: 창업가에 관한 읽기 자료를 참고하여 인터뷰 필수 정보를 찾는 학생 활동지를 완성하게 해서 인터뷰 질문 정보를 모은다(읽기 자료에 단락 번호를 표기하여 필수 정보를 편리하게 찾을 수 있게 한다). ·2차시: 교사가 제시한 질문 목록에 학생의 연습 질문에 더해서 인터뷰 질문·답 초안을 만들고 모둠 안에서 짝을 정하여 인터뷰와 태블릿 PC 사용 연습을 한다.	

또 다른 사례를 하나 더 소개한다. 아래의 글상자는 특성화고등학교 미술창작과 연계한 진로수업 사례이다.[14] 이 수업은 회사 로고 제작 및 발표 과정에서 미래사회에서 필요한 다양한 진취적 역량(창의성, 협업 능력, 창업가 정신 및 리더십)을 탐색하고, 평소 관심 있는 분야의 직업을 구상하고 계획하는 모의수업을 통해 학생들이 디자인 역량뿐 아니라 창업가 정신을 기를 수 있도록 운영되었다. 수업은 1차시(기업가 정신 교육 및 회사 로고 탐색하기), 2차시(로고 제작하기), 3차시(로고 발표하기), 4차시(소단원 활동 평가)로 구성되었다.

특성화고등학교 미술창작 교과연계 진로교육 수업 사례(예시)

1. 미술창작 교과 수업 프로그램 흐름도

대상	1학년	총차시	51차시 (1학년 2학기 3단위)	수업모형	개별활동수업
수업 주제	시각 전달 디자인 – 로고 만들기				
진로 영역	Ⅱ. 일과 직업세계 이해 – 1. 변화하는 직업세계 이해				
교과 성취기준	다양한 발상 방법을 활용하여 새로운 주제를 탐색할 수 있다.				
통합 성취기준	주제와 표현 의도, 재료와 표현 방법, 매체, 표현 과정, 결과 등을 종합적으로 검토할 수 있다.				

---

14. 교육부, 2018, 《진로교육집중학년·학기제 운영 사례집(특성화고)》, 교육부, 19-23쪽 참조

2015 진로목표 성취기준	· SHⅡ 1.3.1 다양한 진취적 역량(창의성, 협업 능력, 창업가 정신 및 리더십 등)의 의미와 중요성을 설명할 수 있다. · SHⅡ 1.3.2 관심 있는 분야의 직업이나 사업을 구상하고 계획하는 모의 활동을 할 수 있다.
학습목표	· 기업가 정신을 이해하고 비즈쿨(Bizcool)에 대해 설명할 수 있다. · 자신이 세운 회사의 로고 및 마크를 제작할 수 있다. · 명함 만들기를 통해 기업의 조직을 알 수 있다.

수업 흐름			
	차시	수업 내용	진로목표 성취기준
	1차시	· 기업가 정신 교육 및 회사 로고 탐색하기 - 기업가 정신 관련 동영상 시청하기 - 회사 로고 탐색 후 개성 있는 로고 디자인 초안 그리기	2015-SHⅡ1.3.1
	2차시	· 로고 제작하기 - 자신만의 로고 디자인하기	2015-SHⅡ1.3.2
	3차시	· 로고 발표하기 - 제작한 로고의 의미 발표하기	2015-SHⅡ1.3.2

평가 방법	· 창의성 : 로고모양이 회사(기업)의미와 부합하여 오랫동안 기억에 남는 디자인인가? (A-B-C-D-E 5단계로 평가한다) · 심미성 : 로고의 모양이나 색상 등이 서로 잘 어울리도록 디자인되었는가? (A-B-C-D-E 5단계로 평가한다) · 명시성 : 로고의 모양이나 색상 등이 멀리서도 눈에 잘 띄도록 디자인되었는가? (A-B-C-D-E 5단계로 평가한다)
수업 효과	· 다양한 기업로고를 이해하여 일상생활에서 쉽게 발견할 수 있는 상징적 기호에 대한 디자인적 의미를 파악할 수 있는 관찰력을 키울 수 있다. · 자신만의 로고를 디자인하여 자신이 추구하는 예술적 가치를 표현할 수 있다.
수업 결과물	로고 완성 작품

2. 차시별 프로그램 자료

• 1차시 주제: 기업가 정신 교육 및 회사 로고 탐색하기

→ 활동 내용

교수-학습 활동			
2015진로목표 성취기준	다양한 진취적 역량(창의성, 협업능력, 창업가 정신 및 리더십 등)의 의미와 중요성을 설명할 수 있다.		
학습목표	· 기업가 정신을 이해하고 비즈쿨에 대해 설명할 수 있다. · 자신이 세운 회사의 로고 및 마크를 제작할 수 있다.		
교수-학습 방법	개인 활동 수업		
활동 자료 및 활용 계획	· 기업에서 사용하는 다양한 로고 및 심벌 찾기 - 기업의 심벌마크, 문자, 상징물 등의 의미를 파악하여 자신만의 로고에 참고		
수 업 과 정	도입 (15')	· 기업가 정신 교육 관련 동영상을 보여준다. · 시각 디자인, 심벌마크와 로고타이프에 대해 간단히 설명한다.	
	전개 (30')	· 기존 회사(기업)의 로고와 상품과의 관계를 비교한다. · 제작 과정을 설명한다.	
	정리 (5')	· 구상한 사업 계획서 및 아이디어 스케치를 2~3개 선정하여 소감을 발표한다. · 다음 차시를 예고한다.	
유의점	준비물(기업가 정신 포털에 등재된 기업가 정신 교육 자료 및 기업에서 사용하는 로고 예시)을 준비하도록 한다.		

• 2차시 주제: 로고 제작하기

→ 활동 내용

교수-학습 활동	
2015진로목표 성취기준	관심 있는 분야의 직업이나 사업을 구상하고 계획하는 모의 활동을 할 수 있다.
학습목표	· 자신이 세운 회사의 로고 및 마크를 제작할 수 있다.
교수-학습 방법	개인 활동 수업
활동 자료 및 활용 계획	· 자신만의 로고 아이디어를 수정 및 보완 - 아이디어 및 채색에 대해 제작 의도 설명

수 업 과 정	도입 (15')	· 자신만의 로고 아이디어를 수정 보완하도록 지도한다.
	전개 (30')	· 제작 과정을 순회 지도한다. · 본인의 생각대로 채색한다. · 아이디어 및 채색에 대해 제작 의도 등을 설명할 자료의 내용을 적는다.
	정리 (5')	· 로고 작품을 마무리한다. 다음 차시 발표를 위해 로고 제작 의도, 모양의 상징성, 채색 의도 등을 요약한다.
유의점		· 자신의 로고 제작에 참고한 기업 로고를 밝히면서 자신만의 마크를 발표 하도록 지도한다. · 회사 로고를 똑같이 모방하지 않도록 주의한다.

위에 제시된 교과연계 진로교육 수업 사례들의 공통점은 교과 자체의 특성을 넘어서서 '해당 교과의 목표'를 달성하는 동시에 학생 진로교육 측면에서 중요한 미래핵심역량인 창의성, 협업 능력, 창업가 정신을 함양할 수 있도록 설계되었다는 데 있다. 또한 교과 수업이 진로적성검사, 진로진학상담, 직업 및 전공체험 등과 연계된다면 학생이 자신의 진로 방향을 탐색하고 관련 과목을 선택하고 수강하여 미래에 필요한 역량을 신장시킬 수 있는 토대를 마련하는 데 실질적으로 기여할 수 있을 것이다.

지금까지 일선 학교의 진로교육에서 많이 활용되는 진로 프로그램, 예컨대 진로적성검사, 진로진학상담, 직업 및 전공체험, 교과연계 진로교육 등 가운데 학생들의 진로 방향 설정에 가장 많은 영향을 주는 교과연계 진로교육에 대해 알아보았다. 이를 토대로 이어지는 내용에서는 학생들의 과목 선택 과정이 어떻게 실제로 이루어지고 있는지에 관해 구체적으로 살펴보고자 한다.

02

진로에 따른 과목 선택, 어떻게 지도할 것인가?

학생의 진로에 따른 과목 선택을 지도함에 있어서 교사가 가장 중요하게 고려해야 할 부분은 무엇일까? 우선 교사는 국가교육과정 총론 및 각론과 각 시도교육청의 교육과정 및 운영지침을 숙지하고 있어야 한다. 또한 각 진로 방향에 따른 권장 교과들의 특성을 잘 파악하고 있어야 하며, 이를 바탕으로 학생이 진로에 따라 시기별로 적절한 과목을 선택할 수 있도록 지도해야 한다.

선택과목 지도의 초점과 방향

일반고등학교에서 학생의 선택과목 지도를 위해 다음의 표 4-16에 제시된 내용을 포함하는 진로진학 길라잡이(로드맵)를 학생들에게 제공할 수 있다.[15] 보통 일선 학교의 진로진학 길라잡이는 개정교육과정과 학교생활기록부의 이해, 대학입시제도의 이해, 해당 학교의 진로진학 교육 등으로 구성되어 있는데, 단지 대학진학만을 염두에 둔 내용보다는 진로 교육의 흐름에 대해서도 적당한 분량을 할애하는 것이 좋다. 이를 통해 학생이 자신의 진로 방향에 대해 꾸준히 탐색해 나갈 수 있도록 구성하는 것이 중요하다.

| 표 4-16 | 진로진학 길라잡이의 포함 내용(예시)

대주제	포함 내용
Ⅰ. 2015 개정교육과정과 학교생활기록부의 이해	1. 2015 개정교육과정 2. 학교생활기록부
Ⅱ. 대학입시제도의 이해	1. 대입전형 체계 2. 대학수학능력시험 3. 학생부종합전형
Ⅲ. OO고의 진로진학교육	1. 진로교육의 흐름 2. 진학상담 3. 역량강화 특색교육 4. 진로중심 선택교육과정 설계 5. 동아리 활동 6. 선택과목 수강신청서(공동교육과정[16] 포함)

15. 영광고등학교, 2019, 《YK 진로진학 길라잡이》, 영광고등학교, 3쪽
16. 공동교육과정이란 학교 간 연합으로 수강 과목을 공동 개설하여 두 학교 이상 학생을 대상으로 운영하는 선택과목 이수 방식을 의미하며, 오프라인 공동교육과정(100% 현장출석수업), 온라인 공동교육과정(교사와 학생의 실시간 쌍방향 온라인수업(출석수업 포함 가능, 시험실시 등)), 온라인수업 공동교육과정(한국교육개발원 온라인수업 녹화 콘텐츠 활용, 자율수강(70%)+출석수업(30%) 결합하여 운영)의 3가지 형태로 운영된다.

진로진학 길라잡이에 포함되어 있는 콘텐츠 중에서 학생들이 희망하는 전공이나 진로 분야에 따른 선택과목 안내는 **진로중심 선택 교육과정 설계**에 포함되어 있다. 대학입시로 보자면 '학생부종합전형의 이해'와 관련이 있다.

다음은 최근 각 대학에서 학생부종합전형 등으로 신입생을 선발할 때에 중요하게 여기는 교과 관련 활동 내용들을 정리한 것이다.[17]

선발에 중요한 교과 관련 활동 내용

- 충실한 수업 참여: 선택교과에 대한 내신성적 관리, 학생부종합전형의
  기초

- 수행평가: 선택 교과 세부 능력 및 특기사항의 핵심 기록이 됨

- 교과 관련 독서: 선택 교과에 대한 심화 학습과 자기주도학습의 기초

- 과목 선택을 통해 학생의 도전정신과 전공적합성 등을 표현

- 진학 희망 학과 관련 과목의 학업성취 과정 평가

- 세부능력 및 특기사항: 수업 중에 이루어진 여러 활동에 대한 과정(과
  목에 대한 이해도, 학생의 자발성, 잠재적 능력, 수업의 참여도 등)을
  기록

---

17. 서울진로진학정보센터, 2019, 《미리 보는 고등학교생활과 대학 가기》, 서울특별시교육청
    교육연구정보원, 1쪽

학생이 충실하게 수업에 참여했는지, 수행평가 과정에서 어떤 모습과 결과를 보였는지, 본인이 선택한 교과 관련 독서 지식을 얼마나 키웠는지, 과목 선택을 통해 학생 자신의 도전정신과 전공적합성, 학업성취 과정 등을 함께 평가한다. 특히 최근에는 수업 중에 이루어진 다양한 활동 내용과 과정을 기록한 세부능력 및 특기사항에 더욱 주목하는 편이다.

이처럼 학생 개개인이 자신의 진로 방향에 맞추어 과목을 선택하는 것은 매우 중요하다. 물론 일부 교사들은 학생들이 고등학교 3년 동안 진로를 확실히 결정하지 못하는 경우가 많으므로 고교학점제 자체가 무의미하다고 주장하기도 한다. 하지만 일반계 고등학교의 대입 합격자 자체 분석 결과를 살펴보면, 해당 전공과 관련된 고등학교 권장과목을 모두 선택하여 이수하지 않고 다른 분야의 과목 일부만 이수했다고 할지라도 해당 전공에 필요한 기본 성격과 열정, 역량을 갖췄다고 평가되는 학생들을 어느 정도 선발하는 경향이 있다. 즉 고교학점제는 학생이 자신의 진로에 따라 과목을 선택하고 진로 분야를 개척할 수 있는 역량을 함양하는 데 목적이 있다. 따라서 학생으로 하여금 대학에서 진로를 개척할 수 있는 기회로 연계될 수 있다. 실제로 학생의 진로 분야에 대한 특성, 대표학과, 진로 분야, 선택과목으로 나누어 제시할 수 있는데, 대부분의 학교에서는 대학과 교육청에서 개발한 전공별 선택과목 안내 자료, 한국직업능력개발원, 한국고용정보원 등의 자료를 활용하여 학생들의 수강신청을 지원하고 있다.

다음의 표 4-17은 실제 어느 고등학교에서 경영·경제 진로 분야를 희망하는 학생들에게 권장하는 선택과목 안내 자료를 예시한 것이다.[18] 이 안내 자료에는 학생들이 희망하는 분야가 어떤 특성을 가지고 있으며, 어떤 역량을 요구하는지, 대표적인 관련 학과

|표 4-17| 경영·경제 분야 선택과목 안내 자료(예시)

분야 특성	① 경영학과는 마케팅, 조직·인사, 생산관리, 재무관리 등 기업 경영 지식을 배움 ② 경영학은 인문사회 분야에서 가장 실용적인 분야 중 하나이며 조직과 기업의 성과를 극대화시킬 수 있는 방법을 탐구하는 매우 역사가 깊은 학문임 ③ 경제학과는 한정된 자원을 이용한 최선의 선택에 대한 경제 원리 등을 배움 ④ 경제학과에서 공부한 여러 기초 이론 및 사회·국가 경제 관련 이론을 바탕으로 졸업 후 기업, 국가 기관 등에 취업할 수 있음
대표 학과	경영학과, 경제학과, 무역학과, 회계학과, 경영정보학과, 세무학과, 테크노경영학과, 관광경영학과, 호텔경영학과, 지식경영학과, 국제경제통상학과, 금융경제학과, 디지털경제학과, 소비자경제학과
진로 분야	노무사, 통상전문가, 회계사, 은행원, 증권사, 자산운용사, 보험회사, 무역회사, 신문사, 방송국, 연구소, 공무원, 금융·무역·수출입 관련 공공기관 등
선택 과목	경제수학, 국제경제, 여행지리, 경제지리, 사회문제탐구, 사회탐구방법, 한국사회의 이해, 지역이해

---

18. 영광고등학교, 2019, 《2015 학생선택형 교육과정 고등학교 교과목 선택 안내 자료집》, 영광고등학교, 138쪽

가 어느 학과인지, 해당 분야와 관련된 직업들이 무엇이 있고, 어떤 기관과 연계되어 있는지, 해당 분야 희망자가 고등학교 교육활동에서 이수하기를 원하는 교과가 무슨 교과인지 등에 대해서 자세히 설명하고 있다.

진로에 따른 과목 선택을 지도할 때의 유의점

학생들은 학교생활 속에서 자신의 진로에 대해 충분히 생각한 후에 진로의 방향을 결정할 수 있는 기회를 가져야 한다. 즉 학교생활 속에서 자신의 진로에 대한 진지한 고민의 과정이 필요하다는 뜻이다. 그러한 과정을 거친 상태에서 이루어진 진로과목 선택이라면 훨씬 더 의미가 있을 것이다. 그렇다면 학생들의 진로관련 과목 선택에 있어 학생, 학부모, 교사들은 특히 무엇에 유의해야 할까? 여러 가지가 있겠지만, 크게 다음과 같이 몇 가지로 정리해볼 수 있다.

첫째, 학생들은 교과목 선택에 대하여 **자율성과 책임**이 함께 부여된다는 사실을 명심해야 한다. 진로에 대한 깊은 고민 없이 막연하게 과목을 선택하면 정작 수업에 적극적으로 참여하기도 힘들고 친구들과의 협력 학습도 힘들어지며 결과적으로 좋은 성과를 거둘 수 없게 된다.

둘째, 진로-학업 지원팀(진로전담교사, 교육과정담당교사)은 교과목 선택에 필요한 충분한 **자료**를 개발하여 제공하여야 한다. 특히 1학년 1학기인 **진로교육 집중학기**가 매우 중요한데, 이 시기에 학생의 특성을 면밀히 파악하고 학교의 역량 및 노력 방향을 잘 설정하여 학생들의 진로 방향 설정 및 과목 선택 지도에 실질적인 도움을 줄 수 있도록 노력해야 한다. 특히 학생들의 학업 계획서 수합, 진로진학 길라잡이 제작 및 교육, 교과목 선택 가이드 제작, 공동교육과정 교과목 설계 등은 신경 써야 할 부분이다.

셋째, 학부모들은 학생들과 함께 학교에서 제공한 자료들을 충분히 검토하여 학생들의 과목 선택에 도움이 될 수 있는 방향으로 **지원**을 충분히 해주어야 한다. 특히 학생 본인의 의사와 관계없이 특정 분야로 선택하기를 강권한다면 학생의 심리적인 측면에 악영향을 미칠 게 뻔하다. 아울러 학업 면에서도 결코 좋은 결과를 기대할 수 없을 것이다.

넷째, 담임교사는 해당 학급 학생이 수강신청을 완료할 때까지 **지속적인 상담**을 진행하면서 학생들이 필요로 하는 도움을 정확하게 파악하고 이를 적극적으로 지원해야 한다. 학생이 진로 활동에 적극적으로 참여하여 자신의 진로 방향을 잘 탐색할 수 있도록 돕는 것은 물론, 충분한 탐색 없이 피상적으로 과목을 선택하는 것에 대한 위험성을 충분히 인지시켜야 한다. 아울러 무엇보다 학생의 학업 계획을 계속해서 관리하면서 학생이 자신의 꿈을 펼쳐 나아갈 수 있도록 적극적으로 도와야 한다. 그리고 학생의 부족한 점에 대해서는 학생의 교과담당교사 및 다른 동료교사와 함께

한 체계적인 피드백을 통해 학생 스스로 문제 상황을 현명하게 극복할 수 있도록 지원해주어야 하고, 동교과 간 전문적 학습공동체를 통하여 교과연계 진로교육의 질을 한층 높여 학생들이 진로를 선택하는 데 실질적인 도움을 줄 수 있는 유익한 수업을 제공하기 위해 노력하여야 한다.

고교학점제는 궁극적으로 교육과정을 중심으로 한 학교교육의 혁신이다. 따라서 고교학점제가 학교 현장에 성공적으로 뿌리를 내리려면 뭐니 뭐니 해도 관건은 교육과정에 달려 있다고 해도 과언이 아니다. 고교학점제 안에서는 과거와 같이 중앙에서 내려온 교육과정을 중심으로 편성하는 것이 아니라 개별 학교는 학교의 여건이 가능한 한 학생들의 특성과 요구에 따라 얼마든지 과목을 개설할 수 있게 된다. 물론 과목을 새롭게 개설한다는 것이 말처럼 쉬운 일은 아니다. 이에 시범적으로 고교학점제를 운영하고 있는 학교에서 실제로 편성 및 운영하고 있는 교육과정들을 살펴봄으로써 학교공동체 모두가 공감하는 교육과정을 만들어 가는 데 의미 있는 시사점을 얻을 수 있을 것이라고 생각한다.

CHAPTER
05

고교학점제와
학교교육과정

"학교교육과정, 어떻게 편성할 것인가?"

01

학교교육과정의 의미와
절차를 알아보자!

전통적인 우리나라의 학교교육과 비교해 고교학점제가 가져올 가장 주목할 만한 변화라면 바로 개별 학생의 선택권 확대일 것이다. 특히 고교학점제에서는 학생 맞춤형 교육이 강조되기 때문에 각 학교별 학교교육과정의 중요성은 더욱더 강조될 수밖에 없다.

학교교육과정이란 무엇인가?

과거 '2009 개정교육과정'에서도 학생의 과목 선택을 존중하는 학생중심 선택교육과정 운영을 제시하기는 했다. 하지만 선택교육과정 운영이라는 말이 무색할 만큼 대학수학능력시험 지정과목과 학교의 교원 수급을 중심으로 거의 모든 학교가 비슷비슷한 학교교육과정을 편성·운영해온 것이 사실이다. 하지만 이후 학습량을 적정화하고 학생 각자의 진로를 고려한 과목 선택의 폭을 확대한 2015 개정교육과정을 도입하는 한편, 고교학점제 연구·선도학교를 운영함으로써 학교교육과정은 각 학교의 특색과 여건에 따라 점차 다양하게 편성되고 운영되기 시작하였다.

① 학교공동체가 공감하고 협력하는 학교교육과정의 필요성

무엇보다 2019학년도 고등학교 입학생부터 적용되는 진로선택과목의 3단계 성취평가제 시행과 각 시도교육청의 고교학점제 시행 대비 교육과정 연수 및 컨설팅 활성화는 학교교육과정의 다양화를 촉진하는 기폭제가 되었다. 그럼에도 불구하고 현재까지는 이러한 학교교육과정 다양화의 노력에도 불구하고 여전히 문제점을 드러내고 있다. 즉 학교교육과정의 양적 팽창에만 급급한 나머지 아직은 학교공동체가 학교교육과정의 진정한 의미를 이해하고 구현하고 있지 못한 경우가 많다.

여전히 수능 응시과목과 내신성적 산출을 고려한 교과목을 중심으로 한 학교교육과정 편성이 중요하게 간주되고 있으며, 2019학년도 입학생부터 3단계 성취평가제로 실시되는 진로선택과목의 대학입학전형 반영 방식에 대해 교육부의 공고가 아직 나오지 않은 상황에서 여러 가지 추측들만 무성한 실정이다. 표면적으로는 미래사회에 대응하는 인재를 양성하는 학생 맞춤형 교육과정 운영에 대한 방향성에는 동의를 하면서도 실제 학교교육과정은 현실적인 대학입학제도의 굴레에서 여전히 벗어나지 못하고 있는 모양새이다. 그 결과 학교교육과정은 본래의 고유한 목적과 의미를 제대로 살리지 못한 채 대입제도와 맞물려 제한적인 다양화에 머물러 있는 형편이다.

우리나라는 지금까지 대학입시제도와 맞물려 국가수준 교육과정의 영향력이 막강한 중앙집권적 교육과정 운영체제를 유지해왔다. 따라서 지금까지의 학교교육과정은 소위 상위권 대학의 합격생을 많이 배출하기에 유리한 교육과정을 중심으로 편성하고 운영하는 것이 가장 중요한 목적이 될 수밖에 없었다. 물론 지금도 학교는 이러한 경향성을 완전히 무시할 순 없다. 하지만 교육자치와 학교자치에 대한 사회적 요구가 날로 증대되고 있는 상황에서 각 학교는 학교공동체가 함께 공감하고 협력하는 학교교육과정을 편성하여 운영해야 하는 교육의 본질적 의무에 직면하게 되었다. 따라서 더 늦기 전에 학교공동체는 학교교육과정의 의미를 제대로 이해하고 공유해야 할 것이다.

② 학교교육과정의 5가지 의미

여기에서 우리는 학교교육과정의 개념을 다시 살펴볼 필요가 있다. **학교교육과정**은 무엇일까? 2015 개정교육과정의 '학교교육과정 편성·운영'에는 국가수준 교육과정을 바탕으로 학교 실정에 알맞은 학교교육과정을 민주적인 절차와 과정을 거쳐 편성·운영할 것을 제시하고 있다. 즉 학교공동체의 요구와 여건에 적절한 학교

교육과정을 편성·운영할 수 있게 학교의 자율성을 허용하고 있는 것이다. 이에 학교교육공동체는 모든 학생을 위한 학교교육 활동을 위해 학교교육과정의 진정한 의미를 탐색하고 재정립하는 과정은 중요하다. 다음에서는 학교교육과정의 의미를 5가지로 구분하여 살펴보기로 한다.

첫째, 학교교육과정은 학교교육공동체의 **교육철학**을 실현하는 과정이다. 학교교육공동체에는 교육의 3주체인 학생, 교사, 학부모뿐만 아니라 지역사회가 포함되며, 학교교육과정은 학교교육공동체가 학교교육을 통해 이루고자 하는 비전, 인간상, 가치 등이 반영되고 실현되는 과정이다. 따라서 학생 맞춤형 선택교육과정을 실현하기 위해서는 학교교육공동체가 공감하는 교육철학을 탐색하고 올바로 구축하여, 이를 학교교육과정에 반영하기 위한 노력을 기울여야 한다. 그리고 학교교육공동체의 교육철학은 학교교육과정에 있어 비전, 인간상, 추구하는 가치로 구현된다. 여기서 비전은 학교가 장기적으로 지향하는 목표, 가치관, 이념 등을 통칭하며, 인간상은 지향하는 교육이 완벽하게 이루어졌을 때 기대되는 인간의 특징을 의미하며, 가치란 비전과 인간상을 구현하기 위한 바람직한 교육의 특성을 말한다(교육학용어사전, 1995). 고교학점제는 모든 학생이 자신의 진로에 따라 희망하는 교육과정을 선택하고 이수하는 제도로 모든 학생의 주체적이고 행복한 삶을 추구하는 경기도의 4·16 교육 체제와 일맥상통한다고 볼 수 있다. 이에 4·16 교육 체제를 살펴보기로 한다(226쪽 표 5-1 참조).

| 표 5-1 | 4·16 교육 체제

교육철학	모두가 주체가 되는 민주적 교육 체제 실현
비전	행복한 배움으로 모두가 특별한 희망을 만드는 공평한 학습사회
추구하는 인간상	· 배움을 즐기는 학습인 · 실천하는 민주시민 · 따뜻한 생활인 · 함께하는 세계인 자신의 내적 성장을 기반으로 이웃과 사회 그리고 세상에 대해 관심을 갖는 공동체적 인간, 인류의식에 기반을 두고 문제해결에 함께 참여하는 실천적 인간을 육성하고자 한다.
추구하는 핵심가치	· **협력**: 협력은 삶의 원리이자 학습의 원리이며, 미래사회에서는 그 가치가 더욱 중요해질 전망이다. 협력을 통해서만 사회의 지속가능한 발전이 가능하고 한 인간으로서의 품격도 고양될 수 있기 때문이다. · **공공**: 이 가치를 강조하는 것은 사회구성원 간 공존 및 공생의식과 그에 합당한 규범의 내면화를 중요한 교육적 과제로 설정하기 위함이다. · **창의**: 학습자 개개인의 자기실현 차원에서도 창의는 중요한 가치이지만, 생활문화 자체가 창의적 풍토로 재조정되는 것 또한 중요하다. 자유로운 참여와 실험적 사고가 지지·격려되는 학교를 상정하는 차원에서도 그 가치가 강조된다. · **자율**: 자율은 중앙집권적·위계적·규제적 운영체제에 대한 반테제(anti thesis)다. 따라서 지방교육자치의 안착, 학교구성원에 대한 공동체적 학교운영을 확산하는 차원에서 핵심가치로 설정한다. · **생태**: 지속가능한 인류문명을 위해, 대안적 세계에 대한 상상력을 고양하기 위해, 학교 삶의 민주적 구성을 위한 교육의 생태적 전환은 중요하다.

※자료: 경기도교육연구원, 2016

이상의 표 5-1에서 정리한 4·16 교육 체제는 "모두가 주체가 되는 민주적 교육"이라는 교육철학을 실현하기 위해 지향해야 하는 이념인 '행복한 배움으로 모두가 특별한 희망을 만드는 공평한 학습사회'를 비전으로 설정하고, 이러한 교육이 온전히 구현되었을 때

실현되는 인간의 특성을 개인, 이웃과 사회, 세상, 세계와 연계하여 제시하고 있다. 비전과 추구하는 인간상을 실현하기 위해 꼭 필요한 바람직한 교육의 특성을 협력, 공공, 창의, 자율, 생태의 5가지 핵심가치로 제시하였다. 이처럼 학교교육과정도 학교교육공동체가 공동으로 추구하는 교육철학을 통해 비전, 추구하는 인간상, 핵심가치를 구현함으로써 이 지향점을 학교교육과정 전반에 반영하여 운영 및 평가하는 과정을 거칠 때 비로소 인간중심의 민주적이고 체계적인 학교교육을 실현할 수 있을 것이다.

둘째, 학교교육과정은 학교 안팎으로 학생 개개인의 **삶**을 아우르는 총체이다. 학생들은 지금까지 살아온 삶의 지식과 경험을 학교교육과 융합하고 통합하면서 성장한다. 그리고 이러한 성장을 통하여 주어진 삶을 점점 더 폭넓고 심도 있게 이해하고 개척해 나아간다. 그렇기 때문에 학교교육공동체에는 학교 3주체뿐만 아니라 지역사회도 포함되어야 한다. 즉 학교에서의 삶, 가정에서의 삶, 지역사회에서의 삶이 학교교육과정에 모두 융합되어 있고, 통합되어 있는 것이다. 이에 2015 개정교육과정의 총론에서도 "학교교육과정을 편성·운영할 때에는 교원의 조직, 학생의 실태, 학부모의 요구, 지역사회의 실정 및 교육 시설·설비 등 교육 여건과 환경을 충분히 반영하도록 노력한다."고 진술하면서 학교의 교육공동체와 지역사회의 통합적인 삶을 학교교육에 접목하고 있다. 결국 학교교육과정은 학생들에게 학교 안팎을 연계하고 통합하는 삶의 교육과정인 동시에 삶의 공간인 셈이다.

셋째, 학교교육과정은 시간 전체를 **통합**하는 과정이다. 구성주의 관점에서 볼 때, 학생은 자신이 이미 구축한 경험과 지식을 바탕으로 물리적 환경이나 타인과의 상호작용을 통해 성장해간다. 그리고 학교교육과정은 학생들의 학교 배움 이전의 과거, 학교에서 배움이 이루어지는 현재, 학생들이 앞으로 개척해가야 할 미래의 시간을 통합하여 현재에서 성찰하고 융합하고 예측하는 활동을 통해 학생이 성장하고 미래를 신중하고 자신 있게 준비해가는 과정이다. "21세기의 학생을, 20세기의 교사가, 19세기의 교실에서 가르친다."는 말처럼 오늘날의 학교는 과거, 현재, 미래가 모두 어우러져 있는 곳임을 짐작할 수 있다. 게다가 지금까지 우리의 학교교육은 대학입학이라는 도구적 목적에 치중하여 기능하다 보니 과거와 현재에 중점을 두게 되어 급변하는 미래사회를 예측하고 준비하는 데는 한계가 있었다. 학부모는 자신의 학창시절 교육 경험과 사회의 모습을 자녀에게 인식시키거나 강요하고, 교사는 교사대로 현재의 대학입학과 같은 발등에 떨어진 불을 끄는 데 주력해왔다. 그 결과 대부분의 학생들이 학부모와 교사가 예측해준 미래에 갇혀 자신의 꿈과 끼를 충분히 고려하지 못한 채 그저 좀 더 서열이 높은 대학에 진학하기 위해서 대학입학시험에만 집중하며 미래를 준비해왔던 것이다.

그러나 이제 급격한 인구감소 현상과 4차 산업혁명의 새로운 지식기술 체계의 변화로 세계는 과거와 현재를 뛰어넘는 혁신적인 인재와 문화를 요구하고 있다. 물론 과거와 현재는 학생이 배우고 고려해야 할 중요한 시간이다. 그러나 우리는 미래 또한 학생들이 스스로 예측하고 개척해야 할 중요한 시간이라는 것을 인식해야 한다. 학교교육이 미래를 향해 어떻게 나아가야 할 것인지에 대해서는 동의하면서도 당장 눈앞에 펼쳐진 현실에 급급하여 안주한다면 미래를 향해 나날이 혁신해가는 세계의 흐름에 뒤처지고 말 것이다. 제자리에서 현재만 반복하다 보면 결국 발전하지 못한 미래와 마주할 수밖에 없다. 따라서 학교교육과정은 학교의 교육공동체가 소통하고 협력하여 과거와 현재 그리고 미래의 시간을 아우를 수 있어야 할 것이다.

넷째, 학교교육과정은 지역사회 **시민**을 양성하는 과정이다. 먼저 학교는 지역사회의 일부이고, 학생은 학교와 지역사회의 일원이며, 지역에서 삶을 살아가는 주체이다. 그리고 지역사회는 학생의 과거, 현재, 미래 삶의 실제적인 현장이다. 이에 국가수준 교육과정에도 지역사회는 학교교육과정의 편성과 운영에 포함되어 협력하고 지원해주는 교육공동체로 제시되고 있고, 「초·중등교육법」 시행령 제58조에 따르면 "학교운영위원회는 지역위원을 포함하여 구성"해야 한다. 고교학점제를 오래전부터 실시하고 있는 미국[1], 캐나다도 지역위원을 주민 투표로 선출하여 지역교육과정위원회를 구성하고 운영하고 있다. 이와 같이 지역사회는 학교교육과정을 편성하고 운영하는 데 있어 필수적인 요소이다. 학교교육을 통해 학생이

---

1. 미국 로스앤젤레스 통합교육구는 학생위원을 지역교육과정위원회에 1년 임기로 포함시키고 있다.

지역사회 시민으로 성장하고, 이렇게 성장한 시민이 지역의 존속과 발전을 도모하는 주체라는 점을 반영하고 있는 것이다.

수도권 및 광역시를 제외한 지방에서는 이미 지역의 인구감소 현상이 급격하게 진행됨에 따라 학교는 물론이고, 마을 또한 독립적으로 유지되기 어려워졌다. 이에 따라 행정구역이 개편되기 시작했고, 이는 앞으로 더욱 가속화될 전망이다. 무엇보다 학교가 사라지면 지역 내 젊은 세대의 유출이 촉진될 것이고, 이는 곧 지역 붕괴로 이어질 수밖에 없다. 또한 인구의 노령화와 경제성장 둔화로 통계청의 2019 국내인구이동통계에 따르면 국내의 인구이동률은 47년 만에 가장 낮은 수준으로 떨어졌다고 한다. 한편 권역별 통계자료에서 수도권 집중 현상은 다시 증가하고 있는 추세를 보이고 있다. 어쩌면 지금까지 학교가 지역사회 시민을 양성하기보다는 수도권 시민을 양성하고 있었는지도 모른다. 이에 지역사회 유지와 균형적 발전을 위해서 학교의 지역사회 시민 양성의 역할은 점점 더 중요해지고 있다. 학교교육공동체는 앞으로 지역사회와 더욱 긴밀하고 포괄적으로 협력하여 학생이 지역사회 시민으로써의 역량과 인성을 갖출 수 있는 학교교육과정을 편성하고 운영할 수 있도록 교육철학과 목표를 설정하고 공유해야 할 것이다. 예컨대 "학교가 지역을 살린다. 지역이 학교를 살린다."를 보여준 전북 완주군의 로컬에듀는 학교와 지역사회의 좋은 상생 모델을 제시하고 있다(추장훈, 2017).

다섯째, 학교교육과정은 **학교자치** 실현의 과정이다. 학교교육과정은 학생 삶의 방향과 역량을 함양해주는 학교교육의 핵심이자 총체이다. 따라서 결코 일부 개인이나 집단에 의해 좌지우지될 수 없다. 교사, 학생, 학부모, 지역사회 등 학교의 교육공동체가 민주적인 절차와 과정을 통해 학교교육과정의 방향과 목표 설정부터 학교교육과정의 편성과 운영, 평가에 이르기까지 함께 협의하고 협력하며 책임지는 일련의 실현 과정 자체가 학교교육과정이다. 그리고 이것이 바로 학교자치의 과정이다.

고교학점제는 학교자치의 기반 위에서만 모든 학생을 위한 학생 맞춤형 교육과정을 실현할 수 있다. 무엇보다 학교교육공동체가 그 방향과 목표를 공유하고 공감하지 못하면 학교교육과정 편성부터 이후 과정은 교육공동체 간의 갈등과 불화로 인해 진행이 늦어지거나 중단된다. 이에 민주적인 학교문화 형성은 학교교육과정 실현의 첫 단계이자 핵심적인 포인트이며, 이를 바탕으로 소외되는 학생 없이 모두를 고려하고 배려하는 학교교육과정이 편성·운영·평가될 수 있을 것이다.

지금까지 살펴본 바와 같이 학교교육과정은 학교교육공동체가, 학생 삶의 총체를, 시간의 흐름 속에서 또 지역사회 안에서 함께 계획하고 실현하는 폭넓은 과정이다. 그리고 학생뿐만 아니라 교사, 학부모, 지역사회가 모두 함께 학교교육과정 실현과정 속에서 시민 역량과 인성을 발휘하고 더욱 성장해가는 과정이다. 다시 말해 학교는 교육생태이고, 학교교육과정은 생태를 유지하고 진화하는 과정이라고 할 수 있을 것이다.

학교공동체가 공유하고 공감하는
학교교육과정의
편성 절차

학교교육과정의 편성과 운영에 있어 학교교육과정위원회의 역할이 매우 중요하다. 그러나 학교교육과정위원회에서 학교교육과정의 전 과정을 담당하는 것은 위원들에게 큰 부담이 되며, 학교교육공동체의 모든 의견을 수합하고 수렴하는 데는 한계가 있다. 따라서 모든 학교공동체가 학교교육과정 정보를 공유하고 공감할 수 있도록 다음에 제시한 6단계의 민주적인 절차(표 5-2 참조)를 고려하는 것은 중요하다. 물론 제시된 학교교육과정 편성 절차는 절대적이지 않고, 학교의 상황과 여건에 따라 순서는 수정되거나 중복될 수 있다.

다만 표에서 제시된 6가지 단계 중 첫 단계인 **민주적인 학교문화 조성** 단계는 모든 단계 중 가장 중요하고 필수적인 단계이다. 아직도 많은 학교에서 학교교육과정위원회는 교사중심으로 운영되고 있고, 교과 간 갈등과 불화가 지속되고 있기도 하다. 따라서 민주적인 학교문화 조성을 위해 필요한 내용을 숙지하고 고려하여 학생중심 맞춤형 교육과정을 편성할 수 있는 학교교육공동체의 협력과 배려를 이끌어내야 할 것이다.

만약 학교교육공동체가 교육과정에 민감하여 민주적인 학교문화를 조성하기 어려운 경우에는 모든 학교교육공동체가 관심을 가질 만한 교육과정과 연관된 과제를 제시하여 교육과정을 자연

| 표 5-2 | 학교교육과정 편성의 민주적 절차

단계	내용
① 민주적인 학교문화 조성	- 교육 3주체(지역사회 포함) 학교교육철학 탐색 및 설정 - 학교교육과정의 비전, 추구하는 인간상, 핵심가치 설정 - 교육 3주체 역량 강화(교육과정 문해력, 회의참여) - 교육 3주체 학교교육과정위원 조직(필요시 외부 전문가 자문위원으로 위촉)
② 학생요구 조사	- 3년간 학생 개인별 진로·학업계획 수립 - 학생 진로·학업 연계 상담 및 교육을 통한 학생 진로성숙도 함양 - 학생 대상 교육과정 문해력 교육(학생자치회, 졸업생 지원) - 학생 대상 과목개설 희망 요구조사
③ 교과 협의회	- 학생 요구조사 결과에 따른 교과별 과목 지도 가능성 탐색 - 학년별 과목 편성(과목위계 고려) - 학생 요구조사 결과에 따른 대안적 개설 과목 탐색 - 교과별 교원 수요 검토 및 대안적 방안 탐색(지역사회 협력 및 네트워크 고려)
④ 학교교육과정 위원회	- 국가수준 교육과정에 제시된 학교교육과정 운영 기구 - 학교장의 교육과정 운영 및 의사결정에 관한 자문 - 교원, 학부모회, 학생자치회 교육과정 위원으로 구성(필요시 교육과정 전문가) - 학교교육과정 편성 및 운영 협의(학생 요구조사 및 교과협의회) - 학교교육과정 편성·운영 지원, 점검, 평가 활동
⑤ 학교운영 위원회	- 학생들의 진로와 적성을 고려한 선택과 집중의 교육과정 운영 여부 - 학생 요구조사 결과와 학교의 여건에 따른 교육과정 검토 - 진학, 진로와 관련된 3년간 과목 편성 시기의 적절성 여부 - 학생의 진로교육 계획의 적절성 - 전입 학생의 미이수, 중복이수 등의 '보충학습과정' 계획 수립 여부 - 모든 학생을 위한 교육과정 편성 여부(책임교육 지원체계 포함)
⑥ 학교교육과정 설명회 및 수강신청	- 학생, 학부모 대상 교육과정 설명회(현장 및 동영상) - 학생자치회 및 학부모자치회 주도 교육과정 설명회·상담 고려 - 학생 대상 선택과목 상담(진로·학업전담팀 및 담임교사) - 졸업을 위한 교과 영역별 필수 이수단위 이수 검토 및 안내 - 학생 진로 및 적성에 따른 과목 선택 정보 제공 및 상담(현장 및 서책)

스럽게 언급할 수 있는 기회를 마련해보는 방안도 필요하다. 예컨대 교사와 학생에게 동시에 부담이 되는 수행평가의 효율적 운영 방안이나 학교단위 프로젝트 수업 방안과 같이 평가나 수업과 관련된 주제를 선정하면 이는 모두 교육과정과 자연스럽게 연계될 수 있다. 작은 과제 수행의 성공은 학교교육공동체의 민주적인 문화 조성에 긍정적인 영향을 미치고 연이은 과제 수행 성공은 학교교육공동체 간의 결속을 강화시키는 계기가 될 것이다.

　민주적인 문화 조성이 어려운 가장 큰 이유는 공동체가 민주적인 문화에 대한 경험이 없거나 부족하기 때문이다. 따라서 학교교육공동체 모두가 접근하기 쉬운 영역에서부터 민주적인 소통과 의사결정의 경험을 공유하는 과정은 학교의 민주적인 문화 조성에 밑거름이 될 수 있다. 학교교육과정 편성의 모든 절차에서 반드시 기억해야 할 것은 학교교육공동체가 설정한 교육철학에 따른 비전, 추구하는 인간상, 핵심가치이며 학교는 단 한 명의 학생도 소외되지 않게 공교육의 책무성을 감당해야 할 것이다.

학교교육과정 편성의 4가지 고려사항

　　　　　　　　아무리 학교교육과정이라고 해도 각 학교와 학생들의 고유한 특성과 상황만을 고려하여 편성할 수는 없다. 학교교육과정을 편성하기 위한 각종 지침 및 환경적인 요인들이 존재한다. 그래서 편성 시 반드시 고려해야 하는 사항은 여기에서 크게 네 가지, 즉 교육과정, 학생 요구조사 결과, 학교 여건 및 지역사회, 대학입학 제도로 나누어 설명하려 한다. 세부 고려사항의 내용은 표 5-3과(236쪽 참조) 같다.

표 5-3에서 정리한 학교교육과정을 편성할 때의 구체적인 고려사항 이외에 추가적으로 논의해야 할 사항에 관해서는 다음과 같이 정리해볼 수 있다.

첫째, 교육과정에 있어 전국에 개설된 **모든 과목을 검색**하기 위해서는 나이스 교과용 도서 항목을 검색하면 된다. 나이스-장학-교과용도서를 클릭하면 국정, 검정, 인정 도서로부터 각 시도교육청에서 개별적으로 고시하고 있는 모든 과목을 한눈에 파악할 수 있다. 그리고 추가적으로 인근 학교교육과정을 탐색해보는 것도 지역의 요구를 파악해볼 수 있는 방안이 될 수 있다.

둘째, 학생 요구조사는 학생의 진로성숙도와 **교육과정 문해력**을 함양한 후에 실시해야 교육과정 편성 후 학생들의 잦은 이동을 줄일 수 있으며, 학생이 자신의 선택에 대한 책임감을 인식시켜줄 수 있다. 학생의 진로에 따른 과목 선택을 지원해주는 안내서와 온라인 사이트는 교육부[2] 및 서울시교육청, 광주광역시교육청[3]을 포함하여 많은 시도교육청이 제공하고 있으며 일부 고교학점제

---

2. 교육부 고교학점제 과목선택 안내 사이트
  http://www.hscredit.kr/course/master/portal/list.do

3. 광주광역시 고교학점제 과목선택 안내 사이트
  https://7th.gen.go.kr:456/sub/page.php?page_code=guide_01

| 표 5-3 | 학교교육과정 편성 시 고려사항

고려사항	내용
① 교육과정	- 국가수준 교육과정(총론 및 각론/ 해설서) - 소속 시도교육청 교육과정(지역특색 및 중점사업 고려) - 타 시도교육청 교육과정(교육과정 다양화 및 특색화 탐색) - 해당 학년도 시도교육청 고등학교교육과정 편성 지침 - 시도교육청 고등학교 학업성취관리규정
② 학생 요구 조사 결과	- 교육과정ㆍ학업 지원팀 조직 및 지원(진로에 따른 학업 설계 역량 함양) - 3년 진로ㆍ학업 설계 지도 및 상담 - 고1부터 진로에 따른 개인별 맞춤형 교육과정 설계 지원 - 학생 교육과정 문해력 제고(전공별 권장 교육과정 안내) - 학생 요구조사 실시 및 결과 분석
③ 학교 및 지역사회 여건	- 공립ㆍ사립학교 고려 - 학생 수, 교실 수, 기자재 현황, 예산 고려 - 교원 수급(교과별, 전출ㆍ전입, 시간강사, 다과목지도가능 여부) - 학교공동체가 공유하는 학교 비전 및 교육목표 - 학교 간 협력 가능 여부(공동교육과정, 순회교사, 시설 등) - 지역사회 교육과정 지원 여부(시설, 강사, 교육과정, 예산 등)
④ 대학 입학 제도	- 시도교육청 개발 대학전공별 고등학교 권장 선택과목 목록 - 서울 4개 대학 전공별 권장 선택과목 목록 - 서울대학교 교과이수 가산점 부여 현황 - 최근 3년간 소속 학교 학생 대학진학 결과

연구학교에서는 자체적으로 제작한 과목 선택 안내서를 활용하고
있다. 따라서 가급적 개발되어 있는 과목 선택 안내서를 참고하거
나 활용하는 것이 효율적일 수 있다.

셋째, 학교와 지역사회의 여건도 학교교육과정위원회에서 **교육
의 3주체**가 함께 고려하고 협의해야 한다. 이를 통해 폐강되거나
대안과목으로 대치되는 과정에 대해서도 민원이 제기되지 않도록
운영할 수 있을 것이다.

넷째, 대부분의 고등학교에서 **대학진학**은 여전히 매우 중요한 고
려사항이다. 그러나 대학진학을 희망하지 않는 학생 수가 지속적
으로 증가하고 있는 것 또한 우리의 현실이다. 진학을 희망하는
학생들뿐만 아니라 다른 진로를 꿈꾸고 있는 학생들도 학교에서
소외되지 않도록 교육과정을 운영해야 한다. 모든 학생을 위한 교
육과정을 편성하여 운영하는 것이야말로 공교육의 역할이고 책
무성이라는 점을 반드시 고려해야 할 것이다. 따라서 모든 학생의
진로와 적성을 고려한 학교교육과정 편성이 될 수 있도록 학교교
육공동체가 함께 지혜를 모아야 할 때이다.

02

학생중심 교육과정, 어떻게 편성할 것인가?

우리나라 교육과정이 시작된 1950년대부터 교육과정 문서상에는 학생의 과목 선택권을 존중해야 한다고 명시하고 있다. 그러나 실제로는 학교교육과정이 오랜 시간 대학입시에 종속되어 학생의 선택을 거의 보장하지 못한 채, 오직 입시에 유리한 교육과정으로 학교 간 차이 없이 거의 비슷하게 편성·운영되었다.

학생의 진로를 존중하는 학생중심 선택교육과정의 필요성

우리나라 대부분의 고등학교는 대학 합격률을 높이고, 기왕이면 상위권 대학 합격생을 조금이라도 더 늘리는 데 중점을 둔 교육과정을 운영하는 것이 보편화되어 있다. 이에 대해 대부분의 학생과 학부모도 암묵적으로 동의해온 것은 부인할 수 없는 사실이다. 그 결과 대학진학을 희망하지 않는 학생들의 경우 학교교육과정 안에서는 자신의 진로를 제대로 준비할 수 없었을 뿐만 아니라, 나아가 수업에서도 소외될 수밖에 없었다. 모든 학생을 포괄하는 가장 보통의 교육 실현이 공교육의 책무임에도 불구하고 그동안 학교와 교사는 학교에서 소외된 학생들에 대한 지원 방안을 적극적으로 제공하고 모색하기보다는 소극적인 대응이나 생활지도 차원에서 접근했을 뿐이다. 결과적으로 전국에 수많은 수포자와 영포자가 양산되었고, 아예 스스로 수업을 외면한 채 잠을 자거나, 때로는 다른 친구들을 방해하는 학생들까지 만들어내고 말았다.

이제 우리 사회도 중앙집권적 산업화 체제에서 벗어나 모든 구성원의 삶을 존중하는 민주화 시대에 접어들었다. 이와 함께 학교 또한 소수 엘리트를 양성하는 기관이 아닌 모든 학생을 위한 학생 맞춤형 교육과정을 운영하는 역할이 한층 더 강조되고 있다. 학생 각자의 진로를 존중하는 학생 맞춤형 교육과정의 필요성이 대두된 원인을 좀 더 구체적으로 살펴보면 다음과 같다.

① 인구감소와 학령인구의 급감

먼저 **학령인구가 급감**하고 있다는 것이다. 2018년 통계청 자료에 따르면 2009년에서 2018년까지 학령인구[4]는 약 170만 명이 감소하였다. 그리고 앞으로 2030년에는 공립초등학교 학생 수만 약 53

만 명이 줄어들 것이라고 보고되고 있다. 인구감소 현상은 학령 인구부터 더욱 뚜렷하게 나타나고 있고, 앞으로 감소폭은 훨씬 더 커질 것으로 예측되고 있다. 이로 인해 폐교되는 학교 수가 증가하고 대도시나 중·소도시의 경우도 학급수가 계속 줄어드는 현상이 나타나고 있다. 이러한 이유로 지방 중·고등학교의 경우는 학생 수보다 교사 수가 많은 학교가 발생하기도 하고, 등·하교 통학을 고려하여 근거리 배정이 중요한 초등학생과 중학생을 위해 초·중학교 통합모델이 개발되어 적용되고 있는 실정이다. 이미 우리 사회는 급격하게 고령화가 진행되고 있고, 학생들은 태어나면서부터 과중한 사회적 부담을 안은 채 살아가게 되었다. 즉 이전 산업화 시대와는 달리 사회를 유지하기 위해 현재 학생들이 떠안게 된 사회적 부담이 증가하였고, 모든 학생을 위한 맞춤식 교육의 필요성은 이제 피할 수 없는 과제가 되었다.

② AI기반 4차 산업혁명 시대의 도래

현재의 교과중심 학교교육은 **4차 산업혁명 시대**에 유효하지 않을 수 있다는 점도 간과할 수 없다. 2016년 세계경제 다보스포럼에서 언급되어 시작된 4차 산업혁명은 우리나라 산업 전반은 물론 교육계에서도 미래사회에 대비한 핵심용어로 보편화되어 있다. 그리고 4차 산업혁명의 핵심기술인 인공지능(AI: Artificial

---

4. 학령인구란 초등학교 1학년부터 고등학교 3학년 학생을 일컫는다.

Intelligence)은 이미 대학 교육과정으로 운영되고 있으며, 공교육에 도입되기 시작하여 앞으로 교육 전반에 적용될 것으로 예측되고 있다. 단적인 사례로 서울시교육청의 경우 2019년부터 초등학교 영어교육에 AI를 도입하여 활용하고 있다.

현재 구글번역 어플을 포함한 각종 번역 프로그램 기술 수준이 크게 향상됨에 따라 인류의 외국어 의사소통에 크게 기여하고 있다. 앞으로 인공지능은 외국어 영역에서 더 크게 확대될 것이다. 이것이 당장 영어를 포함한 제 2외국어 교육에 미칠 파장은 상당하다. 사교육비가 20조 원을 넘어서고 있는 가운데 영어 사교육에 대한 비용은 매우 큰 비중을 차지한다. 그만큼 영어 사용에 대한 사회적 의존도가 높다는 뜻이다. 그러나 앞으로 인공지능의 외국어 지원이 보편화되면 전 국민이 외국어를 학습해야 한다는 당위성이 떨어질 수밖에 없다. 그리고 앞으로 인공지능이 교육 전반에 도입된다는 점을 고려해볼 때, 현재의 교과체제와 교과 내용이 언제까지 유효할지에 대한 고민이 필요하다. 교과 지식 측면에서 인공지능은 인간을 넘어선다. 이제 인간은 교과 지식을 축적하여 활용하는 삶이 아닌 인공지능을 통해 각종 지식 정보를 수집해 창의적으로 창조하는 삶을 살아가야 한다. 이에 따라 교육도 지식중심에서 역량중심으로 패러다임이 전환되고 있다.

미래사회에 교사의 기능과 역할 변화도 필연적이다. 교육에 있어 인공지능은 교사를 넘어서는 방대한 양의 교과 지식 정보를 갖추게 될 것이고, 강의식 수업에 있어서는 인간보다 오히려 우수한 역할을 수행할 수도 있을 것이다. 그렇기 때문에 앞으로 교사는 교과 지식을 전달하는 역할보다 학생들이 인간관계 속에서 주어진 상황에서 문제를 해결하기 위해 지식 정보를 통합하거나 융합하고 창의적으로 활용하도록 지원하는 **촉진자**(facilitator) 역할이 훨씬 더 강조될 것이다. 또한 인공지능은 교육과정, 수업, 평가 전반에 혁신을 가져올 것이다. 이에 교사들은 교육공동체와의 긴밀히 협력하여 학교의 현 교과별 교육 체제에서 벗어나 교과 간 통합이나 융합을 통해 새로운 교과 영역에 대한 전문성 신장을 한층 더 적극적으로 고민해봐야 할 것이다.

　누구도 정확하게 예측하기는 어렵지만 미래사회는 학생들에게 두려운 시간일 수도 있지만 필연적 숙명이자 한편으론 도전의 기회이다. 그리고 교육은 4차 산업혁명의 시대 흐름을 고려하여 학생들에게 기존의 교과 지식을 전수하는 데 중점을 두기보다는 미래에 도전하고 개척할 핵심역량을 신장시켜주어야 할 것이다. 따라서 학생 한 명 한 명이 소중한 미래사회에 학생 맞춤형 교육은 더더욱 필수적인 과제일 수밖에 없다.

③ 모든 학생을 아우르는 교육의 커먼즈

모든 학생을 위한 **교육 민주화**는 시대적 흐름이다. 수포자와 영포자는 우리 교육이 해결해야 할 오랜 과제 중 하나이다. 한국교육과정평가원 연구(2019)에 따르면 학생들은 초등학교 3학년 수학 교육과정의 '분수'에서 첫 고비를 맞이한다고 한다. 그리고 '분수'

를 이해하지 못한 학생에게 공교육의 책임교육이나 부모의 사교육 지원이 이루어지지 않으면, 이 학생은 결국 수포자가 되고 만다. 게다가 2015 개정 고등학교 교육과정에 따라 필수이수 단위 10단위만 이수해도 되는 수학을 아직도 많은 고등학교에서 3학년 때까지 학교지정과목[5]으로 운영하고 있다. 그렇기 때문에 수포자들의 수업 소외현상은 졸업할 때까지 지속될 수밖에 없다.

영어의 경우는 지역 및 개인 간 특성에 따라 학생들 간의 수준 차이가 매우 크게 나타난다. 예컨대 대도시의 경우 유아기부터 막대한 사교육이 이루어지다 보니 이미 초등학교에서 교육과정 수준을 넘어서는 수업이 이루어진다. 따라서 사교육을 받지 않고 초등학교에 입학한 아이들은 책임교육 지원이 이루어지지 않는 한 3학년 수업에서 바로 영포자가 될 수밖에 없다. 즉 영어교육을 시작하는 순간부터 영포자가 되어버리는 것이다. 물론 시도교육청은 기초학력 미달 학생들을 위한 교육 프로그램을 운영하고 있고, 모든 학교는 기초·기본학력 보장 계획을 3월에 수립하고 있다. 그러나 실질적으로 운영되고 있다고 보기에는 어려운 경우가 많다. 이에 학생들이 자신의 진로와 수준에 맞추어 과목을 선택하고 부족한 부분에 대해 책임교육을 지원하는 고교학점제야말로 모든 학생을 위한 학교교육을 위해 필수적이라고 볼 수 있다. 즉 고교학점제는 그 자체로 교육과정 민주화인 것이다.

---

5. 학교 현장에서 일컬어지고 있는 필수이수과목의 공식 명칭은 '학교지정이수과목'이다.

④ 혁신교육 체제의 보편화

교육의 본질적 가치를 실현하고자 하는 혁신교육 체제가 보편화되고 있다는 점이다. 2012년부터 경기도에서 시작된 혁신교육은 현재 전국적으로 체제를 구축하고 있다. 혁신교육은 학생, 교사, 학부모의 교육 3주체의 공동체성 형성과 발휘, 교육자치 및 학교자치, 교수-평가일체화, 과정중심평가 등 학교교육과정 민주화를 위한 체제를 구축한다. 그리고 이러한 체제는 핀란드, 캐나다, 미국 등의 교육 선진국에서 이미 활발하게 운영되고 있는 고교학점제의 기본체제이기도 하다. 즉 혁신교육으로 인해 이미 고교학점제 운영을 위한 기본체제가 안착해가고 있다는 뜻이다. 고교학점제는 모든 학생의, 모든 학생에 의한, 학생 개인의 선택권을 보장하고 모든 학생을 위한 책임교육을 실현하는 민주적인 교육과정 운영제도이다. 따라서 이미 혁신교육 체제를 통해 고교학점제 기반이 조성되어 있는 셈이다. 그뿐만 아니라 고교학점제가 시행되어야 하는 취지를 마련하고 있다고 볼 수 있다.

게다가 교육부는 고교학점제가 전국에 전면 시행되는 2025년 전과목 **성취평가제** 실시를 예정하고 있고, 현재(2019학년 기준) 고교 입학생부터 진로선택과목에 대해서 3단계 성취평가제를 실시하고 있다. 평가 체제까지 절대평가제로 구축되면 학교는 고교학점제를 운영하면서 단 한 명의 학생도 포기하지 않는 공교육 체제를 견고히 할 수 있게 된다. 이로써 인구 급감과 4차 산업혁명의 미래사회를 대비할 수 있을 것이다.

⑤ 대학교육에 대한 사회적 분위기의 변화

대학교육의 위상은 이미 예전과 크게 달라졌다. 자발적으로 진학을 포기하는 학생들이 점점 늘고 있는 것만 봐도 그러하다. 미국의 대표적인 미래학자 토마스 프레이(Thomas Frey)는 "2030년대에 대학의 절반이 사라질 것"이라고 예측했다(중앙일보, 2018). 바꿔 말해 인구 급감과 더불어 4차 산업혁명으로 인한 지식 체계의 대변화로 대학교육의 무용론이 대두되고 있음을 의미하기도 한다. 우리나라의 경우에도 한국대학협의회에서 2030년대에 사립대학의 50%가 사라질 것이라고 예측하고 있으며, 고등학교를 졸업하고 대학에 진학하지 않는 학생 수가 지속적으로 증가하는 추세이다(한겨레, 2019). 만약 이러한 추세가 앞으로도 계속된다면 머지않은 미래에 고등학교는 많은 학생들에게 사회에 진출하기 전 마지막 교육기관이 될 수도 있다. 따라서 지금의 대학입시 위주의 고등학교교육이 과연 미래사회에 필요한 시민을 양성하는 데 적합한 교육인지에 대한 교육공동체 차원의 성찰이 필요하다.

또한 미국의 엠아이티공대(MIT)는 약 1조 원을 투자하여 인공지능 단과대학을 설립하고 인공지능을 제3의 필수언어로 모든 전공학생들의 필수과목으로 지정하였다. 즉 미래사회 변화에 대해 대학교육과정을 혁신하고 있는 것이다. 그러나 우리나라는 높은 대학입학 열기에 비해 대학의 미래사회 대비를 위한 교육과정 준비는 미약한 편이며, 당장 학령인구 급감에 대한 대학의 대비 노력도 부족한 것이 현실이다. 이로 인해 대학교육 무용론에 대한 분위기가 더욱 고조되고 있다. 이와 함께 고등학교교육에서 학생의 진로 준비와 시민 역량 함양에 대한 필요도가 높아지고 있다. 고교학점제는 학생의 진로에 따른 과목 선택권 보장과 자신의 선택에 대한 책임을 부여하기 때문에 미래사회 시민을 양성하기 위한 학생 맞춤형 교육에 부합한다고 볼 수 있다.

학생중심 선택교육과정의 편성 방법

고교학점제를 위한 학생 맞춤형 교육과정 편성을 위해 학생의 과목 선택권 보장을 확대하는 방법은 다음과 같은 여러 가지 유형으로 생각해볼 수 있다. 학교의 교육공동체는 학생의 요구와 개별 학교의 여건에 따라 적절한 유형을 고려하여 편성하면 된다. 특정 방법이 가장 좋은 선택이라고 규정짓기는 어렵다. 다만 각 학교가 처한 상황에 적절하면서 학생의 과목 선택권을 최대한 보장할 수 있는 방법이 가장 좋은 선택이라는 것을 기준으로 다음에 설명하는 유형을 고려하여 학교교육과정을 편성하면 된다.

① 교과(군) 내 VS 교과(군) 간

2015 개정교육과정에 따르면 교과(군)은 교육과정의 수평적 연계성, 교과 간 소통, 교육내용 통합 가능성, 교과 간 내용 및 활동의

재구성 촉진, 학습 경험의 통합성 및 학습 효율성 제고 목적, 수업 시수 운영에 융통성을 발휘하기 위해 설정한 과목 구분 기준이다. 그리고 우리나라 교육과정에서는 국어, 수학, 영어, 한국사, 사회, 과학, 예술, 체육, 생활·교양 교과(군)의 9개 교과(군)으로 구성되어 있다.

먼저 **교과(군) 내에서 과목 선택권**을 제공하면 해당 교과(군)는 필수로 운영하면서 교과 내 과목을 학생이 선택하게 된다. 이 경우 학생의 과목 선택권 보장은 한정적일 수 있으나 학생이 자신의 수준이나 적성을 고려하여 교과군 내에서 과목을 선택할 수 있고, 학교의 여건상 교사 수급이 어려운 경우에는 학생의 과목 선택권을 제한적으로나마 보장할 수 있는 방안이 된다. 예를 들어 영어 교과에서 2학년에 실용영어[6], 영어회화, 영어독해와 작문에 대해 선택권을 부여하면, 1학년 영어를 이수하는 데 어려움을 겪은 학생들은 실용영어를, 영어 말하기와 듣기에 흥미를 가진 학생은 영어회화를, 영어 읽기와 작문에 흥미를 느끼는 학생은 영어독해와 작문을 선택하면 된다. 그러나 또한 학교는 교과(군)마다 필수이수 단위가 지정된 점을 유의해야 한다. 아울러 영어 교과의 경우 만일 10단위 이상 이수를 희망하지 않는 학생의 입장도 보장될 수 있도록 방안을 마련해야 할 것이다.

---

6. 2015 개정교육과정에 따르면 실용영어는 특성화고등학교에서는 주로 1학년에 개설되는 공통영어보다 먼저 개설할 수 있는 과목으로 다른 영어 과목보다 위계가 상대적으로 낮은 쉬운 과목이다.

교과(군) 간 과목 선택권 제공은 학생이 교과(군) 내에서 과목을 선택하는 것보다 한층 유연한 선택권을 가질 수 있다. 이 경우에도 학생의 과목 선택권 보장은 다소 한정적일 수 있으나 학생에게 교과 선택권을 일부 인정해주면서 학교의 여건상 교사 수급의 어려움을 일정 부분 해소해줄 수 있다. 예를 들어 현재 고교학점제 연구·선도학교에서는 학교 내 교사의 수가 상대적으로 많은 수학교과와 영어 교과를 통합하여 선택권을 부여하기도 한다. 기하 혹은 미적분, 영어 교과의 일부 과목을 통합하여 학생들에게 과목선택권을 부여한다. 특히 기초학력에 어려움을 겪는 학생들이 다른 선택의 기회가 막힌 채 3년 내내 영어, 수학을 선택할 수밖에 없는 교육과정이 편성되지 않도록 유의해야 한다.

|표 5-4| 수학 교과군과 영어 교과군 통합선택 사례(고교학점제 선도학교 B 사립고)

교과 영역	교과 (군)	과목	기준 단위	운영단위				1학년		2학년		3학년	
				공통	일반	진로	전문	1학기	2학기	1학기	2학기	1학기	2학기
기초 교과	영어 · 수학	영어권 문화, 수학 과제 탐구	택1	5		4				2	2		
		경제 수학, 기하, 진로 영어	택1	5		4						2	2

② 교과 영역 내 VS 교과 영역 간

국가수준 교육과정에 따르면 선택중심 교육과정에서는 학생들의 기초 영역 학습 강화와 진로 및 적성 등을 감안한 적정 학습이 가능하도록 교과 영역이라는 교과 구분 기준을 마련하고, 이를 4개의 교과 영역으로 구분하고, 필수이수 단위를 제시하고 있다. 4개의 교과 영역은 기초, 탐구, 예술·체육, 생활·교양이다. 교과 영역을 통해 학생 과목 선택권을 보장하는 방안은 교과(군) 선택권 보장보다 학생들의 선택권을 확장하게 된다.

먼저 **교과 영역 내 학생 과목 선택권** 보장은 교과 영역 이수 단위를 필수로 고정하고 학생이 교과 영역 내 과목을 선택하게 한다. 이 경우 졸업 시 모든 학생의 해당 교과 영역의 누적 단위수는 동일하지만, 교과군별 누적 단위수는 다르게 나타날 수 있다. 다음의 실제 사례를 살펴보도록 하자.

| 표 5-5 | 교과 영역 내 과목 선택 사례(고교학점제 선도학교 C 공립고)

교과 영역	교과 (군)	과목	기준 단위	운영단위				1학년		2학년		3학년	
				공통	일반	진로	전문	1학기	2학기	1학기	2학기	1학기	2학기
기초 교과	국어 · 영어 · 수학	고전 읽기, 기하, 영어권 문화	택1 5			6						3	3

저희 학교는 2학년에 고전읽기, 기하, 영어권문화 중 1개 과목에 대해 학생에게 과목 선택권을 부여했습니다. 주로 이·공과 계열 학과로 진학할 경우 기하를, 인문·사회계열로 진학할 경우 고전읽기를 선택하였습니다. 영어권문화의 경우는 영어 조기유학 경험이 있거나 기하 및 고전읽기 선택에 부담을 느끼면서 학습에 관심이 없는 학생들이 선택하여 1개 반이 개설되었습니다. 기하나 고전읽기 과목은 대학진학에 목표를 가지고 학습에 관심이 있는 학생들로 구성되어 수업이 이루어졌으나 영어권문화의 경우 30명 학생 중 5명 정도의 우수한 학생과 기본 영어학습 능력이 낮거나 학습 의욕이 없는 과반수의 학생들로 인해 담당 교사가 수업을 진행하기에 많은 부담을 느낄 수밖에 없었습니다.

- N 일반고 교사

위 사례는 기초교과 영역 내 국어, 영어, 수학 교과군에서 각 1개 과목씩을 통합하여 3개 과목 중 1개 과목을 선택할 수 있도록 학생의 과목 선택권을 보장하고 있다는 점에서는 긍정적이다. 또한 모든 학생이 대학진학을 희망하고 학업 수준이 양호하다면 이 선택과목군 편성은 적절할 수 있다. 그러나 각 교과군에서 위계가 높은 과목들로 선택군을 마련하다 보니 대학진학을 준비하지 않거나 학업 수준이 낮은 학생들에게는 자칫 부담을 줄 수도 있다. 학생 맞춤형 선택교육과정 편성이라는 측면에서 다양한 과목을 편성하는 것도 중요하지만, 학생의 진로와 학업 수준을 함께 고려하여 과목의 선택권을 부여하는 것도 반드시 고려해야 한다.

| 표 5-6 | 탐구교과 영역 내 과목 선택 사례(고교학점제 선도학교 D 사립고)

교과영역	교과(군)	과목	기준단위	운영단위				1학년		2학년		3학년	
				공통	일반	진로	전문	1학기	2학기	1학기	2학기	1학기	2학기
탐구	사회·과학	물리학 I, 화학 I, 생명과학 I, 지구과학 I, 정보과학, 경제, 동아시아사, 한국지리, 세계지리, 윤리와 사상, 정치와법, 사회·문화, 세계문화와 미래사회	택3	5		4		4			12			
			택3	5		4		4			12			

표 5-6은 탐구교과 영역 내 사회와 과학 교과군을 통합한 선택과목군으로 총 13과목 중 3개 과목, 12단위를 선택할 수 있도록 편성한 어느 사립학교의 사례이다. 각 교과군의 일반선택과 전문선택교과를 통합하여 학생에게 폭넓은 선택권을 제공함으로써 학생들이 자신의 진로와 수준에 적절한 과목을 선택할 수 있게 했다. 물론 표 5-6에 제시된 과목 중에는 실제로 개설되지 않는 경우도 발생할 수 있다. 하지만 학교교육과정위원회 혹은 자체 내규에서 결정하는 과목개설 최소인원수를 충족하면 학교는 해당 과목을 개설해주어야 한다. 그리고 실제로 많은 과목이 개설되어 운영되는 사례를 고교학점제 연구·선도학교에서 찾아볼 수 있다.

교과 영역 간 학생의 과목 선택권 제공은 학생의 진로와 학업 수준을 고려하여 학생에게 한층 폭넓은 과목 선택권을 보장해줄 수 있다. 다만 이 경우 졸업 시 각 학생의 과목 선택에 따라 교과 영역별, 교과군별 누적 단위 수가 달라질 수도 있다. 다음의 실제 사례를 살펴보자.

| 표 5-7 | 교과 영역 간 과목 선택군 사례(고교학점제 연구학교 P공립고)

교과영역	교과(군)	과목	기준단위	운영 단위				1학년		2학년		3학년	
				공통	일반	진로	전문	1학기	2학기	1학기	2학기	1학기	2학기
자유전공	사회·과학·제2외국어	경제, 생명과학I, 지구과학I, 물리학실험, 화학실험, 일본어II, 중국어II, 한문II 8개과목	택1 5		5	5	5			5			
		세계사, 정치와법, 물리학I, 화학I, 생명과학실험, 지구과학실험, 물리학II, 생명과학II, 화학II, 지구과학II, 일본어회화I, 중국어회화I 12개과목	택1 5		5	5	5				5		
		윤리와사상, 동아시아사, 물리학II, 생명과학II, 화학II, 지구과학II, 일본어회화I, 중국어회화I 8개과목	택1 5		5	5	5						5

연구학교인 P공립고는 비평준화 지역에서 비교적 상위권 학생들로 구성된 학교로 재학생의 대부분이 대학진학을 희망하고 있다고 한다. 그래서인지 위계가 상대적으로 높은 선택과목이나 전문교과에 대한 학생들의 요구가 높게 나타난다고 한다. 이에 해당 학교는 자체적으로 자유전공이라는 교과 영역을 신설하여 사회, 과학, 제2외국어 교과군의 상대적으로 위계가 높은 과목들을 2학년 1학기에 8개 과목, 2학년 2학기에는 12개 과목, 3학년 1학기에는 8개 과목으로 편성함으로써 학생들에게 과목 선택권을 부여하고 있다. 즉 학생의 요구를 학교 여건에 맞춰 최대한 선택폭을 확장한 학교교육과정 편성 사례라고 볼 수 있다. 이로써 학생들은 자신의 진로에 맞춰 과목을 선택할 수 있으며, 일부 과목은 무학년제로 운영하고 있는데, 학생들이 선택한 과목을 최대한 개설해주려는 학교의 고심을 엿볼 수 있다. 다음은 해당 학교교육과정부장과의 인터뷰 내용 중 일부이다.

학교교육과정위원회에서 무학년제 운영에 대해서 논의할 때 부정적 의견이 많아 처음에는 기본적으로는 하지 않기로 했었습니다. 그런데 교과 조정을 할 때 일시적으로 무학년으로 운영되는 경우가 발생하여 과목 선택 전에 학생과 학부모에게 안내를 하고, 양해를 구하고 있습니다. 본교는 10명 이상 되면 과목을 개설하여 학생의 선택을 존중해주려고 노력하고 있습니다.

- 고교학점제 연구학교 P공립고 교육과정부장

다음에 소개할 사례는 G공립고등학교이다(오른쪽 표 5-8 참조). 이 학교는 2017년도에 개교한 신설 학교로 비평준화 지역에 위치하고 있으며, 학생 간 생활환경이나 학업성취 등에서 편차가 나타나고 있다. 학생들 중에는 학업에는 별다른 관심을 두지 않는 학생들도 꽤 많은 편이다. 고교학점제 연구학교이자 혁신학교인 G공립고는 교과 이수 단위 180단위 중 84단위 46.7%를 교과 영역 간 선택과목군으로 운영하고 있다.

2학년과 3학년에 각 2개씩의 교과 영역 간 선택과목군을 운영하고 있다. 2학년에는 32단위, 3학년에는 52단위로 총 84단위가 교과 영역 간 선택과목군으로 운영된다. 2, 3학년에 각각 2개씩의 교과 영역 간 선택과목군을 편성하고 있는데, 구체적으로 살펴보면 우선 기초 및 체육·예술 통합교과 영역이고, 둘째는 탐구 및 생활·교양 통합교과 영역을 편성하고 있다. 즉 대학진학을 희망하는 학생은 기초와 탐구교과 영역에 중점을 두어 과목을 선택하고, 관련 진로나 취업을 희망하는 학생은 체육·예술과 생활교양에 중점을 두어 자기만의 교육과정을 계획할 수 있다. 체육·예술 및 생활교양 교과 영역의 경우 학생과 교사에게 평가 부담이 상대적으로 적으므로 학습에 부담을 느낄 수 있는 학생들이 선호한다고 한다. 이렇게 학생에 따른 선택의 폭을 확대한 다양한 편성을 통해 G공립고는 학생들 각자의 진로와 수준에 적절한 학생 맞춤형 교육과정을 편성할 수 있었고, 나아가 안정적이고 성실한 학교 학습 분위기가 안착될 수 있었다고 한다.

| 표 5-8 | 교과 영역 간 과목 선택군 사례(고교학점제 연구학교 G공립고)

교과영역	교과(군)	과목	기준단위	운영 단위				1학년		2학년		3학년	
				공통	일반	진로	전문	1학기	2학기	1학기	2학기	1학기	2학기
기초	국어	고전읽기, 독서	5			3				3	3		
	영어	영미문학 읽기	5			3				3	3		
	수학	기하	5			3				3	3		
체육·예술	음악	음악연주	5			2				2	2		
	미술	미술창작	5			2				2	2		
	연극	연극	5			2				2	2		
	예술	문예창작 입문	5			2				2	2		
탐구	사회	정치와법	5		6							3	3
		경제	5		6							3	3
		세계지리	5		6							3	3
		생활과 윤리	5		6							3	3
		동아시아사	5		6							3	3
		여행지리	5			4						2	2
	과학	물리학I	5		6							3	3
		화학II	5			6						3	3
		생활과학II	5			6						3	3
		지구과학II	5			6						3	3
		과학과제연구	5			4						2	2
생활·교양	기술·가정	패션마케팅	5			2						1	1
	교양	사회적경제	5		2							1	1
		텃밭 가꾸기	5		2							1	1
		보건	5		2							1	1
		교육학	5		2							1	1

기준단위(기초~체육·예술): 10~16 단위 선택
기준단위(탐구): 22~32 단위 선택

무엇보다 생활·교양 교과 영역 중심으로 개설된 G공립고의 과목들의 면면이 흥미롭다. 예컨대 기술·가정 교과군에 개설된 패션마케팅과 교양 교과군의 고등학교 사회적 경제, 텃밭가꾸기, 보건, 교육학은 졸업 후 관련 학과 진학이나 취업을 희망하는 학생들에게 유익할 뿐만 아니라 학생들의 흥미와 관심을 이끌어내는 데도 꽤 효과적이라고 한다. 그러면서도 학생이 시민으로 성장하는 데 필요한 과목이기도 하다. 또한 예술 교과군의 문예창작입문과 기술·가정의 패션마케팅 과목처럼 주로 특성화고등학교에서 편성하는 전문교과II 과목을 학교 정규교육과정에 편성하여 운영하는 노력을 통해 다양한 학생들의 과목 선택권을 최대한 확대 보장하고 있다고 볼 수 있다.

거론한 사례들 외에도 많은 학교교육과정 혁신 요소들이 존재하지만, 이 책에서 모두 논하기에는 지면상 한계가 있어 특징적인 부분만을 설명하였다. 여하튼 이러한 혁신은 학교교육공동체의 협력과 배려의 민주적인 학교문화에서 비롯된 것이라고 볼 수 있다. 물론 대부분의 고등학교가 목표로 하는 대학진학에 대한 고민은 존재하지만, 이는 학령인구 대폭 감소와 대학진학 불희망 학생수 증가에 따른 교육부 대학입학제도의 근본적 혁신을 통해 해소되어갈 수 있을 것이다.

③ 학년제 VS 무학년제

앞에서도 언급했듯이 우리나라 고등학교는 대학진학을 염두하고 학교교육과정을 편성하기 위하여 지금까지 오랜 기간 학생을 서열화하는 상대평가를 고려한 학년 단위로 교육과정을 편성해왔다. 그러나 학생 맞춤형 교육과정을 목표로 하는 고교학점제를 운영하게 되면 소수 학생들이 요구하는 선택과목도 개설을 보장해주어야 한다. 실제로 고교학점제가 당연하게 인식되고 운영되고 있는 핀란드, 미국, 캐나다를 포함하는 거의 모든 국가에서는 이미 **절대평가**와 **무학년제**가 보편화되어 있다. 우리나라에서도 2019학년도 고등학교 입학생부터 적용되고 있는 진로선택과목에 대한 3단계 성취평가제를 시작으로, 교육부는 고교학점제가 전국적으로 전면시행되는 2025년도에 전 과목 절대평가 시행을 계획하고 있다. 따라서 더 늦기 전에 무학년제 교육과정 편성과 운영이 준비되고 고려되어야 할 시점이다.

무학년제는 학년이나 계열을 구분하지 않고 학생이 개인별 학업 능력과 적성에 맞춰 과목을 선택하여 교육받는 제도이다. 이를 통해 학교는 각 학년별 소수 학생이 희망하는 일부 과목을 개설해 줄 수 있는 여건을 한층 수월하게 조성할 수 있다. 즉 학년별 소수 수강희망 학생들이 함께 해당 과목을 같은 시간에 수강하게 함으로써 학생의 과목 선택권을 최대한 보장할 수 있다. 실제 2015 개정교육과정의 교양 교과군은 성적을 산출하지 않고 학교생활기록부의 '과목별 세부능력 및 특기사항'만 기재한다. 따라서 지금도 교양 교과군은 대학진학을 위한 성적산출에 대한 부담 없이 무학년제로 편성하여 운영하는 것이 가능하다. 게다가 교사가 자신의 발령 교과와 상관없이 누구나 지도할 수 있어 교원 수급과 시간표 운영에 융통성을 제공하는 장점도 있다.

현재 3단계 성취평가제가 적용되는 진로선택과목도 지역사회의 교육문화에 따라 차이는 있을 수 있지만 무학년제 운영에 큰 부담이 없다고 볼 수 있다. 무엇보다 평가 부담이 상대적으로 크지 않다는 것은 교사가 과목을 개설하여 운영하는 데도 부담이 크지 않다는 것을 의미할 수 있다. 물론 학생들의 입장에서도 평가에 대한 부담이 적기 때문에 협력과 배려를 통한 학습 환경을 조성할 수 있다. 다음의 표 5-9는 교양 교과군을 무학년제로 운영하고 있는 고교학점제 선도학교 사례이다.

| 표 5-9 | 탐구교과 영역 내 과목 선택 사례(고교학점제 선도학교 G공립고)

교과 영역	교과 (군)	과목	기준 단위	운영 단위				1학년		2학년		3학년		비고
				공통	일반	진로	전문	1학기	2학기	1학기	2학기	1학기	2학기	
주문형강좌	교양	철학, 논리학, 심리학, 교육학, 종교학, 보건, 환경, 실용경제, 논술, 민주시민, 통일시민, 세계시민 12개과목	택1	5		2			2		2				180 단위 초과
					2				2		2			

258 고교학점제, 어떻게 실천할 것인가?

표 5-9에서 예시한 G공립고등학교는 주문형강좌로 교양 교과군을 각 학기별 2단위씩 1, 2학년 무학년제로 운영하고 있다. 국가수준 교육과정의 교양 교과군 전 과목과 경기도교육청 교양 교과군의 고시과목인 민주시민, 통일시민, 세계시민까지 총 12개 과목을 선택과목군으로 제공하고 있다. 그러나 주문형강좌는 정규수업시간이 아닌 방과후에 이루어지고 180단위를 초과하여 개설하는 것이기 때문에 학생들의 학습 부담을 가중시킬 수 있다는 한계는 있다. 아무리 필요한 학생만 선택하여 수강한다 해도 선택한 학생들은 어쨌든 방과후 저녁시간에 수업을 지속해야 하기 때문이다. 앞으로 고교학점제가 전면 시행되고 자리를 잡으면 주문형강좌도 180단위 이내에서 운영될 가능성이 높다.

무학년제 선택과목군 운영은 위의 사례와 같이 의도적으로 계획되어 지속적으로 이루어질 수도 있지만, 이미 앞에서 살펴본 표 5-7의(252쪽 참조) 고교학점제 연구학교인 P고교에서처럼 교육과정 변경으로 인해 의도하지 않았음에도 일시적으로 무학년제로 운영될 수도 있다. 이처럼 교육과정의 잦은 변경은 의도하지 않은 돌발 상황을 초래할 수도 있기 때문에 학교교육공동체의 신중하고 지속적인 협의와 공감이 매우 중요하다.

④ 180단위 내 VS 180단위 외

국가수준 교육과정에 따르면 고등학생이 이수해야 할 총 이수단위 204단위 중 교과 교육과정은 180단위로 학교의 정규수업시간에 운영된다. 그리고 일부의 경우를 제외하고 대부분 정규교사가 근무시간 내에 과목을 담당한다. 그러나 학생의 진로에 따른 과목 선택권을 확대하려면 180단위 외 교과 교육과정 운영도 필요할 수 있다. 현재 180단위 외로 학교간 공동교육과정, 주문형강좌, 온라인 공동교육과정이 방과후 시간에 추가적으로 운영되고 있다. 이러한 180단위 외 교육과정은 수강하는 학생 수가 많지 않거나, 해당 과목 교사를 외부에서 초빙해야 하거나, 수업을 위해 필요한 시설이 학교 밖에 존재하는 경우에 주로 운영된다. 이러한 유형의 수업은 국가수준 교육과정에 제시된 일반고 교육과정을 운영하기도 하지만, 많은 경우 전문교과 I , II의 과목을 운영한다. 전문교과 I 은 주로 특수목적고에서 편성·운영하며 일반고에서 심화학습을 요구하는 학생들을 위해 개설할 수 있고, 전문교과 II는 마이스터고와 특성화고에서 학생의 취업을 위한 기술 및 능력 함양을 위해 편성·운영하며 일반고에서 학생의 진로에 따른 과목 선택권 확대 보장을 위해 개설하는 과목이다. 오른쪽 표 5-10은 180단위 외 교과 교육과정을 운영하고 있는 학교의 사례이다.

표 5-10에서 볼 수 있듯이, K공립고는 주문형 강좌로 제2외국어 전문교과인 프랑스어권 문화와 과학 진로선택과목인 물리II를 편성·운영하고 있으며, 사회 전문교과인 국제관계와 국제기구, 과학 전문교과인 과학과제연구, 제2외국어 전문교과인 스페인어 회화 I을 학교간 공동교육과정으로 운영하고 있다. 주문형강좌, 학교간 공동교육과정 모두 심화학습을 요구하는 학생들을 위한 과

| 표 5-10 | 180단위 외 교과 교육과정 운영 사례(고교학점제 선도학교 K공립고)

구분	교과(군)	과목	기준단위	운영 단위				1학년		2학년		3학년		비고
				공통	일반	진로	전문	1학기	2학기	1학기	2학기	1학기	2학기	
주문형강좌	제2외국어	프랑스어권문화	5				4			2	2			180단위 초과
	과학	물리II	5			6						3	3	
학기별 이수 단위 소계										2	2	3	3	
공동교육과정	사회	국제관계와 국제기구	5				4			2	2			본교개설
	과학	과학과제연구	5				4			2	2			타교개설
	제2외국어	스페인어회화I	5				4			2	2			타교개설
학기별 이수 단위 소계										6	6			

목으로 편성하고 있으며, 많은 일반고가 180단위 외 교과 교육과정으로 운영하고 있는 모델이기도 하다.

180단위 외에 추가적으로 교육과정을 운영하는 것에 대해서는 학교교육공동체의 다음과 같은 신중한 고려가 필요하다. 첫 번째 고려사항은 **학생의 학습 부담 완화**와 **휴식권** 보장이다. 학생들은 하루에 6~7시간의 수업을 수강하고 이후 수업과 관련된 과제나 복습과 같은 학습을 추가로 수행해야 하는 부담이 있다. 따라서 휴식을 통해 이후 수업을 준비할 수 있어야 하는데, 휴식 없이 수업을 연달아 수강할 경우 당연히 학습 효율성이 떨어질 수 있다. 두 번째 고려사항은 **교사의 업무 부담**이다. 정규교사가 수업을 진행할 경우 초과 수업에 대한 부담이 발생하며, 외부강사가 수업하여 직접 수업을 하지 않아도 외부강사 초빙 및 관리, 수업 및 평가 지원, 학생 출석 및 생활지도, 공문수발, 예산 집행, 출장 등 관련 행정업무 부담이 가중될 수밖에 없다. 이에 학교는 정규수업시간에 이루어지는 학교교육과정의 다양화를 통해 학생의 과목 선택권을 보장하고, 가급적 180단위 외의 수업은 개설하지 않아야 학생과 교사의 일상을 보장할 수 있을 것이다.

앞으로 고교학점제가 시행되면 공동교육과정, 주문형강좌, 온라인 공동교육과정도 180단위 내에서 편성·운영할 수 있는 다양한 정책이나 제도가 마련될 것이다. 또한 핀란드, 미국, 캐나다 등의 고교학점제 운영 국가에서처럼 **계절제학교(Summer school)** 운영을 통해 학생들이 방학 중에 희망하는 과목을 미리 혹은 추가적으로 수강할 수 있는 기회를 마련하는 것이 필요하다고 제안되고 있다(최예지, 2019)[7].

⑤ 학교 내 VS 학교 밖

학교교육과정이 지금처럼 모두 학교 내에서만 이루어진다면 학생들의 이동거리도 짧고, 학생들에 대한 학교의 안전과 생활지도

---

7. 최예지, 〈고교학점제에 무학년제·계절학기·복수전공 도입〉, 《조선에듀》, 2019.10.31.

에 대한 부담 또한 상대적으로 감소한다. 그리고 교원 수급과 교원 수업시수도 단위 학교 내에서 좀 더 안정적으로 운영될 수 있을 것이다. 그러나 학생들은 학교 내에서만 수업이 이루어질 경우 자신이 희망하는 과목을 실질적이고 효과적으로 배울 수 있는 기회는 제한적일 수밖에 없다.

앞으로 모든 학교에서 고교학점제가 시행되면 개별 학생의 진로와 수준에 따른 학생 맞춤형 교육과정 운영으로 현장 체험 및 실습이 증가하는 한편, 수업을 위한 다양한 관련 전문시설과 장비도 필요할 것이다. 이로 인해 학교는 교실 수나 전문시설 및 장비 부족, 관련 문제를 해결하기 위한 예산 및 인력 부족으로 학생 맞춤형 교육과정을 운영하는 데 대한 부담이 가중된다. 따라서 학교 밖 지역사회의 타학교, 교육기관, 공공기관, 기업 등과의 협력은 고교학점제 운영을 위해 필수적이다. 학교 밖 교육 인프라를 통해 학교는 교육과정 운영체제를 확대할 수 있다. 즉 전문 강사, 관련 전문 시설 및 장비를 공유함으로써 예산 및 인력 부족의 문제를 해결할 수 있다. 무엇보다 학생들은 희망하는 과목에 대한 한층 전문적인 학습 기회를 확보할 수 있다. 물론 학생의 학교 밖 이동으로 나타날 수 있는 안전과 생활지도에 따른 염려에 대한 문제는 항시 제기된다. 따라서 이에 대한 철저한 대비가 필요하다. 학교는 관련 교육을 강화하고 생활화하여 학생이 시민으로 성장할 수 있도록 지원해야 하며, 지역사회는 학생의 인권을 존중하고 안전을 보장할 수 있도록 역량과 인프라를 구축해야 할 것이다.

아직까지 학교 밖 교육과정 운영은 도입 수준이며, **학교간 공동교육과정**과 **온라인 공동교육과정**이 이에 해당한다. 무엇보다 학교 밖 교육과정 운영은 지역적 한계로 고교학점제 운영에 어려움을 겪을 농산어촌에 해결 방안이 될 것이다. 현재 교육부 및 고교학점제 관련 교육기관은 학교 밖 학점이수제에 대해 이미 연구하였거나 진행 중이며, 일정 학점은 학교 밖에서 이수할 수 있도록 관련 정책 및 법령을 정비하여 마련하고 있다. 따라서 앞으로 고교학점제 시행과 더불어 학교 밖 교육과정 운영의 기회는 한층 더 확대될 예정이다. 다음에 제시하는 정규수업을 학교 밖 교육기관과 연계하여 실시해본 학교 교사의 인터뷰는 학교 밖 교육과정을 운영할 때 무엇을 고려해야 하는지를 분명히 보여준다.

우리 학교는 2016년과 2017년도에 학교 인근에 있는 인천영어마을에서 '심화작문(2009개정교육과정)'과 학기당 1회 4시간의 영어몰입 체험교육을 실시했습니다. '심화작문' 수업은 2개 학기에 걸쳐 6단위로 운영했습니다. 수업은 영어마을의 원어민 강사와 본교 교사와의 사전 계획된 코티칭으로 이루어져 학생들의 실질적이고 실제적인 영어 체험학습이 가능했습니다. 또한 영어마을 시설과 장비를 활용하여 요리, 방송 체험, 퀴즈 쇼 등 12개의 체험학습을 활용한 영어몰입 체험교육이 이루어졌습니다. 그리고 학생들의 수업에 대한 호응도 좋았고 만족도도 높게 나타났습니다. 이러한 수업이 가능했던 이유는 교사의 열정도 있었지만, 인천 서구청에서 예산을 지원하여 점심시간에 학생이 해당

기관으로 버스로 이동하는 것이 가능했기 때문입니다. 그러나 20여분 거리 이동의 불편함과 예산 지원의 중단으로 이후에는 학교 밖 연계 수업도 함께 중단되고 말았습니다.

- 인천광역시 S자공고 교사

이 S자공고의 경우 영어 수업을 학교 밖 지역사회 영어마을과 연계함으로써 한층 실질적이고 실제적인 영어체험 교육으로 실시할 수 있었다고 한다. 그러나 수업을 위해 학생들이 집합하여 버스에 탑승하여 이동하는 데 걸리는 시간 확보 및 관련 교사의 업무 부담과 지속적인 예산 확보는 학교 밖 교육과정이 계속 원활하게 운영되기 위해 반드시 해결해야 할 과제임을 알 수 있다.

⑥ 교과특성화학교 운영

교과특성화학교는 특정 분야에 소질·적성이 있는 학생이 특성화된 교육을 받을 수 있도록 중점교과 관련 과목을 다양하게 개설·운영하는 학교이다. 교과특성화학교는 기존의 과학중점학교, 예술·체육중점학교에서 제공되던 과학, 예술·체육 분야 이외에 국제, 경제, 사회, 제2외국어, 융합 등으로 운영 분야를 다양화하여 운영하고 있다. 따라서 학생에 대한 진로·학업지도 결과 학생 희망 경향이 높게 나타나는 특정 진로 분야가 있다면 관련 과목들을 통합하여 교과특성화학교를 운영하는 것이 필요할 수 있다. 현재 경기도 부천시 소재 모든 고등학교는 교과특성화과정을 운영하고 있다.

부천시와 같이 지역사회 학교들이 협력하여 교과특성화학교를 운영할 경우, 학생들은 자신의 진로에 따라 적합한 교육과정을 운영하는 학교를 선택함으로써 과목 선택권을 보장받는 데 유리하다. 그리고 진로와 관련한 전문적이고 실질적인 교육 혜택을 받을 수 있으며, 진로가 비슷한 동급 학생들과 수업을 통해 공감하고 협력할 수 있는 기회를 갖게 된다. 개별 학교의 입장에서도 학생의 다양한 진로를 위한 학교교육과정의 편성·운영에 대한 인적·물적 부담을 줄이고, 해당 분야의 교과특성화과정에 대한 한층 전문적인 인적·물적 인프라를 구축할 수 있는 장점이 있다. 또한 단위 학교 내 교원 수급과 시간표 운영이 좀 더 안정적일 수 있다.

무엇보다 교과특성화학교도 고교학점제와 마찬가지로 학생 맞춤형 교육과정 편성·운영을 위한 방안의 하나이므로, 고교학점제의 틀에서 자유롭게 운영할 수 있다. 다만 반드시 공통적으로 고려해야 할 두 가지 사항이 있다. 첫째, 모든 학생을 위한 학생 맞춤형 교육과정이 편성·운영되어야 한다는 점이다. 즉 학교교육공동체는 일부 상위권 학생의 대학진학을 위한 교육과정이 아닌 대학진학을 희망하지 않는 학생들도 동등하게 고려하는 교육과정을 편성·운영해야 한다. 둘째, 체계적이고 실질적인 진로·학업 교육을 바탕으로 학생의 교육과정 요구조사 결과와 학교의 여건을 충분히 고려하여 운영해야 한다는 점이다. 만약 이러한 사항을 충실히 고려하지 않으면 학생이 수강신청 이후 교육과정을 변경하거나 학생들을 설득하여 과목을 변경하게 하는 등의 학교교육과정과 관련된 업무 부담이 증가하고, 결과적으로 학교교육공동체의 불만이 증가할 것이다.

⑦ 온라인 공동교육과정

학생 맞춤형 교육과정 운영에 어려움이 있는 농산어촌 학생들과 일반고의 소수 학생 선택과목을 지원하기 위한 가장 포괄적이고 적극적인 방안은 아마도 **온라인 공동교육과정**일 것이다. 게다가 인공지능(AI) 및 정보통신기술의 혁신은 온라인 공동교육과정 운영의 확대와 발전을 가속화시킬 것으로 예상된다. 오래전부터 고교학점제를 운영하고 있는 핀란드, 미국, 캐나다를 포함한 해외 국가에서도 학생 참여율은 높지는 않지만, 모든 학생들의 과목 선택권과 학습 심화 및 보충의 기회를 보장하기 위해 온라인 공동교육과정이 지원되고 있다.

우리나라의 대표적인 온라인 공동교육과정으로는 '교실온닷'이 있다. 교육부, 한국교육개발원, 11개 시도 교육청이 협력하여 2017년부터 운영해오고 있는데, 희망 학생이 너무 적거나 교사 수급이 어려운 **소인수·심화과목**에 대해 여러 학교가 공동으로 과목을 개설해 실시간/양방향 온라인 방식으로 제공하는 공동교육과정을 의미한다. '교실온닷'은 "학생의 진로·적성 맞춤형 교육과정 운영 지원을 위한 시스템"이라는 목표로 비실시간 온라인 수업의 한계와 오프라인 공동교육과정의 한계를 극복하고, 온라인 수업의 장점을 활용하여 학생들의 학습 효과를 높이기 위해 개설된 사이트이다. 구체적으로 실시간/양방향 온라인 방식으로 수업이 진행되기 때문에 거꾸로 수업, 블렌디드 러닝(blended learning) 등 다양한 수업 방식이 가능하다. 아울러 학생의 진로·적성에 맞는 다양한 수업을 실시간 생방송 수업으로 제공하여 학생들의 과목 선택권을 확대해줄 수 있으며, 수업 녹화 등의 기능을 통해 학습 효과를 증진할 수도 있다. 또한 코딩부터 심리학, 교육학, 경제, 생명과학, 물리, 영어회화까지 다양한 수업이 운영되고 있어서 학생의 희망과목 수업 요구와 교사의 수업 부담을 어느 정도 해소해줄 수 있을 것이다(교육부, 2019)[8].

또한 경기도교육청을 포함한 일부 시도교육청에서는 지역사회 학교 간 협력과 지원을 통해 지역별 온라인 공동교육과정도 운영하고 있다. 특히 농산어촌을 중심으로 지역사회 학생들의 과목 개설 요구를 반영하면서도 개별 학교 여건의 한계점을 극복하여 모든 학생들에게 공평한 교육 기회를 제공한다는 것이 지역별 온라인 공동교육과정 운영의 주요 목표라고 할 수 있다. 앞으로 온라인 공동교육과정은 고교학점제가 시행되면 학생과 교사 모두에게 과목 선택뿐만 아니라 수업 및 평가에도 더 많은 역할과 기능을 수행할 것으로 기대된다.

---

8. 교실온닷 사이트 주소는 https://edu.classon.kr/edu/main/index.do 이다.

03

해외의 고교학점제 교육과정은
우리에게 어떤 시사점을 주는가?

우리나라의 고교학점제 안정적 도입과 정착을 위해 해외 국가의 고교학점제 교육과정 편성 및 운영 사례를 탐색해볼 필요가 있다. 이에 《고교학점제란 무엇인가?》(김성천 외 2인, 2019)에서 제시했던 캐나다, 미국, 핀란드의 고등학교 교육과정과 운영에서 얻을 수 있는 시사점을 간단히 요약하여 살펴보기로 한다.

모든 학생을 위한 체계적인 진로중심 교육과정

고교학점제의 주요 특징인 학생의 진로에 따른 맞춤형 교육과정에 대한 아이디어는 캐나다 온타리오주에서 찾아볼 수 있다. 먼저 온타리오주는 중학교부터 고등학교 졸업 이후까지 지속적이고 체계적인 진로교육을 제공하고 있다. 7학년(중학교)에는 학생 주도 진로 탐색 프로그램인 '온라인 진로교육 가이드'를, 10학년에는 필수이수 과목인 '진로교육'을 상담형 멘토링으로, 고교 졸업 이후에는 '온타리오 실무체험(Ontario Experience)[9]'프로그램을 운영하여 학생들이 지속적으로 진로를 탐색하고 설계할 수 있도록 지원한다.[10]

온타리오주는 무엇보다 체계적인 학생 진로 맞춤형 교육과정을 구축하고 있는 것이 특징이다. 다음의 표 5-11에서 볼 수 있듯이 주교육부는 고교 교육과정을 대학진학과 취업준비 과정으로 구분하여 학생이 자신의 진로에 따라 과목을 선택해 수강할 수 있도록 편성하고 있다. 9~10학년에서는 대학진학을 위한 학업적 과정과 취업준비를 위한 실용 과정을, 11~12학년에서는 종합대학, 전문대학, 취업준비의 세 가지 과정을 마련하고 있다.

|표 5-11| 온타리오주 고등학교교육과정 체제

학년	9-10학년	11-12학년
과정 유형	D(학업적 과정) P(실용 과정)	C(전문대학준비) U(종합대학준비) M(전문대학 및 종합대학준비) E(취업준비)
	O(통합과정)[11] L(지역개발과정)[12]	
	대안교과 과정(Alternative) - 무학점	

※자료: 김성천 외 2인, 2019

---

9. 고교 졸업 이후 일정 기간 공공 서비스 부문에서 보수를 받으며 실무 경험을 쌓을 수 있는 제도
10. 장재옥, 〈'캐나다' 온타리오주 사범대 1→2년으로〉, 《한국교육신문》, 2015.01.02.

무엇보다 캐나다에서 이러한 학생 맞춤형 교육과정이 운영될 수 있는 것은 지역사회가 적극적으로 협력하고 지원하는 덕분이다. 지역교육위원회는 지역사회의 교육기관, 기업, 대학 등이 협력함으로써 학교교육과정 편성과 운영을 긴밀히 지원한다. 대표적으로 지역교육위원회는 학생들에게 실제적인 현장 체험교육의 기회를 제공하여 진로를 탐색하고 학습동기도 유발할 수 있도록 산학협동교육[13]이나 대학과 연계한 이중학점인정과정[14]을 마련하고 있다.

> **TIP** 우리나라 학생 맞춤형 교육과정 운영을 위한 아이디어
>
> 고교학점제나 진로교육은 단위 학교가 단독으로 운영할 수 있는 교육과정이 아니다. 현재 구축되어 있는 학교와 지역사회 교육협력공동체인 혁신교육지구 및 마을교육공동체는 체계적인 진로교육과 학생 맞춤형 교육과정 운영을 적용하고 확대할 수 있는 구심점이 될 수 있다. 그리고 경기도교육청을 포함한 시도교육청에서 운영하고 있는 꿈의 학교, 대학과의 연계교육, 고등학교 3학년의 위탁직업교육과정 등을 진로 맞춤형 교육과정으로 체계화한다면 모든 학생이 학교교육의 주인공이 될 수 있는 고교학점제 체제를 구축하는 데 크나큰 동력이 될 것이다.

---

11. 진로에 상관없이 모든 학생이 선택할 수 있는 과정
12. 지역교육위원회가 개발한 과정으로 지역사회의 요구나 필요에 의해 특성화 프로그램을 운영하는 학교들이 개설한다.
13. 지역사회의 직업교육기관, 기업, 대학 등에서 학생이 실질적으로 직업을 체험하고 진로를 탐색할 수 있는 과정
14. 지역사회의 전문대학(community college)에서 과목을 수강하고 소속 고등학교와 이후 대학과정의 학점을 동시에 인정받는 과정

모든 학생을 위한
책임교육 체제

온타리오주 교육부는 모든 학생을 위한 체계적인 책임교육 체제를 구축하고 있다. 먼저 주 교육부 교육과정에 대안교과 과정을 마련하고 있다. 이 과정은 학점 이수가 어려운 학생들을 지원하기 위해 학점 과정을 준비하거나 미이수한 과목의 학점을 대체하는 과정으로 운영되며, 다음의 표 5-12와 같이 자산 관리와 개인 금융으로부터 요리, 개인 건강, 자기치유와 자기케어까지 졸업 후 시민으로 삶을 살아가는 데 실질적으로 필요한 과목들로 구성되어 있다. 또한 다문화 학생 및 유학생을 배려하여 학생의 모국어가 영어가 아닌 경우 필수이수 과목인 프랑스어 대신에 ESL 영어 과목으로 학점을 대체할 수 있다.

| 표 5-12 | 온타리오주 과정 유형 및 코드

Course code	Course name	Course code	Course name
KAL	향유와 표현의 창작 미술	KHI	요리
KBB	자산 관리와 개인 금융	KMM	산수
KCC	교통 교육과 지역사회 탐구	KNA	캐나다 선조
KCW	우리 세계 탐구	KPF	개인 건강
KEN	언어와 의사소통능력 계발	KPH	건강한 삶을 위한 선택
KGL	개인 생활 기술	KPP	자기 치유와 자기 케어
KGW	직업 세계 탐구	KSN	우리 환경 탐구
KHD	사회 기술 계발	KTT	컴퓨터 기술

※자료: 김성천 외 2인, 2019

2015 개정교육과정의 전문 교과Ⅰ,Ⅱ 및 교양 교과뿐만 아니라 각 시도교육청에서 고시하고 있는 교양 교과군에는 학생의 진로와 적성을 고려하여 개설할 수 있는 과목이 준비되어 있다. 전문교과는 교사의 교과 자격에 따른 교원 수급을 고려해야 하는 부담이 있지만, 교양 교과군의 경우 교과담당 교사가 따로 명시되어 있지 않기 때문에 교사 누구나 전문성을 함양하면 자유롭게 지도할 수 있다. 게다가 교양 교과군은 과정중심평가로 운영되고 성적을 산출하지 않기 때문에 성적에 구애받지 않고 교사와 학생이 서로 협력하여 자율적으로 교과 목표를 구현할 수 있다. 또한 온타리오주의 대안교육과정과 같이 고교학점제 체제에서 학생이 미이수한 과목을 대체할 수 있는 과목으로 운영하는 것도 고려해볼 만하다.

또한 지속적으로 증가하고 있는 다문화 학생에 대한 교육과정상의 배려를 통해 제 2외국어 선택과목을 국어 교과나 다문화 학생의 모국어 과목으로 대체할 수 있는 체계를 갖추는 것도 고려할 필요가 있다. 교육과정은 학생의 삶이며 미래이다. 따라서 학생이 현실의 삶에 잘 적응하면서 미래를 준비할 수 있는 교육과정과 운영체제를 구축하는 것은 필수적이다.

배움의 단계와 심화를 고려한 교육과정

온타리오주는 교과별로 진로와 과목 위계를 설정하여 체계적인 교육과정을 편성하고 있다. 다음의 표5-13과 같이 수강 가능 학년, 과목 유형, 과목코드, 선필수이수 과목을 설정하여 학생이 자신의 진로에 따라 단계적으로 수강

과목을 선택하기에 용이하다. 또한 대학이 전공별로 내신 반영 과목을 지정하기 때문에 지원자는 자신이 희망하는 전공과 연계된 과목을 선택해야 한다. 다시 말해 학생은 전공별 내신 반영 과목과 과목의 위계에 따라 과목을 수강해야 하기 때문에 9학년이나 10학년부터 자신의 진로를 적극적으로 탐색하고 수강신청에 신중할 수밖에 없다. 표 5-13은 고등학교 9학년부터 12학년까지의 음악 교육과정이다. 대학진학에 있어 내신이 반영되는 12학년 음악 과목은 모두 선필수이수 과목을 설정하고 있기 때문에 학생들은 1학년부터 자신의 진로를 진지하게 탐색하고 수강신청을 하게 된다(박희진 외 4인, 2012).

| 표 5-13 | 온타리오주 음악 교과 교육과정

Music(음악)				
Grade (학년)	Course Name (과목명)	Course Type (과목 유형)	Course Code (과목 코드)	Prerequisite (선필수이수 과목)
9	Music	Open	AMU1O	None
10	Music	Open	AMU2O	None
11	Music	University/College	AMU3M	Grade 9 or 10 Music, Open
11	Music	Open	AMU3O	None
12	Music	University/College	AMU4M	Grade 11 Music, University/College
12	Music	Workplace	AMU4E	Grade 11 Music, Open

※자료: 김성천 외 2인, 2019

핀란드의 경우는 1년이 5~6개 학기로 구성되어 있고, 각 과목의 1개 코스[15]는 1개 학기에 이수된다. 다음의 표 5-14와 같이 핀란드 고등학교의 교과목은 필수코스, 심화코스, 응용코스[16]의 세 가지로 나뉜다. 모든 고등학교에서 공통적으로 운영하고 있는 필수코스(1~6)와 심화코스(7~9)는 배움의 심화 단계로 구성되어 있어서 코스 숫자가 커질수록 위계가 높아지며, 학생은 코스 순서대로 과목을 선택하여 수강해야 한다(김진숙, 2018). 이와 같이 핀란드도 각 교과의 위계를 설정하여 학생들이 위계에 따라 단계적으로 학습할 수 있도록 교육과정을 편성하고 있다.

| 표 5-14 | 핀란드 고등학교 학교수준 교육과정 편제 사례

필수코스	심화코스	응용코스

교과목	교육과정 편제													
핀란드어	1	2	3	4	5	6	7	8	9	10	11	12	13	14
기본수학	1	2	3	4	5	6	7	8	9	10	11	12	13	14
......														
학생상담	1	2	3	4	5	6	7	8	9	10	11	12	13	14

※자료: 김성천 외 2인, 2019

---

15. 핀란드는 학점제라기보다는 과목 코스 이수제라고 볼 수 있다.
16. 응용코스(10~14)는 위계의 차이가 아닌 과목 내용의 성격이 다른 과정이다.

| 표 5-15 | 로스앤젤레스 통합교육구 영어 과목 일부

과목명	지역구 숫자	약자	캘리포니아 대학교 심화과목 (UC Honors)	진로기술 교육 (CTE)
H American Authors Composition AB (미국 작가 작품)	230115/16H	H AUTH COMP AB	심화과목 (Honors)	
American Literature Composition (미국 문학 작문)	230111	AM LIT COMP		
H American Literature Composition (미국 문학 작품)	230111H	H AM LIT COMP	심화과목 (Honors)	
AP English Language & Composition AB (AP 영어와 작문 AB)	230125/26	AP ENG LANG AB	AP	
AP English Literature & Composition AB (AP 영어 문학과 작품 AB)	230117/18	AP ENG LIT AB	AP	
Contemporary Composition (현대 작품)	230201	CONTEMP COMP		
H Contemporary Composition (현대 작품)	230201H	H CONTEMP COMP	심화과목 (Honors)	
English IB HL1 (영어 IB) 영어	231801/02	IB ENG HL1 AB	IB	
English IB HL2 (영어 IB) 영어	231803/04	IB ENGLISH HL2 AB	IB	
중략				

※자료: 김성천 외 2인, 2019

미국의 경우 학업성취가 높은 학생들을 위한 심화과목을 다양하게 개설하여 학생이 원하는 과목을 깊이 있게 학습할 수 있는 기회를 제공하고 있다. 지역사회 및 대학과 협력하여 운영함으로써 심화과목의 개설 취지를 살리면서 학생들의 지속적인 배움의 기회를 보장하고 있다. 왼쪽 표 5-15는 로스앤젤레스 통합교육구 영어 교과 교육과정의 일부이다.[17] 과목명 앞에 붙어 있는 H, AP, IB가 심화과목에 해당하며, 주립대학 진학 시 내신성적에 반영되므로 학업성취가 높은 학생들에게 좋은 도전의 기회가 된다.

> **TIP** 심화과정을 체계적으로 운영하기 위한 아이디어
>
> 학생은 진로에 따라 과목을 선택하는 것도 중요하지만 자신이 선택한 교과를 단계적으로 배우는 과정 또한 중요하다. 2015 개정교육과정은 수학, 영어, 과학의 Ⅰ,Ⅱ과목을 포함한 일부 과목만 위계가 있고 전반적으로 위계를 설정해놓지 않은 교과가 많다. 앞으로 교육과정 개정에서는 학생의 진로뿐만 아니라 단계적인 배움의 과정도 고려해야 할 것이다.
>
> 심화과정은 전문교과 Ⅰ로 주로 특수목적고에서 편성하는 과목이지만 일반고에서도 개설할 수 있다. 앞으로 자사고와 특목고가 일반고로 전환되는 상황을 고려한다면 일반고에서 개설을 좀 더 적극적으로 고려할 필요가 있다. 그리고 학생들의 깊이 있고 수준 있는 학습 경험을 보장하기 위해 지역사회와 대학과의 협력 교육과정 운영체제나 대학입학을 위한 내신 반영 방안도 함께 연구되어야 한다.

---

17. 과목명 앞에 제시된 'H(Honors)'는 심화과목, 'AP(Advanced Placement)'는 고등학교에서 미리 수강하는 대학 교양과목, 'IB'는 국제바칼로레아 과목으로 모두 학업성취가 높은 학생들이 수강하는 심화과정에 해당하고 고등학교뿐만 아니라 지역의 대학에서도 수강할 수 있다.

학생들의 과목 선택권 보장 및 확대를 위한 노력

미국 로스앤젤레스 통합교육구

교육과정에 교과군은 다음의 표 5-16과 같이 A부터 G까지 모두 7개 군에 총 444개 과목이 편성되어 있다. 7개 교과군은 역사/사회과학, 영어, 수학, 실험과학, 외국어, 시각 및 공연 예술, 대학준비 선택과목이며 각 교과군별로 많은 과목들이 개설되어 있다. 이외에도 단위 학교별로 개설하고 있는 과목들이 있다. 각 고등학교는 통합교육구 교육과정을 학교 여건에 맞게 편성하고, 학교에서 개설하지 못하는 과목은 온라인 과정, 여름학교, 대학과의 연계를 통해 학생들의 과목 선택권을 보장하고 있다.

| 표 5-16 | 미국 로스앤젤레스 통합교육구의 교육과정 교과별 과목 수

	교과 영역	로스앤젤레스 통합교육구 과목 개설 수
A	History/Social science(역사/사회과학)	25개
B	English(영어)	52개
C	Mathematics(수학)	26개
D	Laboratory science(실험과학)	46개
E	Language other than English(외국어)	113개
F	Visual & performing arts(시각 및 공연 예술)	87개
G	College Preparatory Electives(대학 준비 선택과목)	95개

※자료: 김성천 외 2인, 2019

특히 외국어, 시각 및 공연 예술, 대학준비 선택과목의 개설 수는 다른 교과 영역보다 많다. 특히 외국어 과목 수는 교과군 중 가장 많은 과목이 개설되어 113개이다. 이는 미국이 다인종, 다민족 국가이고, 해외 이주민이 계속 유입되는 국가이기 때문에 나타나는 현상이다. 시각 및 공연예술 교과군의 87개 과목 개설 또한 다인종, 다민족 학생들이 언어 장벽을 넘어 함께 교육과정 안에서 감성을 공유하고 공감할 수 있는 기회를 마련하려는 통합교육구의 노력이라고 볼 수 있다.

TIP 학생들의 선택권을 한층 더 확대하기 위한 아이디어

앞서 이야기한 국내외 사례들을 참고해 보더라도 일반고등학교 차원에서 개설할 수 있는 과목들은 생각보다 훨씬 더 많다. 2015 개정교육과정뿐만 아니라 시도교육청 고시 과목도 있고, 학교는 시·도 교육감의 승인을 통해 과목을 추가로 개설할 수도 있다. 무엇보다 중요한 것은 학생의 과목 개설 요구를 반영하려는 학교의 강한 의지와 여건의 마련이다. 특히 학교 차원의 의지만 확실하다면 여건은 충분히 개선될 수 있다. 따라서 민주적인 학교문화 조성과 학교와 학교 밖의 연계와 협력체제를 구축하는 것이야말로 단위 학교가 고교학점제를 성공적으로 도입하기 위한 첫 번째 도약대가 될 것이다. 그리고 이를 통해 학생중심 선택교육과정은 더욱 확대되고 체계화될 것이다.

HIGH SCHOOL
CREDIT SYSTEM

앞에서 우리는 학생들의 선택권을 확대 보장함은 물론 학생들이 진로를 준비하는 데 실질적인 도움을 제공할 수 있는 학교교육과정을 어떻게 편성하고 운영할 것인지에 관해 살펴보았다. 교육과정과 연계하여 필연적으로 고려해야 하는 것이 바로 평가이다. 고교학점제는 과거처럼 출석일수만 채우면 졸업으로 인정해 주는 방식에서 벗어난다. 즉 과목별로 최소학업성취수준을 두고 있으며, 이를 충족시키지 못한 경우 해당 과목을 이수하지 못한 것으로 간주한다. 다만 과거처럼 학생들을 줄 세우기 위한 양적 평가가 목적이라기보다는 해당 교육과정에서 설정한 교육목표를 학생들이 제대로 달성하였는지가 관건이다. 교육과정마다 학생 수도 다르고, 경우에 따라서는 다른 학교 학생들과 함께 이수하는 과목도 생기게 된다. 이에 이 장에서는 고교학점제와 평가에 관해 좀 더 구체적으로 살펴보기로 한다.

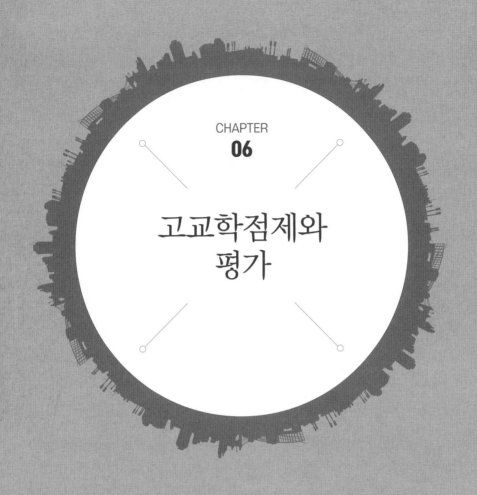

CHAPTER
06

고교학점제와
평가

"양적 서열화에서 학생의 성장을 위한 질적 평가로!"

01

책임교육의 차원에서 평가를 바라보라!

고교학점제의 목표는 학생 맞춤형 진로 설계와 교육 실천이다. 즉 과거처럼 학생들 각자의 적성이나 능력과 무관한 획일적인 틀을 강요하지 않는다. 그보다는 궁극적으로 학생 개개인의 서로 다른 능력을 고려한 맞춤형 성장을 적극 지원하는 데 있다. 그렇다면 평가의 무엇을 어떻게 바꿔야 학생들 각자가 성장하도록 도울 수 있을까? 과거 우리나라의 교육 평가는 선발적 교육관을 바탕으로 주로 선별의 목적으로 기능해온 것이 사실이다. 그래서 학생들은 평가라고 하면 일단 걱정, 부담감 등 다양한 불안감을 가질 수밖에 없었다. 하지만 고교학점제하에서의 평가는 발달적 교육관을 바탕으로 학생 한 명 한 명의 특성을 발견하고, 나아가 이를 도와줄 수 있는 평가를 지향한다. 학생들에게 학습의 과정에서 유의미한 피드백을 수시로 제공하여 모든 학생이 의미 있는 배움과 성장을 이루도록 해야 한다.

고등학교 내신,
상대평가 vs 절대평가

2019년 스위스 제네바에서 진행된 유엔 아동권리위원회의 한국 정부 아동인권협약 이행 국가 보고서 심의에서 한국 교육에 대한 뼈아픈 지적이 있었다. 유엔아동권리협약 한국 심의 대응 비정부기구 연대의 보도자료에 따르면 유엔 아동권리위원회(NGO)에서 "한국 교육은 아동의 잠재력을 충분히 실현할 수 있도록 하는 것이 아니라 경쟁만이 목표인 것 같다"고 언급했다는 것이다. 다시 말해 한국 정부는 교육에 상당한 투자를 하고 있기는 하지만, 그 교육의 목표란 과연 무엇인지, 그것이 과연 아동 스스로 사고하고 결정할 수 있는 인간으로 성장하게 하는 것인가에 대한 논의를 담고 있었다고 한다.

① 선발주의적 교육관이 평가에 미친 영향

한국 사회의 극심한 성적 경쟁은 좋은 대학을 졸업해야 좋은 직업을 가질 수 있고, 좋은 직업을 가져야 높은 소득이 보장되는 연쇄적 구조에 기인하다 보니, 교육열과 사교육 투자가 지나치게 높다. 2019년 통계청에서 실시한 초·중·고 사교육비 조사에 따르면 2019년 사교육비에 쓰인 돈은 모두 21조 원으로 1년 전(19조 5천억 원)보다 7.8% 늘었다. 아이러니하게 학생 수는 계속 줄어드는데 전체 사교육비는 증가해 10년 만에 가장 많은 수치를 기록한 것이다. 그중 고등학생 1인당 월평균 사교육비는 59만 9천 원으로 가장 높았다.[1] 결국 고등학교 교육은 마치 대학합격 목표 달성을 위한 수단처럼 간주되고, 과정은 간과되어왔다. 1980년 7·30 교육조치 이후 고등학교의 내신성적이 대입전형의 주요 자료로 처음 반영되기 시작한 이후로 고등학교의 학생 평가 방식은 교육적 차원을 넘어 사회적 논란으로까지 이어지는 지속적인 쟁점이 되었다.[2] 이는 절대평가인가 또는 상대평가인가의 문제이다. 교육 평가의 관점에서 절대평가는 준거지향평가로 발달주의적 교육관에 바탕을 두고 있는 반면, 상대평가는 규준지향평가로 선발주의적 교육관에 입각한다.[3] 고등학교에서 성적 산출과 관련하여 내신 평가 방식은 절대평가(1980년대 초반, 교과별 단위수와 수/우/미/양/가 성취도) → 상대평가(1980년대 후반 학년석차 추가, 1990년대 초반 학년 및 교과별 석차) → 절대평가(5·31 교육개혁안 이후 5단계 평어) → 상대평가(2005년 석차 9등급제) → 상대평가/절대평가 혼용(2014년 성취평가제 도입) 등으로 변화를 거듭해왔다.[4]

② 평가의 본질을 다시 생각하다

평가의 본질적인 목적은 배움을 확인하는 데 있다. 단순히 줄 세

---

1. 임성빈, 〈오락가락 대입에 학부모 잡는 사교육비…1인 월 40만원 넘겨〉, 《중앙일보》, 2020.3.10.

2. 김정빈, 2017, 〈고교학점제 도입을 위한 기초 논의〉, 《교육비평(40)》, 10-43쪽

3. 박도순, 《교육평가》, 교육과학사, 2013, 53쪽

4. 이명애 외 8인, 〈2018〉, 〈고교학점제 실행을 위한 교육평가 개선 방안 연구〉, 한국교육과정평가원, 21쪽

우기나 선발을 목적으로 하는 게 아니라는 뜻이다. 학생의 학습과 성장을 돕는다는 교육의 본질적 측면에서 보면 학교의 평가 방식은 발달적 교육관에 입각한 **절대평가** 방식을 따라야 한다.

"샘 아무래도 전학가야 할 거 같아요." 유난히 이 과목을 좋아하는 학생들이 많아 제 나름대로 거꾸로 수업도 해보고, 연극 수업도 해보고 학생들과 좋은 수업을 만들고자 노력했지만, 결국 평가 앞에서는 어쩔 수 없었어요. 불과 1점 차이로 1, 2등급이 갈렸거든요. 그 아이는 정말 제 과목을 좋아하고 이쪽으로 진로도 생각하는 눈빛 초롱초롱한 아이였는데, 제 과목을 수강하는 280명 중에 11명만 1등급을 받는다는 것은 수업 전부터 이미 정해져 있는 것이고, 그래서 저는 도저히 그 아이를 위로해줄 수 없었고, 결국 그 아이는 다른 지역 학교로 전학을 가버렸어요. 나중에 졸업하고 SNS로 연락이 왔는데 참 뭐라고 할 말이 없더라구요. 제가 잘못한 것은 아니지만… 교사로서 참 자괴감을 느꼈어요. 상대평가는 아이들을 칼로 두부 베듯 잘라버리는 인간이 만든 최악의 시스템인 것 같아요. 아이들이 좋아하는 과목이면 뭐해요. 일단 수업을 듣기 시작하면 저희 교사들 머릿속엔 얘네들을 나중에 어떻게 갈라야 할까 이런 고민이 우선인데요. 시험 1주일 전만 되면 아이들의 책도 종종 없어져요. 당연히 시험이 지나면 성적 때문에 서로 사이가 멀어지는 경우도 생기고요. 아직도 신입생 선발에서 등급을 우선하게 생각하는 대학 입학처의 문제도 있는데… 애들이 고등학교를 초등학교, 중학교보다 더 싫어하는 이유가 다 있어요. 정말 이런 평가가 어서 없어지면 좋겠어요.　　　　　- ○○고 교사

| 표 6-1 | 석차등급별 석차누적비율표

석차등급	석차누적비율	석차등급	석차누적비율
1등급	~4%이하	6등급	60%초과 ~ 77%이하
2등급	4%초과 ~ 11%이하	7등급	77%초과 ~ 89%이하
3등급	11%초과 ~ 23%이하	8등급	89%초과 ~ 96%이하
4등급	23%초과 ~ 40%이하	9등급	96%초과 ~ 100%이하
5등급	40%초과 ~ 60%이하		

※자료: 2019학년도 고등학교 학업성적관리 시행지침, 경기도교육청

교사의 인터뷰에서도 드러나지만, 상대평가 체제에서는 학생들이 아무리 노력을 해도 일정 비율은 필연적으로 낮은 등급을 받을 수밖에 없다. 따라서 배움과 성장의 과정에서 피드백을 주는 평가의 기능과는 엇박자가 난다.

초·중등학교 교육과정 총론(교육부 고시 제2018-162호)에서는 2018학년도 일반고등학교 입학생부터 보통 교과의 진로선택과목을 3개 과목 이상 이수하고 있는데, 2019년 입학생부터 진로선택과목의 경우는 절대평가 방식을 적용하고 있다.[5]

영어를 잘하는 학생들이 많은 학교에서 학생들을 9등급으로 평가하는 것이 정말 힘들어요. 상위권 학생층이 워낙 두텁다 보니 1·2등급대 학생들의 경쟁이 정말 치열합니다. 지필고사가 끝나면 자신이 틀린 문제에 대해

---

5. 교육부 훈령. [학교생활기록 작성 및 관리지침] 일부개정안 행정예고(2019.1.19.)

본인도 틀린 줄 알면서 자신의 조기유학 경험을 내세우며 우기는 학생도 있고, 수행평가 결과에 불만을 표현하는 학생들도 있죠. 그러다 보니 교사들은 1·2등급의 차이를 명확히 구분 짓기 위한 정말 어려운 문제를 출제하기도 하고 원어민 교사의 도움을 받기도 합니다. 솔직히 1·2등급대 학생들은 절대평가를 실시한다면 모두 A를 성취할 학생들이어서 어려운 지필평가 한두 문항으로 구분 짓는 것이 매우 안타까운 실정입니다. 절대평가는 고등학교 교육의 정상적인 운영을 위해 꼭 필요합니다.

- ○○고 교사

진로와 적성에 따라 원하는 과목을 선택하려면 등급제가 없어져야 한다고 생각합니다. 선택과목이 입시와 관련이 되는 순간부터 학생들은 과목 선택에 어려움을 겪고, 진로나 적성과 관계없이 성적 산출이 유리한 과목을 선택하는 경우가 있습니다. 진로와 상관없이 인원수가 많아 등급에 유리하다고 선택하는 친구들도 많고, 인원수가 너무 적으면 진로와 관련이 있어도 함부로 선택하지 않는 경우도 꽤 많습니다.

- ○○고 3학년 학생

③ 고교학점제와 절대평가 방식의 확대

고교학점제가 각 학교현장에 순조롭게 안착하려면 대입제도의 변화는 필수이다. 아울러 내신성적 평가도 진로선택과목뿐만 아니라 공통과목과 일반선택과목의 절대평가가 꼭 전제되어야 한다. 이를 위해 2025년까지 단계적으로 절대평가 방식을 확대해야 한다.

| 표 6-2 | 보통 교과

교과 영역	교과(군)	공통과목	선택과목	
			일반 선택	진로선택
기초	국어	국어	화법과작문, 독서, 언어와매체, 문학	실용국어, 심화 국어, 고전읽기
	수학	수학	수학 I, 수학 II, 미적분, 확률과통계	실용수학, 기하, 경제 수학, 수학과제탐구
	영어	영어	영어회화, 영어 I, 영어 독해와작문, 영어 II	실용영어, 영어권문화, 진로영어, 영미문학읽기
	한국사	한국사		
탐구	사회 (역사/ 도덕 포함)	통합사회	한국지리, 세계지리, 세계사, 동아시아사, 경제, 정치와법, 사회 · 문화, 생활과윤리, 윤리와사상	여행지리, 사회문제 탐구, 고전과윤리
	과학	통합과학 과학탐구 실험	물리학 I, 화학 I, 생명 과학 I, 지구과학 I	물리학 II, 화학 II, 생명과 학 II, 지구과학 II, 과학사, 생활과과학, 융합과학
체육 · 예술	체육		체육, 운동과 건강	스포츠 생활, 체육 탐구
	예술		음악, 미술, 연극	음악연주, 음악 감상과비평, 미술창작, 미술감상과비평
생활 · 교양	기술 · 가정		기술·가정, 정보	농업생명과학, 공학일반, 창의경영, 해양문화와기술, 가정 과학, 지식재산일반
	제2외 국어		독일어 I, 프랑스어 I, 일본어 I, 러시아어, 스페인어 I, 중국어 I, 아랍어 I, 베트남어 I	독일어 II, 프랑스어 II, 일본어 II, 러시아어 II, 스페인어 II, 중국어 II, 아랍어 II, 베트남어 II
	한문		한문 I	한문 II
	교양		철학, 논리학, 심리 학, 교육학, 종교학, 진로와직업, 보건, 환경, 실용경제, 논술	

※자료: 교육부 고시 제2015-74호

학생들이 꿈을 찾고 진로에 맞는 교과목을 선택해서 수업을 듣는 과정에서, 과목 선택에 따라 내신성적 산정의 유불리가 발생한다면 당연히 진학을 기준으로 과목 선택의 왜곡, 즉 특정 과목으로의 쏠림이나 반대로 기피 현상이 나타날 수밖에 없다. 예를 들어 일부 상위권 학생들은 '기하' 과목 때문에 어려움을 겪는다. 기하를 선택해야 자신이 희망하는 대학, 전공에 지원할 수 있는데, 수강자 수가 워낙 적고 상위권 학생들만 주로 선택하는 까닭에 1등급을 받기는 하늘의 별따기이다. 자칫 잘못하면 낮은 등급을 받을 위험도 있다.[6] 하지만 절대평가가 실시된다면 학생들은 누구와 수업을 수강하느냐가 아니라 자신이 무엇에 관심이 있는지, 어떤 과목을 수강하고 싶은지에 더욱 집중할 수 있기 때문에 한층 더 수업에 적극적으로 참여하게 될 것이다. 미국, 싱가포르, 영국, 핀란드, 캐나다, 프랑스 등 6개 나라를 포함하여 대다수의 교육 선진국들은 내신성적을 절대평가로 실시하고 있다. 그렇다고 각 나라 정부가 요구하는 성취수준이 결코 낮은 것은 아니다. 기준에 부합하지 못하면 재이수나 유급제도로 관리된다고 한다.[7]

물론 우리는 김영삼·김대중정부 때 절대평가 시행 과정에서 나타났던 소위 '성적 부풀리기' 현상으로 인해 다시 석차 9등급제의 상대평가로 바뀐 경험을 기억하고 있다.[8] 앞으로 절대평가가 고

---

6. 박예원, 〈대통령 "교육 개혁" 약속에 '고교학점제'탄력…왜?〉, 《KBS NEWS》, 2019.9.13.
7. 주주자 외 1인, 2018, 〈고교학점제 해외 사례 연구〉, 경기도교육연구원 이슈페이퍼, 48~49쪽
8. 안상진, 2017, 〈고교학점제 도입과 고교평가 혁신〉, 《교육비평(40)》, 91~92쪽

교학점제를 기반으로 다시 시행된다면 이러한 전철을 밟지 않을까 우려되는 이유이기도 하다. 이를 예방하기 위해서는 우선 절대평가가 교사의 임의 기준에 의한 평가가 아님을 분명히 해둘 필요가 있다. 교사가 수업하는 교과 교육과정에는 성취기준과 성취수준이 있다.[9] 성취기준과 성취수준에는 학생이 교육과정을 정상적으로 학습하였을 때 학생에게 기대하는 변화, 즉 교육의 목표가 담겨 있다. 학생이 어느 정도 학습 성취도에 이르렀는지 파악하려면 성취기준에 근거하고, 성취수준에 따라 절대평가를 시행해야 한다. 학교 간 차이를 최소화하고 교육의 공정성을 담보하기 위해 성취기준과 성취수준은 동일하게 적용하되, 이를 위한 수업과 평가는 교사 개인의 전문성을 기반으로 각 학교의 여건과 상황에 따라 융통성 있게 풀어 나갈 수 있도록 해야 한다.

결과중심평가 vs 과정중심평가

우리의 관심은 이제 교실 안으로 들어와 있다. 교실 수업은 학생과 교사가 다양성과 창의성을 발휘할 수 있도록 계획하고 실행되어야 하며, 평가는 이를 지원해야

---

9. 성취기준이란 국가수준의 교육과정에 제시된 목표와 내용을 분석하여 학생들이 성취해야 할 능력 또는 특성의 형태로 진술해 놓은 것을 말하며, 성취수준이란 학생들이 교과별 성취기준의 도달 정도를 몇 개의 수준(예: 상, 중, 하 또는 A-B-C-D-E 등)으로 나누어, 각 수준에 해당하는 학생의 능력 또는 특성을 설명한 것이다.

한다.[10] 일반적으로 평가는 변별을 위한 결과중심평가와 효과적인 교수-학습을 위한 과정중심평가로 나누어진다.

① 평가, 학생들의 배움과 성장을 지원하다

과정중심평가는 2015 개정교육과정에서 교육 현장의 실천적 화두이다. 2015 개정교육과정은 '교육과정 구성의 중점사항'에 "학습의 과정을 중시하는 평가를 강화하여 학생이 자신의 학습을 성찰하도록 하고, 평가 결과를 활용하여 교수·학습의 질을 개선한다"고 명시하고 있다. 즉 기존의 획일적이고 결과론적인 평가 방법에서 벗어나 학생 개개인의 배움과 성장을 지원하는 평가로 전환하고자 하는 것이다.

> 대학수학능력시험은 1년에 한 번 보는 거라 운이라는 요소가 많이 작용한다고 생각합니다. 따라서 2번을 보고 합산하는 방식이 진짜 실력으로 보는 것이라고 생각합니다. 그리고 지필평가보다 수행평가를 높여야 한다고 생각합니다. 1번의 지필로 성적을 정하는 도박적 평가를 회피하고 창의력을 요구하는 수행평가를 늘리는 것이 좋다고 생각합니다. 그리고 수행평가 시 무임승차 효과를 제거하기 위해 학우들 간 상호 평가를 해야 한다고 생각합니다.
>
> - ○○고등학교 2학년 학생

---

10. 김선, 2019, 〈교실수업에서 효과적인 피드백을 중심으로〉, 《교육전문직원 워크숍 자료》, 경기도교육청, 5쪽

평가에 대한 관점이 달라져야 할 것 같아요. 등수가 아니라 무엇을 알고 있고 할 수 있느냐가 중요한 거죠. 지금까지의 평가가 등수를 내기 위한 결과중심평가였다면 성취기준에 따라 배워야 할 것들을 제대로 배웠는지를 파악해서 학생의 성장을 지원할 수 있는 평가가 되어야 한다고 생각해요. 이런 과정중심평가가 강조되다 보니 지필고사를 1회만 실시하거나 비율을 줄이고 수행평가 비율을 높이는 교과들이 많아지고 있어요. 문제는 과정중심평가임에도 등급이 산출되는 교과는 여전히 변별의 문제 때문에 지필평가 횟수가 줄면 민원이 발생하기도 해요. 과정중심평가에 대한 제도적 보완과 학부모의 인식 변화가 필요한 것 같아요.

- OO고 교사

수행평가는 과정중심평가의 대표적인 방법이다. 학생이 수행하는 과정을 1회의 평가로 제한하지 않고 지속적으로 피드백을 제공함으로써 학생 수행 활동 결과물의 질적 향상과 함께 이를 통해 학생도 성장해 나갈 수 있기 때문이다.[11] 이와 같은 점 때문에 과정중심평가는 평가하는 시점에 한층 중점을 두고 학습의 전 과정을 모니터링하는 데 주목한다.

교육부는 '2020 학교생활기록 작성 및 관리지침'(교육부 훈령 321호, 시행 2020.3.1.)에서 '수행평가'의 용어 정의에 "교과 수업시간에"라는 내용을 추가했다. 즉 **수행평가**는 "교과 담당교사가 교과

---

11. 강대일 · 정창규, 《과정중심평가란 무엇인가?》, 에듀니티, 2018

수업시간에 학생들의 과제 수행 과정과 결과를 직접 관찰하고, 그 관찰 결과를 전문적으로 판단하는 평가 방법"이라고 재정의되었다. 이제 수행평가는 수업시간 안에서만 이뤄져야 한다. 학생들의 방과 후 학업 부담을 늘리고, 수행평가 대비 전문학원까지 양산했던 과제형 수행평가는 폐지되는 것이다.[12]

② 효과적인 과정중심평가를 위한 제안

효과적인 과정중심평가가 되려면 다음의 네 가지 고려사항을 참고할 필요가 있다. 첫째, **평가의 관점**을 세우는 것이 중요하다. 교사는 모든 학생이 성취기준에 도달할 수 있다는 신념을 전제로 학생의 현재 상황보다는 앞으로의 발달 가능성과 잠재력에 대한 진단을 중시해야 한다.[13] 학생들의 학습 과정을 교사가 일일이 확인한다는 것은 어려운 일이다. 따라서 수업 과정에서 학생은 무엇을 어떻게 배워야 하고, 배웠다는 증거는 어떻게 수집할지에 관한 구체적인 계획이 필요하다. 둘째, 평가 목적을 고려하여 진단평가, 형성평가, 총괄평가를 통해 학생의 **배움을 지원**해야 한다. 학생이 어떤 성취기준에 도달했는지 파악하기 위해 사전에 알고 있는 것을 진단하고 교수·학습 과정을 통해 어느 정도 성장하고 있는지를 평가해야 한다. 셋째, **평가 방법을 다양화**해야 한다. 과거와 같은 일제식 지필평가를 지

---

12. 박종관, 〈사실상 '엄마 숙제' 과제형 수행평가 없앤다〉, 《한국경제》, 2019.12.19.(수정 2019.12.20.)

13. 경기도교육청. 2018 경기도 성장중심평가 기본문서. 10쪽

양하고 성취기준에 기반해 교육과정을 재구성하는 한편, 교사는 어느 시점에 어떤 평가를 통해 학생의 성장을 확인할 수 있을지 결정해야 한다. 이때 학생의 독서, 작품 감상, 보고서 쓰기, 토론, 체험 활동, 사회적 실천 등의 학습 활동 과정에 대한 구체적인 평가 방식도 고려해야 하지만, 교수-학습 과정에서 지속적으로 학생과 소통하며 개별 학생을 이해하고 평가하는 것이 중요하다. 넷째, **지속적인 피드백**을 통해 학생의 학업 동기를 지속시키는 것이다. 학생들의 평가 결과는 학업성취수준을 최대한 이끌어내기 위함이다. 평가 결과를 학생에게 통보하는 것으로 끝나는 것이 아니라 교사 개인이 제공할 수 있는 피드백의 영역과 제공할 수 없는 영역을 구분하고, 각 영역에 걸쳐 학생을 지원할 수 있는 전방위적 지원체제를 구축해야 한다. 그리고 교육부와 교육청은 교사의 평가 전문성 신장을 위해 지속적으로 지원해야 한다. 교사가 평가의 본래 목적을 인식하고 전문성을 함양할 수 있도록 교사 및 학교 간 네트워크를 구축하여 함께 성장할 수 있는 환경이 마련되어야 한다.

책임교육 불가능 vs
책임교육 가능

　　　　　　　　　　　　　교육부가 발표한 '2019년 국가수준 학업성취도 평가' 결과에 따르면 2019년 기초학력 미달 학생 비율이 국어는 중학생 4.1%, 고등학생 4.0%, 영어는 중학생 3.3%,

| 표 6-3 | 국가수준 학업성취도 평가 결과(%)

구분 연도	기초학력 미달					
	중3			고2		
	국어	수학	영어	국어	수학	영어
2017	2.6 (0.17)	7.1 (0.32)	3.2 (0.22)	5.0 (0.47)	9.9 (0.70)	4.1 (0.37)
2018	4.4 (0.26)	11.1 (0.41)	5.3 (0.29)	3.4 (0.35)	10.4 (0.66)	6.2 (0.51)
2019	4.1 (0.28)	11.8 (0.44)	3.3 (0.24)	4.0 (0.40)	9.0 (0.59)	3.6 (0.35)

※자료: 교육부 보도자료, 2019

고등학생 3.6%, 수학은 중학생 11.8%, 고등학생 9.0%가 기초학력 미달로 나타났다(표 6-3 참조).

① 모든 학생의 기초학력 보장을 위한 노력

정부는 모든 학생이 **기초학력**[14]을 갖추는 것을 목표로 그동안 두드림학교, 심리·상담 지원, 자기주도적 학습, 방과후학교 프로그램, 기초학력 진단 보정 시스템, 학습종합 클리닉 센터, 수업 도우미, 교육복지 사업, 학습 코칭, 방과후 보충수업, 기초학력향상 지

---

14. 기초학력의 개념은 문장과 수를 해석하고 일상생활을 해나갈 수 있는 역량을 중심으로 정립하여 공교육을 통해 실질적으로 보장 가능한 범위로 설정하고, "학교 교육과정을 통하여 갖춰야 하는 읽기·쓰기·셈하기와 이와 관련된 교과(국어·수학)의 최소성취기준을 충족하는 학력"으로 정의하고 있다. 교육부, 2019, 〈기초학력 지원 내실화 방안〉 내용 참조

원 사이트 '꾸꾸' 활용하기 등 많은 재정을 투입하면서 다양한 사업과 프로그램[15]을 지원해왔다. 하지만 이러한 노력과 달리 기초학력 미달 학생들의 비율은 그다지 감소하지 않았다. 오히려 최근 국제비교평가인 PISA에서 영역별 성취수준 추이를 비교해본 결과 우리나라의 경우 모든 학습의 토대가 되는 읽기 영역의 하위 성취수준 비율이 증가하여 이에 대한 우려 또한 높아지고 있다.[16] 또한 표 6-3에서 기초학력 미달이란 성취수준의 20%도 이해하지 못하는 학생의 수치를 의미한다.[17] 고교학점제에서 교과 이수기준의 기준 성취율을 40%로 고정하여 제안한 점을[18] 고려하면 책임교육 대상의 범위는 더욱 확대해서 해석해야 한다. 고교학점제의 시행과 관련하여 더욱 우려되는 것은 기초학력 미달 학생이 여러 선택과목에서 미이수되는 경우 기초학력 미달과 교과 이수기준 미도달에 대한 모든 책임과 부담을 최종적으로 개별 고등학교에서 떠맡게 되는 것이다.

고등학교의 경우 기초학력과 기본학력을 구분해서 생각해야 할 것 같아요. 교과별 최소학업성취수준의 학습 능력을 요구하는 기본학력의

---

15. 이대식, 2015, 〈기초학력 부진학생의 기초학력향상을 위한 정부 지원 사업의 특징과 발전 방향〉, 《학습장애연구》, 12(3), 106쪽

16. 오영세, 〈교총, OECD 국제 학업성취도 학력 저하 여전⋯국가 책임 방기 더는 말아야〉, 《에듀인뉴스》, 2019.12.4.

17. 이무완, 〈"기초학력 미달 쇼크", 근데 기초학력이 뭐지?〉, 《오마이뉴스》, 19.04.14.

18. 노은희 외 7인, 2019, 〈고교학점제 도입에 따른 고등학교 교과 이수기준 설정 방안 탐색〉, 한국교육과정평가원, 51쪽

경우 책임교육이 가능하겠지만, 과연 고등학교에서 기초학력 미달 학생에 대한 책임교육이 가능할까요? 기초학력 미달 학생의 경우 특히 수학 과목은 초등에서부터 기초학력 부진이 누적된 경우가 많고, 단기간에 교사의 책무성과 노력만으로는 해결할 수 없는 문제예요. 학점제가 적용될 경우 초등과 중등에서 배움이 결손된 채 고등학교에 진학한 학생들의 기초학력 부진은 책임교육에 걸림돌이 될 거라고 봐요. 학업부진의 원인이 정서적·경제적인 경우는 상담 및 복지 지원을 통해 학업부진 문제를 해소해볼 수 있겠지만, 초등에서부터 발생하는 기초학력 미달은 반드시 해결해야 할 문제라도 생각해요.

- ○○고 교사

② 내실 있는 책임교육을 위하여

그동안 우리 교육은 기초학력과 교과 학습 보장이라는 두 가지 측면에서 체계적이고 지속적인 지원 시스템이나 프로그램이 결여되어 있었다. 하지만 앞으로 고교학점제의 안착을 위해서는 기초학력 보장과 교과별로 초·중·고를 연계하여 모든 학생이 성취해야 할 학습 내용과 수준을 명확히 하여 **기초학력**과 **교과 학습 보장**이라는 두 가지 방향에서 접근해야 한다. 2015 개정교육과정과 2025년 고교학점제 전면 시행의 취지는 학생에게 자신의 진로에 필요한 과목을 선택할 수 있게 보장해주자는 것이다. 이는 선택과목 이수 전에 기초학력이 보장되어야 한다는 것을 전제로 하고, 선택과목 미이수 예방과 이를 위한 보충지원 프로그램 운영까지를 포함한다. 이러한 책임교육 체제하에서는 교사의 교과 책무성이 더욱 강조된다. 교사는 학습에 도움이 필요한 학생들을 좀 더 적극적으로 파악하고 지원해야 한다. 어떤 경우는 셈하기 능력이 익숙하지 않아서, 어떤 경우는 소통 능력이 부족해서 일 수 있다. 학생들이 가지고 있는 문제를 교과에서, 학교에서, 지역과 연계하여 어떻게 지원할지에 대해 학습 보장 체계를 마련하여 책임교육을 내실 있게 준비해야 할 것이다.

교과 이수기준, 출석일수 vs 최소학업성취수준

고교학점제는 자신의 진로에 따라 다양한 과목을 선택·이수하고, 누적 학점이 기준에 도달할 경우 졸업을 인정받는 교육과정 이수·운영제도를 말한다.[19] 교과 이수기준이란 해당 교과(목)의 이수 여부를 판정하는 기준으로, 고교학점제에서는 일정한 이수기준을 두고, 이 기준에서 볼 때, 이수로 판정되면 해당 교과(목)의 학점을 취득하게 된다.

① 교과 이수에 대한 명확한 기준의 필요성

교과 이수기준 개념은 학생이 해당 교과(목)의 성취기준들을 일정

---

19. https://www.hscredit.kr/common/menu/html/900900001/detailPotal.do

시간 학습하면서 어느 정도의 성취수준에 도달했을 때, 학점을 줄 것인가를 결정하는 준거로 정의하고 있다.[20] 현행 「초·중등교육법」 시행령 제50조에 의하면 학교의 장이 교육과정 이수 정도 등을 평가하여 각 학년 과정의 수료 또는 졸업을 인정할 수 있다고 명시되어 있지만, 고등학교 학업성적평가 결과 처리 과정에서 교과 이수기준에 대한 명확한 기준은 없다. 단지 현행 단위제를 적용하는 고등학교에서는 출석일수가 수업일수의 2/3를 충족하면 각 학년 과정을 수료할 수 있도록 하고 있다.

「초·중등교육법」 시행령 제50조(수료 및 졸업 등)

① 학교의 장은 학생의 교육과정의 이수 정도 등을 평가하여 학생의 각 학년과정의 수료 또는 졸업을 인정한다

② 학생의 각 학년 과정의 수료에 필요한 출석일수는 제45조의 규정에 의한 수업일수의 3분의 2이상으로 한다

③ 학교의 장은 당해 학교의 교육과정을 이수하였다고 인정하는 자에게 졸업장을 수여한다.

이러한 단위제 기준에 따르면 모든 과목이 가지고 있는 성취기준과 관계없이 0점을 맞아도, 또는 그 과목 수업시간 내내 딴청을 피

---

20. 노은희 외 7인, 2019, 〈고교학점제 도입에 따른 고등학교 교과 이수기준 설정 방안 탐색〉, 한국교육과정평가원, 5쪽

워도 그저 수업일수 기준에만 맞으면 이수할 수 있는 구조이다. 그러다 보니 학생들의 학습 결손 및 학습에 대한 책무성 형성에도 저해 요인이 되어왔다. 학점제는 바로 이런 부분에서 현행 단위제와 뚜렷한 차이가 있다.[21]

|표 6-4| 학점제와 현행 단위제 비교

	과목 선택	이수기준	졸업 요건
학점제	개방적/적극적	적용	졸업학점
현행 단위제	부분개방/소극적	미적용	출석일수

※자료: 2019, 한국교육과정평가원

2019년 한국교육과정평가원 연구보고에 따르면 학업 성취율과 과목 출석률을 교과 이수기준의 적용 근거로 제시하고 교과 이수기준의 기준 성취율을 40%로 고정하여 제안하고 있다.

|표 6-5| 현행 성취평가제와 학점제에 따른 미이수 기준 제안

현행 성취평가제	연구 제안 (안)		
성취도	성취율	성취도	
A	90% 이상	A	
B	80% 이상 ~ 90% 미만	B	
C	70% 이상 ~ 80% 미만	C	
D	60% 이상 ~ 70% 미만	D	
E (60% 미만)	40% 이상 ~ 60% 미만	E (40% 이상 60% 미만)	↑ 이수
	40% 미만	F (40% 미만)	↓ 미이수

※자료: 2019, 한국교육과정평가원

(E : 최소 학업 성취수준, F : 미이수)

과목 출석률은 각 과목의 총 수업 횟수 중에서 학생이 실제 출석한 수업 횟수를 의미하며, 세부적으로 '과목 수업 횟수', '과목 결석(결과)', '과목 지각', '과목 조퇴' 등의 주요 개념을 추가로 설정하여 제안하고 있다.[22]

② 교과 이수기준의 정착을 위하여

교과 이수기준이 학교에서 내실 있게 정착되기 위해서는 다음의 3단계 과정이 유기적으로 연결되어야 한다. 첫째, 학교교육공동체 사이에 이수기준에 대한 충분한 **공유**가 있어야 한다. 교과 이수기준을 설정하는 것이 미이수 처리에 목적이 있는 것이 아니라 미이수 예상 학생을 위한 한층 적극적인 지원에 방점이 있다는 점을 함께 공감하는 것이 필요하다. 둘째, 학교와 학생의 **책무성**이 강화되어야 한다. 학교는 맞춤형 교육과정을 학생에게 제공하고, 학생은 자신이 선택한 과목을 충실히 이수하겠다는 책임감을 가지고, 교과별 이수기준에 도달할 수 있도록 노력해야 한다. 이 과정에서 학생의 학습을 수시로 피드백하고, 미이수가 예상되는 학생들을 위한 적극적인 예방 프로그램을 제공해야 한다. 세 번째는 미이수 학생에 대한 **제도적 지원** 방안이 필요하다. 단위 학교에서 멘토링,

---

21. 한국교육과정평가원, 2019, 〈2019년 제2차 고교학점제 정책 포럼. 졸업 제도 및 학생평가〉, 연구자료, 24쪽
22. 노은희 외 7인, 2019, 〈고교학점제 도입에 따른 고등학교 교과 이수기준 설정 방안 탐색〉, 한국교육과정평가원, 51쪽

온라인 강의 같은 보충 과정을 운영하는 것을 넘어 미이수된 학생들을 위한 동일과목 보충이수, 동일과목 재이수, 대체과목 이수 방안도 제도적으로 마련되어야 한다.[23]

23. 한국교육과정평가원, 2019, 〈2019년 제2차 고교학점제 정책 포럼. 졸업 제도 및 학생평가〉, 연구자료

02

고교학점제 안에서 평가는 어떻게 이루어지는가?

고교학점제 연구학교의 중점 운영 과제 중 하나가 평가 내실화를 위한 **책임교육 프로그램** 운영이다. 즉 최소학업성취수준에 도달하지 못할 것으로 예상되는 학생에 대해서는 맞춤형 학습지도 및 수준별 과제 제공 등을 통해 보충학업 기회를 제공하도록 하고 있다. 교과별 책임교육은 고교학점제 교육과정을 운영하기 위한 필수요소로써, 학습 과정에서 어려움을 극복하고 학생의 잠재력을 최대한 발휘하도록 돕는 데 목적이 있다.

책임교육 프로그램 운영

경기도 부명고등학교는 2019년 연구학교를 시작하여 첫해부터 평가 내실화를 위한 교과별 책임교육 프로그램을 실시하고 있다. 담당교사를 통해 정리한 실천 사례를 소개하면 다음과 같다. 2019년은 연구학교 운영 첫해인 점을 감안하여 학교교육과정위원회에서 희망 신청을 받아 국어, 수학, 영어 교과에 한해 우선 적용해보기로 하였다. 그리고 교과별 책무성을 강화하기 위한 프로그램은 최소학업성취수준 미도달 예상 학생을 위한 **예방 프로그램**과 미도달 학생을 위한 **지원 프로그램**으로 나누어 운영되었다.

① 최소학업성취수준 보장 프로그램 운영

먼저, 최소학업성취수준 미도달 예상 학생을 위한 프로그램으로 참여 학생이 최소학업성취수준에 도달하는 데 어떠한 어려움을 안고 있는지 사전에 문제를 파악하여 학생 스스로 어려움을 극복할 수 있는 기회를 주었다. 1학년 대상자는 1차 지필평가 결과를 기준으로 교과에서 정한 기준 점수 이하의 학생으로 선정하였고, 2, 3학년 대상자는 전 학년도 성적을 기준으로 4월에 선정하였다. 예방 프로그램은 주로 멘토링 프로그램으로 운영하였다. 멘티 학생들을 위해서는 학습 코칭, 자존감 향상 프로그램을 실시하였다. 또한 멘토·멘티 학생이 함께하는 독서멘토링, 배움동행 또래멘토

표 6-6 | 기초학력 보장을 위한 책임지도 프로그램 운영 단계

최소학업성취수준 기준 설정	최소학업성취수준 미도달 학생 선정	최소학업성취수준 보장프로그램 운영

링, 사제동행 또래멘토링을 실시하였다.

두 번째, 최소학업성취수준 미도달 학생을 위한 지원 프로그램을 3단계로 운영하였다(304쪽 표 6-6 참조). 1단계는 최소학업성취수준을 설정하였다. 이때 교과의 최소학업성취수준이 국가적으로 명시된 상황이 아니어서, 교과별로 상정된 평가기준과 내용의 충분한 숙지가 전제되어야 한다. 그리고 교과별로 한국교육과정평가원에서 제시한 대로 성취수준의 40%에 해당하는 최소학업성취수준을 정하는 작업을 실시하였다. 이때 지속적으로 학교교육과정위원회와 교과별 협의회를 거쳐 국어, 영어, 수학 과목 실정에 맞는 최소학업성취기준 평가 문항을 개발하였다.

| 표 6-7 | 부명고 공통과목 수학 '다항식'의 최소학업성취 수준 예시

영역	핵심 개념	성취수준 E의 일반적 특성	최소학업성취수준
문자와 식	1. 다항식	다항식의 계산, 나머지정리, 인수분해와 관련한 기본 개념을 알고 이를 기초로 간단한 문제를 해결하려고 노력한다.	(1-1) 문자를 하나만 포함한 다항식의 덧셈과 뺄셈을 할 수 있다. (1-2) 분배법칙을 이용하여 단항식과 다항식의 곱셈을 할 수 있다. (1-3) 주어진 다항식이 단항식으로 간단히 나누어 떨어지는 경우, 다항식을 단항식으로 나눌 수 있다. (1-4) 나머지정리를 이용하여 다항식을 일차식으로 나누었을 때의 나머지를 구할 수 있다. (1-5) 다음 인수분해 공식과 관련된 간단한 다항식의 인수분해를 할 수 있다. $a^3+3a^2b+3ab^2+b^3=(a+b)^3$

| 표6-8 | 부명고 공통과목 수학 '다항식'의 최소학업성취수준에 따른 관련 문항 예시

최소학업성취수준	관련 문항
(1-1) 문자를 하나만 포함한 다항식의 덧셈과 뺄셈을 할 수 있다.	두 다항식 , $A=x^2+3x-1$, $B=x^3-2x^2+x+3$에 대하여 $A+B$와 $A-B$를 계산하시오.
(1-2) 분배법칙을 이용하여 단항식과 다항식의 곱셈을 할 수 있다.	$2x(x^2-3x+4)$를 전개하시오.
(1-3) 주어진 다항식이 단항식으로 간단히 나누어 떨어지는 경우, 다항식을 단항식으로 나눌 수 있다.	나눗셈 $(x^3+2x^2-5x) \div x$의 몫을 구하시오.
(1-4) 나머지정리를 이용하여 다항식을 일차식으로 나누었을 때의 나머지를 구할 수 있다.	두 다항식 $A=2x^2-3x-1$, $B=x-1$에 대하여 A를 B로 나누었을 때의 나머지를 구하시오.
(1-5) 다음 인수분해 공식과 관련된 간단한 다항식의 인수분해를 할 수 있다. $a^3+3a^2b+3ab^2+b^3=(a+b)^3$	다항식 $x^3+6x^2+12x+8$를 인수분해 하시오.

이어서 학교교육과정위원회와 교과별 협의를 거쳐 국어, 영어, 수학 3개 교과에서 1학기 지필평가 결과 성취도 E 수준에 해당하는 학생들로 선정하였다. 아직은 교과 이수기준을 설정했다고 해도 제도적으로 강제할 수 있는 상황은 아니어서 E 수준 학생 중 희망자를 대상으로 실시하였다. 학생 희망 조사 결과 국어 1반, 수학 3반, 영어 2반이 운영되었으며, 한 교실에는 10명이 넘지 않게 배정하여 학생 맞춤형 지도를 강화한 방과후수업 형태로 운영하였다. 최소학업성취수준 도달 및 이수 여부를 판단하기 위해 프로그램 최종 평가 결과를 토대로 최소학업성취수준 도달 여부를 파악하였다. 대다수 학생은 프로그램 수강을 완료한 후 평가에서 성적이

평균 20점 정도 향상되었다. 다만 그중 한두 명은 프로그램에 성실하게 참여했음에도 불구하고 최소학업성취수준에 도달하지 못한 학생이 있었다. 이러한 경우는 최소학업성취수준과 더불어 정성적 평가를 통해 이수 여부를 다시 판단하였다.

> 그동안 정규수업시간에는 수업의 여건상 선생님들께 개별 지도를 받기 어려웠고, 모르는 부분이 있어도 수업에 방해가 되거나 너무 낮은 수준의 질문이 아닐까 부끄러워 쉽게 질문도 하지 못했어요. 하지만 소수의 인원이 모여 개별적으로 지도를 받으니 모르는 부분은 그냥 넘어가지 않고, 질문도 자유롭게 할 수 있으며, 알 때까지 연습을 할 수 있어서 좋았어요. 평가도 학습했던 내용이 나오니까 전보다 쉽게 느껴졌고, 실력이 조금은 오른 느낌이 들었습니다.
>
> - ○○고 2학년 학생 인터뷰

② 최소학업성취수준 보장 지도를 위한 지원 방안

연구학교 1년 차에 3개의 교과에서 6개 반을 운영해본 결과 학생들의 만족도가 매우 높았고, 학생들의 성적도 많이 향상되어 연구학교 2년 차에는 운영 과목을 확대할 계획이지만, 다음과 같은 해결 과제들도 함께 지적되고 있다. 첫째, 이수/미이수 대상자가 과목을 재이수하는 과정이 담당교사의 **추가 업무**로 인식되고 있다. 특히, 기초교과 담당교사의 경우 관련 프로그램을 추가로 운영하는 상황이어서 확대될 경우 외부강사에게 의존하기 쉬운 실정이다. 따라서 적시적이고 지속적인 관점에서 최소학업성취수준을 보장하려면 방과후에도 연계할 수 있는 강사, 지역연계 프로그램이 체계적으로 갖춰질 필요성이 있다.

둘째, **최소학업성취수준의 설정**에 대한 어려움이다. 현재는 고교학점제의 평가와 이수에 대한 법령적 근거 없이, 고교학점제 연구·선도학교 중심의 시범적인 시행이다 보니 희망 학생에 한해 기초학력 보장을 위한 책임지도 프로그램을 운영하는 수준이다. 물론 고등학교 전반의 교과 책무성을 강조한다면 전 교과에 걸쳐 실시하는 것이 바람직하다. 하지만 이에 앞서 교육주체의 공감대와 이를 실행할 수 있는 전문 역량과 추진체계 등이 갖춰져야 한다.

셋째는 학생 대상별 프로그램을 **다양하게 지원하기 어려운 구조**이다. 최소학업성취수준에 도달하지 못하는 원인은 학생마다 다양하다. 그럼에도 학생 개개인에 맞추어 이를 지원하기 위한 학교 내 지원 시스템이 충분하지 않기 때문에 내실 있게 운영되는 데는 한계가 있다. 하지만 이러한 실천 과정의 어려움들을 단계적으로 보완하고 준비한다면 교과 교육과정에 대한 적절한 질 관리가 이루어질 수 있을 것이다.

최소학업성취수준 미도달 학생 지원 프로그램의 운영 시기가 고민이 되었습니다. 방학 때는 학생들이 나오지 않으려 할 것 같아서 방과후 형태로 운영했죠. 일부 학생들은 방과후에 남아서 공부하는 것을 힘들어했습니다. 해당 과목의 수업은 일부는 본교 교사가 맡아서 하고 일부 수업은 강사를 채용해서 운영했죠. 이를 운영하면서 추가적인 방과후 수업, 강사 채용, 강사료 지급 등 담당자의 행정업무가 늘어나게 되었습니다. 프로그램을 진행하기 전에 교과별로 최소학업성취수준 및 평가 문항을 개발하는 일 역시 기존에 하지 않던 일들이어서 어려움이 있었지만, 다행히 선생님들의 협조가 잘 이루어졌습니다. 만일 교과선생님들의 협조가 이루어지지 않는다면 해당 부서에서 프로그램을 진행하기가 어려울 것 같습니다. 소수의 인원으로 개별 지도를 하다 보니 학생 대부분 평균 20점 정도 성적이 올랐습니다. 하지만 영어 과목에서 오히려 처음보다 평가 결과가 낮아지거나 처음과 차이가 없는 학생도 있었죠. 프로그램에 열심히 참여했음에도 불구하고 그런 결과가 나와서 재이수의 기준을 어떻게 잡아야 할지에 대한 고민이 생겼습니다.

- ○○고 교사 인터뷰

참고할 만한 다른 나라의 교과 이수기준

가까운 일본이나 중국, 싱가포르를 비롯해 독일, 캐나다, 핀란드, 미국, 영국, 프랑스 등 이미 교육 신진국으로 불리는 나라들은 자국의 특성에 맞는 학점제를 시행하고 있다.[24] 대체로 교과 이수기준에 따른 평가 원칙과 미이수

---

24. 문영재, 〈'고교학점제' 도입 코앞…"해외사례서 답 찾아야"〉, 《머니투데이》, 2019.1.8.

자 대책 등은 국가 또는 주 수준에서 안내하고 있다. 우리나라처럼 국가수준 교육과정을 운영하고 있는 핀란드와 교육의 공공성이 강한 캐나다 그리고 학생들의 진로를 조기에 결정하는 독일 순으로 교과 평가 및 이수기준을 살펴보고자 한다.

① 최종 평가는 교사와 교장이 함께 결정하는 핀란드

먼저, 핀란드 경우를 살펴보면, 고등학교법(조례)에 "과목 이수에 대한 평가는 과목 교사, 혹은 교과 교사 협의에 의해 결정하고 최종 평가는 교사와 교장이 함께 결정한다"고 되어 있으며, 성적 산출 기초도 명시하고 있다.[25]

인문고등학교의 과목 성취도는 10점에서 4점까지의 점수로 표기하며, 4점 이하는 이수 실패로 간주한다. 따라서 4점 이하의 해당 과목에 대해서는 학점을 받을 수 없으며, 같은 과목이 개설되는 다음 학기에 재이수해야 한다. 이수에 실패했거나 이미 수강한 과목에 대한 성적 향상을 희망한다면 재시험 기회를 허용하고, 높은 성취를 보이면 더 높은 점수를 부여받을 수 있다.[26] 별도의 시험 외에도, 추가 과제나 발표를 통해 제시된 성적 등급보다 학생 지식과 기능이 더욱 향상되었다고 판단되면 등급이 올라갈 수도 있다.[26]

---

25. 노은희 외 7인, 2019, 〈고교학점제 도입에 따른 고등학교 교과 이수기준 설정 방안 탐색〉, 한국교육과정평가원, 36쪽

26. 서공주 외 1인, 2019, 〈핀란드 고등학교 선택형 교육과정 운영 특징 분석〉, 《비교교육연구》, 29(6), 36쪽

| 표 6-9 | 판란드 고등학교 국가수준 성적산출 기준

성취도	10점	9점	8점	7점	6점	5점	4점 이하
정의	Excellent	Very good	Good	Satisfactory	Moderate	Adequate	Fail

※자료: 한국교육과정평가원, 2019

② 성취기준 미도달 학생들을 최대한 지원하는 캐나다 온타리오주

캐나다의 온타리오주는 교과의 성취기준을 **성취기대**(curriculum expectations)라고 표현한다. 모든 과목은 지식과 이해(knowledge and understanding), 사고력(thinking), 소통능력(communication), 적용능력(application)의 4가지 항목을 포함하고 있으며, 이를 다시 4수준(80~100%), 3수준(70~79%), 2수준(60~69%) 1수준(50~59%)으로 제시한다. 50% 미만은 이수 실패에 해당한다. 온타리오주의 최소 성취목표(provincial standard)는 3수준이며, 이를 나중에 사회인이 되었을 때를 위해 반드시 갖춰야 할 소양이라고 보는 것이다.[28]

　캐나다에서 졸업요건은 최소 학점기준이 30학점이다. 필수과목이 18학점(1학점 = 110시간 이수), 선택과목이 12학점으로 구성된다. 온타리오주에서는 모든 과목과 관련하여 퍼센트 점수가 기록되고, 1학점은 최종 퍼센트 점수의 50% 이상일 때 부여된다. 각 과목마다 그 과목의 성취수준표와 각 성취수준에 해당하는 퍼센

---

27. 노은희 외 7인, 2019, 〈고교학점제 도입에 따른 고등학교 교과 이수기준 설정 방안 탐색〉, 한국교육과정평가원, 37쪽

28. 블로그: https://www.huffingtonpost.kr/gyobasa/story_b_8833350.html

| 표 6-10 | 캐나다 온타리오주 성취수준표

수준	지식과 기능				설명
4수준 (80~100%)	지식 및 이해	사고	소통	적용	- 지역기준을 상위하는 성취도 - 높은 수준의 지식과 기능 표현(단, 교과 에 명시된 기준을 넘어섰다는 의미는 아님)
3수준 (70~79%)					- 지역 기준에 도달한 성취도 - 상당한 정도의 지식과 기능 표현
2수준 (60~69%)					- 지역 기준에 근접한 성취도 - 일정 정도의 지식과 기능 표현
1수준 (50~59%)					- 지역 기준 아래의 성취도 - 제한된 수준의 지식과 기능 표현
50% 미만					- 이수 실패 - 학점 미취득

※자료: 한국교육과정평가원, 2019

트 점수를 제시하고 있다.[29] 또한 교사들은 개별 학생들의 요구 사항을 확인, 반영하여 교과 교육과정 기준에 따른 교육 내용을 결정하고 교수 학습 및 평가 전략을 구성하여 단위 학교와 학생들에게 의미 있는 맥락 안에서 교육과정을 실행하고 있다.[30] 학생들은 성취수준에 도달하지 못한 경우 보충 프로그램에 참여하여 부족한 부분만 다시 수강하여 구제받을 수 있다. 그러나 학교는 평가 전에 미리 예방 프로그램을 실시하여 미이수 학생이 발생하지 않

29. 이미숙, 2019, 〈제1차 고교학점제 정책포럼 연구자료〉, 한국교육과정평가원, 15~16쪽
30. 임유나, 2019, 〈캐나다 온타리오주 고교학점제의 특징과 학점제 기반 교육과정 재구조화에 주는 시사점〉, 《학습자중심교과교육연구회》, 19(12), 391쪽

도록 노력을 한다.[31] 학생을 위한 재이수 학습 계획에는 학생 개개인의 요구를 반영해야 하고 출석에 대한 기대, 학습량에 대한 기대, 재이수 학점, 단원, 최종 성취율 부여 등을 포함하고, 이외에도 대안적 학점 방안, 이중 학점제도 등이 활용되고 있다.[32]

③ 엄밀하게 평가를 관리하는 독일

독일의 '16개 주 교육부 장관 협의체'가 만든 성적 평가 규정에는 평가의 의미를 "학생들에게 평가 점수를 줌으로써 교육 내용에 대한 학생의 성취도를 측정하고, 학교생활을 평가하여 학부모에게 알려줌으로써 자녀 양육에 있어 중요한 정보를 제공해준다"고 적혀 있다.[33] 즉 학생들이 점수를 통해 교육 목표를 어느 정도 달성했는지에 대해 점수 설명을 통해 쉽게 이해할 수 있다.

독일은 자격획득단계[34]에서는 6등급의 평어를 세분화하여 15~1점까지 점수로 표기하고 있으며 6등급이거나 0점에 해당하는 경우 낙제, 즉 실패에 해당한다. 1등급·13~15점(매우 우수), 2

---

31. 교육부, 2019, 《행복한 교육》, V440, 20~21쪽
32. 노은희 외 7인, 2019, 〈고교학점제 도입에 따른 고등학교 교과 이수기준 설정 방안 탐색〉, 한국교육과정평가원, 43쪽
33. 노은희 외 7인, 2019, 〈고교학점제 도입에 따른 고등학교 교과 이수기준 설정 방안 탐색〉, 한국교육과정평가원, 43쪽
34. 김나지움은 중등 Ⅰ단계와 중등 Ⅱ단계로 나뉘는데, 이 중에서 중등 Ⅱ단계의 김나지움 상급과정(주에 따라 10~12학년 또는 11~13학년)이 우리나라의 고등학교 과정에 해당한다. 중등 Ⅱ단계의 김나지움 상급과정은 다시 1년의 입문단계(보통 10학년)와 2년 동안의 자격취득단계(보통 11~12학년)로 구성된다. 김나지움 학생들은 12학년 1학기에 '아비투어'라는 졸업 시험에 합격해야 졸업장을 받게 된다(2018년 제3차 고교학점제 정책 포럼 한국교육과정평가원 연구자료 ORM 2018-67)

|표 6-11| 독일 성적 평가체제

설명	매우 우수 (sehr gut)			우수 (gut)			만족 (befriedigend)		
등급(grade)	+1-			+2-			+3-		
점수(point)	15	14	13	12	11	10	9	8	7
백분율 (학교나 과목 에 따라 다름)	91~100%			81~90%			66~80%		
설명	충분 (ausreidned)			부족 (mangelhaft)			매우 부족 (ungenugend)		
등급(grade)	+4-			+5-			6		
점수(point)	6	5	4	3	2	1	0		
백분율 (학교나 과목 에 따라 다름)	50~65%			0~49%					

※자료: 한국교육과정평가원, 2019

등급·10~12(우수)점, 3등급·7~9(만족)점, 4등급·4~6(충분), 5등급·1~3(부족), 6등급 또는 0점은 이수 실패이다. 특히 독일은 지침에 맞게 출석 의무를 다하지 않고 수업에 불참한 경우 무조건 0점을 부여한다.[35] 독일의 경우 현재 과정의 이수가 상급 단계의 자격이 되기 때문에 엄격하게 관리하는 전통이 있다. 또한 과목 이수 실패에 따라 재이수가 필수라기보다 낮은 성취 또는 낙제 과목 수를 설정해두어 어느 정도까지의 낙제 과목은 허용하고 있다. 실제적으로는 아비투어에 필요한 내신 산출을 위해 졸업 요건보다

---

35. 이명애 외 8인, 2018, 〈고교학점제 실행을 위한 교육평가 개선 방안 연구〉, 한국교육과정평가원, 104쪽

많은 과목을 수강하는 것이 보편이다.[36]

이상에서 몇 나라의 교과 이수기준에 대해 살펴보았다. 고교학점제는 학생들의 과목 선택권을 다양화하여 학습권을 보장하는 것과 더불어 학생들이 학습에 대하여 책무성을 가지고 최소한의 수준을 갖출 수 있게 하는 것이 중요함을 알 수 있다. 즉 고교학점제에서 **학점**이란 출석일수라고 하는 학습의 양적 기준에 의해서만 취득되는 것이 아니라 **학습의 질** 또한 담보할 수 있어야 한다.

과목 선택권의 확대에 따른 정기고사 운영 방안

고교학점제는 학생들의 다양한 과목 선택권 보장을 전제로 한다. 고교학점제 연구·선도학교에서는 이러한 학생들의 과목 선택을 다양하게 보장하는 과정에서 시간표 편성 절차가 복잡해졌다. 과거에는 학생의 과목 선택권이 거의 없어 학생별 수강 과목이 비슷했다. 하지만 고교학점제 연구·선도학교를 중심으로 학생들의 과목 선택권이 확대됨으로써 한 학급 내에서도 학생마다 시간표가 서로 달라진 것이다.

학생들마다 선택과목에 따라 시간표가 다르다 보니 지필평가를 일제히 실시하기는 힘들다. 선택과목의 수가 많아서 기존과 같은

---

36. 노은희 외 7인, 2019, 〈고교학점제 도입에 따른 고등학교 교과 이수기준 설정 방안 탐색〉, 한국교육과정평가원, 43쪽

방식으로 정기고사를 치를 경우 시험 기간이 너무 길어지고 시험 과목 사이의 대기 시간도 증가하기 때문에 모든 학생들을 관리 감독하기 어렵다. 따라서 학교마다 지필평가 운영 방식에 있어서도 많은 변화가 나타나고 있다. 일부 학교는 지필평가를 기존과 동일하게 운영하기도 하고 수능 선택과목의 시험 형태처럼 교과 영역별로 묶어서 학생들이 해당 과목 시험지만 선택하여 시험을 치르기도 한다. 또는 선택과목별로 집합하여 운영해볼 수도 있다. 이렇게 정기고사의 운영 형태가 다양화되다 보니 지필평가 시간표를 작성할 때 학생, 학부모, 교사가 함께 검토하여 특정 학생에게 평가 부담이 가중되지 않도록 더욱 세심히 살펴야 한다.

① 요일과 시간대를 고루 분포한 용인백현고등학교의 지필평가 운영 사례

경기도 용인백현고등학교 담당교사를 통해 정리한 지필평가 운영 사례를 살펴보려 한다. 먼저 2학년 시간표 편성과 운영 절차를 살펴보자. 2학년은 9학급 277여명이며[37], 학생이 과목을 선택할 때 교과 영역 간 선택을 확대하여 과목 선택권을 늘리고자 하였다. 시간표 블록을 설정하여 블록에 선택과목을 편성하여 이동수업을 진행할 수 있도록 하였다. 나머지 시간에는 공통과목을 편성하여 운영하고 있다.

  학생의 이동시간을 최소화하기 위해 선택과목 영역 중 일부는

---

37. 2019년 12월 1일 기준

|표 6-12| 시간표 내 이동수업을 진행할 구간 설정

	월	화	수	목	금
1		A(A-2)	B(B-1)		
2		C(C-2)	C(C-1)		
3	A(A-1)			B(B-2)	
4				A(A-2)	
5	C(C-1)	B(B-2)	A(A-1)		
6	B(B-1)				
7				C(C-2)	

총 12단위의 이동수업 운영
- 4단위 과목 2개 선택(탐구 교과) : A, B, C 중 2개 구간 선택
- 2단위 과목 2개 선택(기초 교과) : A,B,C 중 남은 1개 구간을 '-1'과 '-2'로 분할하여 운영

학급 편성 기준으로 적용하고, 나머지 12단위(탐구영역 2과목 각 4 단위, 기초영역 2과목 각 2단위)만 전체 이동으로 구성하였다. 12단위 수업의 이동 시기는 4단위를 한 세트로 묶어서 총 3세트를 구성하였으며, 전체 교사 설문을 통해 요일과 시간대를 고루 분포시키기 위해 노력하였다(표 6-12 참조).

학생의 선택과목 수요 결과, 학교 시설, 교원 현황 등을 반영하여 결정한 과목별 강좌 수를 고려해 각 블록에 강좌를 배치하였다. 이때 각 구간(A~C)에서 구간당 수강신청 제한 인원의 총합을 학생 제적 수 이상으로 여유 있게 설정하여 누락되는 학생이 없도록 하였다. 강좌당 수강인원 수에 제한을 두어 과밀학급이 발생되지 않도록 하고, 동일구간 내에 동일과목이 2개 이상 배치되는 경우 제한 인원을 2배수로 설정하고, 수강신청을 완료한 후에 분반 처리하여 학생 수의 균형을 이루었다.

| 표 6-13 | 탐구 영역과 기초 영역의 과목들

	A		B		C	
탐구 영역	한국지리, 사회·문화(분), 물리학I, 생명과학I(분), 지구과학I		한국지리, 사회·문화, 윤리와사상, 세계사, 생명과학I(분), 지구과학I		사회·문화(분), 윤리와사상, 물리학I, 생명과학I(분)	
	A-1	A-2	B-1	B-2	C-1	C-2
기초 영역	화법과 작문, 확률과 통계, 영어독해와작문	화법과 작문, 확률과 통계, 기하	화법과 작문, 확률과 통계, 영어독해와작문	화법과 작문, 확률과 통계, 기하	화법과 작문(분), 확률과 통계	화법과 작문, 확률과 통계(분), 영어독해와작문

학생들은 A, B, C의 각 구간에서 1과목씩 선택하여 수강신청을 하였다. 예를 들어 A구간에서 기초 영역을 선택하고자 하는 학생의 경우 A-1과 A-2에서 각기 다른 과목을 하나씩 선택해야 하며, 나머지 B와 C구간에서는 탐구 영역에서 각각 1과목씩 선택해야 한다. 학생의 수강신청이 완료되면 필수이수과목과 학급 편성 기준 과목(제2외국어, 예술)의 시간표를 편성하여 나머지 구간에 배치한다. 이와 같은 과정을 통해 완성한 학생 개인별 시간표의 예시는 다음의 표 6-14와 같다.

|표 6-14| 학생의 개별 시간표 구성의 2가지 예시안

(예시 1) 기하, 확률과통계, 물리학, 생명과학, 중국어, 미술창작을 선택한 경우

교시	월	화	수	목	금
1	영어	물리학	확률과통계	문학	수학
2	문학	생명과학	생명과학	운동과건강	영어
3	물리학	중국어	진로	기하	미술창작
4	창체	영어	수학	물리학	미술창작
5	생명과학	기하	물리학	수학	문학
6	확률과통계	문학	영어	중국어	창체
7	수학	운동과 건강	✕	생명과학	창체

(예시 2) 화법과작문, 확률과통계, 윤리와사상, 세계사, 일본어, 음악감상과비평을 선택한 경우

교시	월	화	수	목	금
1	영어	화법과작문	세계사	문학	수학
2	문학	윤리와사상	윤리와사상	운동과건강	영어
3	확률과통계	일본어	진로	세계사	음악감상과비평
4	창체	영어	수학	화법과작문	음악감상과비평
5	윤리와사상	세계사	확률과통계	수학	문학
6	세계사	문학	영어	일본어	창체
7	수학	운동과 건강	✕	윤리와사상	창체

서로 다른 선택과목 때문에 학생마다 시간표가 다른 점을 고려하여 지필평가를 실시하게 된다. 시간표 내에 음영으로 표시한 과목은 일괄 실시 과목으로 전체 학년 혼합 실시가 가능하다. 전체 인원의 절반 이상이 선택한 과목의 경우도 일괄 실시할 수 있다. 이

때 일괄 실시 시간과 부분 실시 과목 시간 사이에 고사실 이동 시간 등을 확보해야 한다. 또한 2, 3학년의 경우 1인당 평가 과목 수에 무리가 없도록 점검해야 한다.

| 표 6-15 | 용인백현고 지필평가 시간표 및 개별 시험시간표 예시

날짜	교시	시간		학년		
		예비령	본령	1학년	2학년	3학년
1일차	1교시	09:05	09:10-10:00	통합사회	생명과학Ⅰ (177명)	생활과윤리 (155명)
	2교시	10:15	10:20-11:10	기술·가정	일본어Ⅰ/중국어Ⅰ (273명)	한문/정보 (244명)
	3교시	11:30	11:40-12:30	(귀가)	한국지리 (38명)	지구과학Ⅱ (77명)
	4교시	12:50	13:00-13:50		(귀가)	중국어회화Ⅱ (28명)
2일차	1교시	09:05	09:10-10:00	영어	영어Ⅰ (273명)	심화영어독해I (213명)
	2교시	10:15	10:20-11:10	(귀가)	물리학Ⅰ (72명)	비교문화 (86명)
	3교시	11:30	11:40-12:30		윤리와 사상 (36명)	화학Ⅱ (76명)
	4교시	12:50	13:00-13:50		(귀가)	정치와법 (33명)
3일차	1교시	09:05	09:10-10:00	자습	화법과 작문 (209명)	여행지리 (212명)
	2교시	10:15	10:20-11:10	수학	확률과 통계 (202명)	생명과학Ⅱ (89명)
	3교시	11:30	11:40-12:30	(귀가)	지구과학Ⅰ (36명)	경제/화학실험/물리학실험 (73명)
	4교시	12:50	13:00-13:50		(귀가)	세계지리 (45명)
4일차	1교시	09:05	09:10-10:00	통합과학	사회·문화 (163명)	언어와매체 (181명)
	2교시	10:15	10:20-11:10	한국사	수학Ⅰ (273명)	동아시아사 (145명)
	3교시	11:30	11:40-12:30	(귀가)	영어독해와 작문 (80명)	물리학Ⅱ (65명)
	4교시	12:50	13:00-13:50		(귀가)	일본어회화I (43명)
5일차	1교시	09:05	09:10-10:00	국어	문학 (273명)	실용국어 (158명)
	2교시	10:15	10:20-11:10	(귀가)	세계사 (24명)	미적분 (83명)
	3교시	11:30	11:40-12:30		기하 (55명)	경제수학 (49명)
	4교시	12:50	13:00-13:50		(귀가)	생명과학실험 (40명)

(예시 1) 학생 개인별 시험시간표
(선택과목 :기하, 확률과통계, 물리학I, 생명과학I, 중국어, 미술창작)

교시	1일차	2일차	3일차	4일차	5일차
1	생명과학I	영어	(자습)	(자습)	문학
2	중국어	물리학I (고사장이동)	확률과 통계	수학I	(자습)
3					기하 (고사장이동)

(예시 2) 학생 개인별 시험시간표
(선택과목 :화법과작문, 확률과통계, 윤리와사상, 세계사, 일본어, 음악감상과비평)

교시	1일차	2일차	3일차	4일차	5일차
1	(자습)	영어	화법과 작문	(자습)	문학
2	일본어	(자습)	확률과 통계	수학I	세계사 (고사장이동)
3		윤리와사상 (고사장이동)			

② 수업시간을 활용한 갈매고등학교의 지필평가 운영 사례

또 다른 사례를 살펴보자. 경기도 갈매고등학교의 지필평가 운영
사례이다. 3학년은 8학급 200여명이고, 개인별 시간표는 180여
종류가 구성되었다. 갈매고등학교에서는 평가 방식보다는 수업
혁신에 중점을 두어 대부분의 수업을 학생 활동중심 수업 방식으
로 운영하였다. 또한 과정중심의 수행평가 비중을 높여 지필고사
횟수를 줄이는 방식으로 변화를 가져왔다. 실제로 소수 학생이 선
택하여 한 반으로 운영되는 과목의 경우 수업시간에 지필고사를
실시하고 있다. 학교지정과목과 100명 이상의 다수가 신청한 과

|표 6-16| 갈매고등학교 지필평가 시간표 예시

날짜	교시	시간	1학년	2학년	3학년
1일차	수업		수업	수업	수업
	4교시	12:10~13:00	수업	수업	지구과학I
	수업		수업	수업	수업
2일차	1교시	09:10~10:00	수업	화학	생명과학II
	2교시	10:20~11:10	수학	수학II	영어II
	수업	3~7교시	수업	수업	수업
3일차	1교시	09:10~10:00	수업	기하	동아시아사
	2교시	10:20~11:10	국어	문학	확률과통계
	수업	3~7교시	수업	수업	수업
4일차	1교시	09:10~10:00	한국사	일본어/중국어	일본어/중국어
	2교시	10:20~11:10	통합과학	사회문화	화법과작문
	3교시	11:30~12:20	×	생명과학I	생활과윤리
	4교시	12:40~13:30	×	지구과학I	법과정치
5일차	수업		수업	수업	수업
	7교시	16:10~17:00		한국지리	한국지리 기하와벡터
	8교시	17:20~18:10	×	세계사	×
6일차	수업		수업	수업	수업
	7교시	16:10~17:00			지구과학II
	8교시	17:20~18:10	×	×	화학II

목만 1~2일 정도 정기고사 기간을 정하여 시험을 치르고, 나머지 과목은 해당 과목을 수강한 학생만 남아서 7교시 수업 이후에 해당 과목의 평가에 응시한다. 경우에 따라서는 수업시수를 고려하

여 1, 2교시에 평가를 실시하고 3~7교시에 수업을 진행하거나, 선택과목별로 6, 7교시 또는 7, 8교시에 남아서 시험을 보는 경우도 있다. 이는 수업시수를 고려하여 융통성 있게 운영하고 있다. 이런 방식으로 운영하면 모든 과목의 지필시험이 있는 기간은 보통 일주일 정도가 된다. 시험 운영 결과는 왼쪽 표 6-16과 같다.

공동교육과정과 평가

어떤 과목은 한 명의 교사가 홀로 감당하기 어려울 수 있다. 또 선택하는 학생 수가 너무 적어서 어느 한 학교에서 단독으로 개설하기 어려운 과목도 있을 것이다. 이런 경우 인근 학교와 공동교육과정으로 운영하거나, 인근 학교의 교사와 함께 협업하는 방식이 학생 선택권을 강화하는 대안으로 떠오르고 있다. 그리고 실제로 이러한 공동교육과정은 진로선택, 진학준비, 수업의 운영 및 평가 등 다양한 측면에서 만족도가 매우 높은 것으로 나타나고 있다.

① 공동교육과정의 취지가 왜곡되지 않으려면

경기도 공동교육과정에 참여하는 201교 3,931명의 학생을 대상으로 실시한 온라인 설문에서 공동교육과정에 적극 참여했다고 응답한 학생들은 92.66%이며, 교사의 수업 준비 측면의 만족도에서는 88.75%가 '매우 그렇다'와 '그렇다'로 응답하였다. '개설 과목에 대한 공개적인 안내 및 충분한 설명이 있었다'에서 '그렇다'와 '매우 그렇다'라고 응답한 비율은 84.86%이며, 공동교육과정이 탐구 기회 제공 측면에서 79.84%의 학생이 만족한 것으로 나타났다.[38] 다만 일부 지역은 학생들이 공동교육과정을 지나치게 선호하여 혹시나 이 과정이 입시용 '스펙' 쌓기로 간주되는 것에 대한 우려의 목소리도 있다. 이 같은 현상을 단순히 입시구조상 어쩔 수 없는 일이라고 넘길 수도 있지만, 자칫하면 공동교육과정의 본래 취지가 왜곡될 가능성도 있으므로 각별한 주의가 필요하다.

공동교육과정은 과학과제연구, 생태와환경, 프로그래밍, 사회문제탐구, 기초디자인, 보건간호, 국제경제 등의 진로선택과목이 주로 개설되고, 평가는 주로 수행평가와 서술형 평가중심이다. 공동교육과정으로 이수한 진로선택과목은 원점수, 과목 평균, 과목 표준편차로 성취도를 산출하며, 인원수에 상관없이 석차등급은 따로 산출하지 않는다.[39] 그 결과 학생들의 심리적 부담이 줄었고, 교사 또한 변별을 위한 평가에 대한 압박이 없다 보니 수업이 한층 다양해지고 과정중심평가가 내실 있게 운영되고 있다고 한다. 해당 과목을 맡은 교사들은 과정중심의 수행평가를 주로 실시하고, 성취기준, 성취수준은 수업 실시 전에 결정한다.

---

38. 황유진 외3인, 2017, 〈교육과정 클러스터 운영 진단 연구〉. 경기도 교육연구원. 48쪽
39. 경기도교육청, 2019, 〈2019학년도 고등학교 학업성적관리 시행지침〉

② 공동교육과정에서의 평가 사례

공동교육과정 평가의 예로 ○○고등학교에서는 '과학과제연구'와 '로봇소프트웨어개발' 과목을 개설하여 운영하였다. 과학과제연구 과목은 학생들이 주제를 선정하고, 주제에 맞는 탐구 및 실험 활동을 실시한 후에 보고서를 작성하는 일련의 과정으로 구성되

| 표 6-17 | 공동교육과정(과학과제연구)평가 계획 예시

학 기	1·2학기			
평가 종류	수행평가			
반영 비율	100%			
횟수/영역	논술	실험·실습	탐구 보고서	종합적 탐구실험
만점(반영비율)	20점	30점	20점	30점
	20%	30%	20%	30%
논술형 평가 반영 비율	20%	-	20%	15%
성취도	성취도 A-C 기재 / 석차등급 미산출			

| 표 6-18 | 공동교육과정(로봇소프트웨어개발)평가 계획 예시

학 기	1학기				
평가 종류	지필평가		수행평가		
반영 비율	20%		80%		
횟수/영역	2차		로봇 프로그래밍 프로젝트1	로봇 프로그래밍 프로젝트2	로봇 제어 프로젝트
	선택형	논술형			
만점(반영비율)	0	100점	25점	25점	30점
	20%		25%	25%	30%
논술형 평가 반영 비율	20%		-	-	30%
성취도	성취도 A-C 기재 / 석차등급 미산출				

어 100% 수행평가로 이루어진다. '로봇소트프웨어개발' 과목도 로 봇 프로그래밍 프로젝트를 단계별로 수행하는 수업으로 논술평가 20%와 수행평가가 80%로 구성하고, 학생들이 1년간 수행한 과정 을 포트폴리오로 만들어서 공유하도록 하고 있다.

대체로 공동교육과정의 수업은 토의토론, 실험, 프로젝트 수업 등 학생이 직접 참여하는 방식으로 운영되어 학생의 지적 호기심 을 충족시켜줄 수 있었으며, 다양한 교육 활동 경험도 제공할 수 있었다.[40] 이는 2015 개정교육과정의 방향과 고교학점제의 취지 에 적합한 평가라고 말할 수 있을 것이다.

③ 성적산출과 관련한 문제점을 해결하기 위한 방안

다만 공동교육과정은 교과목을 개설한 학교에서 학생의 출결, 성 적처리, 시험 운영 전반에 관한 업무를 모두 담당하게 된다. 그러 다 보니 이에 따른 어려움도 적지 않은 게 사실이다. 특히 교육과 정을 수강하는 학생들의 소속 학교가 저마다 다르기 때문에 한 학 기에 17회 수업을 운영하는 것이 생각보다 쉽지 않다. 예컨대 참 여 학교들이 사전에 학사일정을 조정하여 계획을 수립하지만, 갑 작스러운 학사일정 변동사항이 발생하는 경우 수업 보강일을 정 하는 것조차 매우 어렵다. 특히 프로젝트나 실험 등 연속적인 관 찰이 요구되는 수업과 평가일 경우에는 더욱 그러하다. 또한 일부

---

40. 박혜진 외 4인, 2018, 〈고교학점제 운영 활성화를 위한 학교 간 공동교육과정 내실화 방안 연구〉, 경기도교육연구원, 60쪽

학생들은 공동교육과정을 정규교육과정이 아닌 방과후수업으로 인식해 시험이나 출결 결과에 대해 빈번하게 민원을 제기하기도 한다. 따라서 이러한 어려움을 예방하기 위한 적극적인 노력이 필요하다. 공동교육과정에서 가장 중요한 것은 **정보의 공유**이다. 따라서 학생, 학부모 대상으로 사전 설명회를 개최하거나 안내 자료를 충분히 제공하여 공동교육과정 개설 과목 소개, 수업 내용, 평가 방법, 평가 시기 등을 충분히 공유한다면 불필요한 갈등이나 민원을 예방할 수 있다.

평가와 교육과정 편성의 한계

2025년 고등학교 입학생이 치르는 2028학년도 대학입시 이전까지 평가는 과도기적 상황이 존재한다. 2025년 고교학점제 전면 시행에 앞서 평가의 잦은 변화로 학교는 교육과정을 편성·운영하는 데 크나큰 어려움을 호소한다.

> 교육부가 고교학점제 정책을 내세우면서 학생중심으로 교육과정을 운영해야 한다고 계속 학교에 이야기하길래… 학교에서 선생님들이 수업 준비에 부담 크다고 짜증내셔도 교육과정 담당자 입장에서 계속 다독이면서 준비해왔는데… 일렬로 줄 세우는 수능 성적이 가장 공정하다고 비율 높이겠다고 수능 손 들어주는 바람에 솔직히 학점제 운영이 정말

힘들어졌어요.

애들은 애들대로 과목 선택이 뭐가 중요하냐고 수능 출제 과목만 잘 보면 되지 그러고. 솔직히 지금도 3학년 2학기는 말로만 진로선택과목이지 뭐 자습시간인 곳이 대부분이잖아요…

교사들이 애들 위해서 준비한 활동도 애들이 성적이 더 중요하다고 참여를 안 하니까 맥만 빠지고. 그래도 애들 위해서 많은 과목을 개설하려고 선생님들이 따로 모여서 수업도 준비하고, 대학원 강의도 들으러 나가고 그러셨는데. 애들은 수능과목으로 쏠리지. 수업은 수업대로 다양하게 준비해야 하지. 게다가 뭐 과도기라고 과목 유형 따라서 성적평가 방식도 다르고, 과목이 같아도 교육과정 적용 따라서 성적평가 방식 또 다르고… 게다가 뭐 교육청마다 서술형 수행평가 지침이 다 다르니까 갈피도 못 잡겠지. 장학사님들에게 물어봐도 딱 이거다 답변해주실 수도 없지…

그래도 교장, 교감 선생님은 학생 선택권이 우선이라고 밤늦도록 논의하며 애들 원하는 쪽으로 만들어가시는데 여전히 전쟁터예요. 애들이 하도 왔다갔다 하니 어떤 과목은 심지어 강사가 3번이나 바뀐 적도 있어요. 너무 힘들다고… 그것도 애들이 원하는 주문형 강좌였는데… 학부모님은 이게 뭐냐고 책임지라고. 교장, 교감, 교육과정부장 계속 뭐라고 하고.

저희는 정시로 대학 간 애들이 손가락에 꼽을만큼 전형적인 학종중심 학교인데 그래서 완전 초상집이었어요. 고교학점제 시작하면서 학교가 좀 살아난다 싶었는데… 뭐 뒤통수 맞은 기분이랄까… 교육부는 상위 15개 대학만 수능 위주 전형 40% 이상이라고 이야기하지만, 다른 대학들이 가만히 있겠어요. 재정 지원 쥐고 흔들면 다 따라하지…

애들도 결국은 성적 따기 좋은 과목만 공부할 것 같아요… 지금처럼 과목

선택권하고 대입제도가 이렇게 흘러가면요… 이제 어떡하지요…

- ○○고등학교 교사

이 인터뷰만 보더라도 평가에 관한 현장의 고충이 얼마나 큰지 짐작할 수 있을 것이다. 2015 개정교육과정 운영 및 고교학점제를 시범 적용하는 대다수 일반고등학교는 학생 선택권을 보장하기 위해 많은 과목을 개설했지만, 선택과목 내에서 평가 방법이 다르게 적용되다 보니 이에 대해 불공평하다고 생각하여 왕왕 불만을 제기하는 것이다. 2019학년 입학생부터 일반선택과목은 '표준편차'와 '석차등급'을 내고 진로선택과목은 기존의 산출 방식인 '표준편차'와 '석차등급'이 삭제되고, '성취도별 분포비율'이 추가되었다. 즉 진로선택과목은 석차등급을 내지 않고 3단계 성취평가를 한다. 인터뷰에 응한 교사가 재직 중인 ○○고등학교는 탐구교과 영역에서 8개의 과목을 선택하게 된다. 탐구 영역 선택과목 중 동아시아사, 사회·문화, 경제, 한국지리, 윤리와사상은 일반선택과목에 해당하고 여행지리, 사회문제 탐구, 물리학 II, 화학 II, 생명과학 II, 지구과학 II, 생활과 과학, 과학사는 진로선택과목에 해당한다. 학생들이 선택하는 과목이 일반선택과목인지 진로선택과목인지 여부에 따라 성적처리 방식이 다르게 적용되고 있다.

비단 평가 방식의 차이뿐만 아니라 선택과목이 입시과목인지에

| 표 6-19 | ○○고등학교 편제표 일부

교과 영역	교과 (군)		선택과목	기준 단위	운영 단위	2학년 1학기	2학년 2학기	3학년 1학기	3학년 2학기	선택
탐구	사회	일반	동아시아사	5	6			3	3	24 (택 8)
		일반	사회·문화	5	6			3	3	
		일반	경제	5	6			3	3	
		일반	한국지리	5	6			3	3	
		일반	윤리와사상	5	6			3	3	
		진로	여행지리	5	6			3	3	
		진로	사회문제 탐구	5	6			3	3	
	과학	진로	물리학 II	5	6			3	3	
		진로	화학 II	5	6			3	3	
		진로	생명과학 II	5	6			3	3	
		진로	지구과학 II	5	6			3	3	
		진로	생활과과학	5	6			3	3	
		진로	과학사	5	6			3	3	

| 표 6-20 | 사회교과와 과학교과의 과목 비교

교과 영역	교과(군)	공통과목	선택과목	
			일반선택	진로선택
탐구	사회 (역사/ 도덕 포함)	통합사회	한국지리, 세계지리, 세계사, 동아시아사, 경제, 정치와 법, 사회·문화, 생활과 윤리, 윤리와사상	여행지리, 사회문제 탐구, 고전과 윤리
	과학	통합과학 과학탐구 실험	물리학 I, 화학 I, 생명과학 I, 지구과학 I	물리학 II, 화학 II, 생명과 학 II, 지구과학 II, 과학사, 생활과과학, 융합과학

따라서도 교육과정 편성에 많은 어려움을 느낀다. 왜냐하면 학생들의 진로나 적성을 고려하여 학생의 성장을 적극 지원하는 교육과정 편성이 아니라 그저 성적에 유리한 방향, 대학입시에 유리한 방향으로 교육과정이 편파적으로 편성될 우려가 있기 때문이다. 따라서 고교학점제 전면 시행 이전에 진로선택과목뿐만 아니라 모든 과목을 **성취평가제로 전환**시킬 필요가 있다.

또한 최근 정시 확대 발표는 교육과정 편성에 더 큰 갈등과 혼란을 야기하고 있다. 교육부 발표에 따르면 현재(2020년 기준) 고1이 대학입학수학능력시험을 치르는 2023학년부터 서울대와 고려대, 연세대 등 서울 16개 대학에 한해 정시 모집 비중을 40% 이상 늘린다고 한다.[41] 이는 선택과목 간 성적처리 차이에서 오는 혼선과 불편 정도가 아니라, 고등학교 교육과정의 편성 운영 전반의 문제로 고교학점제 기반을 조성하고 학생 성장을 지원하기 위해 다양한 교육과정 운영을 하는 학교들에게 큰 혼란을 주고 있다. 그간 입시의 장벽에서도 어렵게 일궈온 교육과정의 실천 동력을 또다시 흔들고 있는 것이다. 학교가 어렵고 혼란스러울수록 사교육 시장은 더욱 기승을 부리고 있다. 물론 학교의 교육과정 운영 목표와 방향은 흔들리지 않겠지만 이러한 기조에서 학교는 더욱 궁지에 내몰릴 수밖에 없다. 이러한 과도기적 상황에서 학생의 성장을 지원할 수 있는 교육의 본질론적 접근이 더 필요하다.

---

41. 김진하, 〈서울 16개 대학 2023학년까지 정시 40% 이상 확대〉, 《동아닷컴》, 2019. 11. 28

고교학점제가 실시되면 기존과는 크게 달라진 방식으로 많은 수업이 운영된다.
무엇보다 과거에는 모든 학생이 거의 동일한 시간표를 가지고 같은 교실에 앉
아서 같은 교육과정을 수강했지만, 이제는 개인별로 다양한 선택과목을 수강함
에 따라 학생들이 과목에 따라 교실을 옮겨 다니게 된다. 또한 학생마다 서로 다
른 시간표를 갖게 됨에 따라 부득이하게 공강 시간도 생겨나게 된다. 과거의 학
교 공간은 폐쇄적이고 대체로 공간 하나가 가진 역할이나 기능도 비교적 단순한
편이었다. 하지만 앞으로의 학교는 달라져야 한다. 하나의 공간이 또 다른 목적
으로도 이용될 수 있도록 고정된 상태가 아니라 가변성과 유연성을 가져야 하며,
학생들 각자가 편안하게 이용할 수 있는 개별 학습 공간이나 쉼터도 마련될 필요
가 있다. 이에 이 장에서는 공간혁신의 방향과 이에 관한 사례들을 중심으로 살
펴보려 한다.

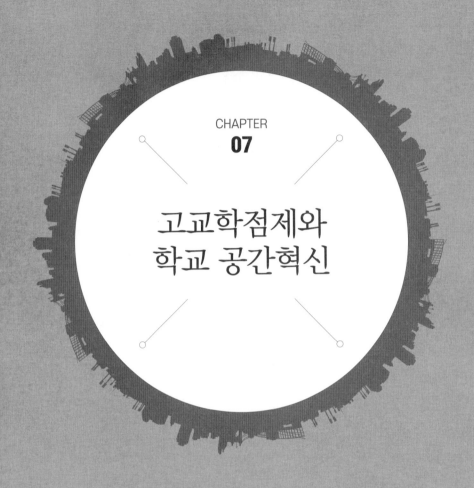

CHAPTER
07

고교학점제와
학교 공간혁신

"모두를 위한 학교 공간으로 다시 태어나다!"

01

학교 공간은
왜 중요한가?

우리 인간은 저마다의 시간과 공간 속에서 서로 이런저런 관계를 맺으며 삶을 살아간다. 그런 의미에서 볼 때, 학교 공간은 학생들의 삶에 있어서 시간과 사람(교사, 학생, 지역사회)을 연결해주는 중요한 터전인 셈이다. 학교 공간은 단순히 수업이 이루어지는 공간을 넘어 교육과정이 운영되는 공간이기도 하고, 나아가 학교교육과정 그 자체이기도 하다.

학교교육공동체와
학교 공간

학교 공간은 단순한 공간 개념에 머물지 않고 학교교육공동체가 추구하는 학교교육과정의 비전과 목표, 인간상을 알 수 있다. 우리나라는 국가교육과정이 수차례 개정되면서 지속적으로 학생중심 교육을 강조해왔다. 하지만 모두가 알다시피 실제 대부분의 학교와 교육공동체는 대학입시에 중점을 두고 다양성보다는 획일성을, 창의성보다는 안정성을, 인성보다는 지성을 중시하는 서열화 교육을 추구해왔다. 그리고 이는 학교 공간에도 고스란히 반영되었다. 즉 대부분의 학교는 일자형 혹은 ㄱ-자형의 네모난 건물과 네모난 교실, 네모난 칠판, 네모난 책상에서 학생들에게 획일적이고, 안정적이고, 지성을 강조하는 교육을 추구해왔던 것이다. 그리고 학생들은 네모난 창을 통해 네모난 세상을 바라보았다.[1]

지금까지의 학교교육과정과 학교 공간은 학생중심이라기보다는 국가와 사회가 요구하고 추구하는 방향으로 수월성을 중시하는 산업화의 산물이었다. 이제 다양성, 창의성, 인성이 강조되는 미래교육은 모든 학생을 위한 학생 맞춤형 교육과정과 이를 뒷받침하는 교육 생태계를 구축해야 한다고 우리 사회에 요구하고 있다. 즉 학교는 더 이상 산업화 초기, 오직 선발에 목적을 두고 소수의 우수 인재를 양성하는 공간이 아닌 모든 학생이 자신의 진로에 따라 맞춤형 교육과정을 이수하고, 필요한 역량을 갖추는 민주적인 삶의 과정이 일어나는 공간이 되어야 한다.

현재 교육과정은 학생을 더 이상 수동적 학습자가 아닌 주체적 학습자로 인식하고 학교교육과정과 학교 공간의 주권을 부여하고

---

1. 관련 내용은 화이트의 '네모의 꿈'이라는 대중가요의 가사이기도 하다.

있다.[2] 또한 인구 급감과 지역 간 격차가 심화되고 있는 상황에서 학교는 지역사회 시민을 양성하는 핵심적인 교육기관이자, 지역사회를 유지하고 발전시켜 나가는 역할의 중요성이 점차 강조되고 있다. 이에 학교교육과정뿐만 아니라 학교 공간혁신[3]은 아래의 그림과 같이 미래 혁신교육에 필요한 다양하고 유연한 공간, 학교의 교육공동체가 참여하여 설계하는 공간, 지역사회에 개방하고 공유하는 공간을 목표로 한다.

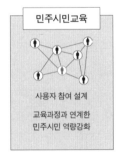

※자료: 한국교육녹색환경연구원, 2019

학교 공간혁신의 목표[4]
학교 공간은 미래 혁신교육에 필요한 다양하고 유연한 공간, 학교교육공동체가 참여하여 설계하는 공간, 지역사회에 개방하고 공유하는 공간을 목표로 한다.

---

2. 공간 주권은 공간에 대한 권리가 자신의 것이라는 것을 스스로 깨닫고 공간을 바꾸는 과정에 주체로서 참여할 때 공간 주권은 싹튼다(홍경숙 외 5명, 2019: 8쪽).

3. 학교 공간혁신은 단순히 노후화된 학교시설을 개선하는 시설 사업이 아니라 미래를 위해 학교 공간을 조성하고 학교에 대한 생각을 바꾸며, 교육문화를 만들어가는 과정이다(한국교육녹색환경연구원, http://www.학교 공간혁신.kr/bbs/content.php?co_id=page1. 검색일: 2020. 05.14.)

4. 이명애 외 8인, 2018, 〈고교학점제 실행을 위한 교육평가 개선 방안 연구〉, 한국교육과정평가원. 21쪽

여기서 약간의 난관에 부딪힐 수 있다. 바로 학교는 이미 건축된 건물이라는 점이다. 따라서 기존 학교 공간을 누가, 어떻게 리모델링하고, 어떻게 활용할 것인지는 학교 공간혁신의 중요 과제이다. 그리고 학생중심 맞춤형 교육과정을 실제로 구현하기 위해 교직원뿐만 아니라 학생과 학부모도 주체적으로 함께 참여하는 학교교육공동체의 소통과 협력은 필수이다. 즉 학교교육과정 편성과 운영, 학교 공간혁신은 학교 민주주의의 과정이다. 또한 인구 감소로 행정구역이 통합되고 있는 상황에서 학교와 마을을 함께 활성화하기 위해 지역사회와의 배려와 협력 또한 반드시 고려되어야 한다. 다시 말해 학교 공간혁신은 학교의 교육공동체뿐만 아니라 학교를 포함한 지역사회 시민의 삶을 변화시킬 수 있는 원동력이 된다(김권호 외 3인, 2018). 그리고 학교 공간혁신의 주체는 그림과 같이 학생, 교사, 학부모, 지역사회여야 한다.

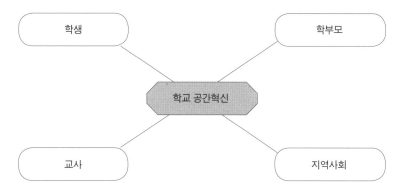

학교 공간혁신의 주체
학교 공간의 혁신은 학교 학생과 교사, 학부모와 지역사회 모두가 주체로 참여해야 한다.

교육과정과
학교 공간

　　　　　　　　　　　오직 서열화를 목적으로 획일적
인 교육이 이루어질 때는 우리의 학교 공간 또한 네모 일색의 획
일적인 공간 조성이 이루어졌던 것처럼 학교 공간은 마치 거울처
럼 교육과정을 반영한다. 〈학생중심 교육과정 운영을 위한 학교
공간 재구조화 방안〉(장명림 외 7명, 2017) 보고서에 2015 개정교육
과정의 학생중심 교육과정의 핵심요소를 분석하고 도출하여 이를
교육 현장에서 실제로 구현하기 위해 필요한 초·중·고등학교 공
간의 특징을 탐색하여 제시하였다. 여기에서는 위 보고서의 초·
중·고 공통의 핵심요소에 따른 공간 특성과 고등학교 교육과정의
핵심요소에 따른 공간 특성을 인용하여 고교학점제에 대비한 학
교 공간을 준비하기 위해　반드시 고려해야 하는 사항들을 중심으
로 이야기하고자 한다.

　초·중·고 공통의 교육과정 핵심요소는 오른쪽 표 7-1과 같이
12가지로 미래사회를 이끌어갈 창의·융합형 인재를 양성하기 위
해 필요한 역량과 교육과 관련된 요소들로 제시되고 있다. 12가지
핵심요소에 따른 공간 특성은 핵심요소별로 1개에서 최대 5가지
의 공간 특성을 보여준다. 핵심요소에 따라 개별활동부터 모둠활
동까지 다양한 수업의 형태, 토의, 토론, 탐구 등의 수업 방식, 학
습에서 쉼까지 다양한 학생 생활, 자연환경부터 컴퓨터 시스템에
이르는 교실 환경, 음악, 미술 등의 교과 특수적인 환경까지 다양

| 표 7-1 | 학생중심 교육과정 운영을 위한 핵심요소와 공간 특성(초·중·고 공통)

구분	핵심요소	번호	공간 특성
공A	인성 및 정서 함양	01	가정과 같은 편안한 분위기의 환경
		02	학생들의 눈높이에 맞는 다양하고 안전한 놀이 및 휴게 공간이 제공되는 환경
		03	학생들의 정서적인 안정과 스트레스 해소를 위한 안락하고 편안한 환경
공B	학생의 창의적 사고력 증진	01	전형적인 교실 형태를 탈피하여 마감재나 색상 등 변화감 있는 환경
		02	학교 곳곳에 자유로운 표현 활동이 가능한 환경
		03	학생의 창의성과 상상력 증진에 긍정적 영향을 주는 개방적인 환경
		04	학습집단의 규모 및 수업 유형에 따라 융통성 있게 대응할 수 있는 공간
		05	호기심과 감수성을 유발할 수 있는 다양하고 풍부한 자극을 받을 수 있는 환경
공C	창의융합형 인재양성을 위한 핵심역량 함양 교육	01	교과 간 융합과 소통을 촉진하는 환경
		02	탐구, 체험, 노작 등 다양한 학생 참여 활동을 지원하는 환경
		03	음악, 미술, 문화 등 다양한 분야의 심미적 체험을 할 수 있는 환경
공D	교과의 핵심 개념과 원리중심의 심층학습 강화	01	토의, 토론, 발표, 팀 프로젝트 수업 등이 원활하게 이루어질 수 있는 환경
공E	인문·사회·과학기술·기초 소양의 균형 있는 함양	01	학생들이 자신의 끼와 재능을 자유롭게 표현할 수 있는 환경
공F	다양한 학생 참여형 수업 활성화	01	교사와 학생 간, 학생들 간 소통이 원활하게 이루어질 수 있는 환경
		02	다양한 체험 수업이 원활하게 이루어질 수 있는 환경
		03	모둠활동 및 토론 토의, 개인 자습 등 다양한 크기의 그룹 활동이 원활한 환경
		04	학생이 적극적으로 타인 및 세계와 상호작용할 수 있는 환경
공G	학생 참여 및 활동중심	01	실험, 실습, 연극, 연주 등 다양한 학생 참여 활동이 원활하게 이루어질 수 있는 환경
		02	활동에 필요한 정보와 자료가 충분하고 접근이 용이한 환경
공H	협동학습	01	학생들 간 소통이 원활하게 이루어질 수 있는 환경
공I	자기주도적 학습 능력 증진	01	자료와 정보에의 접근과 활용이 쉽고 자유로운 환경
		02	학습, 휴식과 놀이, 소통 등 다양한 활동이 자유로운 환경
		03	학습에 대한 학생의 자율성과 주도성을 지원하는 환경
공J	집중력 향상		집중력을 높일 수 있는 조용하고 안정적인 공간
공K	자기성찰기회 확대	01	마음의 안정이나 자각, 신체 평정에 도움이 될 수 있는 환경
		02	자연을 쉽게 조망하거나 접할 수 있는 환경
		03	학생이 혼자 조용히 사색할 수 있는 공간
공L	소프트웨어 교육 강화	01	교사와 학생들이 언제 어디서든 필요한 인터넷에 접근할 수 있는 환경
		02	네트워크 컴퓨팅 기반 학습이 가능한 장비 및 교재가 비치된 공간
		03	원활한 소프트웨어 교육을 위한 유무선 네트워크 기반 환경

한 공간 특성을 제시하고 있다. 위 보고서는 12가지 교육과정 핵심요소별로 필요한 공간 특성을 실제 공간 사진과 함께 자세한 설명을 덧붙이고 있다.

앞서 언급한 초·중·고 공통 요인과 더불어 고교학점제는 고등학교에서 시행되는 것이므로 오른쪽 표 7-2에서 제시한 것처럼 5가지 고등학교 핵심요소별 공간 특성에 대해 분석한 내용을 추가로 참고할 필요가 있다. 고등학교 교육과정의 핵심요소는 공통과목과 선택과목의 다양화, 진로 및 정서와 관련된 활동으로 분석하고 있으며, 각 요소별로 1개에서 최대 3개의 공간 특성을 제시하고 있다. 공간 특성은 각 핵심요소별로 필요한 수업의 형태와 학생 학습 활동으로 설명하고 있다. 공간혁신이 필요한 대상 공간이 정해지면 표 7-1과 7-2는 향후 공간혁신 계획을 수립하는 데 교육과정 측면에서 중요한 참고 자료가 될 것이다. 여기에서 우리가 잊지 말아야 할 것은 학교 공간혁신은 반드시 교육과정에 기반을 두고 이루어져야 한다는 점이다.

> 학교 비전, 교육 목표, 중점사항, 교육과정, 수업, 평가, 학교문화, 학교 공간 등이 모두 맥락화되어야 교육과정중심의 학교 운영이라 할 수 있습니다. 따라서 이를 고려하고 연결짓는 작업을 누군가가 해주어야 하고 학교교육공동체가 함께 협의하고 협력해야 합니다.
>
> - 대전 J고 교장

|표 7-2| 학생중심 교육과정 운영을 위한 핵심요소와 공간 특성(고등학교)

구분	핵심요소	번호	공간 특성
고A	공통과목(국어, 수학, 영어, 한국사, 통합사회, 통합과학, 과학탐구실험) 도입	01	사회 현상을 종합적으로 이해할 수 있도록 협력 학습, 탐구활동, 프로젝트 수업 등 학생 활동 중심 수업이 원활하게 지원되는 환경
		02	학생들 간의 탐구 협업이 용이한 구조의 과학실
고B	학생의 진로와 적성을 고려한 선택과목 다양화	01	다양한 규모의 학습 집단을 수용할 수 있는 크기가 다양한 여러 개의 공간
고C	학생의 과목 선택권 확대	01	다양한 크기와 기능을 가진 여러 개의 공간
고D	학생의 진로와 연계된 다양한 활동	01	직업체험과 관련된 활동이 자유롭게 이루어질 수 있는 다양하고 개방적인 환경
		02	진로탐색을 위한 다양한 자료 및 정보가 제공되며 자료와 정보에의 접근성이 용이한 환경
		03	활동 종류와 학습 집단의 규모에 따라 변형과 조합이 용이한 가구 및 공간
고E	심신의 건강한 발달과 정서 함양을 위한 학교 스포츠클럽 활동	01	다양한 스포츠 활동이 동시에 이루어질 수 있는 공간

※자료: 장명림 외 6인, 2017

미래교육에 부합하는 학교 공간

학교가 한번 지어지고 나면 학생 수의 급감으로 폐교되지 않는 한 계속 유지된다. 그만큼 학교 공간은 오랫동안 지속되는 시설 환경이다. 또한 공간혁신은 예산과 인적 동력이 많이 소요되는 사업이기 때문에 필요하다고 해서 그때그때 자주 시행할 수도 없다. 따라서 지금 학교 공간혁신을 계획하고 있다면 장기적인 안목이 필요하다. 앞으로의 교육과정 변화와 미래교육 방향을 반드시 고려해야 한다는 뜻이다.

① 미래교육에 대응하는 테크놀로지 중심의 학교 공간 구성

현재까지 미래 학교 공간에 관한 연구와 자료들은 주로 테크놀로지에 주안점을 둔 컴퓨터 프로그램이나 소프트웨어 관련 회사들이 주도하고 있다. 우리나라에서도 최근 연구 결과들이 발표되고 있는데, 여기에서는 그중 미래교육의 전반적인 측면에서 학교 공간을 연구한 〈미래교육에 대응하는 학교 시설 개선 방안(임철일, 2018)〉의 내용을 소개하고자 한다. 오른쪽 표 7-3에 따르면 미래 학교 공간의 구성 요소로 교수-학습 및 테크놀로지, 정서적 지원, 커뮤니티 생태계, 통합적 안전망을 제시하고 있다. 이를 좀 더 구체적으로 살펴보면 미래사회 핵심역량을 함양하는 학교교육과정을 운영하기 위한 학교 공간, 긍정적인 감성을 신장시키기 위한 휴식 공간과 학습 공간, 지역사회와 유기적으로 연계된 상생 공

| 표 7-3 | 미래교육에 대응하는 학교 시설 개선을 위한 구성 요소

구성요소	내용
교수-학습 및 테크놀로지	미래사회가 요구하는 핵심적인 역량을 달성하기 위한 다양한 테크놀로지의 활용, 효과적인 교수-학습 지원, 그리고 창의 및 융합, 전인 교육 등에서 중점적으로 고려하는 예술 및 체육 활동을 통한 학습 도모를 종합적으로 고려함.
정서적 지원	교육 및 학습의 정의적 측면을 고려하여 학생들의 학교 공간 및 시설 그리고 이의 활용을 통해 즐거움 및 편안함 등을 인식하여 학교생활에서의 긍정적 감성을 유발하여 휴식과 더불어 학습이 한층 촉진될 수 있도록 고려함.
커뮤니티 생태계	폐쇄된 학교 공간에서 벗어나 지역 주민 및 사회와의 유기적인 연계를 통해 지역사회 발전에 도움을 주는 것을 의미함.
통합적 안전망	학습에 영향을 미칠 수 있는 외부 환경 및 학교 폭력 등의 위험 요소와 학습 및 테크놀로지의 활용으로부터 발생가능한 학생들의 사고 등으로부터 위험적 요인 및 사고를 방지하고 이에 대한 즉각적인 대처 활동을 수행하는 것임.

※자료: 임철진, 2018

간, 학생의 정신적·신체적 안전이 보장된 공간이 미래학습 공간의 중요한 구성 요인이라고 보고 있다.

② **공간 정의로 살펴본 미래학습 공간**

또 하나의 주목할 만한 미래학습 공간 연구는 〈미래학습 공간의 변화와 전망(계보경 외 2인, 2017)〉으로 미래지향적 학습 공간의 사례를 다음의 표 7-4에서 보듯이 6가지 공간으로 구분하여 설명하고 있다. 구체적으로 프로젝트와 아이디어를 기획하고 설계하는 공간, 학습 내용을 체험하거나 가상체험하는 공간, 실험하거나 산출물을 만들어내는 메이킹 공간, 활동 결과를 발표하고 공유하는

공간, 다양한 형태의 독립적인 개인 학습 공간, 구성원 상호 간의
소통하고 친교를 맺는 사회화 공간으로 나누고 있다.

| 표 7-4 | 미래학습 공간과 정의

미래학습 공간	공간 정의
① Planning & Designing	· 문제를 분석하고 프로젝트를 기획하는 공간임. · 참여자들이 아이디어를 자유롭게 발산하고 해결책을 도출할 수 있는 분위기를 연출함. · 자료수집, 토론, 브레인스토밍 등에 최적화된 환경이 갖춰져 있음.
② Experience & Simulation	· 학습 내용을 간접적으로 체험하거나 가상으로 조작해볼 수 있는 공간 임. · 박물관, 미술관, 과학관 등에서 교육용 시뮬레이션 도구를 배치하고 실제와 유사한 분위기를 연출함으로써 학습자의 흥미를 이끌어내고 자 함. · 최근 가상현실, 증강현실 등을 활용하여 물리적인 제약 조건을 극복 하고 학습 효과를 높이려는 시도가 증가함.
③ Making	· 참여자들이 설계한 아이디어를 플로토타입 혹은 실제 산출물 형태로 제작하는 공간임. · 실험 · 실습실(Lab), 공방, Maker space 등으로 불림. · 산출물의 형태에 따라 공간 구성이 다양하게 연출될 수 있음.
④ Presenting & Sharing	· 학습 과정에서 학생들이 활동 결과를 표현하고 공유하는 공간임. · 학생들이 자유롭게 자신의 의견을 발표하고 질의 · 응답할 수 있도록 구성되었음. · 강연, 공연, 토론 등의 목적에 따라 공간 구성의 형태는 다양하게 나 타날 수 있음.
⑤ Individual Learning	· 학습자들이 독립적으로 연구 혹은 학습을 진행할 수 있는 공간임. · 개방형 공간부터 폐쇄형 개인화 공간까지 다양한 형태로 나타나며 온 라인 학습이 가능한 환경이 조성되어 있음.
⑥ Socializing	· 구성원 상호 간의 대화, 토론, 친교 활동을 할 수 있는 공간임. · 교육과정상의 공식적인 활동뿐만 아니라 비공식적인 활동을 자유롭 게 할 수 있는 공간으로 활용됨.

※자료: 계보경 외 2인, 2017

③ 미래학습 공간을 위한 고려사항

방금 소개한 두 연구 결과를 종합해보면 미래사회 학교 공간은 학생의 미래역량, 정서, 학생 맞춤형 개별학습을 교육과정과 연계하여 지원할 수 있어야 하고, 다양한 미래 테크놀로지를 활용할 수 있으며, 학생이 학교와 지역사회를 넘나들며 사회성과 역량을 키울 수 있는 안전한 공간이어야 한다. 학교 공간혁신은 모든 학생이 미래에 자신의 특별한 진로를 실현할 수 있도록 지원하기 위해 추진해야 하는 현재의 과제이다. 즉 학교 공간혁신은 학생의 현재 삶뿐만 아니라 미래의 삶에도 영향을 주는 학교교육공동체의 중요한 과업인 셈이다. 따라서 미래사회 변화를 대비하는 공간혁신이 이루어질 수 있도록 학교는 관련 연구자료를 면밀하게 검토하고, 긴밀히 협의하여 반영할 필요가 있다.

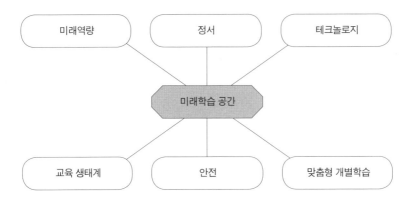

미래학습 공간을 위한 고려사항
학교 공간혁신은 모든 학생이 미래에 자신의 특별한 진로를 실현할 수 있도록 지원하기 위해 다양한 점들을 고려해야 한다.

지금까지 학교 공간의 의미를 학생, 교육과정, 미래학습 공간과 관련하여 살펴보았다. 학교 공간혁신을 추진할 때는 바로 이러한 사항들이 하나하나 고려되어야 한다. 그러나 모든 교육공동체가 이 모든 사항들을 빠짐없이 한꺼번에 고려하기란 말처럼 쉽지 않다. 따라서 팀을 나누어 각 사항들을 배분하고, 팀별로 연구하여 전문성을 확보한 후에 학교교육공동체 워크숍이나 협의회를 거쳐 학교 공간혁신 과정에 적용하는 방식이 훨씬 더 효율적일 것이다. 학교 공간을 혁신하는 과정은 더 이상 학교장, 설계자, 행정실만의 업무에 머물지 않는다. 이제 학교 공간은 학생, 교사, 학부모뿐만 아니라 지역사회가 함께하는 공간이다. 학교는 모두가 함께 만들어가는 공간임을 인식하고, 학생의 교육과정이며, 삶이며, 진로를 준비하는 길이라는 관점을 견지하여 민주적으로 혁신해 나가야 할 것이다.

02

고교학점제를 위한
학교 공간혁신의 기준은 어떻게 다른가?

학교 공간혁신은 단순히 배움을 넘어 학생 삶의 질까지도 높이는 것을 포괄한다. 그리고 학교 공간혁신은 누군가의 독단적이고 일방적인 결정에 따르는 것이 아닌, 학교교육공동체가 함께 소통하고 배려하고 협력해가는 민주적인 공동추진 과정이 되어야 한다. 그러나 그러한 과정은 학교교육공동체의 시간과 동력을 많이 요구하고, 때때로 민주주의의 함정에 빠져버릴 가능성 또한 배제할 수 없다. 따라서 이러한 함정에 빠지지 않기 위해서는 뭔가 기준이 될 만한 것이 필요하다. 즉 공교육 체제 안에서 학교교육공동체의 공동의 선을 추구하는 학교 공간혁신을 진행하려면 먼저 체계적이고 공평한 기준을 세우는 것이 필요하다는 뜻이다. 공간혁신을 처음 시작하는 학교는 이러한 기준을 설정하기에 앞서 해당 사업을 추진했던 시도교육청 단위나 학교 단위의 사례들을 면밀히 검토해볼 필요가 있다.

학교교육과정의 비전과 목표를
고려한 창의적 공간

　　　　　　　　　　　　　비전과 목표를 고려하여 창의적
인 공간을 만들어간다는 말이 얼핏 피상적인 구호처럼 들릴 수도
있을 것이다. 그래서 몇 가지 구체적인 사례들을 통해 이해를 돕
고자 한다.

　먼저 서울시교육청 '꿈을 담은 교실' 만들기 사업 사례에서 기준
으로 삼고 있는 창의적 공간의 기본 속성을 고려해볼 것을 추천한
다. 서울시교육청은 미래교육 차원에서 학생의 진로를 지원하는
가장 중요한 목적을 '창의성'에 두고, 창의적 공간의 속성을 10가
지로 구분하고 있다. 구체적으로 융통성, 개방성, 다양성, 연결성,
안락함, 유희성, 자율성, 충분성, 복합성, 협력성이 이에 해당하는
데, 구체적인 설명은 오른쪽 표 7-5에 정리하였다. 각각의 내용을
자세히 살펴보면 각 속성은 서로 독립적인 부분도 있지만, 상호
연관된 부분도 있기 때문에 속성의 구분과 내용은 학교마다 다르
게 정의될 수도 있다.

　따라서 학교는 저마다 학교교육과정의 비전과 목표를 고려하여
학교 공간혁신의 기준을 결정해야 할 것이다. 단, 기준은 공동체
의 협의 과정에 드는 시간과 동력을 고려하여 간결하고 명확하면
서도 포괄적이어야 한다. 기준의 수가 너무 많거나 선택적이면 공
동체에 부담을 초래하거나 모든 학생을 위한 공동체가 희망하는
공간혁신을 제대로 실현하기 어렵다.

|표 7-5| 창의적 공간의 기본 속성

속성	내용
① 융통성	구조나 형태의 변경, 조절이 자유롭고, 교육 내용, 교수-학습 방법, 집단 크기, 사용자의 요구 등 다양한 변화에 유연하게 대응할 수 있는 공간의 특성
② 개방성	건물 안과 밖, 건물 내의 공간과 공간 사이가 시각적으로는 개방감과 투명성이 있으며, 물리적으로는 상호 교류가 원활한 구조로 되어 있는 특성
③ 다양성	형태, 크기, 기능, 분위기, 색상, 마감재 등 여러 가지 건축적 요소를 다양하게 구성하여 사용자의 기호, 발달 특성, 심리상태, 활동의 종류 등에 따라 여러 가지 선택이 가능한 공간의 특성
④ 연결성	공간과 공간(학교 안/밖, 실내/외, 공용 공간/옥외 공간, 학습 공간/놀이 공간 등) 간 사람과 사람(교사와 학생, 학생과 학생, 교사와 교사, 학교 내 구성원과 지역사회 구성원) 간 유기적인 교류와 소통을 지원하고, 정보에의 접근과 활용이 원활한 공간의 특성
⑤ 안락함	안전하고 보호받고 있다는 느낌을 가지게 하며, 밝고 자연친화적이고 편안하고 평온함을 느끼게 하는 공간의 특성
⑥ 유희성	흥미와 호기심, 상상력을 자극하고, 모험적이고, 놀이적인 요소가 많아서 다양하고 흥미로운 경험을 제공하는 공간의 특성
⑦ 자율성	활용과 변형, 선택과 통제가 자유롭고 그 안에서 사용자들이 자기주도적인 학습 및 활동을 할 수 있도록 하는 공간의 특성
⑧ 충분성	사용자가 원하는 유형의 활동(놀이, 학습, 실험, 표현 및 전시, 휴식 등)을 언제 어디서든 할 수 있도록 필요 공간 및 자원(자료, 도구, 가구 등)을 충분히 지원할 수 있는 특성
⑨ 복합성	다양성과는 달리 여러 가지 건축 요소들이 적용되어 각 요소 간의 유연한 조합이나 연결을 통해 조화롭고 복합적인 기능 및 분위기를 갖는 공간의 특성
⑩ 협력성	학생들 간의 원활한 협력과 공동 작업을 지원하는 공간의 특성

※자료: 서울시교육청, 2017

맞춤형 교육과정 운영을 위한 공간혁신의 기준

앞선 표 7-5에서 정리한 서울시 교육청 '꿈을 담는 교실' 사업은 초·중·고 공통으로 적용하는 사업이었다. 한편 교육부는 고교학점제 공간 조성 기준을 고교학점제 연구학교 운영 안내서에서 제시한 바 있다. 특히 교육부는 공간 조성 기준을 마련함에 있어 고등학교의 학생 맞춤형 교육과정 운영에 초점을 맞춰 학습 공간의 유연성, 지원 공간의 복합성, 공용 공간의 활용성, 동선의 효율화 등 4가지 기준을 제시하고 있다. 각 기준의 구체적인 내용은 아래의 표 7-6을 참고하자.

|표 7-6| 고교학점제 공간 조성 기준

기준	내용
① 학습 공간의 유연성	수강인원·수업 방식에 따라 조절 가능한 다양한 형태 및 크기의 교실과 장치 마련 (사례) 필요시 두 교실을 통합 운영할 수 있도록 중간문 설치(가변형 교실, 개폐 가능한 칸막이 등), 과학실에 이론수업과 실험·실습 공간을 함께 조성 등
② 지원 공간의 복합성	도서실, 시청각실, 다목적실 등의 역할과 기능을 확장하여 다양한 규모의 그룹 활동이나 참여형 수업이 가능한 공간으로 조성 (사례) 모니터·롤스크린·컴퓨터 등을 도서실에 설치하여 다양한 용도로 활용
③ 공용 공간의 활용성	학생 이동이나 공강 중 휴식, 소그룹 활동 등 자율 활동이 가능하도록 홈베이스, 유휴교실, 복도 등 공용 공간 활용 (사례) 개인 시간 활용 또는 휴식 공간, 표현 활동을 할 수 있는 무대, 탁구대 등 운동기구, 과제나 자율학습을 할 수 있는 공간, 소그룹 활동 공간 등을 홀이나 로비 등에 마련
④ 동선의 효율화	선택과목 수업을 위한 학생 이동 시 동선이 최소화될 수 있도록 각 공간의 기능 연계를 고려한 효율적인 배치

※자료: 교육부, 2019

또한 광주광역시[5]를 포함하여 이미 공간혁신을 추진하고 있는 시
도교육청이 많기 때문에 해당 홈페이지를 검색하면 관련 정보들
을 얻을 수 있을 것이다. 다만 공간혁신 전문가의 의견[6]을 참고하
여 교육부 기준 안에 학교에서 추가적으로 고려해야 할 사항을 융
합한 기준안을 다음의 표 7-7과 같이 제안하고자 한다. 학교에서
수월하게 적용할 수 있도록 5가지 기준으로 제시하고 내용을 간
결하게 조정하였다. 교육부 기준에서 상호 연계성이 있는 기준은
통합하고 학교 공간 사용 시 자주 지적되는 문제점들을 예방할 수
있는 기준들을 추가하였다.

| 표 7-7 | 고교학점제 공간 조성 기준안

기준	내용
① 유연성	수강인원 · 수업 방식에 따라 형태와 크기가 조절 가능해야 한다.
② 다목적성	공간은 다양한 목적으로 활용될 수 있어야 한다.
③ 지속성	공간사용자 친화적이어야 하며 공간은 항상 변화 가능해야 한다.
④ 동선의 효율성	선택과목 수업을 수강하기 위해 학생이 이동할 때 학생 동선이 최소화되어야 한다.
⑤ 유지 · 보수의 용이성	공간의 유지 · 보수 비용 부담이 적고, 처리 과정이 복잡하지 않아야 한다.

---

5. http://7th.gen.go.kr/sub/page.php?page_code=guide_01

6. EBS Culture 미래교육 플러스-학교 공간의 주인은 누구?_#001(https://www.youtube.com/watch?v=ZCfp_c1mRKQ)

첫째, **유연성**은 고교학점제 운영 시에 가장 많이 고려되는 사항이다. 학생 맞춤형 교육과정을 운영하려면 학생 각자의 다양성을 존중해야 한다. 따라서 수업 개설 수, 학급의 크기, 수업의 형태가 모두 다르게 나타날 수 있고, 심지어 해마다 달라질 수 있다. 이에 전체 학교 공간에 대한 관찰과 이해를 통해 이러한 다양성이 적용될 수 있도록 공간을 배치하고, 필요한 경우 공간이 융통성 있게 변화할 수 있도록 가변형 도어 및 벽이나 가구 등을 활용하여 공간 활용도를 높일 수 있다.

둘째, **다목적성**이다. 이는 공간과 예산의 제한성, 교사의 수업 운영 형태의 다양성, 학생의 학교 공간에 대한 요구를 최대한 수용하기 위해 공간 복합성을 고려해야 한다는 의미이다. 예를 들어 도서관은 독서를 하는 공간 이외에도 수업, 동아리 활동, 학생 휴식, 방과후 활동, 정보 검색, 영상자료 관람, 지역사회 기여 등의 많은 기능을 할 수 있도록 조성되어야 한다. 이를 통해 예산을 절감하고, 학생 맞춤형 교육과정을 실행하며, 지역사회를 지원하여 궁극적으로는 현재의 학생이 미래 시민이 된 이후에도 오고 싶은 학교로 만들어갈 수 있다.

셋째, **지속성**은 학교 공간 사용 시 많이 지적되는 문제를 예방하기 위한 기준이다. 보통 공간 담당자가 바뀌면 공간 사용에 대한 이해도가 떨어진다. 이로 인해 좋은 의도로 조성된 공간이 방치되거나 심한 경우 재시공이 이루어지는 상황이 빈번히 발생하고 있다. 원인은 여러 가지로 생각해볼 수 있는데, 공간 시공 시 교육공동체가 함께 소통하고 협력하지 않았거나 인수인계가 제대로 이루어지지 않았거나 학교교육공동체의 공간 이해도[7]를 지원해주지 않은 경우일 것이다. 따라서 학교의 예산과 동력, 시간이 낭비되지 않고 공간이 지속적으로 활용되려면 공간사용자 친화적이고, 공간이 계속 변화할 수 있는 여지를 고려해야 한다.

넷째, **동선의 효율성**은 공간사용자의 이동 부담을 줄여야 한다는 것이다. 고교학점제로 개설 과목 수가 크게 증가하면 교과교실제를 운영하는 학교에서는 학생의 이동 동선이 늘어나면서 상대적으로 학생의 쉼이 간과될 수 있다. 이는 학생 불만을 일으키는 원인이 되고, 자칫 고교학점제의 좋은 취지가 퇴색될 수도 있다. 따라서 고교학점제를 교과교실제와 동일시하고 각 과목의 특수성만 강조하여 과목별 교실 마련에 집중하기보다는 공간의 유연성, 다목적성 등을 함께 고려하여 학생의 동선을 줄일 수 있는 학교 공간 운영 계획을 수립해야 할 것이다.

다섯째, **유지·보수의 용이성**은 지속성과도 관련이 있다. 그러나 독립된 기준으로 설정한 이유는 그만큼 학교 공간에서 중요하게 고려해야 하기 때문이다. 최첨단시설이나 특정 업체에서만 생산하는 제품인 경우 수리·보수의 경제적·행정적 부담이 크게 증가

---

7. 공간사용자의 공간 이해도를 제고할 수 있는 방법으로 전문가는 교육시설 명세서 제작을 권장한다. 이는 사용자가 공간을 정확히 이해해야 사용법을 이해할 수 있기 때문이다. 교육시설 명세서는 교육시설의 세부 명세를 구체적으로 기재한 표 형식의 문서로 특정 시설에 관한 상세정보를 한눈에 파악할 수 있다(EBS Culture 미래교육 플러스-학교 공간의 주인은 누구?_#001).

할 수 있고, 해당 업체가 폐업하는 경우에는 서비스가 중단될 수도 있다. 따라서 시공된 학교 공간을 최적의 상태로 계속 유지하기 위해서는 유지 및 보수에 필요한 예산이나 동력 등도 함께 충분히 고려해야 한다.

학교교육공동체가 함께 협의하고 협력하여 학교 비전과 목표에 적합한 고교학점제 공간 조성 기준을 만들고, 이를 적용하여 공간혁신을 추진한다면 모든 공간사용자를 위한 민주적인 삶이 보장되는 학교, 학생이 오고 싶은 학교로 만들어갈 수 있을 것이다. 마지막으로 덧붙이면 학교 공간혁신은 일부 구역에만 초점을 두고 이루어져서는 안 된다. 공간사용자가 학교 전체 공간을 충분히 바라보고 각 공간의 독립적인 특성뿐만 아니라 공간 간 연계성 등도 함께 고려해야 할 것이다.

03

사용자들이 함께 설계에 참여하는
학교 공간혁신

앞에서도 학교 공간을 혁신할 때는 학교장이나 일부 행정가들의 탁상공론으로 결정해야 하는 일방적인 사안이 아님에 대해 잠깐 이야기한 바 있다. 왜 공간혁신을 이루어야 하는지 그 목적을 생각하면 금세 그 이유를 알 수 있을 것이다. 사용자들이 공간혁신의 설계에 참여해야 하는 까닭이다.

사용자 참여 설계를
해야 하는 이유

사용자 참여 설계란 학생, 교사, 학부모, 지역주민 등 학교 사용자가 학교 공간혁신촉진자(전문가), 설계사, 행정직원, 지자체 담당 공무원 등과 함께 계획부터 사후 평가까지 전 과정에 직접 참여하는 것을 의미한다. 즉 사용자 측면에서 공간을 바라보고 실제로 공간을 사용하는 학생과 교사의 요구와 편의를 세심하게 고려하여 학교 공간을 디자인해야 한다는 것이다. 학생과 교사야말로 실제 학교 공간을 사용하고 있고, 또 어떻게 사용할지에 관해 가장 잘 알고 있는 당사자들이다. 즉 매일 학교 공간 곳곳에서 학습하고, 인간관계를 맺으며, 휴식을 취하고, 돌아다니며 경험적으로 익숙한 이들이야말로 학교 공간 사용에 대한 전문가라고 할 수 있다.

단순히 미래교육의 방향이나, 교육부 및 교육청의 지원이나, 건축 및 인테리어 전문가들의 의견만을 중요시하다 보면 학교 공간 구석구석의 사용에 대한 실제적인 경험이나 정보가 부족해지기 때문에 공간사용자의 눈높이에 딱 맞춰 설계하기가 어렵다. 그렇기 때문에 공간사용자의 설계 과정 참여는 학교 공간혁신의 핵심이다. 그리고 학교 공간은 학교교육과정의 운영 기반이므로, 수업이나 학교자치 활동 등을 통해 공간사용자의 요구와 희망을 취합하고 조정할 수 있다.

그러나 우리나라 문화에서 학교와 같은 공적 공간은 개인 공간이 아닌 주어진 공간이라는 의식이 보편적이다 보니 공간에 대한 주인의식이 상대적으로 부족한 편이다. 오히려 주어진 공간에 자신이 수동적으로 맞춰 생활하는 것이 당연하다는 문화가 지배적이다. 따라서 사용자 참여 설계에 있어 학교 공간에 대한 주인의식은 참으로 중요하다. 이를 통해 학교 공간의 설계뿐만 아니라 학교교육과정 운영에 있어서도 주체성을 발휘할 수 있다.

사용자 참여 설계의
과정

　　　　　　　　　　고교학점제에서 고려해야 할 학
교 여건 중 학교 공간은 교원 수급만큼이나 매우 중요하고 필수
적인 부분이다. 그래서 교육부 및 각 시도교육청에서는 고교학점
제 정책을 포함한 미래교육 정책을 실행하면서 학교 공간혁신 정
책과 관련한 전문 인력풀과 예산을 집행하고 있다.[8] 대부분의 학
교에서는 관련 기관의 정책과 예산 지원을 받아서 운영하고 있지
만 그렇지 못한 학교에서는 학교 예산과 기존 시설의 재구조화를
통해 고교학점제 운영을 위한 학교 공간을 마련해야 한다. 어떠
한 지원 없이 자체적으로 학교 공간 개선을 준비하는 학교도 교육
부나 시도교육청의 예산을 지원받아서 운영하는 모델을 참고하여
학교 공간혁신을 실행할 수 있다. 이를 기반으로 여기에서는 해당
사업공모 선정 대상교를 대상으로 실행할 수 있는 학교 공간혁신
운영 방안을 제시하고자 한다.

　학교 공간혁신에 대한 각종 보고서들이 적잖이 도움이 될 것이
다. 이러한 보고서들을 살펴보면 학교 공간혁신에서 거쳐야 할 절
차와 단계가 다양하고 많다는 것을 알 수 있다. 여기에서는 학교
가 민주적이고 과하지 않은 업무 부담으로 학교 공간혁신을 실현
하기 위해서 반드시 수행해야 할 단계를 다음의 표 7-8에서 정리

---

8. 예를 들어, 인천광역시교육청에서는 미래교실 정책을 추진하면서 예산과 함께 건축 관련 전문
　가로 구성된 학교 공간혁신촉진자를 교육청 차원에서 공모선정 학교에 안내 및 지원하고 있다.

해 작성해보았다. 표의 내용을 참고하되 각 학교교육공동체가 협의하여 개별 학교의 여건과 공동체의 요구 조건에 적합한 공간혁신 절차를 마련하면 될 것이다.

|표 7-8| 학교 공간혁신의 운영 절차

운영단계	세부내용	소요기간
학교 공간혁신 역량 제고	· 학교 공간혁신 대토론회 또는 학교교육공동체 토론회 운영 · 학교 공간혁신 홍보 및 연수(교사, 학부모, 학생 대상/ 교육청 협조) · 학교 공간혁신 워크숍(학교 공간혁신촉진자 참여) · 학교 공간혁신 매뉴얼 및 사례 공유 · 학교 공간혁신 네트워크 조직(지역단위, 시 · 도단위 등)	1개월
학교 공간혁신 계획	· 학교교육공동체 투표 실시(의견수렴) · 학교 공간사용자 요구분석(교사 및 학생자치회 의견 수렴) · 학교 공간혁신 계획 수립(대상 공간, 예산, 방안, 절차, 일정 등)	1개월

---

9. 학교 공간혁신 사업의 중요한 협력자가 행정실이다. 예산, 시공, 보고 등 학교 공간혁신 추진 과정에는 많은 행정업무가 따른다.

10. 학교 공간혁신 사업에서는 인사이트 투어라고 명명된다.

11. 누가(어떤 특정한 행동을 하는 대상), 무엇을(특정한 행동을 할 때 사용하는 사물 혹은 능력), 어디서(특정한 행동을 하는 상황 혹은 물리적 환경), 어떻게(구체적인 환경): 4개의 렌즈를 통해 최대한 구체적으로 관찰한다(C-Program, 2017: 25쪽).

12. 본격적인 공사나 제작 전에 아이디어의 타당성 검증이나 성능 평가를 위해 미리 시험 삼아 만들어보는 모형 제작 단계이다(C-Program, 2017: 54쪽).

학교 공간혁신 추진협의회 구성	· 공간사용자(학생, 교사, 학부모)및 학교 공간혁신촉진자 　(전문가/교육청 인력풀 지원) · 교감, 교장, 행정실장[9](학교 공간혁신 전 과정 행정업무 처리) · 지자체 담당공무원(학교와 마을을 함께 활성화) · 지역사회 건축 및 환경 관련 전문가			2주
학교 공간혁신 아이디어 디자인	협의회	사용자 참여 설계	학교시설 탐방[10]	6개월
	· 학교교육과정 　종합분석 · 계획서 검토 　및 상세화 · 대상 공간 분 　석[11] 및 해결 　방안 모색 · 학교 공간혁 　신 방안 마련	· 공간사용자 의 　견 및 아이디 　어 수렴 · 학생 참여수업, 　동아리활동 · 학생자치회참여 · 학생 아이디어 　공모프로그램	· 탐방계획(대상 　학교, 일정 등) · 관찰, 인터뷰, 　자료수집 등 · 팀별탐방 고려 · 학생 포함 협의 　회위원참여	
설계 및 중간 보고회	· 설계 방향 확정 및 설계업체 선정 · 공간혁신 설계 및 공유 · 피드백을 통한 최종설계안 확정 및 프로토타이핑[12]			2주
시공	· 시공업체 선정 및 설계안 공유 · 시공 적정 여부 확인 및 준공 · 친환경적이고 안전한 시공 · 학생 학습권 보장			2개월
최종보고회 (사후평가)	· 사후평가 워크숍 개최(학교 공간혁신 과정과 결과에 　대한 종합적 평가) · 학교 공간혁신촉진자 전문 평가(사용자 공간 이용 및 　공간 활용 교육과정 운영 평가) · 교육청 평가(교육효과성, 활용도 평가)			2주

04

성공적인 학교 공간혁신을 위한
절차를 마련하라!

앞에서 우리는 민주적인 방식으로 학교 공간혁신을 성공적으로
이루기 위해서는 일련의 절차가 필요한 점에 관해 살펴보았다. 즉
역량 제고, 공간혁신 계획, 추친협의회 구성, 아이디어 디자인 등
에 관한 것이었다. 이제 여기에서는 각 단계별 절차에 관해 좀 더
자세히 살펴보려고 한다.

학교 공간혁신을
시작하기 전에

학교에는 사실 학교 공간 전문가
가 거의 없어서 해당 사업을 추진할 때 학교 공간혁신촉진자나 시
공업체의 의견을 주로 경청하게 된다. 그러나 학교 공간혁신은 공
간사용자의 요구와 학교교육과정 운영이 핵심적으로 반영되어야

마땅하다. 따라서 오직 외부의 전문성과 지원에만 의존하여 진행하는 것은 바람직하지 않다. 이에 학교 공간혁신에 대한 학교교육공동체의 민주적인 문화를 조성하고 역량을 제고하는 과정은 반드시 선행되어야 한다.

① 학교 공간혁신 문화 조성

민주적인 문화를 형성하기 위해서는 교육의 3주체가 함께 모여 논의할 수 있는 토론회를 마련할 필요가 있다. 가능하다면 민주적인 학교 공간혁신을 위해 **대토론회**를 운영하는 것이 필요하다. 설문조사나 집단 인터뷰를 통해서도 의견을 수렴할 수 있지만, 학교 공간혁신에 대한 공동체적 의견 수렴 과정을 통해 모든 학생을 위한 공간사용자 중심의 학교 공간의 중요성을 공유하며 교육공동체 참여의 필요성을 자연스럽게 공감할 수 있다. 또한 교사나 학부모 중에는 건축이나 인테리어 관련 전문가가 있을 수도 있고, 학생 중에는 관련 영역에 관심이 있거나 진로로 준비 중인 미래 전문가가 존재할 수도 있다. 그러나 우리 사회의 문화적 특성상 조사를 통해서 자발적으로 참여를 이끌어내기가 쉽지 않으며 또한 조사 활동이라는 행정업무가 증가될 수도 있다.

　대토론회 운영이 어려운 경우[13]에는 교육 3주체별로 10인 이상

---

13. 학교에 따라서는 지역이나 학교 자체 문화적으로 학교 홈페이지 및 가정통신문 안내만으로는 대토론회에 학생, 학부모의 참여가 미비할 수 있다. 이런 경우 교사가 각 교육공동체에 직접 안내하기보다는 각 주체별 전체 대표의 협조를 구하여 참여를 독려하는 것도 좋은 방법이 될 수 있다.

의 위원이 참여하는 학교 공간혁신을 위한 **학교교육공동체 협의회**를 구성하는 것도 방법일 수 있다. 이때 협의회 위원은 각 주체별 교육공동체에서 각각 추천하여 구성해볼 수 있을 것이다. 만약 학교 공간이 허락된다면 각 주체가 서로 마주 보고 의견을 평등하게 공유할 수 있는 좌석 배치를 추천한다. 대토론회이건 학교교육공동체 협의회이건 간에 협의회를 개최하기 전에 학교 공간혁신에 관한 정보를 미리 학교 홈페이지나 SNS 등을 통해 배부하여 공유하는 과정이 필요하며, 회의를 시작하기 전에 함께 관련 정보를 탐색하는 과정을 가져보는 단계가 필요하다.

② 학교 공간혁신 역량 제고

학교교육공동체의 역량을 제고하는 방법은 특강, 연수, 정보 공유, 워크숍, 토론회 등의 다양한 방법이 있지만 대부분 학교에서 가장 쉽게 접근할 수 있는 방법은 **특강이나 연수**이다. 오른쪽 표 7-9[14]의 내용과 같이 특강은 교육부 및 각 시도교육청에서 학교 공간혁신 관련 전문가 특강을 마련하고 **공문**으로 안내하고 있기 때문에 대토론회나 학교교육공동체 협의회 이전에 관련 전문 정보를 미리 공유할 수 있다. 다만 특강은 참여 인원에 제한이 있을 수 있다. 따라서 학교 단위에서 교육청에 전문가 협조를 요청하여 특

---

14. 표 7-9는 2019년 1월부터 12월까지 경기도교육청 일반고등학교에서 수신한 '공간' 관련 공문을 유형별로 분류해놓은 내용이다. 학교 공간혁신 사업은 2019년도에 시작되었기 때문에 관련 특강, 연수, 정보 제공이 더 활성화될 것으로 보인다. 이에 학교는 관련 공문을 공람과 홍보에 관심을 가질 필요가 있다.

강을 개최하는 것도 좋은 방법이 될 수 있다. 연수의 경우 2019년 부터 교육부와 각 시도교육청에서 학교 공간혁신 관련 연수가 제공되고 있으며, 업무포털 문서함에서 '공간'을 입력하고 조회하면 관련 공문들을 검색할 수 있다. 또한 민간 원격연수기관에서도 학교 공간혁신 관련 연수를 제공하고 있으며, 일부 고교학점제 연수에도 관련 내용이 포함되어 있다.

| 표 7-9 | 2019 경기도교육청 학교 공간혁신 관련 공문 검색 결과

유형	일정	제목
일반	1월	미래교육과정 변화에 대응하는 학교 공간혁신 관련 사업 수요 조사 알림
	4월	학교 공간혁신 사업 가이드라인 안내
	5월	생활SOC 시설 복합화 사업 관련 유휴공간(부지, 시설) 자료 제출
	5월	학교 공간혁신 사업 중장기 추진계획 알림 및 사업설명회 참석 협조
	5월	학생이 디자인하는 학교 공간 조성 추진계획 알림 및 참여 협조 요청
	6월	학교단위(개축 또는 리모델링) 학교 공간혁신 사업공모 신청 알림
	8월	[조사] 학교 내 메이커스페이스 공간 조성을 위한 학교 유휴공간 전수조사 실시
	9월	2020년 학교 공간혁신 사업 추진을 위한 수요 파악 요청
	12월	제1회 학교 공간혁신 학생공모전 안내
연수	4월	2019년 학생중심 학교 공간혁신 과정 연수 대상자 추천 요청
	6월	경기도율곡연수원 「학생중심 학교 공간혁신 재구조화 과정」 연수 신청 안내
	8월	[연수] 2019 공간의 민주성 프로젝트 직무연수 신청 알림
	11월	학교 공간혁신 선도교원 운영 계획 안내
특강	6월	2019 민주시민교육실천학교 공간의 민주성 회복을 위한 건축가 특강 안내
	9월	2019학년도 "장곡중학교 사례로 '민주적인 학교 공간혁신' 들여다보기" 특강 신청 알림

학교교육공동체 역량을 제고하는 또 하나의 용이한 방법은 **정보를 공유하는 방법**이다. 이 경우는 학교 공간혁신과 관련된 유익한 정보를 입수해서 학교교육공동체가 효과적인 방법으로 공유하는 것이다. 앞선 표 7-9에서 '학교 공간혁신 사업 가이드라인 안내'는 학교 공간혁신 사업에 대한 구체적이고 절차적인 흐름을 파악할 수 있으며, 학교 공간혁신 관련 참고자료를 유형별로 분류하여 제공하고 있다. 관련 정보를 그대로 학교 홈페이지나 SNS를 통해 공유할 수도 있지만, 그보다는 해당 업무 담당자가 중요 페이지나 소제목을 함께 제시해주는 것이 좀 더 효과적일 수 있다. 아니면 관련 정보를 각 교육주체 공동체별로 공유할 수 있는 소통망을 구축하는 것도 생각해볼 수 있다. 다음에 제시된 교사 인터뷰 내용은 학부모자치회의 책임 있는 활동과 지원이 민주적인 학교문화 형성에 긍정적인 영향을 미칠 수 있음을 보여준다.

민주적인 학교교육공동체 체제를 구축하는 것은 각 주체가 권리와 책임을 균등하게 공유하는 것이라고 생각합니다. 제가 근무하는 학교는 민원이 많은 학교로 유명했습니다. 마침 제가 맡은 업무가 학부모회 지원이라서 학부모가 직접적으로 학교교육과정 운영에 참여할 수 있도록 자치적으로 논의하고 결정할 수 있는 기회를 마련해드렸습니다. 처음에는 이런저런 질문들도 많으셨지만, 일정 시간이 지나면서 스스로 알아서 학부모회 관련 업무뿐만 아니라 학교교육과정 지원 업무를 처리하는 것을 보고 감동했습니다. 이 과정 이후로 학부모회는 학교교육과정의 적극적인 지원자가 되었고, 놀랍게도 민원도 많이 줄어들었습니다. 저의 믿음은 처음부터 한 가지였습니다. 학부모님들은 자녀가 학교에 다니고 있기 때문에 학교 일에 애착을 가지고 있고, 설사 실망하시더라도 포기하지 않고 지원한다는 사실이었습니다. 물론 학부모회가 학교에 적극 참여하게 되면 교사들에게 불편한 점도 있습니다. 그러나 학교의 모든 교육공동체가 모든 학생을 위해 학교의 발전에 참여하고 있기 때문에 서로 좀 더 배려하고 이해하려는 노력을 한다면 민주적인 학교문화를 형성할 수 있다고 봅니다.

- N고 교사 인터뷰

이와 같이 교육부와 각 시도교육청에서 제공하는 매뉴얼이나 사례를 공유하는 것도 하나의 방안이 될 수 있고, 관련 우수사례 사진을 공유하는 것도 좋은 방법이 될 수 있다. 특히 사진은 관심과 호기심을 불러일으키는 데 용이하며, 이를 통해 관련 정보에 접근할 수 있는 기회를 마련할 수도 있다.

좀 더 효과적인 방안은 지역 단위 학교가 연합하거나 교육지원청 단위에서 **학교 공간혁신 워크숍**[15]을 개최하는 것이다. 시도교육청에서 지원해주는 학교 공간혁신촉진자와 더불어 지역사회의 건축 및 인테리어 관련 전문가와 학교교육공동체의 전문가로 구성

---

15. 단위학교가 자체적으로 설계를 목적으로 하는 워크숍을 운영할 수도 있다. 이 경우, 한국교육개발원의 《학교 사용자 참여설계를 위한 워크숍 운영매뉴얼(김진욱, 2012)》을 참고할 수 있다.

된 워크숍을 개최하고 지역사회의 학교교육공동체가 참여하여 의견을 공유하고 공감할 수 있는 기회를 마련하는 것이다. 이때 학생자치회 위원들의 참여를 고려하여 가급적 방과후 시간에 학생들의 참여가 용이한 장소에서 운영하는 것이 좋다.

마지막으로 지역사회 단위 혹은 학교 내 **학교 공간혁신 네트워크**를 조직할 필요가 있다. 학교 내 네트워크인 경우에는 주체별 학습공동체와 연계하여 운영할 수도 있다. 네트워크는 언제 어디서든지 정보 공유와 의견 교류가 원활하게 이루어질 수 있도록 SNS를 활용할 수도 있고, 필요한 경우 오프라인으로 협의할 기회를 마련할 수도 있다. 학교 공간혁신은 정보 수집도 중요하지만 성공사례와 실패사례도 함께 공유하면서 더 좋은 해결 방안을 구할 수 있고, 시행착오의 어려움을 줄일 수도 있다. 또한 교육지원청에서는 이 네트워크를 통해 지역사회에 적합한 학교 공간혁신 매뉴얼이나 사례집을 제작하고 개선의 기회로도 활용할 수 있다.

학교 공간혁신 계획의 수립[16]

학교 공간혁신은 주로 공모사업으로 운영되고 있기 때문에 학교교육공동체의 투표를 실시한다. 지금까지의 공모사업은 주로 교사 대상 투표로만 실시되어왔다. 그러나 학교 공간은 교사뿐만 아니라 학교주체가 모두 공유하는 공간이기 때문에 각 주체의 의견을 모두 수렴하는 것이 필요하다. 투표를 실시하는 시점에 학교교육공동체의 학교 공간혁신 관련 정보 공유와 역량이 제고되어 있지 않다면 최소한 정보를 공유할 수 있는 기회라도 잠시 마련할 필요가 있다. 담당교사의 프레젠테이션, 전문가 초청 특강, 안내문 배부 등의 과정을 도입하여 진정성 있는 투표가 이루어질 수 있도록 지원해야 할 것이다.

① 공간조성 방향의 수립

일단 공모사업 지원이 결정되고 나면 학교는 고교학점제 운영을 위해 필요한 전반적인 학교 공간혁신을 계획해야 한다. 고교학점제 운영을 위한 전체적인 공간 계획을 세울 때는 교사의 교과전문성을 존중하며 교과협의회와 학교교육과정위원회를 통해 각 교과 교사들이 요구하는 수업 공간들에 대한 의견을 수렴하여 정리하는 한편, 공간혁신이 필요한 교실이나 구역을 선별해야 한다. 다음의 표 7-10은 2015 개정교육과정에 따른 교과별 필요 교실 환경에 대해 한국교육개발원이 제시한 목록(장명림 외 6인, 2017)이다. 각 학교에서 이 목록을 참고하여 교과별 교실 환경에 대해 논의하되, 특정 교사의 수업 특징에만 집중되지 않도록 가급적 해당 과목 교사들이 모두 공유할 수 있는 교실 환경을 조성할 수 있도록 계획한

---

16. 학교 공간혁신 계획을 설계나 시공업체에 전적으로 맡기는 경우 학교 공간사용자에게 도리어 불편한 공간이 마련될 수도 있다. 따라서 교사가 모두 담당하기보다는 학부모나 지역사회 전문가와의 협력을 통해 계획부터 시공 과정까지 학교교육공동체의 협업이 가능하게 하는 것이 필요하다.

| 표 7-10 | 특별교실의 공간조성 방향

구분	내용
영어	· 다양한 상황 속에서 외국어 교육이 가능하도록 롤 블라인드, 크로마키, 부스, 무대 등을 계획하여 현장감 높은 학생중심 교육을 실현한다.
수학	· 탐구를 중심으로 하는 수학 교육을 위하여 학생들의 연령별, 수준별 교구를 구비하고, 해당 교실 내에 이를 보관할 수 있는 별도의 수납 공간을 계획하여야 한다. · 활동을 통한 수학 교육을 위하여 복도와 같은 공용공간의 바닥에 실내놀이 패턴을 도입할 수 있으며 교실과 복도 사이를 개방가능한 가변형 벽체로 계획할 수 있다.
과학	· 이론수업과 실습수업이 하나의 학습 공간 안에서 동시에 가능하도록 한다. · 실험 및 실습 형태에 따라 자유롭게 학습그룹을 형성 및 지원할 수 있도록 설비 공급라인은 상부에 설치할 수 있다. · 물리, 화학, 생물, 지구과학 등 분야별 실험 실습실은 동일한 영역으로 계획하고 가변형 벽체로 계획하여 협력수업을 지원할 수 있다.
음악	· 이동이 용이한 책걸상 및 음향시설을 설치하여 다양한 그룹의 음악 이론 및 시청각수업이 가능하도록 할 수 있다. · 음악 이외 체험중심의 연극수업 및 동아리 활동 지원이 가능하도록 합창, 악기연주와 같은 활동수업에 활용할 수 있는 무대를 설치하고, 해당 교실 내 별도의 수납공간을 계획할 수 있다.
미술	· 회화, 공예, 사진, 그래픽디자인 등의 수업 활동을 지원하는 충분한 실습 공간과 재료보관장 계획이 필요하다. · 학생들의 자기주도적 탐구 및 노작 활동이 자유롭게 이루어질 수 있도록 수업 활동 공간과는 별도의 공작실(재료 구비)을 계획할 수 있다. · 미술실 및 공작실과 접한 공용 공간을 작품전시 · 감상을 교류하는 다목적 공간으로 활용할 수 있다(이때 판서 가능한 자석보드를 벽에 설치하여 학생 스스로 활동, 전시, 관리 가능하도록 함을 권장)
기술	· 교사의 다양한 교수-학습법에 따라 목공, 연마, 제도, IT 활동을 지원하는 폭넓은 도구들을 완비하고, 특히 고정식 대형장비의 영역을 조닝(zoning)을 통해 구분하여 안전성을 확보하여야 한다. · 학생들의 자기주도적 창작 활동을 적극적으로 지원하기 위해 사용빈도가 높은 소도구들의 보관장(하부)과 작업대(상부)를 일체형 실습대로 구비할 수 있다. · 학생 참여형 수업을 지원하는 다양한 기계장비 및 재료의 반입이 용이하도록 외부와 직접 연결된 곳에 계획하되, 학생들의 보행 동선과 혼용되지 않도록 한다. · 학습 활동의 종류 및 학생 그룹의 규모에 따라 실습대의 배치가 변경될 수 있어 안전을 위하여 전기설비는 천정에서 내려오는 상부형으로 계획한다.
가정	· 다양한 실습과 체험에 적합한 기구를 사용하고 현장감을 확보하기 위하여 식당과 인접하게 배치할 수 있다. · 조리대 겸용 작업대 및 수도사용(상부), 보관장(하부)과 같이 복합적이고 다양한 가정교과 기능을 지원할 수 있는 멀티형 실습대를 설치하여 다양한 체험 수업을 효과적으로 지원할 수 있도록 한다.

※자료: 장명림 외 6인, 2017

다. 또한 정책과 예산 지원은 제한적이므로 최대한 학교 공간을 효율적으로 활용해볼 수 있게 구상해보고, 리모델링이 필요한 장소의 순서를 정하는 것도 필요하다. 순서를 정하기 어려운 경우에는 학교교육공동체의 의견수렴 과정을 거친다.

② 공간사용자들의 의견 수렴

학교 전체 공간혁신 계획이 세워지면, 학교 공간사용자의 의견을 제대로 수렴할 수 있는 설문조사나 인터뷰를 실시한다. **설문조사**는 선택형 및 서술형 질문지로 구성할 수 있으며, 필요한 경우 그림으로도 표현할 수 있도록 구성한다. 설문 내용은 학교 공간혁신 대상 구역이나 교실, 혁신 필요 이유, 아이디어, 해결 방안 등이 포함될 수 있다. 또한 설문 안내사항에 학교 공간혁신의 의미와 학교교육공동체가 추구하는 핵심가치에 대한 내용들을 간단히 정리하여 제공하면 모든 학생을 위한 학교 공간을 마련하기 위한 방향성을 유지할 수 있을 것이다.

인터뷰도 학교 공간사용자의 의견을 좀 더 구체적이고 심도 있게 수렴할 수 있는 방안이 될 수 있다. 이때 인터뷰 대상, 대상자 수, 질문 구성, 인터뷰 형태 등에 대해 미리 계획해야 한다. 개인별 인터뷰보다는 집단 인터뷰도 의견 수렴에 효율적인 방안이 될 수 있다. 각 주체별 공동체에서 추천한 대상자를 인터뷰하고, 가급적 추천된 대상자가 소속된 공동체의 의견을 미리 수렴해올 수 있는 시간과 기회를 마련해줄 필요도 있다.

③ 공간혁신 계획서 작성

학교 공간사용자의 의견이 수렴되면 학교 공간혁신 계획서를 작성한다. 학교교육공동체가 공유하는 비전, 핵심가치, 학교 공간사용자 의견을 반영하여 혁신 대상 공간, 절차, 일정[17], 방안, 필요 예산 등을 포함하는 계획서를 작성한다. 최근 시도교육청별로 문화ㆍ예술 공간 조성이나 마을교육공동체[18] 관련 공간 조성 사업이 이루어지고 있다. 이를 고교학점제 사업과 함께 연계하여 학교 공간을 혁신하는 것도 하나의 팁이 될 수 있을 것이다. 또 학교교육공동체의 건축 관련 전문가의 자문을 받는다면 한층 체계적이고 완성도 있는 학교 공간혁신을 계획하여 추진할 수 있다.

학교 공간혁신 추진협의회의 구성

학교가 공모사업에 선정되거나 학교 공간혁신 계획이 수립되면 일단 계획부터 시공과 평가에 이르는 전 과정에 참여할 학교 공간혁신 추진협의회를 구성해야 한다. 공간사용자인 학생, 교사, 학부모자치회의 각 대표위원, 학교

---

17. 공간 완성 시점, 시공 기간, 학교 공간혁신 아이디어 수렴 시간, 공간 탐방 기간, 학교 공간 분석 기간, 의견 수렴 기간 등을 고려해볼 수 있다(한국교육개발원, 2017:).
18. 시도교육청에 따라서 다른 용어를 사용할 수도 있다. 여기에서 쓴 용어는 경기도교육청에서 사용되고 있다.

공간혁신 촉진자가 협의회에 참여하게 된다. 참여 인원은 학교 공간혁신도 교육과정과 밀접한 관계가 있기 때문에 학교교육과정위원회에서 결정하는 것이 가능하며, 개별 학교의 여건과 상황에 따라 인원수를 적절하게 배정하여 운영하면 된다.

학교 공간혁신촉진자는 대체적으로 시도교육청에서 인력풀을 조직하여 학교에 지원해주고 있다. 다음 학교 공간혁신촉진자 위촉에 대한 학교장의 의견을 살펴보자.

> 학교 공간혁신촉진자는 교육청에서 인력풀을 구축하여 학교에 지원합니다. 우리 학교가 속한 교육청에서는 건축 관련 학회에 의뢰해서 추천받은 전문가를 학교 공간혁신촉진자로 위촉하여 인력풀을 조직했습니다. 그러나 올해 처음 진행하다 보니 학교마다 진척되는 정도는 제각각 다른 것 같습니다. 촉진자는 학교를 알아야 하고, 또 학교는 촉진자를 적극 활용할 수 있는 계획이 있어야 하는데, 이 부분에 대한 축적된 경험이 없으니 아직은 시행착오가 불가피한 것 같습니다. 교육청에서도 공간혁신에 대한 관심이 크니까 촉진자를 안내하는 등 여러 형태로 지원하고는 있지만, 사업 도입 초기라서 관련 사업 전문성을 갖추는 데 시간이 많이 부족했을 거라는 생각도 듭니다.
>
> - 인천 I고 교장

위 인터뷰 내용에 따르면 학교 공간혁신촉진자가 학교 공간혁신의 만능의 키는 아니다. 건축 분야에 전문가로서 자문해주는 역할을 하지만, 학교교육과정과 공간사용자의 요구를 면밀하게 검토하고 대처하지 못할 수도 있다. 따라서 두 가지 측면의 대응책이 고려될 필요가 있다. 첫째, 시도교육청에서는 학교의 여건, 교육과정, 공간사용자의 요구에 대해 학교 공간혁신촉진자들이 공유할 수 있는 기회를 마련해야 할 것이다. 학교 공간혁신 사례나 안내자료, 연수 등을 활용할 수 있다. 그리고 학교에 익숙한 전문가들을 꾸준히 발굴하고, 촉진자 인력풀이 안정적으로 운영될 수 있도록 체계를 갖추어야 한다. 둘째, 학교교육공동체는 학교 공간혁신에 주체적으로 참여해야 한다. 학교의 필요에 대해 촉진자가 최대한의 전문성을 발휘할 수 있도록 적극적으로 요구하고 협의, 협조, 소통할 수 있는 역량을 갖추어야 한다.

　지역사회와 연계할 경우 지자체 관련 담당자가 참여할 수 있고, 건축 및 환경 전문성 보강을 위해 학부모나 지역사회 전문가의 자발적 참여를 요청해볼 수도 있다. 학교 공간혁신 관련 네트워크를 조직하여 정보와 팁을 공유함으로써 시행착오를 줄일 수도 있다. 끝으로 학교 공간혁신은 많은 예산과 행정 지원이 따르는 사업이므로 행정실장의 적극적 참여가 필요하다. 또 긴 시간 동안 진행되기 때문에 수업에 대한 부담 없이 학교 업무를 수행할 수 있는 교무행정실무사가 참여할 수 있게 하는 것도 도움이 될 것이다.

　본교는 학교 공간혁신 추진협의회에 행정실무사가 참여하여 중요한 역할을 수행하고 있습니다. 예전에는 행정실무사들이 단순 보조 업무를 맡았다면, 지금은 이 분들이 없으면 교무 학사운영이 어려울 정도로 교무실 내 중요한 행정업무를 수행합니다. 본교에서는 행정실무사와 협의하여 공간혁신 TF에 참여하도록 했습니다. 공간혁신은 교육과 행정이 함께해야만 가능한 사업입니다. 특히 계속해서 업데이트 및 변경되는 설계도면 관리, 예산에 맞춘 물품 검색, 협의회 일정 관리 등 행정적으로 집중해서 수행해야 하는 중요한 일들이 꽤 많습니다. 이 역할들을 정말 잘 해냈습니다. 만약 행정실무사 없이 교사중심으로만 진행했다면 분명히 사업이 지연되었거나, 설령 진행되었어도 공간혁신 본래의 취지대로 절차를 밟아가지 못했을 것입니다. 행정실무사 역시 중요한 사업에 비중 있는 역할을 수행하게 되어 소속감과 업무 만족도가 더 증진되었을 거라고 생각합니다. 무엇보다 모든 학교교육공동체가 동등하게 학교 사업과 업무에 참여하는 기회는 학교의 민주적 문화 조성과 발전에 매우 긍정적인 영향을 미친다고 봅니다.

- 인천 I고 교장

학교 공간혁신
아이디어 디자인

학교 공간혁신 협의회는 학교 공간혁신의 전반적인 과정을 관리하고 추진하는 핵심협의체이다. 협의회에서 아이디어를 디자인할 때는 다음의 내용들을 반드시 고려해야 한다.

① 공간혁신 아이디어 디자인 시 고려사항

협의회가 구성되면 먼저 학교의 비전과 공간혁신에 대한 **핵심가치를 공유**해야 할 것이다. 학교 공간은 일단 한번 조성되고 나면 오랜 기간 지속되므로 공간혁신의 철학에 대한 공감이 중요하다. 무엇보다 학교 공간은 모든 학생을 위한 공간이어야 하고(공공성), 민주성을 고양할 수 있는 평등한 공간이어야 하며(민주성), 학교 교육과정을 원활하게 운영할 수 있는 공간이어야 하고(융통성), 미래사회의 시민을 양성하는 창의적인 공간이어야 하며(창의성), 유지와 관리가 수월한 지속적인 공간(지속성)이어야 할 것이다. 이외에도 학교교육공동체가 학교 여건에 맞는 학교 공간혁신에 대한 철학과 핵심가치에 대해 고려해봐야 한다.

둘째, 학교 공간 계획서를 검토하고 선정된 대상 공간의 혁신 방향과 구체적인 해결 방안에 대한 **의견을 수렴**해야 한다. 공간혁신 순서가 미정인 경우 순서를 정하고 필요하다면 각 교육공동체의 의견을 다시 수렴할 수 있는 기회를 마련한다. 대상 공간이 선정되면 해당 공간의 문제점을 분석한다. 공간사용자의 요구, 학교 교육과정 운영의 공간혁신 필요성, 친환경성, 다른 공간과의 연계성 등에 대해 면밀하게 분석한다. 분석된 문제점들에 대한 해결 방안은 협의회를 통해 자체적으로 모색할 수도 있지만, 공간사용자의 의견을 적극적이고 실질적으로 반영하기 위해 참여수업이나 타학교 방문 등을 추진하여 관찰된 내용을 검토할 수도 있다. 다만 이러한 과정을 거치려면 시간이 오래 걸리고 협의회 구성원의 많은 노력과 기여가 필요하기 때문에 자칫 간과되기 쉽다. 하지만 시공 일정과 예산 집행 기간에만 집중한 나머지 이런 과정들을 소홀히 하게 되면 결과적으로 공간혁신의 취지가 무색해지고 만다. 따라서 협의회가 지속적이고 책임 있게 운영되려면 민주적이며 허용적인 분위기를 유지하는 것이 무엇보다 중요하다. 충분한 정보의 확보, 협의, 검토와 공감을 토대로 추진되는 공간혁신은 모든 공간사용자가 만족하고 학교 교육과정이 원활하게 운영될 수 있는 원동력을 마련할 수 있다.

② 학교 공간혁신과 학생 참여 설계

학생 참여 설계는 학교교육과정과 연계하여 학생의 의견과 아이디어를 수렴하는 방안이다. 학교 공간혁신은 학교교육과정 운영과 관련하여 학생의 성장을 촉진할 수 있는 기회가 된다. 먼저 학교 공간혁신과 관련 있는 **교과 수업과 연계**하여 학생들의 창의적이고 유연한 아이디어를 얻을 수 있다. 예를 들어 기술·가정 교육과정과 연계하여 학생이 희망하는 미래형 학교 공간과 아이디어를 도출하고 도면을 그릴 수도 있다. 실제로 인천의 인화여자고등학교는 기술·가정 및 미술 수업과 연계하여 학생들이 설계에 참여하기도 했다(376쪽 사진 참조). 교사, 학생 간 아이디어 나눔의 시간을 통해 피드백을 제공하고 수정·보완의 기회를 가졌다. 미술 교육과정과 연계하여 혁신 대상 공간의 사진을 공유하고 창의적인 발상의 기회를 제공하였다.

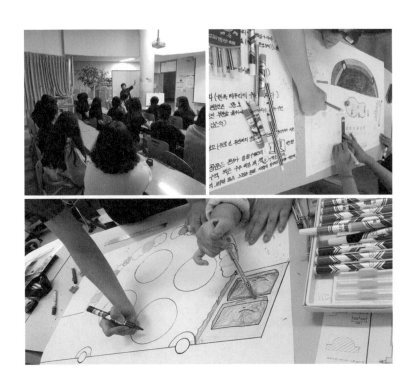

기술·가정 및 미술 수업 연계 학생참여설계 장면(인천광역시 인화여고)
인화여고의 경우 학교 공간혁신과 관련된 교과 수업과 연계하여 학생들을 참여시킴으로써 학생들의 창의적이고 유연한 아이디어를 얻을 수 있었다.

학생 제작 학교 공간모형(동아리활동)
학교 공간혁신에서 건축이나 인테리어 관련 진로를 희망하거나 관심이 있는 학생들이 운영하는 동아리 활동과 연계할 수 있다.

둘째, 건축이나 인테리어 관련 진로를 희망하거나 관심이 있는 학생들이 운영하는 **동아리 활동과 연계**할 수 있다. 무엇보다 공간혁신에 대한 학생들의 희망과 관심은 그들의 자발적이고 적극적인 참여를 이끌어낸다. 해당 동아리 활동은 학생들이 학교 공간혁신의 철학과 핵심가치를 공유하고 각종 전문자료를 조사·연구하고 설계하여 모형도로 구현하는 활동 과정이다. 이를 통해 학교는 공간혁신의 아이디어를 확보할 수도 있고, 학생들은 진로성숙도를 함양하면서 시민으로 성장할 수 있는 기회가 된다.

셋째, 학교시설 탐방은 공간혁신의 새로운 방안을 마련하는 기회가 된다. 앞에서도 언급했듯이 학교 공간혁신을 위해 **학교 간 네트워크[19]를 긴밀히 조성**하는 것은 매우 중요하다. 이러한 네트워크를 통해 성과와 실패 요인을 함께 공유함으로써 학교는 학교 공간혁신의 시행착오를 줄이고 해당 사업을 더욱 효과적으로 추진할 수 있다. 또한 우리 학교의 공간혁신과 매칭되는 네트워크 내의 다른 학교를 방문하면 한층 실질적이고 현실적인 해결 방안과 더불어 노하우까지 확보할 수 있는 기회가 된다. 학교시설 탐방은 학생 위원을 포함한 협의회 위원들이 가급적 모두 참여하고, 탐방 목적, 대상 학교, 방법, 내용 등에 대한 계획을 수립하고 추진해야

---

19. 시도교육청은 학교 공간혁신 사업을 추진할 때 학교들이 다양한 정보를 공유할 수 있는 네트워크를 조성해줄 필요가 있다. 또한 사례집이나 매뉴얼을 제작하여 네트워크를 통해서 제공한다면 학교는 공간혁신에 대한 업무 부담을 줄이는 한편, 성공적으로 공간혁신을 실현할 수 있을 것이다.

한다. 필요한 경우 역할[20]을 정하고 분담해서 학교 공간혁신에 대한 종합적이고 구체적인 정보를 확보하도록 한다.

③ 학교교육과정과 연계한 학교시설 탐방

다만 학교시설 탐방은 반드시 해당 학교교육과정과 연계하여 검토해야 한다. 고교학점제의 경우 학교가 학생 맞춤형 교육과정 운영을 위해 개설한 과목 수와 학생 수에 따라 적절한 교실 형태와 교실 수를 조절해야 하므로 학교 교육과정도 이와 함께 검토되어야 한다. 물론 탐방을 통해 얻은 정보를 학교에 적용할 때도 학교교육과정의 큰 틀 안에서 검토해야 한다. 학교교육과정을 고려하지 않은 채 정보를 수합하고 적용하게 될 경우 학교의 상황에 맞지 않고, 자칫 공간사용자에게 불편을 초래할 수 있는 공간이 마련될 수도 있다는 점을 고려해야 한다.

추가적으로 고려해야 할 사항은 다음과 같다. 학교교육공동체가 팀을 나누어 여러 학교를 동시에 탐방하여 기간을 단축하고, 일정 기간에 탐방 과제를 집중적으로 수행하고 결과를 공유한다면 탐방의 목적을 좀 더 효율적으로 실현할 수 있는 방안이 될 수있다. 이러한 과정을 프로젝트 프로그램으로 운영하거나 수행평가와 연계하여 공동과업으로 운영하는 것도 학교교육공동체의 협

---

20. 인터뷰(학생, 교사, 학부모) 담당, 설계 및 시공 담당, 공간혁신 아이디어 담당, 시설 및 가구 담당 등 필요한 역할을 협의하여 정하고 분담한다면 한층 체계적이고 종합적인 탐방 기회를 마련할 수 있다.

력과 성장을 함양할 수 있는 또 다른 방안이 될 것이다. 또한 학교 관련 교과 수업이나 동아리 활동과 연계하는 학생의 학교 탐방 프로그램도 운영해볼 수 있을 것이다.

탐방 대상 장소도 학교를 포함한 지역사회 문화·예술·체육 기관, 도서관, 박물관, 기업, 교육기관, 대학 등 학교 공간혁신에 다양한 아이디어를 확보할 수 있도록 폭넓게 섭외할 필요도 있다. 고교학점제는 미래교육의 일환으로 추진되고 있으므로 학교 이외의 곳에서도 좋은 아이디어를 얻을 수 있다. 이를 통해 학생 삶의 영역을 폭넓게 넘나드는 교육과정 운영과 학교 공간혁신이 정말 현실적인 과제임을 알게 될 것이다. 탐방 결과 보고도 동영상, 보고서, 사진, 그림 등 다양한 형태로 제작될 수 있을 것이다. 학교 공간혁신 협의회에서 함께 논의하여 필요한 정보를 효율적으로 저장하고 전달할 수 있는 방법을 결정하면 된다.

학교 공간혁신 보고서에 따르면 공간사용자가 참여하는 공간혁신은 공간에 대한 편의성, 융통성, 창의성 등이 확보되어 사용자의 만족도가 높게 나타났다고 한다. 특히, 학생 참여 설계의 경우 학생들의 쉼 공간이나 개별 공간에 대한 참신한 아이디어를 얻을 수 있었다고 한다. 이와 같이 학생 삶의 공간인 학교 공간혁신 사업은 민주적 절차와 분위기 속에서 추진되기 때문에 민주시민의식과 역량이 자연스럽게 습득되는 학교교육과정이 될 수 있다. 무엇보다 충분한 협의 시간과 협력의 기회는 공간사용자 중심의 친환경적인 학교 공간을 마련하는 데 필수적이다.

설계 방향 확정 및
중간보고회

학교 공간혁신 협의회의 최종 결과를 통해 설계 방향이 확정되면 설계업체를 선정한다. 학교 공간혁신 네트워크[21]를 통하거나 지역사회 우수 업체를 탐색하여 학교 공간혁신 협의회에서 결정한다. 선정된 설계업체 담당자와 학교 공간혁신 협의회 간의 지속적인 소통과 협의 결과가 반영된 설계 작업이 이루어질 수 있도록 한다. 설계가 완성되면 학교교육공동체 대상 보고회를 개최한다. 보고회에서 학교 공간혁신 협의회의 최종 결과와 그에 따른 설계안을 발표하여 공유하고 피드백을 받

인천광역시 인화여고 중간보고회 모습
설계가 완성되면 학교교육공동체 대상으로 보고회를 통해 학교 공간혁신 협의회의 최종 결과와 그에 따른 설계안을 발표하여 공유하고 피드백을 받도록 한다.

---

21. 시도교육청은 각 학교의 설계 및 시공업체 정보와 장·단점에 대한 정보를 수합하여 공유하는 것도 필요하다. 지속적으로 목록을 확장해가고 업체 선정에 절대적인 자료가 아닌 참고 자료가 될 수 있도록 안내한다.

도록 하는 것이다. 마지막으로 피드백까지 반영한 최종 설계도가 완성되면 학교교육공동체가 이를 함께 공유하도록 안내하고 전시한다. 이처럼 학교공동체에 속한 주체들이 모두 참여하여 민주적인 여러 논의 과정 끝에 나온 설계도라면 민주적 합의에 의한 소산으로서 더 큰 의미가 부여될 수 있다.

> 인테리어 리모델링이므로 의견 수렴이 꼭 필요합니다. 기본적으로 공간혁신의 철학을 함께 공유한 상태라고 해도, 학생들 의견은 창의적이지만 정리가 되어 있지 않고, 선생님 의견은 학생 감성이 좀 부족하고, 설계자는 시공 및 관련 규정에 따른 한계를 생각하고, 행정실은 예산 범위를 생각하는 등 눈높이가 제각각이라 여러 번 모여 논의하는 것이 정말 중요합니다. 본교는 공간혁신 협의회를 열 몇 번 가졌고, 2번 정도 전체 교직원과 학생들에게 설계 모습과 과정을 소개했습니다.
>
> - 인천 I고 교장

업체 선정과 시공하기

최종 설계안이 확정된 후에는 시공업체를 선정한다. 설계업체를 선정할 때와 마찬가지로 네트워크와 지역사회 탐색을 통해 선정하며 시공업체 선정을 위한 기준[22]을 마련한다. 학교 공간혁신 협의회는 학생들의 교육과정 이수에 방해가 되지 않으면서도 해당 공간이 친환경적이고 안정적이면서도 계획대로 시공될 수 있도록 지속적으로 모니터링하며 피드백이 이루어져야 할 것이다. 시공업체는 조감도를 보고 설계도면대로 공사를 진행하기 때문에 그것이 제대로 구현되고 있는지 꼭 살펴봐야 한다. 행정실장은 시공이 법규나 지침에 벗어나는 부분이 없는지 반드시 확인해야 한다.

> 시공은 설계도를 보고 진행하므로 그다지 할 일이 없어보이지만 막상 공사를 진행하다 보면 변경할 부분들이 나오게 됩니다. 설계 작업할 때는 도면과 조감도만을 위주로 보다 보니 이런 문제가 왕왕 발생하므로 꼭 공사하는 장소에서 과정을 꼼꼼히 확인해야 합니다. 그리고 공사이므로 교감, 담당부장, 행정실장 간의 소통이 중요합니다. 우리 학교는 이 부분이 너무 원활하게 잘 되었습니다. 소통이 막히면 담당자들은 피곤하고. 결국 공사는 영혼 없이 진행되고, 업체 관계자들의 "다른 학교들도 다 이렇게 해요", "요즘은 이렇게 하는 것이 유행이에요~"라는 식의 의견에 맡겨버리고 마는 것 같습니다. 또는 공기를 못 맞춰서 예산 낭비가 되거나 학기 중까지 공사가 이어지거나 시공을 잘못해서 재시공하기도 합니다.
>
> - 인천 I고 교장

---

22. 시도교육청이 공간혁신 사업 학교를 대상으로 조사하여 기준안을 만들어 배포하고, 학교는 학교 여건과 상황에 따라 기준안을 조정하여 적용한다면 학교는 행정업무 부담이 줄고 실질적인 기준안을 마련할 수 있다.

최종보고회를 통한
사후평가

　　준공 이후에 학교 공간혁신의 전 과정을 평가하는 과정은 학교교육에 대한 학교교육공동체의 주체성과 민주성을 확인하고 강화하는 한편, 학교 공간혁신에 대한 학교의 노하우와 아이디어를 축적할 수 있는 좋은 기회이다. 평가 과정은 발표회, 워크숍, 토론회 등 다양한 형태로 이루어질 수 있으며 구체적인 유형과 절차는 학교 공간혁신 협의회에서 논의하여 결정할 수 있다. 학생, 교사, 학부모, 학교 공간혁신 촉진자를 포함한 모든 교육공동체가 참여하여 함께 성찰하고 성장을 도모할 수 있도록 한다. 촉진자의 학교 공간혁신 과정에 대한 전문적인 평가 결과도 발표와 토론을 통해 공유하는 것도 필요하다. 사업 시행 학교는 평가 보고서를 작성하여 학교 공간혁신 네트워크에서 공유할 수 있도록 한다. 이처럼 학교 공간혁신은 민주주의 실현 과정과 다름없다. 학교의 모든 교육공동체가 함께 소통하고 협의하며 협력하여 실현한 학교 공간혁신은 학교의 교육과정이자 학교 민주주의 문화를 형성하는 데 초석이 될 것이다.

05

국내의 고교학점제
학교 공간혁신 사례를 찾아서

우리나라에서 학교 공간혁신은 아직까지 도입 초기 단계이다. 시작된 시기를 살펴보면 시도교육청에 따라서 다소 차이가 있기는 하지만, 대략 2017년부터 2019년까지로 볼 수 있다. 상황이 이렇다 보니 고등학교의 경우 현재까지는 주로 고교학점제 연구학교나 선도학교에서 사업을 운영하고 있는 수준이다. 그렇기 때문에 학교 공간혁신을 완료하고 오랫동안 공간을 사용해본 후에 충분한 검증을 거친 국내 학교 사례는 아직까지 찾아볼 수 없기 때문에 소개할 만한 사례 자체가 부족하다. 거의 대부분 공사를 막 끝냈거나, 기껏해야 공간혁신을 갓 끝낸 후 잠시 사용한 사례들이 대부분이기 때문이다.

또 학교 공간혁신 사업을 진행한 학교들 중에는 교육부나 시도교육청 매뉴얼대로 사용자 참여 설계를 진행하기도 했다. 하지만 역량과 경험이 충분히 확보되지 못해 일부 학교는 설계자나 시공업체에만 의존한 상태로 진행하고 있기도 하다. 그래서 여기에서 는 우리나라의 선도적 실천 사례 2가지를 뽑아 학교 공간혁신 추진 경험을 중심으로 좀 더 실질적인 정보를 제공하고자 한다.

민주적 학교문화 형성에 기여한 인화여고

인천광역시 인화여자고등학교는 2019년도에 학교 공간혁신 사업에 선정되었다. 앞서 언급했던 사 용자 참여설계의 절차대로 학교 공간혁신을 추진하였다. **공모사업 계획**에서는 교직원 투표를 실시하여 72%의 교사 동의를 얻었고, 사업추진단(TF팀)을 구성하여 공간혁신 대상 위치를 선정하는 한 편, 학생자치회 대의원회를 통해 필요 공간 및 활용 의견을 수렴 하였다. 다음의 표 7-11은(386쪽 참조) 인화여고의 '2019학년도 학 교 공간혁신(미래교실) 추진 운영 계획서'에서 제시한 추진 절차이 다. 좀 더 구체적으로 살펴보면, '공모사업 계획 및 선정'에서는 노 후한 학교 환경을 개선하기 위해 학교교육공동체가 해당 정보를 공유하고 공감할 수 있는 기회를 마련했다. '학교 공간혁신 추진 협의회'는 교직원위원 8명(교감, 행정실장, 수석교사, 교무부장, 연구 부장, 외국어부장, 미술교사, 교육행정실무사), 학생위원 2명(학생자치 회 추천), 학부모위원 2명(학교운영위원회 추천), 학교 공간혁신촉진 자(교육청 배정)로 구성했다.

| 표 7-11 | 인화여고 학교 공간혁신 사업 흐름도

공모 사업 계획	공모 사업 계획 및 선정	학교 공간 혁신 추진 협의회 구성	협의회 참여수업 인사이트 투어	보고회 설계 및 시공	사후 평가
2019.2. ~ 3.	2019.4. ~ 5.	2019. 7.	2019.7. ~ 12.	2020.1. ~ 2.	2020.3.

※자료: 2019 추진 운영 계획서의 일부

① 학생 친화적 공간 조성을 위한 의견 수렴

'협의회 · 참여수업 · 인사이트 투어'를 통해 추진협의회가 공간혁신 전반에 관한 사항을 논의하여 결정하고, 기술 · 가정과 미술 연계 학교 공간혁신 참여수업에서는 학생 친화적인 공간 형성을 위해서 학생들의 의견을 수렴하였다. 특히 인사이트 투어에서는 교직원들이 3명 이상씩 자유롭게 팀을 구성하여 희망하는 외부 장소를 탐방하도록 하였다. 동아리 활동과 연계하여 현장탐방 기회를 갖기도 하고, 학교를 포함한 박물관, 카페, 전시센터 등 다양한 장소를 폭넓게 방문하여 공간혁신의 아이디어를 수합한 점이 특히 돋보인다. 무엇보다 학교에서 프로그램을 정해서 공동체가 수동적으로 참여하는 방식이 아니라, 학교 공간 혁신에 공감하고 자율적으로 계획을 세우고 참여하는 기회를 마련했다는 점에서 고무적이다. '보고회 · 설계 · 시공'에서는 설계도면 기획과 시공 과정에서 학교 관계자가 지속적으로 모니터링하고 업체에 피드백을 제공하였고, 검토와 확인 절차도 철저하게 진행하였다. 이후 사후 평가에서는 학교 단위에서 사용자 공간 이용과 교육과정 운영 평가가, 교육청 단위에서 학교 공간혁신의 교육 효과성과 활용도 평가가 예정되어 있다.

인화여고는 학교 공간혁신의 전 과정에 학교교육공동체의 자율적인 참여를 이끌어냄으로써 공간사용자 중심의 아이디어를 지속적으로 수합하고, 반영하기 위해 노력했다. 민주적인 원리를 기초로 하고 계획부터 시공을 거쳐 완성된 공간은 학교교육공동체 모두에게 감동의 기억으로 남는다. 아울러 학교 공간에 대한 주인의식이 자연스럽게 함양되는 소중한 경험이 된다. 민주적인 학교문화 형성은 사실 모든 학교의 어려운 과제이다. 그렇기 때문에 학교 공간혁신은 자연스러운 민주적 학교문화를 형성하는 데 더더욱 중요한 열쇠가 될 수 있다.

② 복합교실로 구성한 공간혁신 홈베이스

다음은 인화여고의 학교 공간혁신이 이루어진 2,3,4층 홈베이스 평면도이다(388쪽 참조). 인화여고에서 학생과 교사가 선정한 공간혁신 구역은 홈베이스였다. 이곳이 선정된 이유는 각 층 공간사용자들이 워낙 많이 오가는 공간이며, 개방된 넓은 환경인데도 제대로 활용되지 못한 채 방치되어 있었기 때문에 공간 활용에 대한 제안이 많았다는 점이다. 그리고 학생들을 위한 동아리 활동 장소와 학생들의 휴식을 포함한 자유로운 활동을 지원해달라는 요구

2층 인화여고 방송국

(Before)기존 2층 홈베이스는 막힌 공간으로 일부는 학생 출입이 많은 방송실이 배치되어 있고 나머지 영역은 넓지만 공간활용도가 낮은 복도 공간이었다. 전반적으로 채광이 부족한 어두운 공간이었다.

(After)방송실을 복도로 확장하고 벽을 뚫어 오픈형 공간으로 설계하여 내부를 밝게 하였다. 공간이 넓어짐에 따라 기존 방송부에서 뉴스까지도 격주로 제작하여 방송하는 방송국으로 규모를 확대하여 학생들의 자치, 자율 활동의 중심센터로 운영할 예정이다.

3층 스터디 카페

(Before)기존 3층 홈베이스는 학생들이 자주 지나치는 공간이었으나 공간이 노후하고 관리가 안 되어 학생 이용이 저조하였다.

(After)학생의 학교 공간혁신 요구를 최대한 반영하여 쉼과 학습이 가능한 공간으로 조성하였다. 앞으로 공강 및 자기주도학습 시간, 휴식 시간에 학생들이 자유롭게 머물 수 있도록 조성하였다. 스터디 카페 맞은 편에 사용 시 소음을 일으킬 수 있는 자판기를 이동 배치하고, 복사기를 추가로 설치할 예정이다.

4층 복합교실

(Before)기존 4층 홈베이스는 천장이 높으나 노후하여 여름에는 덥고 겨울에 추워서 거의 방치된 공간이었다. 창문이 없이 벽으로 구성되어 있어서 넓은 공간이 거의 활용되지 못하고 있었다.

(After)높은 천장을 고려하여 반원형의 2층 계단 좌석을 만들고, 소규모 공연, 다양한 협의나 수업 등이 가능한 교실로 조성하였다. 유리벽을 넓게 설치하여 채광 조건을 좋게 하여 밝은 공간으로 구축하였다. 이 공간은 학생뿐만 아니라 학부모, 교사 등의 학교교육공동체가 협의하거나 각종 교육 활동이 가능하게 조정하였다.

인화여고 홈베이스 평면도

를 적극 반영하였다. 그리하여 인화여고 방송국, 스터디카페, 소규모 공연이 가능한 복합교실을 구축한 것이다.

무엇보다 인화여고의 공간혁신 과정은 학교교육과정과 완공 후의 실제 공간 활용 계획을 연계하여 논의된 점을 눈여겨보아야 한다. 공간혁신 과정에 대한 독자의 실제적인 이해를 돕기 위하여 홈베이스 각 층의 사전·사후 모습에 대한 설명을 공간혁신 평면도와 함께 제시하였다(388쪽 참조).

학생 친화의 유연하고 개방적인 공간으로 거듭난 전민고

이번에 살펴볼 사례는 대전광역시 전민고등학교의 학교 공간혁신 사업이다. 전민고등학교는 크게 세 가지 면에서 공간혁신 방향을 설정하였다. 첫 번째는 도서관을 프로젝트형 멀티플렉스로의 혁신, 두 번째는 학생 친화적 공간 배치, 세 번째는 기능의 복합화로 각 실의 유연화·가변화와 연계한 복합화를 추진하였다.

① 개방성과 공간별 특색을 살린 도서관

우선 제시한 사진(390쪽 상단)에서와 같이 개방형 도서관의 경우 홈베이스와 연계하여 폴딩도어와 무빙월을 설치하여 규모와 형태를 자유롭게 바꿀 수 있는 가변형 수업 교실을 마련하였다. 또한

대전전민고등학교 도서관 실내전경도(2019)
공간혁신을 통해 전반적으로 오픈된 넓은 공간으로 활용될 수 있도록 디자인하여 개방형 도서관을 추구하는 한편, 공간의 성격을 유연화하였다.

무선인터넷을 설치하고 구글 크롬북을 활용하여 수업할 수 있는 환경을 조성하는 한편, 벽 쪽으로는 개별 인터넷 학습을 할 수 있는 책상과 의자를 따로 비치하였다. 오픈형 책상을 중간에 비치하여 자연스럽게 공간을 구분하여 복수의 학생 활동이 이루어질 수 있도록 지원하고 있다. 전반적으로 오픈된 넓은 공간으로 활용될 수 있도록 디자인하여 개방형 도서관을 추구하였다.

오른쪽 사진은 전민고등학교 도서관 전체를 조망할 수 있는 배치도이다(391쪽 참조). 이 배치도를 살펴보면 지역사회 공간의 아이디어를 잘 활용하여 도서관 인테리어를 조성하는 데 적극 반영한 것을 알 수 있다. 특히 책상 형태가 원형이나 자유형을 활용하여 일반적인 학교에서 보는 것과 달리 다양한 점, 또 공간별 특색에 따라 가구를 다양한 형태로 배치한 점이 특징적이다. 앞서 언

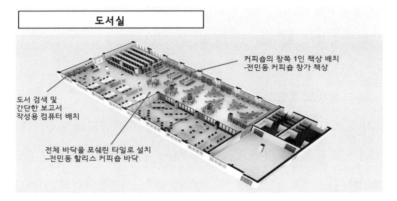

대전전민고등학교 도서관 배치도

배치도에 잘 드러난 것처럼 지역사회 공간의 아이디어를 잘 활용하여 도서관 인테리어를 조성하는 데 적극 반영한 것을 알 수 있다.

급했듯이 기존 학교 건물들처럼 무조건 벽으로만 공간을 구획하지 않고 있고, 그나마 있는 벽도 폴딩 도어로 설치하여 가변성을 높여 한층 넓고 오픈된 공간을 마련한 것이 돋보인다.

② 학생들이 원하는 공간조성

두 번째 학생 친화적 공간은 학생이 요구하는, 학생이 원하는 공간조성을 의미한다. 학생자치회 활성화를 위해 학생자치실과 학생신문사를 설치하였고, 교무실 앞에 학생 대기용 소파를 비치함으로써 학생들이 교무실에서 교사를 만나기 위해 마냥 서서 대기해야 하는 수고로움을 덜어주었다. 또한 학생들이 학교생활 속에서 자연스럽게 문화·예술을 체험할 수 있도록 외벽과 복도에 예술작품과 조명을 설치하였다. 특히 예술작품은 계몽을 목적으로 한 딱딱하고 무미건조한 것이 아닌 따뜻한 온기를 느낄 수 있는 문화 예술가 및 일부 학생들의 작품으로 구비했다.

③ 공간 기능의 복합화

전민고에서 세 번째 공간 기능의 복합화는 기존 공간에 관련 있는 공간을 덧붙이는 방식으로 이루어졌다. 예를 들어 기존 보건실에는 생명안전교육지원실과 성고충상담실 기능을 부여하고, 기존 1학년 교무실에 1학년 학습지원센터(생활상담지원실) 기능을 추가적으로 부여하였다.

이상에서 소개한 사례들이 학교 공간혁신의 정답이라고 말할 순 없다. 왜냐하면 어떠한 학교도 똑같은 여건을 갖추고 있을 수는 없기 때문이다. 따라서 타학교의 사례가 아무리 좋아 보인다고 해도 그대로 수용하기보다는 개별 학교의 교육과정과 공간사용자의 요구와 학교의 여러 가지 여건들을 면밀하게 분석하고 고려해야 한다. 이를 바탕으로 하여 필요한 아이디어나 정보들을 활용할 수 있는 지혜가 필요하다.

앞서도 언급했지만, 학교 공간혁신 사업이 아직은 도입 초기인 만큼 국내 사례가 충분히 누적되지 않은 관계로 좀 더 다양한 사례들을 소개할 수 없는 점이 못내 아쉽다. 하지만 지금 이 순간에도 학교 공간혁신 사업은 전국적으로 시행되고 있다. 따라서 아이디어를 얻을 수 있는 기회는 많다. 고려할 것은 투자되는 시간과 동력의 문제이다. 팀을 나누어 탐방하고 워크숍을 개최한다든지, 네트워크를 조성하여 서로 긴밀히 협력하는 체제를 갖춘다든지, 선진공간 탐방을 학교 프로그램과 통합하여 운영한다든지 등 다양한 방식을 염두에 두고 효율적인 탐방 방법을 모색하는 것이 중요하다.

06

해외 사례로 살펴보는
학교 공간혁신 아이디어

세계의 많은 교육 선진국들은 이미 오래전부터 학점제를 실시해
오고 있다. 그와 함께 학점제에 부합하는 공간혁신에 관해서도 일
찍부터 주목해온 만큼 우리나라의 학교 공간혁신 사례보다는 훨
씬 다양한 사례들을 찾아볼 수 있다. 여기에서는 특히 해외의 학
교 공간혁신 사례를 통해 고교학점제나 미래교육을 위해 설계된
공간이나 현재 학교나 지역사회 공동체가 사용하고 있는 공간에
서 공간혁신에 대한 아이디어와 정보를 얻을 수 있도록 구성했다.

다만 학교의 모든 공간에 대한 아이디어와 정보를 제공하기에
는 지면상의 한계가 있기 때문에 수합한 정보 중에서 현 시점에
서 우리 학교들에게 가장 유용할 만한 정보들을 나름대로 선별하
여 제공하고자 한다. 여기에서 언급한 정보 중에는 이미 우리나라
학교에 적용된 경우도 더러 있다. 현재 건축이나 리모델링 설계와
시공의 상당 부분이 해외 사례의 아이디어와 정보들을 활용하여

이루어지는 경우가 많기 때문이다. 그래서 어쩌면 완전히 새롭고 혁신적으로 보이지는 않을 수도 있다.

그런데 혁신적이고 새로운 것보다 훨씬 더 중요하게 고려해야 하는 점이 있다. 즉 우리가 반드시 기억할 것은 해외 사례의 아이디어와 정보를 학교 현장의 여건을 고려하지 않고 그대로 적용하는 실수를 범하지 말아야 한다는 점이다. 또한 현재 학교 공간혁신은 탐방을 통해 타학교의 공간과 인터넷 정보 검색을 통해 해외 사례를 많이 참고하기 때문에 공간혁신의 결과가 각 학교의 특색을 살리지 못한 채 서로 비슷비슷해질 수도 있다는 점을 인지해야 한다. 무엇보다 설계나 시공업체의 경우 현재 유행되고 있는 디자인이나 자재 등을 추천하는 사례가 많다는 점을 고려하여 업체에 전적으로 일임하거나 의존하지 말고 학교의 특색을 살릴 수 있는 디자인과 자재 사용을 위해 학교교육공동체가 협력하여 긴밀한 논의 과정을 거쳐야 할 것이다.

학생 소모임 및 휴게를 위한 공간

학교 공간혁신과 관련하여 학생들의 요구가 가장 많은 영역은 뭐니 뭐니 해도 학생의 쉼과 소통을 위한 휴게 공간이다. 게다가 고교학점제가 시행되면 소인수부터 다인수까지 다양한 규모의 수업과 학습이 이루어지는 공간

※자료: Fryshuset School(Stockholm, Sweden)

학교식당 공간 구성 사례

고교학점제가 시행되면 소인수부터 다인수까지 다양한 규모의 수업과 학습이 이루어지는 공간이 필요하고, 필연적으로 공강 시간이 발생하므로 학생들이 자기주도적으로 시간을 보낼 수 있는 쉼과 소통을 위한 공간 마련이 필요하다.

이 필요하고, 공강 시간이 발생함에 따라 학생들이 자기주도적으로 시간을 보낼 수 있는 공간 마련이 요구된다. 우리나라 공간혁신 사례의 경우에도 학생 휴게 공간에 대한 요구가 많이 제기되는 편이다. 이에 학생들의 소모임 활동과 쉼을 제공하는 사례를 해외 학교, 지역사회 도서관 등에서 찾아보았다.

① 주제가 있는 공간 구성

위의 사진은 프리스후셋 스쿨(Fryshuset School) 식당 공간이다. 이 학교는 학생 식당을 다양한 구역으로 나누어서 각 구역마다 주제가 있는 공간으로 구성하였다. 첫 번째 공간에서는 창이 없는 벽 전면에 햇살이 비치는 숲속 사진을 도배하여 공간의 폐쇄성을 보완하고 확장성을 확보했다. 두 번째 공간에서는 화분과 넝쿨식물을 활용하여 장식한 구역이다. 전반적으로 학생들이 자연 친화적으로 생활할 수 있는 환경으로 구성된 것이 돋보인다.

> **TIP** 어떻게 응용할 것인가?
>
> 만약 이 아이디어를 그대로 학생 식당에 적용한다면 학생들의 쉼을 추가한 식당 공간을 마련할 수도 있고, 학교의 홈베이스나 오픈된 공간에 적용하면 공강 시간에 학생들이 휴식을 취하거나 자율학습, 조별학습, 동아리 활동 등으로 활용할 수 있는 공간을 마련할 수도 있다. 다만, 두 번째 사진에서와 같이 살아 있는 식물을 활용할 경우 식물 관리를 위한 인적 부담과 예산이 지속적으로 확보되어야 함을 고려해야 한다.

② 기능의 복합화 구현

또 다른 사례를 소개한다. 다음의 사진(398쪽 참조)은 공간 활용도를 높인 스웨덴 스톡홀름에 있는 2개 학교 공간을 소개한 것이다. 첫 번째는 에즈베리 스쿨(Edsbergs School) 공간으로 계단 아래의 자투리 공간에 원형 테이블과 라운드형 의자를 배치하여 학생들이 과제나 모둠활동을 수행하거나 공강 시간을 보낼 수 있도록 했다. 나머지 두 장의 사진은 프리후셋 스쿨 공간이다. 두 번째 사진은 교내 빈 공간을 충분히 활용하여 학생들이 자유롭게 쉬거나 모임이나 학습할 수 있는 공간을 마련하고 있다. 세 번째 사진은 기능의 복합화를 잘 보여주는 사례이다. 학교 입구 로비에 학생들을 위한 각종 편의시설, 리셉션 데스크, 휴식 및 학습 장소들을 적절히 배치하여 한 공간을 다목적으로 활용하고 있다. 특히 육각형 모양의 만남의 공간은 공간 밑에 바퀴를 장착하여 자유로운 이동을 가능하게 함으로써 공간의 유연성을 확보하고 있다.

※자료: Edsbergs School(Sollentuna, Sweden), Fryshuset School(Stockholm, Sweden)

공간 활용도를 높인 학교 공간 예
하나의 공간을 하나의 용도로만 사용하는 것이 아니라 과제나 모둠활동 수행 및 공강 시간을 보낼 수 있는 등 다양하게 활용할 수 있도록 배려하기 위해 공간의 유연성을 확보한 모습을 볼 수 있다.

고교학점제가 시행되면 인구가 밀집되어 있는 도시 지역일수록 공간 확보를 위한 공간혁신에 대한 요구가 더욱 높을 것이다. 학교의 빈 공간을 학교교육과정의 필요와 공간사용자의 요구를 반영하여 효율적이고 다목적으로 활용할 수 있는 반짝이는 아이디어가 필요하다. 다만 학교 공간혁신의 철학이나 가치를 고려하지 않은 채 단순히 학교의 모든 공간을 집기나 시설로 빼곡히 채우거나 무조건 목적성 있는 공간으로 조성해버린다면 답답한 공간이 될 수도 있기 때문에 주의해야 한다.

③ 전시와 정보 안내의 공간으로 재탄생한 복도

방금 전 소개한 스웨덴 에즈베리 스쿨의 또 다른 공간을 소개할까 한다. 다음의 사진(400쪽 참조)은 스웨덴 에즈베리 스쿨의 복도와 홈베이스 공간 사진이다. 첫 번째 사진에서 학교 교실은 복도 쪽으로 출입문만 있고 창문이 없어 복도 벽을 학생 수행 과제물의 전시와 정보 안내의 공간으로 활용하고 있다. 또 밝은 색감의 칸딘스키 추상화를 연상시키는 무늬로 장식한 긴 의자를 배치하여 복도 공간에 편안한 소통 공간을 마련하고 있다. 무엇보다 복도 자체의 면적도 넓어서 공간에 개방감을 더해줄 뿐만 아니라, 좀 더 다양한 용도로 활용할 수 있는 여지가 많다.

두 번째 사진에서는 학교의 유휴 공간에 실로폰을 연상시키는 라운드형 긴 의자와 벤치, 원형 테이블을 매치하여 학생들의 휴식 공간을 마련하고 있다. 특히 공간의 디자인적 요소와 여백의 미를 함께 추구하며 가구의 형태와 배치를 고려한 것이 돋보인다. 마지막 세 번째 사진에서는 계단 층계에 학생들이 쉬거나 책을 읽을 수 있는 벤치를 배치해 공간의 활용도를 한층 높였다.

※자료: Edsbergs School(Sollentuna, Sweden)

복도와 벽을 재구성한 사례
학교에서 일반적으로 사람들이 지나다니는 통로 정도로 인식되는 공간인 복도와 홈베이스가 휴식과 전시 및 정보 안내의 공간으로 재탄생하였다.

우리나라 학교에서 익숙한 복도 공간이라고 하면 대체로 폭이 좁고 어두우며 학생들이 고함을 지르며 우르르 뛰어다니는 모습이 떠오를 것이다. 이러한 어두침침한 복도에 밝고 아름다운 무늬의 긴 의자를 배치한다면 공간의 밝기와 생동감도 더하면서 학생들이 달리는 대신 앉아서 소통할 수 있는 안정적인 공간을 마련할 수 있지 않을까? 이 밖에도 어두운 유휴 공간이 있다면 밝은 색감과 곡선의 디자인적 요소를 반영하여 학생들이 찾아올 수 있는 밝고 산뜻한 분위기를 조성하는 하는 것도 필요하다. 특히 공강 시간이 필연적으로 발생할 수밖에 없는 고교학점제이니만큼 이에 대비하여 학생들을 위한 쉼 공간 마련은 앞으로 우리 학교가 많이 고민해야 할 부분이다.

④ 채광을 고려한 자투리 공간의 활용

다음의 사진(402쪽 참조)은 채광을 고려한 자투리 공간 활용 아이디어를 보여준다. 학생들이 학교에서 보내는 시간은 하루에 최소 5~7시간이고, 고학년일수록 학교에서 머무는 시간이 길다. 이렇듯 하루 중 긴 시간을 보내는 학교 공간은 학생의 삶에 직접적인 영향을 미칠 수밖에 없다. 따라서 잠시라도 바깥 환경을 바라볼 수 있는 여유를 갖게 하는 것은 중요하다. 따라서 창이 있는 공간에 학생들이 앉아서 개별학습이나 소통을 할 수 있으며 때로는 편안하게 쉴 수 있는 공간을 마련할 필요가 있다. 우선 첫 번째 사진은 창틀 높이에 맞는 키높이 책상과 의자를 비치하여 방해물 없이 외부 환경을 바라볼 수 있는 공간을 마련하고 있다. 두 번째 사진에서는 전면 창이 설치된 공간에 지그재그 모양의 소파를 설치하여 자연스럽게 공간이 구분되며 독립적인 공간이 되었다. 테이블도 둥근 삼각형 모양으로 자유로움을 더해준다. 세 번째 공간은 건물과 건물 사이의 외부 공간으로 바닥을 나무로 설치하고, 작은 정원을 배치하여 작은 자연환경을 조성했다. 여기에 원형 목재 테이블과 의자를 비치하여 소통 공간을 마련한 것이다.

채광을 위한 자투리 공간활용 아이디어
학생들이 오랜 시간을 머무는 학교인 만큼 탁 트인 창을 통해 바깥 환경을 바라보며 잠시 여유를 가질 수 있는 환경을 조성하는 데 참고할 수 있다.

⑤ 밝은 색감이 돋보이는 편안한 휴식 공간

쉼 공간에 관한 학생들의 요구사항 중 자주 나오는 의견이 바로 교사 휴게실처럼 잠깐 낮잠을 취할 수 있는 공간에 대한 요구이다. 따라서 침대보다는 잠깐 편하게 쉴 수 있는 소파나 행거체어를 활용하면 좋을 것이다. 404쪽의 사진 3장 중 첫 번째는 벽을 활용하여 개별 휴식 공간을 마련한 것이다. 양쪽으로 원형의 커다랗게 뚫린 출입구를 만들어 공용 휴게 공간을 조성하였다. 또한 개별 휴식 공간의 바닥에 전체 넓이만큼 쿠션을 배치해 학생들이 앉거나 누울 수 있는 편안한 쉼터를 제공하였다. 나머지 공간은 원형 혹은 라운드형 테이블과 폭신한 의자를 비치해 개별 휴식과 모둠별 소통 공간으로 활용하고 있다. 두 번째 사진은 행거체어를 비치해 학생의 편안한 휴식 공간을 마련하면서 창가에 키높이 의자를 비치해 개별 학습 공간을 제공한 것이 특징이다. 세 번째 사진은 벽 쪽과 계단 아래 자투리 공간에 벽에 붙은 긴 의자나 계단형 공간을 마련하고 중앙에는 다리를 얹을 수 있는 소파와 소모임 소통을 위한 원형테이블과 개별 소파를 비치하여 학생들이 편안하게 원하는 활동을 할 수 있는 환경을 조성하였다.

　세 공간 모두 전반적으로 밝은 색감으로 조성되어 있고, 군데군데 원색을 활용하여 생동감과 청량감을 더해준 것이 특징이다. 앞으로는 학교교육공동체가 학교 내에 학생들이 잠깐이라도 편안한 자세로 쉴 수 있는 공간 마련의 필요성을 공유하고 공감하려는 노력이 필요하다. 우리나라 학생들의 학습 시간은 세계 최대이고

학생 휴게 공간 사례 [23]
어둡고 차가운 공간에서 벗어나 밝은 색감과 원색을 활용해 공간에 청량감을 불어넣었다.

OECD 국가 중 행복지수가 가장 낮은 것이 안타까운 현실이다. 학생들이 학교 학습에 대한 심리적 부담을 조금이라도 줄이는 한편, 서로 편안하게 소통할 수 있는 공간을 마련해주는 것이야말로 우리가 시급히 해결해야 할 과제일 것이다.

---

23. 첫 번째 사진 https://norvanivel.com.au/gallery
　　두 번째 사진 https://ultimategroup.uk.com/innovative-classroom-furniture/
　　세 번째 사진 https://stock-sector.com/the-most-innovative-schools-in-america/

멀티 공간으로
거듭난 도서관

학교 공간혁신 대상 중에서 선호도가 높은 공간을 꼽으면 바로 도서관이다. 도서관은 단순히 독서하는 공간을 넘어서 이미 수업과 학생들의 개별학습 공간과 쉼터를 제공하는 한편, 지역사회와 공유하는 공간으로도 폭넓게 활용되고 있는 경우가 많다. 이는 해외사례도 비슷하다. 다만 도서관을 구성하고 있는 환경을 조성하는 데 있어 우리나라와 차별화된 지점들이 존재하여 검토해볼 만한 가치가 있다고 생각한다.

① 학생은 물론 마을 사람들도 이용할 수 있는 공간으로

다음의 사진(406쪽 참조)은 스웨덴 솔렌투나(Sollentuna) 도서관 실내 전경이다. 이 도서관은 세 개의 건물 사이의 홈베이스를 활용하여 마을 도서관을 운영하고 있다. 세 건물에는 학교와 각종 일반 사무실들이 입주되어 있어 학생과 마을 사람들 모두 이용할 수 있게 접근성을 높인 형태로 구성되어 있다. 북유럽의 경우는 흰색, 회색 등의 무채색보다는 이렇듯 원색을 포함한 다채로운 색감을 활용하여 학교 공간에 한층 생동감 있고 활기 넘치는 에너지를 불어넣고 있다. 또한 학생들의 창의성과 자유로운 발상을 지원하는 라운드 모양의 사용자 친화적인 가구와 원형 공간을 조성하였다. 또한 두 번째 사진에서 보듯이 인체공학적인 소파를 제공함으로써 학생들이 편안하게 독서를 즐길 수 있는 환경도 마련하고 있다.

※자료: Sollentuna bibliotek(Sollentuna, Sweden)

지역사회 접근성을 높이고 편안한 분위기의 공간으로 탄생한 도서관

학교가 지역사회와 단절되고 고립된 공간이 아니라 마을 사람들이 자유롭게 이용할 수 있게
하였다. 아울러 편안하면서도 생동감 넘치는 사용자 친화적인 환경 조성 노력을 엿볼 수 있다.

TIP　어떻게 응용할 것인가?

우리나라에서 농산어촌의 경우 학교를 마을 주민과 함께 마을 도서관으로
운영하는 것은 인구 급감에 따른 공간혁신 측면에서 볼 때 큰 의미가 있다.
또한 고교학점제 측면에서 보면 학생들이 공강 또는 휴식 시간에 편안한
환경과 분위기에서 독서를 즐길 수 있는 공간을 마련함으로써 머물고 싶
은 공간으로 학교 공간을 인식하게 만들 수 있다는 측면에서 의미가 있다.
또한 이 도서관의 아이디어를 활용하여 학교 공간을 다채로운 색감으로
표현하거나 사용자 친화적 환경으로 조성하여 학교마다 특색 있는 공간을
어떻게 마련할지를 고려해볼 만하다.

② 공간의 아름다움과 활용도를 높이다

아래의 사진에서 보이는 스웨덴 지역도서관의 가구와 배치를 참고해볼 만하다. 사진에서 보이는 라운드형의 책장과 자유로운 배치 모습은 밋밋한 인상을 주기 쉬운 전형적인 도서관 공간에 비해 공간을 한층 아름답고 유연성이 돋보이게 해준다. 또한 자세히 보면 책장 밑에 바퀴가 장착되어 있어 이동의 용이성도 확보하고 있다. 두 번째 사진을 보면 책상의 한 면은 직각으로 다른 한 면은 라운드형으로 디자인되어 있는데, 이 역시 공간의 아름다움과 공간 활용도를 함께 높여준다. 긴 복도식 공간에 이런 라운드형 책상을 배치하면 단조롭고 딱딱한 분위기를 덜고 독서의 즐거움과 편안함을 높여주는 효과도 기대할 수 있다.

※ 자료: Sollentuna bibliotek (Sollentuna, Sweden)

개성 있는 가구 배치를 보여주는 도서관 모습
각진 가구들을 바꾸고 고정된 배치에 유동성을 가미하는 것만으로도 단조로운 공간에 생기를 불어넣을 수 있다.

우리나라 대부분의 학교 공간은 네모난 건물, 네모난 교실, 네모난 책상으로 네모난 일색으로 구성되어왔다. 그동안 고등학교 교육이 학생 개인의 적성이나 진로를 크게 고려하지 않은 채 오직 대학입시를 준비하는 역할만 강조해온 결과이기도 할 것이다. 그러나 이제 고교학점제가 전면 시행되면 상황은 달라진다. 물론 기존처럼 대학입시 준비도 고등학교의 주요 역할이지만, 모든 학생의 진로를 존중하고 학생 맞춤형 교육을 제공해야 하는 역할 부담이 훨씬 커진다. 이와 맞물려 다양성 존중과 창의성 함양의 목적이 훨씬 더 강조될 것이므로 학교 공간도 이러한 필요와 요구들을 잘 반영해야 한다. 가구의 형태나 배치 또한 학교 공간혁신을 하는 데 있어 중요한 부분임을 인식하고, 이에 관해 좀 더 폭넓게 시장조사를 할 필요가 있다.

③ 역동성과 창의성을 높인 공간

오른쪽 사진은 공간의 역동성과 창의성을 강조한 도서관과 전시 시설의 사진이다. 첫 번째 사진은 학교 부지 안에 입주한 스웨덴의 마을 도서관인데, 학생들이 수업시간 및 방과 후에 자유롭게 활용하고 있다. 이 도서관은 복도가 넓어 개방감이 있고, 오픈 스페이스를 적절히 활용하여 공간을 구성한 것으로 유명하다. 또한 복도 바닥에 다양한 색깔의 막대 무늬를 장식함으로써 공간에 생동감과 역동성이 느껴진다. 또한 복도에 놓인 클래식한 의자와 다양한 모양과 은은한 색깔의 조명이 공간의 아름다움을 한층 더해준다. 두 번째 사진은 물결 형태의 디자인 가구를 활용하여 단순한 대기 장소에 역동성과 생동감을 불어넣은 모습이다.

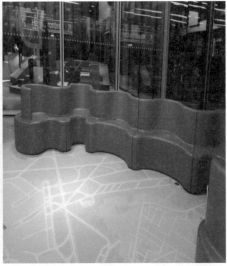

※자료: Arena Edsbergs Library(Sollentuna, Sweden),
Danish Architecture Centre(Copenhagen, Denmark)

역동성과 창의성이 강조된 도서관과 전시시설 예시

클래식한 의자와 다양한 모양과 은은한 색깔의 조명이 공간의 아름다움을 한층 더해준다. 또한 물결 형태의 디자인 가구를 활용하여 단순한 대기 장소에 역동성과 생동감을 주었다.

> **TIP** 어떻게 응용할 것인가?

학생들이 오고 싶고 머물고 싶은 학교 공간을 마련하는 것이야말로 학교가 당면한 중요한 과제이다. 고교학점제가 운영되면 학생은 자신의 진로에 따라 희망하는 과목을 선택하고 수강하게 된다. 또한 미래교육 측면에서 학생들이 자신의 진로를 자유롭게 상상하고 창의적으로 선택하고 개척해나갈 수 있도록 지원해주어야 하는 학교의 역할 또한 강조되고 있다. 앞서 학교 공간은 학교교육과정 자체이자 학교교육과정 운영 공간이라고 했다. 위의 사진은 다양하면서도 창의적인 학교 공간을 준비하고 있는 학교교육공동체에 분명 참고할 만한 아이디어들을 제공해줄 수 있을 것이다.

④ 편의성과 공공성을 높인 공간

아래의 사진은 학교 옆 마을 도서관에 마련된 영상 관람실이다. 마치 내 집처럼 편안하게 영화나 다큐멘터리를 관람할 수 있는 공간을 마련한 것이 특징이다.

※자료: Arena Edsbergs Library(Sollentuna, Sweden)

편안한 분위기에서 영화나 다큐를 감상할 수 있는 도서관 영상 관람실
마치 내 집안의 거실처럼 편안하고 안락한 분위기에서 원하는 영상을 관람할 수 있게 배려한 점이 눈에 띈다.

TIP 어떻게 응용할 것인가?

우리나라도 고교학점제가 시행되면 소인수 수업이나 영상을 활용하는 수업 공간이 필요하다. 이렇게 편안한 소파, 멀티비전, 화분으로 구성된 공간은 수업 이외에도 동아리 활동, 상담 등 다목적으로 활용할 수 있으므로 이에 관한 고려도 필요하다.

가변성과 유연성을 높인
일반교실

고교학점제로 모든 교실에 특별한 시설과 가구를 새로 갖춰야만 하는 것은 아니다. 기존 교실 환경을 조금씩만 개선해도 충분한 경우가 많다. 다만 앞으로 책상과 의자를 포함한 가구를 새로 구입할 예산과 계획이 있다면 개별학습부터 모둠학습까지 다양한 학습 방법을 지원할 수 있는 모델들로 탐색해볼 필요가 있다. 강의식 학습의 경우도 책상의 모양과 배치 형태에 따라 새로운 공간이 만들어질 수 있기 때문에 해외 사례를 찾아볼 필요도 있을 것이다. 특히 일반교실에 경우 거창한 시공이 아니라도 벽면 페인트칠이나 도배, 가구 교체만으로도 비교적 쉽게 환경을 개선할 수 있다.

① 유연한 교실 환경

다음 사진(412쪽 참조)은 북유럽 학교의 유연한 교실 환경을 잘 보여준다. 첫 번째 에즈베리 스쿨 사진에서는 학습자의 요구에 따라 다양한 방식으로 수업을 진행할 수 있는 유연한 교실의 모습을 엿볼 수 있다. 앞에 책상 위에 스마트폰을 걸어 보관하고 있는 모습이 참 인상적이다. 빨강색 벽면, 넓은 여닫이 창문 그리고 창 사이에 설치된 블라인드가 색다른 느낌을 전해준다. 두 번째와 세 번째 사진은 코펜하겐 국제학교의 교실인데, 다양한 조별 활동을 수행할 수 있는 책상과 좌식 활동도 가능할 수 있도록 바닥에는 러

그가 깔려 있다. 네 개의 책상 가운데 학생들이 함께 공유할 수 있는 필기도구와 보관통이 준비된 것도 눈에 띈다.

※자료: Edsbergs School(Sollentuna, Sweden), Copenhagen International School Nordhavn(Copenhagen, Denmark)

유연한 교실 환경 구성 사례

공간혁신을 위해 꼭 엄청난 공사가 이루어져야 하는 것은 아니다. 개성 있는 가구나 페인트칠이나 도배, 가구 교체 등만으로도 환경 개선 효과를 기대할 수 있다.

고교학점제가 도입되면 다양한 과목 수업이 다양한 형태로 이루어진다. 따라서 기존처럼 교실의 기능이 고정된 것이 아니라 과목 수업의 요구에 따라 일반교실이 다양한 형태로 활용될 수 있어야 한다. 예컨대 다양한 형태의 책상과 집기를 지원할 수 있어야 한다. 또한 책상이나 집기는 모두 이동에 불편하지 않도록 가벼운 소재로 안전성이 확보되도록 설계된 제품이어야 한다. 또 고교학점제가 적용되면 학생들은 저마다 자신이 선택한 과목의 수업을 받기 위해 교실 이동이 자주 일어난다. 그때마다 학생들이 학습도구를 계속 들고 다녀야 하는 불편함이 초래될 수 있다. 이에 교실 자체에 학생들이 필요한 필기도구나 여분의 교과서 등을 준비해놓는 것도 고려해볼 만하다. 교과서의 경우는 과목을 이수한 학생이나 졸업생이 기부한 교과서를 활용하면 예산을 절감할 수 있을 것이다.

② 책상과 의자를 이용한 공간혁신

다음 사진(414쪽 참조)은 일반교실 환경을 혁신하기 위해서 활용해볼 만한 책상과 의자의 모습을 보여준다. 첫 번째 사진의 개인용 소책상과 의자 일체형은 실제로 이미 많은 학교에서 사용하고 있는 모델이기도 하다. 의자 밑에 바퀴가 여러 개 장착되어 이동이 편리해 개별학습뿐만 아니라 다양한 모둠을 형성하기에도 편리하다. 또한 의자 밑에는 개인 사물을 보관할 수 있는 동그란 공간이 장착되어 있어 교실 환경을 한층 깔끔하게 조성할 수 있다. 두 번째 사진의 가변형 책상(자유로운 형태의 공간 배치가 가능한 책상)은 강의식 수업도 가능하면서 개별학습이나 모둠학습 등 다양한 수업이 가능하다. 무엇보다 곡선을 활용한 책상 형태가 창의성과 역동성을 더해주어 학습 공간을 자유롭게 조성하는 데 유용하다. 세 번째 사진의 거대한 반원형 책상은 안쪽은 소파로 바깥쪽은 일반 의자가 비치되어 있다. 수업 형태에 따라 동영상 시청이나 친교를 나누는 활동은 소파를 활용하고, 일반 강의식 수업은 일반 의자를 활용할 수 있기 때문에 공간 활용도가 매우 높은 가구 아이디어라고 볼 수 있다.

일반교실에 비치된 창의적인 책상과 의자[24]
고정관념에서 벗어나는 것만으로도 꽤 큰 변화를 기대할 수 있다. 사진에서와 같이 책상과 의자의 변화를 통해 얼마든지 공간에 창의성과 역동성을 불어넣을 수 있다.

---

24. 첫 번째 사진 https://ultimategroup.uk.com/innovative-classroom-furniture/
    두 번째 사진 https://jwcdaily.com/sheridanroadmagazine/2016/12/07/an-innovative-idea/
    세 번째 사진 https://norvanivel.com.au/gallery

다양한 진로교육이
이루어지는 노작교실

유럽의 교육은 전통적으로 공작,
원예, 요리 등 학생들이 자발적으로 참여하는 노작교육을 강조하
고 있다.

① 실습과 체험에 최적화된 환경 구성

관련된 교과 수업이 이루어지는 가사실이나 노작 및 목공실의 환
경은 실습과 체험을 중심으로 이루어지는 교과 교육과정에 맞게
잘 조성되어 있다. 특히 실습이나 체험 과정에서 학생의 안전 또
한 신중하게 고려하고 있다. 학교 공간은 학교교육과정인 동시에
학생의 삶이라는 측면이 함께 구현되어 있는 것이다.

② 공간 활용도를 높인 환경 구성

다음 사진은 스웨덴 에즈베리 스쿨의 조리실습실 및 노작교실의
모습이다(416쪽 참조). 첫 번째 조리실습실은 조별 실습과 개별 실
습이 모두 가능하게 구성되어 있다. 무엇보다 비치된 가구나 집기
가 공간에 따뜻하고 부드러운 느낌을 더해준다. 실습 후 함께 음
식을 맛볼 수 있는 테이블을 실습 공간 옆에 따로 배치함으로써
조리 공간과 식사 공간을 분리하였다. 두 번째 사진은 공작과 노
작을 중요시하는 스웨덴 교육의 특징을 잘 보여준다. 우선 교실
천장에 접이식 등과 작업 도구를 설치함으로써 공간 활용도를 높

였다. 또한 교실 벽에도 다양한 작업 도구를 걸어서 보관할 수 있는 평면 거치대를 마련해놓았다. 공동 작업대 위에는 공작물을 끼워서 고정할 수 있는 개인별 바이스(vise)와 학생들이 함께 사용할 수 있도록 납땜할 때 쓰는 인두를 책상 가운데에 고정시켜 놓았다. 실제로 이 노작교실에서는 여러 공작 및 목공 수업이 가능하고, 이를 활용한 다양한 교육과정이 운영되고 있다고 한다. 세 번째는 공간 활용도를 높이기 위해 노작교실 벽 상부에 설치하여 마련한 학생 작품 전시공간이다.

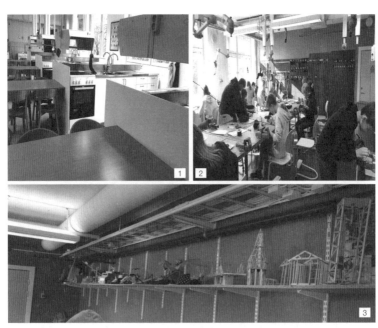

※자료: Edsbergs School(Sollentuna, Sweden)

조리 실습실과 노작교실 사례
다양한 교육과정을 운영하기 위해서는 높은 공간 활용도를 확보하는 것이 중요하다.

고교학점제는 학생의 진로에 따른 맞춤형 교육 실시를 강조한다. 따라서 현재까지는 특성화고등학교에서 실시되었던 실습 위주의 전문교과II 과목들이 앞으로는 일반고등학교에도 개설될 수 있다. 이를 위해 기존 가사실과 기술실 환경을 다양한 관련 과목 수업이 함께 이루어질 수 있도록 리모델링하여 개선할 필요가 있다. 스웨덴, 핀란드, 노르웨이, 독일, 이스라엘 등의 국가에서는 오래 전부터 실습을 위주로 한 노작교육의 중요성을 강조하고 관련 다양한 교육과정과 작업교실을 마련하고 있기 때문에 이 국가들의 작업 공간을 참고한다면 분명 우리나라 일반고의 특별실 재구조화에 관한 영감을 떠올릴 수 있을 것이다. 또한 우리나라 특성화고등학교는 직업과 관련된 여러 전문 시설 공간들이 있다는 것을 염두에 두고 개설하는 과목과 연관된 학교를 찾아 탐방해보는 것도 공간혁신 아이디어를 얻는 데 유용할 것이다.

학교교육공동체가 적극적으로 소통하고 협력하는 학교 공간혁신을 이뤄냄으로써 학교는 오고 싶고, 머물고 싶은 공간이 된다. 그 결과 쉬는 시간 생활지도가 수월한 학교, 학생들이 수업시간 집중력이 향상되는 학교, 담임교사와의 관계는 물론 친구 관계가 좋은 학교, 학생 자신이 원하는 활동에 몰입하는 학교가 되었다고 한다 (광주광역시교육청, 2018).

HIGH SCHOOL
CREDIT SYSTEM

2020년 마이스터고등학교를 시작으로 2022년부터는 일반계 고등학교와 특성화고등학교에도 부분적으로 고교학점제가 도입된다. 전편인 《고교학점제란 무엇인가》에서 일반계 고등학교의 고교학점제 시범 운영 학교들을 살펴본 바 있지만, 아쉽게도 특성화고등학교에 관해서는 다루지 못했다. 이에 이 책의 마지막 장에서는 특성화고등학교에서 고교학점제가 성공적으로 도입 및 정착하기 위해 필요한 여러 가지 것들을 집중적으로 살펴보려고 한다. 특성화고등학교가 본연의 학교 정체성을 회복하기 위해 필요한 교육과정 편성 · 운영 방향은 물론, 이미 고교학점제가 시작된 마이스터고등학교의 실제 교육과정 운영 사례를 통해 향후 특성화고등학교에서 고교학점제를 도입할 때 의미 있는 시사점을 얻었으면 한다. 아울러 본 글은 2019년 교육부 수탁 연구인 한국직업능력개발원의 〈직업계고 학점제 운영 인프라 구축 방안 연구〉의 저자가 집필한 원고와 제4차 고교학점제 정책 포럼(직업계고 학점제 운영)의 발표자료를 수정 · 보완한 것임을 밝힌다.

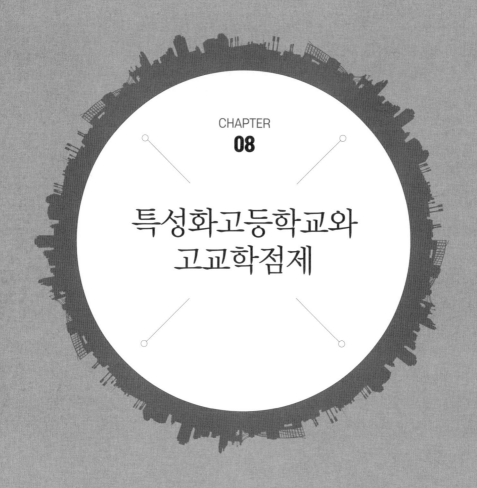

CHAPTER
08

특성화고등학교와
고교학점제

"학교 본연의 정체성을 극대화하는 교육과정을 운영하라!"

01

미래사회에 부응하는
특성화고등학교의 고교학점제

2020년부터 마이스터고등학교에 고교학점제가 우선 도입되었다. 2022년에는 특성화고등학교와 일반계 고등학교 등에 부분 도입할 예정이며, 이후 2025년에는 전체 고등학교에 고교학점제가 전면적으로 시행될 예정이다.

특성화고등학교는 국가수준 교육과정에서 소질과 적성 및 능력이 유사한 학생들을 대상으로 특정 산업 분야에서 종사할 인재의 양성을 목적으로 하는 교육 또는 현장에서의 실습과 같은 체험 위주의 교육을 실시하는 고등학교를 의미한다. 전편인 《고교학점제란 무엇인가?》에서 주로 일반계 고등학교를 중심으로 한 고교학점제의 성공적 도입을 위한 정책과 의미 등을 중심으로 소개한 바 있다. 이번에는 특성화고등학교[1]를 포함하여 관련된 고교학점제의 정책과 교육과정의 편성·운영에 관해서 좀 더 살펴보기로 한다.

특성화고등학교의
고교학점제 도입 배경

앞서 1장에서 고교학점제 도입 배경에 대해 자세히 살펴보았듯이 4차 산업혁명 시대의 도래는 인공지능이 인간의 다양한 지적 노동을 상당 부분 대체하고 자율주행자동차, 스마트팩토리 등 산업구조 전반에 혁명적 변화가 예상되며, 일부에서는 이미 변화가 시작된 상태이다. 따라서 교육 분야 또한 과거와 같이 단순히 더 많은 지식이나 기술 등을 전달하려는 교육 방식에만 의존해서는 미래사회가 요구하는 인재를 양성할 수 없게 되었다. 앞으로 변화된 산업구조에 맞게 새로운 가치를 창출해낼 수 있는 문제해결력, 창의성, 융합 사고력을 키울 수 있는 교육이 필요하다.

한편, 2017년 국토교통부 주최로 개최된 제6회 '4차 산업혁명 발전 포럼'에서 미래사회의 기술 변화와 사회·경제적 변화의 주요 내용 및 쟁점을 제시하였다(422쪽 그림 참조). 특히 NCS 기반 교육과정, 산학일체형 도제학교 등 산업구조의 변화와 밀접한 관계를 맺고 있는 특성화고등학교에 시사하는 바가 크다. 변화된 미래사회에 적합한 인재 양성을 위해 특성화고등학교는 앞으로 다음과 같은 교육혁신이 요구된다.

---

1. 직업계 고등학교는 특성화고등학교와 특수목적고인 산업수요맞춤형고등학교(일명, 마이스터고등학교)로 양분되는데 본 원고에서는 특성화고등학교를 중심으로 설명하고자 한다. 다만, 고교학점제 정책이 산업수요맞춤형고등학교의 경우 2020년 전면 적용인 만큼, 산업수요맞춤형고등학교의 사례도 함께 제시한다.

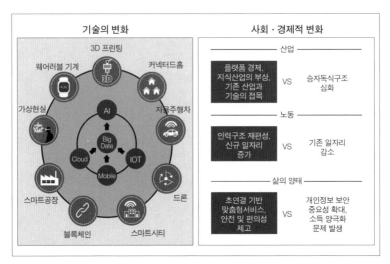

※자료: 국토교통부(2017), 제6회 4차 산업혁명 발전포럼, 재구성

기술 변화와 사회·경제적 변화의 주요 내용 및 쟁점

4차 산업혁명 시대의 도래에 따라 앞으로는 변화된 산업구조에 맞게 새로운 가치를 창출할 수 있는 문제해결력, 창의성, 융합 사고력 등을 키울 수 있는 교육을 통해 미래사회가 요구하는 인재를 양성해야 한다.

① 소외됨 없이 모든 학생의 진로 개척 역량 함양을 지원하는 교육으로 전환될 필요가 있다. 학생의 기초학력 미흡 문제를 해결하여 학생으로 하여금 자신의 적성과 진로에 부합하는 과목을 선택하게 하고 그에 따른 책임을 지도록 하며, 학습동기를 부여하고 자기주도적 학습자로 성장하도록 해야 한다.

② 주차, 청소, 경비, 계산원 등 저숙련 형태의 단순 일자리는 감소하고 지식산업의 부상에 따른 고숙련 인력이 사회에 요구되는 만큼, 모든 학생이 고숙련 인재로 성장할 수 있도록 진로 설계에 기반을 둔 학생 맞춤형 교육과정 운영으로의 변화가 필요하다. 학생 선택

형 교육과정 운영을 통해 학생 개인에게 필요한 맞춤형 교육을 제공하고 학교 안팎의 교육 자원을 적극 활용하며 교육과정의 다양성과 전문성을 확보할 필요가 있다.

③ 단위 학교 내 교육과정 유연화를 통해 다양한 능력과 적성을 가진 학생이 함께 교육을 받으면서도 각자의 역량을 최대한 발휘할 수 있도록 지원형 교육 체제를 마련해야 한다.

④ 학생에게 과목 및 코스에 따른 선택권 부여와 함께 성취기준을 성실히 달성할 수 있도록 책무성에 대한 교육 지도도 강화해야 한다.

⑤ 4차 산업혁명 시대의 핵심 산업인 인공지능, 클라우드, IOT(Internet of Things), 모빌러티, 창업과 MICE(Meeting, Incentives, Convention & Exhibition)등 서비스 산업 중심의 과목 및 과정 선택과 교육과정이 편성·운영될 수 있도록 학생, 학부모에 대한 산업구조의 변화 및 동향에 대한 안내가 강화되어야 한다.

특성화고등학교의 교육혁신을 이끌어내기 위해서 "학생들이 진로에 따라 다양한 과목을 선택·이수하고, 누적학점이 기준에 도달할 경우 졸업을 인정받는 제도"인 고교학점제의 도입은 선택이 아닌 필수적인 과제가 되었다. 따라서 특성화고등학교는 일반계고등학교에 앞서 우선적으로 고교학점제를 적용한다는 정책 로드맵을 가지고 있다.[2]

---

2. 2020년 마이스터고등학교에 도입된 뒤 2022년에는 모든 특성화고등학교에 도입될 예정이며, 이후 2025년에는 종합고등학교를 포함한 전체 고등학교에 전면 시행 예정이다.

고교학점제 도입에 따른
특성화고등학교 교육의 변화

특성화고등학교에 고교학점제를 시행하면서 가장 큰 변화요? 학생의 눈빛이 반짝이고 있다는 거예요. 이전에는 학교에 오면 진로와 적성에 맞지 않아 수업에 흥미를 갖지 못하고 학생들이 있었는데, 지금은 자신이 선택한 과목의 수업을 들을 수 있으니 수업 참여 태도가 많이 좋아졌고 얼굴에 미소도 많아졌어요. 학교생활의 만족도가 향상된 거라고 생각합니다. 사실 특성화고등학교 일부 학생은 사회·경제적·가정적 여건으로 누적된 학습결손이 있기도 합니다. 고교학점제를 통해 이런 학생들에게 철저한 진로지도를 실시하면서 기초학력 부족 문제도 조금씩 해결해가고 있고, 특히 자신의 꿈을 찾을 수 있는 기회를 제공할 수 있어서 교사로서 큰 보람을 느끼고 있습니다.

- 경기 S 특성화고등학교 교사

이상의 인터뷰는 경기도 소재의 어느 특성화고등학교에서 학점제를 도입한 이후에 학생들의 진로교육과 관련해 뚜렷한 변화를 경험한 교사의 이야기를 옮긴 것이다. 사실 특성화고등학교는 학령인구의 감소 및 양질의 일자리 감소에 따라 전반적으로 심각한 위기에 직면한 지 오래이다. 이러한 위기를 타개하기 위해 교육부, 시도교육청, 한국직업능력개발원이 함께 4차 산업혁명 시대에 부응하는 특성화고등학교의 학과 재구조화를 주도하고 있다. 특히 미래 신(新)산업 및 지역전략산업과 연계한 직업계 고등학교의 학과 개편, 학생 취업·창업 역량 제고를 위한 지원 강화, 직업계 고등학교의 지역인재 육성을 위한 지원체제 강화 등 다양한 정책 과제들이 시행되고 있다. 무엇보다 고교학점제의 조기 시행을 통해 특성화고등학교에 대한 대국민 인식 개선과 경쟁력을 향상시키는 방향에 정책 주안점을 두고 있다.

그렇다면 고교학점제를 도입함으로써 특성화고등학교가 맞이하게 될 변화는 무엇일까? 구체적으로 무엇이 어떻게 달라질까? 여러 가지가 있겠지만, 고교학점제 도입과 함께 예상되는 두드러진 변화를 중심으로 정리해보면 다음의 표 8-1과 같다(426쪽 참조).

표에서 정리한 것처럼 우선, 학생은 학교에서 제시하는 교육과정을 이수하는 수동적 존재에서 벗어나 각자의 진로를 개척하는 데 필요한 역량을 갖춘 자기주도적 학습자로 변화된다. 교사는 교과지식 전달자, 학생 관리자, 대학입시 및 진학지도 전문가에서 모든 학생의 성장과 학습을 지원하는 조력자임과 동시에 전문 교수·학습자로 변화된다. 또한 학교는 교원 수급 상황을 고려하여 교원이 가르칠 수 있는 과목중심 교육과정 편성·운영에서 학생의 진로와 적성, 흥미중심의 유연한 교육과정 편성·운영으로 단위학교만의 특색 있는 교육과정을 운영할 수 있게 된다.

더불어 특성화고등학교에서의 고교학점제 도입은 학교 간 교육과정 연계를 통하여 일반계 고등학교에 다니고 있지만 직업교육을 희망하는 학생들에게 자신이 희망하는 직업교육과 관련된 과

| 표 8-1 | 특성화고등학교 고교학점제 도입에 따른 변화

구분	도입 전	도입 후
학생	- 전통적 학과중심 교육으로 단일 직무 인재 육성 - 학생의 다양한 관심 분야를 미반영한 학과별 지정 과목 이수	- 타 학과 과목 이수 가능 - 학교 밖 학습경험 이수 가능 - 다양한 역량을 가진 융합 인재로 성장 진로와 적성을 고려한 학교와 지역사회 교육기관, 산업체에서의 다양한 과목 선택
교사	- 교과목 내 과목중심 지도 - 단일 직무중심의 기술 전수 - 학생 개개인의 특성을 고려하지 못한 성취평가제 적용	- 다과목 지도 역량을 갖춘 학생 맞춤형 지도 - 신산업에 대한 연구 - 새로운 교수-학습 방법 적용으로 전문성 신장 - 학생 개인별 책임교육 실시
학교	- 학과별 단일 교육과정 단순 운영 - 단위 학교의 자율성이 없는 경직적 교육과정 운영 - 학과별, 학급별 동일한 시간표의 운영 - 단위 학교 내 한정된 공간에서만 직업교육 실시	- 학과 내 세부 교육과정 개설 가능 - 학과간 · 학교밖 연계 융합교육과정 운영 - 교육과정 유연한 적용 가능 - 학교의 특성에 맞는 자율적 교육과정 운영 - 학생 맞춤형 교육과정 운영 및 학생 개인별 시간표 운영 - 지역사회의 다양한 교육 자원을 활용한 현장성 기반 직업교육 실현 가능
교육과정 편성 · 운영	- 단위 학교 교원 수급 상황에 따른 편성 - 교원이 가르칠 수 있고 교수-학습이 용이한 과목 위주 편성	- 학생의 진로, 적성, 흥미를 고려한 편성 - 교원의 역량 함양을 통한 다양한 과목 개설 - 단위학교의 지역 여건, 학교 여건, 교직원 여건을 고려한 유연한 교육과정 편성

※자료 : 교육부 · 한국직업능력개발원, 2019, 《직업계고 학점제 연구 · 선도학교 설명회 자료집》

목 또는 과정을 이수할 수 있는 기회를 제공할 수 있다는 측면에서 큰 의의가 있다. 또한 사회적 편견으로 인하여 중등직업교육을 선택하는 데 머뭇거리며 망설이고 기피해온 학생, 특성화고등학교를 선택하기는 했지만 자신이 전혀 희망하지 않는 학과 또는 전공을 마지못해 이수하고 있는 학생, 학업을 중단한 채 공교육의 울타리에서 소외되어온 학교 밖 청소년들, 직업교육을 희망해도 언어와 문화 장벽으로 인해 혜택을 받지 못했던 다문화 가정 학생들에게 원하는 직업교육을 제공하는 기제로 작용할 수 있다. 이 모든 것들이 결과적으로 사회정의를 실현하고, 모두 함께 성장하는 포용 성장의 국가 비전을 실현할 수 있다는 점에서 고교학점제는 우리나라 교육이 미래사회에 맞게 진화하고 생존하는 데 필연적인 과정이라고 정책적 의미를 부여할 수 있다.

02

특성화고등학교 교육과정,
어떻게 편성할 것인가?

특성화고등학교의 정체성은 일반계 고등학교의 교육 목적이나 교육과정 편성·운영 등에 비춰볼 때 상이한 측면이 있다. 2008년 이명박정부 출범과 함께 추진된 고교 다양화정책과 맥을 같이한 직업교육선진화방안을 통해 전문계 고등학교에서 특성화고등학교로 학교의 명칭이 변경되었고, 전문계 고등학교 중 일부는 마이스터고등학교로 변경되어 특수목적고등학교로 편입되는 과정을 거쳤다.

고교학점제의 목적에 부합하는
특성화고등학교의 특성

안타깝게도 특성화고등학교는 현재까지 자신의 정체성을 온전히 발휘하지 못한 채 차별화된 직업교육이라고 하는 본연의 교육적 취지를 달성하지 못하고 있다. 특성화고의 정체성 혼란은 통계에서도 잘 드러난다. 2018년 교육통계기준으로 특성화고 학생 중 약 36%가 대학진학을 선택하고 있으며, 취업률은 최근 약 40%대로까지 급감하고 있는 형편이다. 게다가 마이스터고등학교와 비교할 때, 특성화고등학교는 무엇보다 예산과 인력 지원 측면에서 상대적 박탈감을 겪고 있다.

우리나라는 국가적으로 볼 때, 청년들은 구직난이 심각한 반면 중소기업은 심각한 인력난을 호소하고 있는 아이러니한 상황이다. 특성화고등학교는 이렇듯 구인난과 구직난이 공존하는 미스매칭 현상에 대한 뾰족한 해법을 아직까지는 제시해주지 못하고 있다. 특히, 학령인구 감소에 따라 특성화고등학교에 입학을 희망하는 학생은 계속 감소하며 매년 미달율이 증가하고 있는 상황까지 더해져 적절한 정책적 조치가 필요한 시점이다.

이 모든 상황들을 해소하기 위해서라도 특성화고등학교의 정체성을 살리는 것은 시급한 과제가 아닐 수 없다. 우선 단위 학교 교육공동체의 요구와 여건을 고려한 자율성에 기반을 둔 교육과정을 편성하고 운영하는 것이 무엇보다 중요하다. 고교학점제는 학교교육공동체의 협력과 자율성을 강조하는 만큼 특성화고등학교의 정체성을 살리는 동시에 교육 효과 또한 극대화할 수 있다는 측면에서 매우 중요한 교육정책이다.

지금까지는 국가수준 교육과정에 근거한 보수적인 편성과 운영으로 인해 학생의 수요, 산업구조, 지역사회 요구와 실질적으로 연계된 교육과정을 편성·운영하는 데는 제도적 한계가 있었다.

하지만 이제 고교학점제라는 돌파구를 통해 과거 문제들을 해결할 가능성이 높아진 것이다. 즉 학교중심의 교육과정 편성·운영과 학교 내 제한된 수업 형태는 산업구조의 변화와 현장과 유리된 교육과정 편성·운영, 현장중심 교육 내용의 미반영, 첨단 기자재 실습 기회의 부족 등 다양한 문제들을 야기하고 말았다. 기본적으로 이수해야 할 국가수준의 교육과정이 과대한 수준으로 제시된 탓에 개별 학교의 진로, 지역사회의 산업구조를 고려한 교육과정을 편성·운영하는 데 어려움이 컸다. 또한 특성화고등학교에는 읽기, 쓰기, 셈하기 등 기초학력마저 부족한 학생들이 있음에도 불구하고 사실상 이들을 방치함으로써 공교육의 당연한 책무마저 다하지 못한다는 비난을 받고 있다.

하지만 고교학점제는 특성화고등학교 학생들에게 진로를 고려한 다양한 과목의 개설을 통한 선택권을 부여하고, 지역사회와 산업구조의 변화와 연계한 질 높은 교육을 학교 밖 지역사회학습장[3]에서도 이수할 수 있는 가능성을 열어주었다. 무엇보다 그동안 공교육에서 오랜 시간 방치해온 기초학력 미도달 학생들에 대한 책임교육을 실현할 수 있는 공교육의 거대한 방향 전환으로 이해할 수 있다.

---

3. 「교육기본법」 제10조에 "사회교육의 이수(履修)는 법령으로 정하는 바에 따라 그에 상응하는 학교교육의 이수로 인정될 수 있다"고 규정하고 있으며, 2015 개정교육과정 총론의 교육과정(편성·운영 기준상 공통사항 자)항목에 "학교 및 학생의 필요에 따라 지역사회의 학습장에서 이루어진 학습을 이수과목으로 인정할 수 있다"라고 규정함으로써 고교학점제의 지역사회연계 교육과정의 가능성을 제시하였다.

고교학점제에 따른
교육과정 개편의 필요성

4차 산업혁명에 따른 산업구조의 변화는 과거와는 비교할 수 없는 급격한 양상을 띤다. 최근 코로나19 팬데믹은 변화를 더욱 가속화하고 있다. 이러한 변화의 소용돌이 속에서 노동시장에는 계산원, 경비, 주차원 등 저숙련 단순 노동 인력의 수요는 줄고 빅데이터 활용, 인공지능 개발, 원격 및 보안 등 고숙련 인력에 대한 수요가 급증하고 있다. 그러나 워낙 학력·학벌·스펙중심 교육이 이루어져온 우리 사회에서 창의성을 갖춘 고숙련 인력은 드물다. 이런 상황에서 미래 산업구조를 예측하며 창의적인 문제해결능력을 갖춘 고숙련 인력의 확보는 국가 산업 발전을 위해서도 매우 중요한 과제이다. 특히, 특성화고등학교의 경우 학교의 정체성 자체가 **특정 산업 분야의 맞춤형 인재 양성**이다. 이를 고려하여 앞으로 특성화고등학교에서 산업구조의 변화와 연계된 현장중심 교육과정 편성은 매우 중요하다.

이는 고교학점제 정책의 주요 특성인 학교와 지역사회 연계성을 고려한 교육과정 편성·운영과 직결된다. 따라서 과거 국가수준의 획일적 교육과정 편성·운영에서 벗어나 학생의 흥미와 진로, 지역사회 특성, 산업구조 변화 등을 반영한 다양하고 특색 있는 단위 학교별 교육과정의 편성·운영이 매우 중요해졌다.

또한 특성화고등학교는 공업 계열, 상업정보 계열, 가사·실업 계열 등 다양한 계열 및 학과가 존재하는 만큼 산업구조와 지역사회 여건을 반영하여 단위 학교에 적정한 인재 육성 방향을 설정하려는 자구적 노력이 필요하다. 학생의 진로와 흥미를 고려하되, 산업구조의 동향에 대한 정보를 지속적으로 제공하여 합리적인 진로 설계가 가능한 유연한 교육과정 편성·운영 여건의 조성 등 고교학점제를 단계적으로 적용하려는 노력이 필요하다.

특성화고등학교를 위한 맞춤형 교육과정 개편 절차

산업구조의 변화와 연계된 현장 중심 교육과정의 중요성이 강조되는 만큼 특성화고등학교의 교육과정 편성·운영에도 변화가 불가피하다. 특성화고등학교 교육과정의 편성·운영 절차는 보통 8단계로 진행하는 것이 적절하다고 보고되었다. 즉 1단계는 학교교육과정 편성을 위한 기초작업, 2단계는 의사결정 협의, 3단계는 학생·학부모 대상 진로별 권장 이수과목 및 과목 선택 안내, 4단계는 학생 선택 기초 조사, 5단계는 개설 과목 확정 및 과목별 수업시간 배치, 6단계는 수강신청 및 수업시간표 작성, 7단계는 교실 배정 및 각종 자료 생성 그리고 마지막 8단계는 실제 수업의 운영이다(김인엽 외, 2019).

하지만 최근 학생 선택중심 교육과정의 관점 적용 및 고교학점제 적용을 위해 한층 간소화된 **6단계 절차로 제시**되고 있다. 다만,

학생의 과목 또는 코스 선택을 반영한 교육과정을 단위 학교에서 실제 편성·운영한다는 것은 방대한 업무이므로 학생과 교사 모두 용이하게 접근 가능한 수강신청 시스템에 대한 제반 사항을 교육과정 편성·운영과 별도로 우선 고려해야 한다. 6단계에 절차에 대해 좀 더 상세히 알아보자. 먼저 다음 그림은 6단계 절차를 간략히 정리한 것이다.

단계	주요 내용	추진 방법
1단계	산업구조 및 지역사회 환경 분석 단계	문헌 고찰 전문가 협의회
2단계	학교교육과정 분석 단계	학생, 학부모 등 교육 이해관계자 인터뷰
3단계	학생 수요 조사 및 인재 유형 수립 단계	학생 수요 조사, 교사 협의회
4단계	고교학점제 교육과정 재구성 단계	교사협의회 전문가협의회
5단계	과목 및 코스 도출 및 편성 단계	교사협의회 학생·학부모 협의회
6단계	교육과정 로드맵 수립 단계	교사협의회

특성화고등학교 고교학점제 적용을 위한 교육과정 개편 6단계 절차
학생 선택중심 교육과정의 관점 적용 및 고교학점제 적용을 위해 8단계 절차에서 간소화된 6단계 절차로 제시되고 있다.

| 1단계 | 산업구조 및 지역사회 환경 분석 단계

특성화고등학교에서 고교학점제를 적용하기 위한 첫 번째 단계는 지역사회 환경 및 산업구조 분석을 통해 교육과정 편성·운영의 방향을 수립하는 것이다. 이 단계에서는 특성화고등학교의 계열 및 학과와 관련된 산업구조의 변화와 전망, 산업체 수와 규모, 종사자 규모, NCS 학습모듈, 직무분석 현황 등 문헌 고찰을 실시하고 전문가 협의회를 통해 산업 및 지역의 발전 가능성에 대해 분석하는 노력이 필요하다.

| 2단계 | 학교교육과정 분석 단계

2단계에서는 학교 및 학과의 중장기 발전 방향을 분석해야 한다. 현 교육과정에 대한 구체적인 분석, 예컨대 편성 및 운영 시 고려했던 제반 사항, 교육과정 개편 주기, 과목별 교원 소요 수요 등 학과 개요와 함께 유관 부처 교육사업, 과정평가형 자격 관련 교육과정, 자격 취득 현황 등을 분석한다. 무엇보다 학생, 학부모, 교사, 지역사회 주민 등 교육의 이해관계자와의 포커스그룹인터뷰(FGI)를 통해 학교의 중장기 전략을 수립하는 것이 중요하다.

| 3단계 | 학생 수요 조사 및 인재 유형 수립 단계

특성화고등학교와 학과의 정체성을 고려하여 교육 전략 방향을 수립하고 학생이 졸업한 후에 진출할 수 있는 진로·직업 분야를 설정하는 단계이다. 특히 학생의 진로와 적성이 고려된 교육과정이 운영될 수 있도록 과목 수요 조사를 해야 한다. 3단계에서는 1단계와 2단계에서 도출된 결과를 토대로 외부전문가와 함께 교육과정 전문가인 교사를 중심으로 협의체를 구성하여 학과의 구체적인 교육 목표 및 진로·직업 분야를 확정한다.

| 4단계 | 고교학점제 교육과정 재구성 단계

이전 단계에서 설정된 인재 양성 유형을 정의하고 해당 인재 양성과 관련된 NCS와 NCS 학습모듈의 개발 여부를 확인하는 단계이다. 특히 고용노동부의 NCS 수정 고시에 따라 일학습병행자격 또는 과정평가형 국가기술자격 취득의 필수과목이 변경될 수 있으므로 충분한 사전 확인 작업이 필요하다. 또한 간호 분야처럼 NCS가 개발되어 있지 않은 경우 직무분석 및 표준화 과정을 거쳐 적절한 학점제 운영모형을 설정하려는 노력이 중요하다. 현재, 특성화고등학교 해당 학과의 인재 양성 유형에 해당하는 NCS와 NCS 학습모듈이 개발되어 있는 경우가 대다수이지만, 다음과 같은 경우에는 필요한 단계이다.

① NCS 및 NCS 모듈이 개발되어 있지 않은 경우
② NCS 및 NCS 모듈을 그대로 활용하지 않고 보완하여 사용해야 할 경우
③ 학생의 진로·취업 희망이 학교 및 학과의 인재 양성 유형과 상이할 경우

개발된 NCS 및 NCS 학습모듈이 인재 양성 유형을 충족시키기에

부족함이 있는 경우에는 교육 및 산업현장 전문가들과 함께 직무 분석 및 표준화 단계를 거쳐 기(旣) 개발된 NCS 능력단위 및 능력단위 요소 중에서 해당 학과의 인재 양성 유형에 부합하는 세부 내용을 도출하고 학생의 진로·취업 희망이 인재 양성 유형과 상이하거나 기초학력 미달 학생이 있는 경우 새로운 학점제 교육과정 모형을 설정한다.

| 5단계 | 과목 및 코스 도출 및 편성 단계

이전 단계에서 확정된 고교학점제 교육과정 운영 모형과 기존 운영 중인 교육과정을 비교하여 세부 교과목 구성, 세부 코스를 설정하고 이를 토대로 교육과정을 편성하는 단계이다. 5단계에서는 NCS 능력단위 교과목과의 관계 설정, 보완이 필요한 교과목을 개발하고 코스를 설정한다. 또한 학년, 학기, 학점, 이수 구분, 관련 자격증, 산업구조 등 수업에 필요한 모든 요소를 고려하여 수업 계획서, 현장실습 계획서, 평가 계획서 등을 작성한다.

| 6단계 | 교육과정 로드맵 수립 단계

끝으로 고교학점제 교육과정 운영모형에 최종 목표를 설정하고 각 과정에 대한 중요성의 순위 및 이수 절차를 수립하는 단계이다. 6단계에서 각 교과목 및 코스의 이수 학년, 이수 유형, 선수 과목, 후수 과목 등 교육과정 로드맵을 작성하고, 이를 학생의 진로 상담에 적극 활용한다.

03

특성화고등학교를 위한
교육과정 운영모형의 개발 과정 특징

교육과정 운영과 관련하여 좀 더 구체적인 이해를 돕기 위해 이제부터는 실제 교육과정 운영 사례를 중심으로 살펴보려고 한다. 먼저 현재 운영 중인 일반계 고등학교를 포함한 특성화고등학교 학점제 운영모형들을 살펴볼 것이다. 이를 통해 특성화고등학교 학점제 운영모형 개발의 필요성 및 발전모형의 적용 방법 등에 대해 살펴보고자 한다.

일반계 고등학교 학점제
운영모형에 대한 검토

2017년 교육부에서 발표한 고교학점제 추진 방향 및 연구학교 운영계획을 살펴보면 고교학점제 교육과정 운영 유형을 다음의 표 8-2와 같이 5가지로 제시하고 있

다. 또한 학교의 제반 운영 여건을 고려하여 5가지 모형 중 적절한
모형을 선택하여 운영하도록 지침을 제공하였다.

아래 표에서 정리하고 있는 고교학점제의 5가지 운영모형들은
현장에서 고교학점제를 적용할 때 단위 학교에서 다양한 교육과
정들을 운영 및 편성함에 있어 현재까지는 가장 실효성 있는 운영
유형들로 알려져 있다. 그럼에도 불구하고 다음과 같은 몇 가지
문제점도 간과할 수 없다.

| 표 8-2 | 고교학점제 교육과정 운영 유형

운영모형	내용
단위 학교 단독형	• 학교 교원, 외부 강사 및 학교시설 등을 활용하여 단위 학교 내에서 모든 선택과목의 운영이 이루어지는 모형
타학교 연계형	• (일반계 고등학교 간 연계) 소인수 · 심화과목 등 단위 학교에서 개설하기 어려운 과목을 중심으로 공동교육과정 운영
	• (일반계 고등학교-특성화고등학교 연계) 진로 변경 및 직업교육을 희망하는 일반계 고등학교 학생을 대상으로 특성화고등학교의 직업교육 프로그램 수강 기회 제공
지역 교육시설 활용형	• 교육청 혹은 지역 공공기관, 대학 등의 유휴 공간 내 수업 운영 및 학습이 가능한 공간을 확보하여 공동교육과정 운영 (*공간 확보, 학교 간 연계 등은 교육(지원)청이 지원)
지역 대학 협력형	• 심화 과목, 실습 등을 중심으로 지역 대학 내에 고교생 대상 수업을 개설 · 운영하고, 계절수업 등을 활용해 정규교과로 이수할 수 있도록 지원
온라인 강의 활용형	• 물적 · 인적 인프라 부족으로 다양한 과목 개설이 어려운 농산어촌 지역 등을 중심으로 다양한 온라인 교육과정 개설 · 운영

※자료: 교육부, 2017, 고교학점제 추진 방향 및 연구학교 운영 계획

① 명확한 구별 기준이 없다.

② 일반계 고등학교를 중심에 놓고 특성화고등학교를 정책의 주변에 놓았다.

③ 고교학점제 정책을 학생의 과목 선택권 확대와 주변 교육시설 활용의 장소적 의미 부여 정도로 인식하고 있다.

특성화고등학교 학점제 운영모형에 대한 검토

특성화고등학교의 학점제 운영모형은 2018년의 경우 일반계 고등학교와 마찬가지로 앞서 설명한 ① 단위 학교단독형, ② 타학교 연계형, ③ 지역 교육시설 활용형, ④ 지역 대학 협력형, ⑤ 온라인 강의 활용형 등 5가지 운영모형이 그대로 적용되어왔다고 볼 수 있다.

다만, 국무총리실산하 국책연구기관인 한국직업능력개발원의 2019년 관련 자료를 살펴보면 다음 표 8-3(440쪽 참조)과 같이 4가지 운영모형으로 수정·보완되어 제시되었다. 즉 ① (학과내)직무경로형 교육과정, ② (학과간)융합교육과정, ③ (학교간)공동교육과정, ④ (학교밖)지역사회연계교육과정 등 4가지 모형을 제시한 것이다. 특히 반드시 적용을 고려할 필요가 있는 기본 운영모형으로 **직무경로형 교육과정**과 **융합교육과정**을 제시하였고, 학교 여건에 따라서 선택적 적용이 가능한 선택 운영모형으로는 **공동교육과정**과

지역사회연계 교육과정을 제시하였다.

비록 수정 및 보완된 모형이지만, 기존에 제시된 일반계 고등학교 운영모형과 비교해서 뚜렷한 차이점은 없다는 점이 다소 아쉽다. 아울러 단위 학교가 학점제 운영모형을 적용할 때 고려해야 할 제반 조건이 구체적으로 제시되지 않은 점, 각 운영모형의 장·단점 등을 알 수 없는 점 등의 문제점도 있다. 이렇듯 특성화 고등학교 학점제 운영 성과 분석에서 학점제 운영모형별 장단점이 존재하므로 개별 학교의 제반 여건을 고려하여 각자의 상황에 맞게 모형을 적용해야 함에도 불구하고 상당수 학교가 단순히 학과내 운영모형만을 적용하고 있는 것으로 나타났다.

| 표 8-3 | 일반계 고등학교와 특성화고등학교 학점제 운영모형 비교

	일반계 고등학교 학점제 운영모형	특성화고등학교 학점제 운영모형
유형 종류	5개	4개
유형 명칭	단위 학교 단독형, 타학교 연계형, 지역 교육시설 활용형, 지역 대학 협력형, 온라인 활용형	직무경로형 교육과정, 융합교육과정, 공동교육과정, 지역사회연계 교육과정
구분 기준	제시하지 않음	제시하지 않음
중점 사항	다양한 과목 개설, 시설 공간의 활용 등	인력 양성 유형을 고려한 과목 개설, 자격 취득 연계, 산업체 등과의 연계성 등

맞춤형 학점제 운영모형의
개발과 적용 필요성

지금까지 살펴본 바와 같이 현재 적용된 고교학점제 운영모형은 구분 기준을 학생의 진로경로에 놓지 않고 장소에 두었다는 점에서 일반계 고등학교와 특성화고등학교 간의 차이점이 크지 않다는 것을 확인할 수 있다. 하지만 특성화고등학교의 정체성은 이 장을 시작하면서 살펴본 바와 같이 대학입시를 목표로 하는 일반계 고등학교와는 상당한 차이가 있다. 무엇보다 특성화고등학교 학생은 졸업 후 바로 산업 현장에서 직업인으로서 역할을 수행하게 되지만, 일반계 고등학교 학생의 경우 대학의 전공 심화학습을 거치고 대학졸업 이후 직업인으로서 제 역할을 수행하게 된다. 따라서 이런 분명한 차이점을 교육과정에 반영하고 실제 적용 가능한 운영모형을 개발해야 한다는 필요성이 계속 제기되었다.

특히, 고교학점제의 적용은 단순히 학생이 선택할 수 있는 과목 수가 늘어나거나 교육과정의 편성과 운영이 변화되는 차원을 뛰어넘는다는 점이다. 즉 학생이 자신의 진로·직업을 고려하여 올바른 과목 및 과정을 선택하고, 그 과목 및 과정에 제시된 성취기준에 충분히 도달할 수 있도록 교육에 책무성을 부여하는 지점이 고교학점제 정책의 성공 여부를 결정하게 된다는 것을 신중히 고려해야 할 것이다. 따라서 고교학점제는 교원 수요, 교원 역량, 학교 시설 및 공간, 다양한 지역사회 학습장을 활용한 지역과의 연계, 온라인 학습 시스템 구축 등 교육 체제의 변화와 연동되는 개념으로 폭넓게 이해해야 한다. 무엇보다 다음과 같은 이유에서 일반계 고등학교와는 차별화된 특성화고등학교만의 학점제 운영모형 고도화가 필요하다.

① 특성화고등학교 학생은 졸업과 동시에 산업 현장에서 직업인으로서의 역할을 수행하게 된다.

② 특성화고등학교 교육과정은 산업계의 변화에 따른 유연한 교육과정 운영이 매우 중요하다.

③ 특성화고등학교 교육과정은 현장기반 교육(work-based education)에 근거하므로 산업체, 지역 평생학습기관 등 지역사회 학습장과의 연계 요구도가 더욱 크다.

④ 4차 산업혁명에 대비하여 다양한 전공 능력을 배양하기 위해서는 일정 범위 내에서 온라인 학습 시스템과의 연계가 필요하다.

⑤ 사회 및 산업구조의 변화 속도가 빨라 물리적 학교 공간 안에서 교육 요구를 온전히 충족시킬 수 없다.

⑥ 한국직업능력개발원의 보고서를 살펴보면 특성화고등학교 학생 중 약 15%의 학생에게 발생하고 있는 기초학력 부재의 문제에 대해서 가정교육의 문제, 초등학교의 책임교육 부재 등 여러 가지 원인에도 불구하고 특성화고등학교 차원의 적극적인 보완책을 통해 근본적인 공교육의 책임교육 실현이 요구된다.

이와 같은 이유 때문에 과거처럼 일반계 고등학교와 별다른 차이가 없는 학점제 운영모형을 특성화고등학교에 그대로 적용한다면 설사 고교학점제를 도입한다고 해도 눈이 띄는 교육적 성과를 기대하기는 어렵다. 특성화고등학교가 가진 차별점을 교육과정에 적극 반영하여 일반계 고등학교 학점제 운영모형과 차별화된 특성화고등학교만의 독창적이고 고도화된 운영모형을 개발해야 할 것이다.

04

고교학점제에 따른 특성화고등학교의 맞춤형 교육과정 운영모형

앞에서 우리는 고교학점제의 성공적인 도입과 정착을 위해서는 일반계 고등학교와는 차별화된 특성화고등학교만의 독창적인 운영모형의 필요성에 관해 이야기했다. 그렇다면 특성화고등학교를 위한 운영모형은 어떻게 제시할 수 있을까?

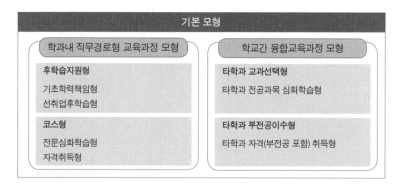

기본 모형	
학과내 직무경로형 교육과정 모형	**학교간 융합교육과정 모형**
후학습지원형 기초학력책임형 선취업후학습형	**타학과 교과선택형** 타학과 전공과목 심화학습형
코스형 전문심화학습형 자격취득형	**타학과 부전공이수형** 타학과 자격(부전공 포함) 취득형

특성화고등학교의 학점제 운영 기본 모형
기본 모형은 학과내 직무경로형 교육과정과 학과간 융합교육과정으로 구분할 수 있고 이는 다시 4가지로 세분된다.

특성화고등학교 고교학점제 운영은 우선 기본 모형인 학과내 직무경로형 교육과정 모형과 학과간 융합교육과정 모형으로 구분할 수 있는데, 이는 다시 4가지로 제시할 수 있다. 4가지 모형의 기준은 특성화고등학교의 인력 양성 유형에 따라 구분한 것이다. 기본 모형에는 ① 후학습지원형, ② 코스형, ③ 타학과 교과선택형, ④ 타학과 부전공이수형 등 4가지가 있다(444쪽 그림 참조).

한편, 선택 모형은 크게 학교간 공동교육과정과 학교밖 지역사회연계 교육과정으로 나눌 수 있는데, 이는 단위 학교라는 공간을 벗어나 다른 학교, 지역사회 학습장 등 물리적 공간을 기준으로 교육과정 모형을 분류한 것이다. 이를 다시 세분하면 ① 1:1 매칭형, ② 연합캠퍼스형, ③ 지역사회학습장연계형, ④ 온라인활용형 등 4가지 유형으로 나눌 수 있다(아래 그림 참조).

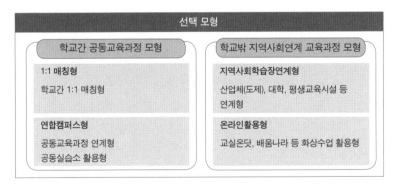

특성화고등학교의 학점제 운영 선택 모형
선택 모형은 물리적 공간을 기준으로 크게 학교간 공동교육과정과 학교밖 지역사회연계 교육과정으로 나누어볼 수 있다.

이제부터는 기본 모형과 선택 모형을 기초로 나눠진 특성화고등학교 학점제 8가지 운영모형에 대해 좀 더 구체적으로 살펴볼 것이다. 일부 모형의 경우에는 세부모형도 존재한다.

특성화고등학교를 위한 교육과정 기본 모형

기본 모형은 크게 학과내 직무경로형 교육과정 모형과 학과간 융합교육과정 모형의 2가지로 나눌 수 있지만 세부 특징에 따라 학과내 직무경로형 교육과정 모형은 후학습지원형과 코스형으로 나뉘고, 학과간 융합교육과정 모형은 타학교 교과선택형과 타학과 부전공이수형으로 나뉘어 4가지로 세분할 수 있다.

① 학과내 직무경로형 교육과정 모형[4]

특성화고등학교 학점제 기본 모형의 하나인 학과내 직무경로형 교육과정 모형 중에서 먼저 **후학습지원형**은 특성화고등학교 학생의 기초학력 보장 또는 선취업-후학습 정책과 연계되어 대학진학을 고려한 운영모형이다. 특성화고등학교에 입학한 학생이 기초학력이 부족한 것으로 판단되었을 때, 1학년을 중심으로 일반학생

---

4. 후학습지원형의 보통교과 선택권은 1,2,3학년 간 유동적으로 부여 가능하다.

보다 낮은 수준의 보통교과에 대한 선택권을 부여함으로써 세부 모형인 ㉮기초학력책임형을 운영할 수 있다. 한편 특성화고등학교에 진학하였으나 2학년과 3학년으로 학년이 올라가면서 대입으로 진로가 변경된 경우, 또는 취업 후 대입이라는 새로운 목표를 갖게 된 경우에는 ㉯선취업–후학습형으로 운영할 수 있다.

다음으로 **코스형**은 학과 내 전문교과를 심화 선택하여 전공 수준을 폭넓고 깊게 할 수 있는 모형으로서 학과내 전공과목의 이수 범위 및 전공 관련된 과정평가형 국가기술자격 취득 및 일학습병행자격 취득 과정의 이수 여부에 따라 세부모형인 ㉮전문심화학습형, ㉯자격취득형으로 구분할 수 있다.

|표 8-4| 후학습지원형과 코스형에 따른 교육과정 운영·편성 예시

학과	선택(직무)	1학년	2학년	3학년	
A 학과	a	기초과목 **보통교과** 선택	→ 기초과목/실무과목 **보통교과** 선택	→ 기초과목/실무과목 **보통교과** 선택	→ I-1. 후학습지원형
	b	보통교과/기초교과	→ **전문교과** 선택	→ **전문교과** 선택	I-2. 코스형
	c	보통교과/기초교과	→ **전공코스** 선택	→ **전공코스** 선택	

② 학과간 융합교육과정 모형

특성화고등학교 학점제의 또 다른 기본모형인 학과간 융합교육과정 모형은 특성화고등학교 단위 학교 내에서 적용 가능한 기본 모형의 하나로서 세부 특징에 따라 ① 타학과 교과선택형, ② 타학과 부전공이수형으로 구분 가능하다.

먼저, 타학과 교과선택형은 특성화고등학교 입학 시에 성적 부족이나 정보 부족 등의 이유로 희망하는 학과에 진학하지 못한

|표 8-5| 타학과 교과선택형과 타학과 부전공이수형에 따른 교육과정 운영·편성 예시

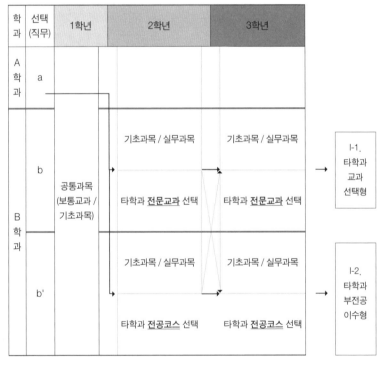

학생[5], 또는 타학과 전공과목 수업에 관심이 많은 학생에게 타학과 교과를 이수할 수 있는 기회를 제공하는 운영모형이라고 할 수 있다. 특히 이 모형은 학생 수, 교사 수가 적은 소규모 특성화고등학교에 적용 가능한 운영모형이다.

다음으로 타학과 부전공이수형은 자신의 전공뿐만 아니라 타학과의 전공과목을 심화 이수하여 부전공 취득(24학점 이상), 과정평가형 기능사자격 취득(대략 25학점 이상), 과정평가형 산업기사자격 취득(대략 38학점 이상) 등을 통해 4차 산업혁명시대에 부합하는 융합인재를 양성할 수 있는 운영 모형이다.

특성화고등학교를 위한 교육과정 선택 모형

선택 모형은 크게 학교간 공동교육과정 모형과 학교밖 지역사회연계 교육과정 모형의 2가지로 나눌 수 있다. 또한 세부 특징에 따라서 학교간 공동교육과정 모형은 1:1 매칭형, 연합캠퍼스형으로 나뉘고, 학교밖 지역사회연계 교육과정 모형은 지역사회학습장연계형과 온라인활용형으로 세분할 수 있다.

---

5. 연합캠퍼스형 모형의 경우 1) 특성화고등학교 및 마이스터고 또한 물리적 여건(기숙사/생활관 구비)이 준비된 경우 계절학기를 통한 모형 활용 2) 도제코스 활용 3) 일반계 고등학교와의 연계 등이 가능하다.

① 학교간 공동교육과정 모형

학교간 공동교육과정 모형은 세부적인 특징에 따라 2가지로 다시 나눌 수 있다. 먼저 1:1 **매칭형**은 동일 재단 내에 존재하는 특성화고등학교와 일반계 고등학교 또는 인근 특성화고등학교와 특성화고등학교 간 1:1 공동교육과정을 운영하는 학점제 모형이다. 이는 중장기적으로 동일 학교명을 가지고 있음에도 불구하고 일반계열과 직업계열 학과의 교육과정 교류가 사실상 존재하지 않았던 종합고등학교에도 적용 가능한 모형이다.

|표 8-6| 매칭형과 연합캠퍼스형에 따른 교육과정 운영·편성 예시

학교	학과	1학년	2학년	3학년	
A 학교	a	보통교과/ 기초과목		기초과목 / 실무과목	
B 학교	b	보통교과/ 기초과목	기초과목 / 실무과목 / 타학교 **보통교과 / 전문교과** 선택	기초과목 / 실무과목 / 타학교 **보통교과 / 전문교과** 선택	III-1. 1:1 매칭형
	c	보통교과/ 기초과목	기초과목 / 실무과목 / 연합 클러스터 내 **보통교과 / 전문교과** 선택	기초과목 / 실무과목 / 연합 클러스터 내 **보통교과 / 전문교과** 선택	III-2. 연합 캠퍼스형

다음으로 **연합캠퍼스형**은 교육청 및 교육지원청을 중심으로 단위학교에 특화된 강좌를 개설하여 방과후, 또는 주말 등을 이용하여 다수의 특성화고등학교 및 일반계 고등학교 학생들도 이수할 수 있도록 하는 모형이다.

② 학교밖 지역사회연계 교육과정 모형

학교밖 지역사회연계 교육과정 모형은 세부적인 특징에 따라 2가지로 구분할 수 있다. 먼저 **지역사회학습장연계형**은 2015 개정교육

|표 8-7| 온라인활용형과 지역사회학습장연계형에 따른 교육과정 운영 · 편성 예시

과정 편성·운영기준의 공통기준에서 제시된 지역사회의 학습장 활용과 관련된 모형으로 산업체, 대학, 평생교육시설 등과의 연계를 통해 현장 기반의 전문 교육이나 전공 심화교육 기회를 제공할 수 있는 운영모형이라고 할 수 있다.

다음으로 **온라인활용형**은 농산어촌 및 도서산간 지역에 위치한 학교로 학생들의 진로에 맞는 다양한 교과목을 개설하거나 운영하는 데 어려움이 있는 경우 또는 특색 있는 교육과정 운영을 위해 온라인 학점제 시스템 이용이 필요한 경우에 활용 가능한 모형이다. 특히 온라인활용형의 경우 고교학점제 온라인 시스템인 '교실온닷'은 물론 향후 'K-MOOC' 또는 '배움나라', 각 시도별 온라인 학습시스템 등의 활용으로도 적용 가능한 모형이다. 아울러 코로나19 발생과 함께 학교 등교 수업이 어려워짐에 따라 모형의 활용성 및 중요성은 더욱 커지고 있다.

05

사례로 살펴보는
직업계고 학점제 교육과정 운영의 실제

앞서 특성화고등학교를 위한 교육과정 편성 방안과 맞춤형 교육과정 운영모형들에는 어떤 것들이 있는지, 또 어떤 특징이 있는지 등을 살펴보았다. 이제부터 살펴볼 것은 특성화고등학교와 마이스터고등학교의 고교학점제 실제 운영 사례이다. 마이스터고등학교는 기존 전문계 고등학교를 발전시킨 것이다. 직업계 고등학교 중에는 특성화고등학교와 함께 "소질과 적성에 따라 원하는 분야의 전문가로 성장하기를 희망하는 학생을 대상으로 지역 전략 산업이나 산업계와 연계된 유망 분야에 관하여 지식과 실무 능력을 겸비한 미래형 직업분야 기술영재를 육성하기 위한 산업수요맞춤형고등학교(이하 마이스터고등학교)"가 존재한다. 마이스터고등학교의 경우, 2020학년도부터 고교학점제가 본격적으로 도입된다. 이에 마이스터고등학교의 정체성과 특성을 살린 운영 사례를 특성화고등학교와 구분하여 살펴보고자 한다.

마이스터고의 교육과정 편성 및 운영 사례

어떻게 하면 마이스터고등학교
의 특징을 바탕으로 학교의 정체성을 살리는 고교학점제 교육과
정을 편성·운영할 수 있을까? 좀 더 구체적인 이해를 돕기 위해
실제 편성 사례를 한번 살펴보도록 하자. K지역에 위치한 A마이
스터고등학교 교육과정의 탄력적 운영 사례이다. 이 학교에서는
일반계 고등학교에서 운영하는 진로진학 로드맵과 유사하게 학생
의 성장 경로 모형을 개발하여 학생들이 자신의 진로를 탐색하여
그에 알맞은 과목을 이수할 수 있는 기회를 제공하며, 별도의 훈
련 또한 이수할 수 있도록 제도를 운영하고 있다.

실제로 A 마이스터고등학교의 경우, 소규모 학교에 단일전공을
운영하고 있음에도 불구하고, 표 8-8에 나타난 전문교과 교육과
정 중 토익, 일반상식 등 **고시외 과목** 활용을 통해 3학년 학생이 자
유롭게 과목을 선택할 수 있게 기회를 열어주고 있다. 이러한 탄
력적인 운영 덕분에 만약 학생의 취업 진로가 변경되는 경우에도
그에 맞게 과목을 조정할 수 있는 섬세한 교육과정을 설계했다고
할 수 있다. 그뿐만 아니라 A마이스터고등학교는 고교학점제 운
영 및 학생 개개인의 잠재력과 역량을 최대한 발휘할 수 있도록
과정평가형 국가기술자격 취득 교육을 병행하고 있다. 이에 따라
학생들이 자율적으로 필수능력단위(300~405시간)와 선택능력단위
(135~150시간), 자율선택능력단위(120시간) 중에서 선택하여 이수

|표 8-8| A마이스터고등학교 교육과정 편성·운영 사례

성장 경로 유형	대기업 인재군	중견기업 인재군	공기업 인재군	공무원 인재군	글로벌 인재군	창업 인재군
인력 양성 비율	40%	24%	35%	0.2%	0.1%	0.1%
산학 협력	대기업	중견 및 강소기업	공기업, 공공기관	국가 지자치단체	해외 우량기업	창업진흥원
교육 중점	언어(외국어) 소양, 인문학적 소양, 과학적 소양, 직무적성 소양	산학수요 맞춤형, 현장실무 맞춤형	언어(외국어) 소양, 과학적 소양, 직무적성 소양	인성 소양, 언어(외국어) 소양, 과학적 소양, 직무적성 소양	외국어 소양, 글로벌리더 소양, 직무적성 소양	창업경제 소양, 창업리더 소양, 발명특허 능력소양
성장 경로별 준비 영역	인적성배양, 토익, 토익브릿지 전공	현장실무 능력, 토익, 토익브릿지 전공	NCS직업 기초능력, 토익, 토익브릿 지전공, 일반상식, 한국사	[국가직 지역인재] 국어,영어, 한국사 [지방직 기술직렬] 물리, 전공2과목	외국어, 창조통합적 안목, 공동체 의식, 다문화 적안목	기업가 정신, 창업실무
취득 자격증	전기기능사, 승강기기능사, 전자기기기능사, 전자캐드기능사, 공유압기능사, 신재생에 너지발전설비기능사, 기계정비기능사, 설비보전기능사, 생산자동화기능사, 전산응용 기계제도기능사, IT 자격취득(정보처리기능사, 컴퓨터활용능력 등)					
진로 프로 그램	토익사관학교, 국제교류프로그램, 인성함양 극기체험 수련활동, 학생주도형 창의테마 체험활동, 학점인증 창의봉사체험활동, 자기성취수준평가제, 창의프로젝트작품전					
교육 과정 편성 · 운영	1학년	기계일반, 전기기기, 전기회로, 전자회로, 자동화설비, 프로그래밍, 디지털논리회로, 성공적인직업생활				
	2학년	전자캐드, 기계요소설계, PLC유공압제어, 마이크로프로세서				
	3학년	발전설비실무, 레이저응용실습, 전자회로 응용실습, 송변전배전설비운용, 마이크로 프로세서제어, 자동화시스템구축실습				

할 수 있도록 폭넓은 기회를 마련해두고 있다. 사실, 마이스터고 등학교 학생들에게 자격증은 자신의 역량을 증명하는 것이므로, 고교학점제 적용 이후에도 자격증 과정을 이수하고 취득하는 것은 매우 중요한 일이다.

A마이스터고등학교의 실제 편성 사례에서 살펴본 바와 같이 직업계고의 고교학점제 도입은 학과내 직무경로형 교육과정 모형, 학과간 융합교육과정 모형, 학교간 공동교육과정 모형, 학교밖 지역사회연계 교육과정 모형 등 다양한 교육과정 모형을 적용하여 운영할 수 있다. 이러한 고교학점제 교육과정 운영을 통해 학생의 기초학력 부재에 관한 문제해결, 흥미와 적성에 맞는 과목 선택권 부여, 과정평가형 자격의 취득, 진로ㆍ취업을 고려한 교육과정 편성ㆍ운영 등으로 이어지고 있어 직업계고에 대한 인식 개선이나 매력도 향상에 큰 도움을 주고 있다.

특성화고등학교의 교육과정 편성 및 운영 사례 1[6]

이제부터는 특성화고등학교의 고교학점제 운영에 관한 이해를 돕기 위해서 실제 편성 사례를 살펴보고자 한다. 먼저 경기도 지역에 위치한 S특성화고등학교의

---

6. S특성화고등학교 고교학점제 연구학교 운영계획서 및 운영보고서를 참고하여 작성하였다.

과정의 학교밖 지역사회연계 고교학점제 운영 사례이다. 특성화고등학교의 교육과정은 산업체에 기반을 둔 NCS 교육과정이므로 학교밖 지역사회연계 교육과정 운영은 일반계 고등학교에 비해 더욱 중요할 수밖에 없다. 이 학교에서는 지역 대학과 연계, 기초자치단체와 연계, 지역산업체와 연계한 다양한 학교밖 지역사회연계 고교학점제 모형을 적용 중이다. S특성화고등학교의 발명디자인과 교육과정 편성표는 다음의 표 8-9와 같다(458쪽 참조).

경기도 S지역에 위치한 S특성화고등학교의 경우, 지역적 인프라를 충분히 활용하여 선택 모형인 학교밖 지역사회연계 교육과정 모형을 적용하여 운영하고 있다. 특히 학교밖 지역사회연계를 지역의 대학뿐만 아니라, 기초자치단체, 산업체 등 다양한 기관과 함께 연계 모형을 적용하여 운영하고 있다는 주요 특성을 가지고 있다. S특성화고등학교의 고교학점제 운영 특징을 구체적으로 살펴보면 다음과 같다.

첫째, 학교에 설치된 일부 학과의 경우 교사와 함께 외부 전문가의 교육 지도가 필요하다고 판단하여 인근에 위치한 K대학의 교수와 **코티칭**을 실시하였다. 이를 통해 한층 심화된 전문성 있는 교육을 실시하고 있다.

둘째, 학교가 위치한 기초자치단체와 도제 교육 협약 체결을 통해 지역 내의 산업단지에서 직접 **도제 수업**을 실시하였다. 제시된 편성표(458쪽 표 8-9)에서 디지털논리회로 과목 7단위가 이에 해당

|표 8-9| S특성화고등학교 고교학점제 교육과정 편성표[7]

20**년도 입학생 교육과정 편제표(발명디자인과)

S특성화고등학교장(직인생략)
20**-**-** 변경

교과영역	교과(군)	과목	기준단위	운영단위 공통	일반	진로	전문	1학년 1학기	2학기	2학년 1학기	2학기	3학년 1학기	2학기	영역합계	필수이수단위
기초	국어	국어	8	6				2	4						
		문학	5		4					2	2			10	
	수학	수학	8	6				2	4						
		수학I	5		4					2	2			10	
	영어	영어	8	7				4	3						24
		영어I	5		8					4	4			19	
		실용영어	5			4						2	2		
	한국사	한국사	6	6				3	3					6	6
	계		-	25	16	4	0	11	14	8	8	2	2	45	
탐구	사회	통합사회	8	6				3	3					6	
	과학	통합과학	8	6				3	3						12
		물리학I	5		3				3					9	
체육·예술	체육	체육	8	8				2	2	2	2			8	8
	예술	음악	6		4			1	1	1	1				
		미술창작				2		1	1					6	6
생활·교양	기술·가정/제2외국어/한문/교양	종교학/철학 택1	5		2			1	1						
		지식재산일반	5			4		4						10	10
		일본어/중국어 택1	5		4							4			
보통교과 이수단위 소계			-	37	37	10	0	26	25	14	15	2	2	84	66
전문교과	전문공통과목	성공적인 직업생활	2 이상				4					2	2		
	기초과목	기초제도	2 이상				4	4							
		전기전자기초	2 이상				5		5						
		정보처리와관리	2 이상				3			3					
		공업일반	2 이상				3				3				
		프로그래밍	2 이상				6					3	3		
		디지털논리회로	2 이상				14			7	7				
	실무과목	채색디자인/응용프로그래밍	2 이상				19				5			96	86
		기계요소설계	2 이상				16					8	8		
	고시외과목	발명입문	2 이상				6		6						
		발명품제작일반	2 이상				16					8	8		
학기별 이수단위 총계			-	37	37	10	96	30	30	30	30	30	30	180	

	영역	기준시간	운영시간	1학년 1학기	2학기	2학년 1학기	2학기	3학년 1학기	2학기	계	필수
창의적체험활동	자율활동			29	46	29	29	29	29	191	
	동아리활동	408	408	17	17	17	17	17	17	102	
	봉사활동			5	5	5	5	5	5	30	408
	진로활동			17	0	17	17	17	17	85	
	이수시간 합계			68	68	68	68	68	68	408	
	학기별 이수단위			4	4	4	4	4	4	24	24

	1학년 1학기	2학기	2학년 1학기	2학기	3학년 1학기	2학기	계	필수
학기당 과목수	12	11	9	9	6	6		
학기별 총 이수단위	34	34	34	34	34	34	204	204
학년별 총 이수단위	68		68		68			

된다. 특성화고등학교의 경우 산업구조의 변화에 따라 학과 개편이 이루어지는 데 필요한 실습 장비라든가 시설이 비용과 공간의 문제로 제대로 구비하기 쉽지 않다는 한계점이 존재한다. 이를 해결하기 위해 기초자치단체와의 협약을 통해 최신 실습 장비 및 시설을 활용할 수 있는 기회를 마련하였다. 한편, 산업체와 협약을 통해서 수업을 운영하기도 하였다. 왼쪽 편성표에서 제품디자인 응용프로그래밍 과목 7단위가 이에 해당된다.

셋째, S특성화고에서 개설된 학과 중 정보통신과, 전기과, 발명디자인과 3개 학과의 경우 교육과정 편성 시 단위를 사전에 조정하여 **전공과목 심화과정**을 정보통신과에 함께 개설하였다. 이를 통해 도제교육 희망 학생은 정보통신과에 개설된 전공 심화과목을 수강하도록 하여 고교학점제의 학과 간 선택 모형과 도제교육 모형(단일학교형)을 동시에 적용하여 함께 운영하고 있다. 특히 전공 심화과목의 편성은 고용분야 전문가인 산업체 전문가, 한국산업인력공단 등의 직업훈련기관 전문가 등과 함께 설계하여 한층 현장감 있는 교육과정을 구성하였다.

넷째, 제시된 교육과정 편성표에서 전문교과의 기초과목 중 정보처리와관리, 공업일반, 프로그래밍의 경우 학과간 융합교육과

---

7. 1. ▨▨▨음영인 "정보처리와 관리", "공업일반", "프로그래밍"과목은 학과간 융합교육과정(3학점) 표시이다.
  2. ▨▨▨음영인 "디지털 논리 회로"과목은 S지자체형 도제교육과 연계된 과정으로 S산업단지에서 직접 실습하는 과정이다.
  3. ▨▨▨음영인 "제품디자인 응용프로그래밍"과목은 K산업체와 도제교육과정 연계 과정이다.
  4. 학과 내 선택과정은 전문교과 내 기초과목과 실무과목에서 모두 가능하도록 편성하였다.

정 모형을 적용하여 운영함으로써 **타학과 학생도 수강할 수 있도록 교육과정을 편성**하였다.

다섯째, 교직원과의 고교학점제 운영의 필요성 및 철학 공유를 위해 **교직원 워크숍 및 전문가 특강**을 체계적으로 실시하였다. 더불어 학생과 학부모 대상 고교학점제 설명회를 운영함으로써 교육 구성원 간 체계적인 철학 공유의 시간을 가졌다.

마지막으로, 고교학점제의 효율적 운영을 위해 고교학점제 데이(credit-day)를 설정하였다. 매주 목요일과 금요일 1~4교시는 학생들이 다양한 과목을 선택할 수 있도록 전체 학교의 시간표를 조정하여 구성하였다. 이를 통해 한층 더 용이한 고교학점제 편성 및 운영을 가능하도록 하였다.

S특성화고등학교의 고교학점제 교육과정 편성·운영 사례는 기존의 도제교육 모형과 직업계고 학점제 모형을 함께 적용하여 교육적 성과를 높이고 있다. 특히 학교의 교육 자원 한계를 지역사회 연계를 통해 극복한 사례로 NCS 기반 교육과정의 취지를 충분히 살려서 운영하고 있다고 볼 수 있다. 다만, 지역사회 교육시설의 활용에는 학생의 이동이라는 안전 문제가 수반되므로 학생 이동 거리를 최소화하는 구체적 방안 마련이 필요하며, 학과간 통합 교육과정 혹은 학교간 공동교육과정 운영 시 학생관리, 평가관리, 교사의 행정적 부담 등과 같은 제반 문제가 발생하고 있어 이에 대한 해결 방안의 강구가 필요한 상황이다.

특성화고등학교의 교육과정 편성 및 운영 사례 2[8]

두 번째로 살펴볼 특성화고등학교의 고교학점제 운영 사례는 학교간 공동교육과정 사례이다. 앞서 살펴본 특성화고등학교의 학점제 운영모형 중 선택 모형인 연합캠퍼스 형태와 관련된다. S지역에 위치한 K특성화고등학교의 경우 학교 부설로 공동실습소가 있다. 공동실습소는 시·도 지방자치단체 조례에 근거하여 직업계고에 전공 분야별(공업계열, 농생명계열 등)로 학교에 부설되어 운영되고 있는 실습소를 지칭한다. 특성화고등학교의 교육과정에서 직업기초능력 함양과 함께 직무수행능력의 함양도 필요하므로 고가의 기자재를 활용하여 체계적인 실습을 할 수 있는 공동실습소의 역할은 고교학점제 시행에 있어 더욱 중요할 수밖에 없다. 이 학교에서는 일반계 고등학교와 함께 ① 공동교육과정 연계, ② 공동실습소 활용 등을 통해 학교간 공동교육과정 모형(연합캠퍼스형) 고교학점제 운영모형을 적용하고 있다.

① 공동교육과정 연계 운영 사례

먼저 K특성화고등학교가 운영하고 있는 고교학점제 공동교육과정 연계 운영 사례이다. K특성화고등학교는 창의융합인재 양성, 고교학점제 과목 선택 범위 확대, 일반계 고등학교 학생의 직업교

---

8. S특성화고등학교 고교학점제 연구학교 운영계획서 및 운영보고서를 참고하여 작성했다.

| 표 8-10 | 일반계 고등학교와 연계한 공동교육과정 교육과정 편성표

교과영역	교과(군)	세부교과목	기준단위	운영단위	1학년		2학년		3학년		비고
					1학기	2학기	1학기	2학기	1학기	2학기	
전문	공업	로봇기초	5	6	·	·	3	3	·	·	매주 토 (1-3교시운영)
학기당 과목 수			·	·	·	·	1	1	·	·	
이수단위 소계			·	·	·	·	3	3	·	·	

육 관련 과목 이수 기회 부여 등의 목적을 달성하기 위해 관내 소재 일반계 고등학교 2학년 학생을 대상으로 학교간 공동교육과정을 운영하고 있다. 과목명은 '로봇기초'이며 S교육청의 온라인 지원 시스템을 통해 수요 조사와 수강신청을 받고 있으며, 매주 토요일 오전 3단위 과정으로 운영하고 있다. 향후 과목을 확대하여 '미래기술(드론)' 과목을 운영할 예정이다. 구체적인 교육과정 편성 내용은 위의 표 8-10과 같다.

② 공동실습소 활용 운영 사례

다음은 K특성화고등학교가 운영하고 있는 고교학점제 공동실습소 활용 사례이다. K특성화고등학교는 미래 산업사회의 기술 변화에 대응하여 최신 실험·실습 기자재를 공동 활용하여 현장중심의 다양한 신기술 교육을 목적으로 관내 소재 모든 특성화고등학교 2학년 학생 대상의 4개 공동실습소 교육과정을 운영하고 있다.

4개의 과정명은 공장자동화, 자동제어, 금형설계제작, 신제품 개발 등이며 2018년 기준 관내 특성화고등학교 6개교, 총 37학급으로 편성되어 운영하였다. 공동실습소 입소 기수별 5일, 2단위(34시간 편성)과정으로 운영하고 있다. 구체적인 공동실습소 교육과정 편성 내용은 아래의 표 8-11과 같다.

| 표 8-11 | K특성화고등학교 공동실습소 교육과정 편성 내용

과정 교과	I. 공장자동화 과정		II. 자동제어 과정		III. 금형설계제작 과정		IV. 신제품개발 과정	
	과목	시간	과목	시간	과목	시간	과목	시간
일반 (3)	산업안전	1	산업안전	1	산업안전	1	산업안전	1
	원격교육	1	원격교육	1	원격교육	1	원격교육	1
	평가	1	평가	1	평가	1	평가	1
전공 (31)	3차원측정	3	3차원측정	3	3차원측정	3	3차원측정	3
	레이저가공	2	레이저가공	2	레이저가공	2	레이저가공	2
	제품스캐닝	4	제품스캐닝	4	와이어컷 방전가공	4	와이어컷 방전가공	4
	PLC 제어	8	PLC 제어	8	3D 형상 모델링작업	8	3D 형상 모델링작업	8
	CNC 밀링조작	14	회전익소형 무인기비행 (모바일로봇, 마이컴포함)	14	CNC밀링 가공 CAM P/G (CNC밀링 5축가공 P/G)	14	제품출력 (제품스캐닝포함)	14
과정별 총 34시간								

위에서 살펴본 바와 같이 K특성화고등학교의 경우 기본 모형인 학과내 운영모형(직무경로형교육과정)이나 학과간 운영모형(융합교육과정)이 아닌, 편성 및 운영에 상당한 어려움이 있다고 이야기하는 공동교육과정 연계 운영모형 및 공동실습소 활용 모형을 잘 적용하고 있다. 이는 최근 일반계 고등학교 학생들 중 직업관련 교육 요구가 증가하고 있는 점을 반영하여 직업교육 관련 과목의 선택권을 부여했다는 교육적 의미를 갖는다. 특히 일반계 고등학교와 함께 운영하는 공동교육과정은 지역사회에서 특성화고등학교의 인식 개선 및 위상 강화에 크게 기여하는 측면이 있다. 한편, 공동실습소 활용형 모형을 통해 학교에서 개설된 과정 외에도 최신 실습기자재를 활용한 신기술 교육 기회를 제공함으로써 4차 산업혁명 시대에 적극 대비할 수 있는 다양한 교육 기회를 제공하고 있다는 점은 고교학점제의 취지에 부합하는 일이다.

다만, 학교간 공동교육과정이 방과 후 또는 주말 시간에 이루어지고 있는 점은 정규교육과정 내에서의 운영을 전제로 하는 고교학점제 정책에 있어 향후 개선 과제임에 틀림없다. 또한 현재 특성화고등학교 학생만을 대상으로 하는 공동실습소의 교육과정을 일반계 고등학교 학생들에게도 제공하려면 공동실습소의 역할 강화, 직업교육 고교학점제 센터로의 정체성 변경, 교사 및 행정 지원 배치 강화, 예산 확대 등 다양한 지원 방안의 마련이 시급하다고 볼 수 있다.

06

특성화고등학교 학점제가
나아가야 할 방향

이제 마지막으로 특성화고등학교에서 학점제의 안착 및 정책의
안정적 실현을 위한 전반적 과제 및 개선 방안을 몇 가지로 정리
하며 마무리하고자 한다.

새로운 비전과
목표의 설정

첫 번째로 기초학력 보장 및 진
로교육 유연화와 관련한 새로운 비전과 목표를 설정하는 것이다.
김대중정부를 시작으로 박근혜정부에서 집중 추진해왔던 NCS 정
책은 지나치게 직무수행 능력만을 강조한 나머지, 직업 능력의 핵
심부분이고, 근본을 이루고 있는 직업 기초능력과 기초학력을 상
대적으로 간과하는 교육적 경향을 보였다.

따라서 직업기초 능력과 직무수행 능력이 조화를 이루어 균형적인 능력을 배양할 수 있도록 정책 과제를 설정하여 보완해 나갈 필요성이 있다. 직업기초 능력의 신장과 관련하여 직업계고에 진학한 경우라도 자신의 흥미, 적성, 희망에 따라 취업이 아닌 대학 진학으로도 진로가 변경될 수 있는 여지가 있음을 충분히 고려하는 한편, 이들 학생에 대한 세심한 진로교육 실시, 교육과정 설계 및 운영도 필요하다. 즉 취업 일변도의 진로교육이 아닌 진학도 고려한 유연한 진로교육이 필요하다는 뜻이다. 더불어 직업계고에 진학하는 일부 학생에게 제기되고 있는 기초학력 미흡 문제를 해결해야 한다. 즉 기초학력 보장을 통한 책임교육을 직업계고의 새로운 비전과 교육 목표로 설정할 필요성이 있다.

단위 학교 교육과정 편성 자율성 부여

두 번째로 짚어볼 것은 교육과정의 측면에서 자율학교 지정 등 단위 학교 교육과정 편성에 자율성을 부여하는 것이다. 고교학점제는 단위 학교 교육과정과 연계되는 개념으로 학교자치, 교육자치와 긴밀한 관계가 있다. 따라서 단위 학교별 지역 여건과 학교 여건이 상이한 만큼 현재의 국가수준에서 제시하는 획일화된 교육과정으로는 고교학점제 운영모형을 온전히 실현하는 데 한계가 있다. 즉 단위 학교에 교육과정 편성 자율성을 부여하여 지역, 마을과 연계된 독특한 단위 학교 교육과정이 운영될 수 있도록 정책 과제를 설정하고 이를 해결할 수 있는 교육과정의 개정 및 법제 마련이 필요하다.

교사의 진로직업 역량 함양 및 표준수업시수제 도입

세 번째로 살펴볼 것은 교사와 관련된 측면이다. 고교학점제의 중요한 축은 학교자치이고, 학교자치의 핵심은 교육과정 자치라고 말할 수 있다. 학교자치가 실현되기 위해서는 두 가지 전제 조건이 필요하다. **학교교육과정 자율 편성권**과 **단위 학교 교육과정 실행역량**이 그것이다. 교육과정 자율 편성권이 부여될 때, 단위 학교에는 이를 편성하고 운영할 역량이 필요한데, 전 교사가 미래 산업사회의 변화와 연동하여 학생들에게 진로지도를 할 수 있는 역량이 매우 중요하다. 그런데 대다수의 교사는 대학 졸업과 동시에 교직에 입문한 경우가 많아 진로직업 지도 역량이 전반적으로 부족한 편이다. 특히 직업계고 학점제의 실행과 동시에 단위 학교에서 중요한 역할을 해야 할 진로진학 교사는 진로(진로는 진학과 취업을 포함하는 개념)보다는 진학에 초점을 두어 학생들을 지도하는 경향을 보이기도 한다. 따라서 교사 양성 단계부터 임용, 연수에 이르기까지 진로직업 역량의 함양이 한층 적극적으로 요구된다.

또한 고교학점제 성공의 핵심은 무엇보다 다양한 과목을 단위 학교에서 개설함과 동시에 교사가 수행하는 **수업의 질** 담보라고 판단된다. 고교학점제가 시행될 경우 한 교사가 감내해야 할 교과 또는 수업시수는 자연스럽게 늘어날 것인데, 이는 자칫 수업의 질을 하락시킬 우려가 있다. 따라서 10년 전 자유학기제 도입과 함께 정부가 검토했던 교사 **표준시수제** 도입이 필요하다고 판단된다. 이를 통해 다양한 과목 개설과 더 많은 수업시수를 감당하는 교사에 대한 최소한의 인센티브 제공이 필요하며, 이는 고교학점제 운영 모형이 단위 학교에서 다양하게 적용되고 안착하는 데 기저 요소가 될 것으로 보인다.

단위 학교 교육행정 역할 혁신

네 번째로 살펴볼 것은 교육행정 측면이다. 현장에는 고교학점제가 교사의 노동 환경을 더욱 열악하게 만들 수 있다는 우려와 지적이 만연해 있다. 왜 대다수의 교사가 학생의 진로·적성에 따른 과목 선택권 부여와 학점 이수라는 고교학점제의 취지에 적극 공감하면서도 도입을 주저하고 있으며, 학교의 노동 환경 악화에 대한 우려를 제기하는지 그 이유를 고찰해볼 필요가 있다.

무엇보다 그것은 모든 교육 관련 기획, 운영, 강사 초빙 및 관리 등을 교사가 전담하여 실행하기 때문이라고 판단된다. 4년제 대학 및 전문대 등 대학에서 외부강사를 초빙하는 경우에는 강의와 관련하여 교수 설계는 해당 학과 교수의 당연한 직무로 인식하고 이를 수행한다. 하지만 이후 강의실 배정, 수강신청 과정, 수업 실행, 평가, 평가물 제출, 성적 부여 등 일련의 절차는 대학행정팀에서 전담하여 지원한다.

고교학점제 정책을 시작함에 있어 고등학교도 대학 교육행정 지원 수준의 교육행정 역할 제고 및 책무성 부여가 필요하다. 단, 현실적인 이해 충돌로 교육행정 조직을 적극적으로 교사의 교육행정 지원에 참여시키기 어렵다면 경찰청 등에서 시행하고 있는 교수요원제도를 참고하여 교사의 일정 부분은 수업 없이 교육과정 편성과 기획에 전담할 수 있도록 가칭 **교사 행정전담제도**의 도입을 고려할 필요가 있다. 향후 학령인구 급감에 따른 교사의 유연한 배치 및 활용 방법으로 정책적 의미가 크다.

지역자치, 교육자치와의 정책적 연결 추구

다섯 번째로 교육거버넌스 측면에서 지역자치, 교육자치와의 정책적 연결 문제이다. 대통령직속 국가교육회의에서는 교육거버넌스 구축을 통한 지역의 교육 생태계 형성을 주요 의제로 다뤄왔다. 올바른 교육 생태계가 형성되기 위해서 우선 지방자치단체 차원의 교육에 대한 관심과 지원이 절실히 필요한 상황이다. 성남, 오산, 시흥 등 기초자치단체의 성공사례를 고찰해보더라도 기초자치단체가 학교교육에 예산, 교육프로그램, 인력 등을 적극 투입하여 체계적으로 지원한 것이 확인된 바 있다.

고교학점제는 학생의 다양한 진로에 따라 다양한 과목을 선택·이수하고 누적 학점이 기준에 도달할 경우에는 졸업을 인정받는 교육과정 이수·운영제도인 만큼 이를 단위 학교의 교사와 시설만으로 감당해낼 수 없다. 특히, 직업계고의 경우 바이오, 에너지, 반도체 등 산업의 수요가 많지만 표시 과목이 없는 등 해당 분야 교사를 양성할 수 있는 시스템이 부재하다는 문제점이 있는데, 이는 지역사회의 도움을 받아서 해결할 수 있다.

또한 서울, 경기, 세종 등 교육 인프라가 비교적 잘 갖추어진 곳은 공동교육과정의 운영이나 학교밖 지역사회연계 학점제 운영이 다소 수월하지만, 지방 소도시의 경우에는 학교밖 교육시설 부족이라든가 강사 섭외 자체의 어려움 등 많은 문제점이 존재하고 있는 것이 사실이다. 이를 위해서 학교와 지역의 호혜적인 관계로 정립될 수 있도록 학교 역시 교육 프로그램, 시설과 공간을 지역사회와 적극 공유할 필요가 있다. 또한 학교가 적극적으로 학교의 시설, 공간, 프로그램을 지역사회와 함께 공유할 수 있도록 제반 안전 문제, 비용 문제를 지자체 및 교육청이 함께 해결할 수 있도록 관련 법제 마련이 시급하다.

평생학습 체제와의
결합 수반

　　　　　　　　　　　　끝으로 교육거버넌스 측면에서
평생학습 체제와의 결합 문제이다. 고교학점제는 현행 평생학습
체제와의 결합을 추구할 필요가 있다. 평생학습 체제 관련 대표적
인 제도로 K-MOOC, 학점은행제[9], 평생학습계좌제[10]. KQF(Korea
Qualification Framework)[11] 등이 있다. 이들 제도가 고교졸업생만
을 위한 제도가 아닌 고교학점제와 연동될 수 있도록 전반적인 법
과 제도 개선이 요구된다. 특히 2015 개정교육과정의 개정과 더불
어 시도교육청 교육과정 운영지침 등도 평생학습 체제를 고려한
세심한 제정 및 개정이 필요하다. 주지의 사실처럼 4차 산업혁명
시대의 변화 속도가 너무나 빠르고, 100세 시대 저출산 고령화사
회 속에서 비단 학교교육만으로는 시대가 요구하는 충분하고 온
전하며 지속가능한 교육을 받기에는 한계가 존재한다. 고교학점
제를 논함에 있어 평생학습 사회와 평생학습 체제를 고려해야만
하는 근본적인 이유이다. 고교학점제의 관점을 단순히 교육이나

---

9. 학교 안에서뿐만 아니라 학교 밖에서 이루어지는 다양한 형태의 학습 경험 및 자격을 학점으로
　　인정하고 학점이 누적되어 일정 기준을 충족시키면 대학졸업장을 받을 수 있는 제도이다.

10. 개인의 다양한 학습 경험을 종합적으로 집중 관리하는 제도로 「평생교육법」 제23조 "국가
　　는 국민의 평생교육을 촉진하고 인적자원의 개발 관리를 위하여 학습계좌를 도입 · 운영할
　　수 있도록 노력하여야 한다"라고 규정함에 따라 현재 국가평생교육진흥원이 운영하고 있
　　다. 이 제도를 통해 체계적인 학습 설계를 상담 지원할 수 있고, 학습계좌에 등록된 학습 결
　　과는 학력이나 자격 인정과 연계하거나 고용정보로 활용할 수 있다.

11. 국가직무능력표준(NCS; National Competence Standard)을 바탕으로 학력, 자격, 현장 경
　　력 및 교육훈련 이수 결과 등이 상호 연계될 수 있도록 한 국가차원의 수준 체계를 말한다.

학습으로 접근할 것이 아니라, 지역사회 속에서 함께 배우고 참여하고 느끼는 새로운 삶의 관점으로 접근해보는 것은 어떨까?

고교학점제는 단순한 교육정책이 아닌, 급격한 사회 변화에 대응하고 미래교육을 설계하는 고교 체제 개편의 큰 틀로 이해할 필요가 있다. 또한 그 핵심은 단위 학교 교육과정 자율성의 부여와 실행에 기초한 학생 개개인에 대한 생애진로직업교육과 삶의 질 향상이라고 말할 수 있다.

그동안 우리 교육은 학생의 다양한 소질과 적성을 고려한 생애진로직업교육보다는 획일적인 국가교육과정에 기반을 두고 상위권에 속한 극소수 학생만을 위한 대입중심으로 운영되어왔음을 누구도 부인할 수 없다. 그리고 이로 인해 심각한 사회 부작용을 초래하고 말았다. 그 예로 학생들의 자기주도성 및 자존감 상실, 기초학력의 심각한 부재, 100세 시대 진로에 대한 고민과 상담 부재, 학교생활에 대한 전반적인 만족감과 행복감의 상실 등이 있다. 더 나아가 공교육은 시대적 가치인 **선택과 책임**의 가치를 너무 오랫동안 외면해왔으며, 공급자중심의 교육과정 제공으로 학생 인권 문제도 야기하였다.

고교학점제를 단위 학교에서 실행하기 위해서 교육과정, 평가, 졸업, 교사 전공 및 진로 역량, 학생 진로성숙도, 시설과 공간 등 제반 현안 문제들이 산적해 있다. 하지만 이와 병행하여 평생학습 사회 속에서 직업계 고등학교의 교육 비전과 목표를 새롭게 정립하는 한편, 직업계 고등학교 학생들에게 상당수 나타나고 있는 기초학력 부족의 문제를 해결하기 위한 사회적 공감과 합의의 노력도 필요하다. 특히 교육철학과 시대적 가치를 외면 한 채, 모든 문제점을 오직 학교의 틀 안에서만 해결하고 실행하려고 해서는 안 될 것이다.

따라서 고교학점제는 더 넓은 비전과 안목을 갖고 지역교육 생태계의 구축, 교육자치의 실현과 연계된 관점에서 지원 방안과 해결 방안을 함께 모색해야 할 것이다. 또한 향후 고교학점제 정책은 교육의 아젠다뿐만 아니라, 우리 삶의 중요한 아젠다로서 정권을 초월하여 장기적인 로드맵을 갖고 실행해 나갈 수 있도록 국가교육위원회와 같은 추진체계를 마련하는 것이 시급히 요구된다.

참고자료

1장

김성천 · 민일홍 · 정미라, 《고교학점제란 무엇인가?》, 맘에드림, 2019.

윤정일 외, 《한국 교육정책의 쟁점》, 교육과학사, 2002.

국가교육회의, 2019, 《2030 미래교육 한-OECD 국제교육컨퍼런스 자료집》.

교육부, 《2020학년도 고교학점제 연구·선도학교 운영계획》.

교육부, 《2020년 고교학점제 도입 기반 조성 사업 계획》.

교육부, 2019, 〈고교서열화 해소 및 일반고 교육역량 강화 방안〉.

경기도교육청, 2020, 〈2020 함께 만들어가는 학생중심 교육과정〉.

서울특별시교육청, 2016, 〈서울미래교육준비협의체 기초 연구 보고서〉.

김성열 외, 2015, 〈고등학교 체제의 다양화: 양상과 성과 그리고 과제〉, 교육연구와 실천.

김정빈, 〈학생의 진로 희망을 담아낼 일반고 교육과정, 어떻게 재구조화할 것인가?〉, 《교육비평》, 2016.

김성열 외, 2014, 〈고등학교 체제의 다양화: 양상과 성과, 그리고 과제〉, 서울대학교 교육종합연구원 학술대회.

남아영, 2016, 〈학생의 교육과정 개발 참여에 대한 질적 사례 연구〉, 이화여대자대학교 대학원.

류방란 외, 2019, 〈인구절벽시대, 학령인구에 어떻게 대응할 것인가?〉, 한국교육개발원.

박찬대 위원실 외, 2019, 〈고교학점제 의미와 과제〉, 토론회 자료집.

이승훈, 2017, 〈2017 최근 인공지능 개발 트렌드와 미래의 진화 방향〉, LG경제연구소.

이주호 외, 2017, 〈교육불평등에 대한 실증분석과 정책 방향〉, KDI.

윤수인 외, 2019, 〈한국의 교육 불평등에 관한 분석〉, 한국웰니스학회.

황현정 외, 2018, 〈학교 자치 실현을 위한 지역 교육과정 구성 방안〉, 경기도교육연구원.

교육부 고시, 6차 시기 고등학교(1992.10) 총론.

교육부 고시(제2015-74호), 초 · 중등 교육과정 총론.

2장

김영순, 《다문화 교육의 이론과 이론가들》, 북코리아, 2017.

브루너, 《교육의 문화》 (강현석·이자현 옮김), 교육과학사, 2014.

우치다 다츠루, 《교사를 춤추게 하라》(박동섭 옮김), 민들레, 2012.

유발 하라리, 《사피엔스》 (조현욱 옮김), 김영사, 2015.

토머스 새무얼 쿤, 《과학혁명의 구조》(조형 옮김), 이화여대출판부, 1995.

교육부·교육과정평가원, 2019, 《2019년 고교학점제 연구·선도학교 컨설팅 안내서》, 연구자료 ORM 2019-49,

윤영돈 외, 2018, 〈고교학점제 도입을 위한 담임교사 역할모형탐색〉, 인천교육청수탁연구.

인천광역시교육청, 2019, 《2019 하반기 행복배움학교 워크숍(2019.12.13.) 자료집》.

정유훈, 2019, 〈2019년 제1차 고교학점제 정책포럼〉, 한국교육과정평가원 연구자료 ORM 2019-68.

최영선, 2017, 〈2017 현장교원중심 국가교육과정 거버넌스 1차 포럼〉, 2017.9.26.

한국교육과정평가원, 2019, 〈2019년 고교학점제 연구학교 컨설팅 운영평가회 및 사례연구 최종발표회〉, (2019.12.11.) 연구자료 ORM 2019-117.

황은희, 2019, 〈고교학점제 학교문화 조성의 방향과 과제〉, 《제3차 고교학점제 정책포럼 연구자료》 CRM 2019-113, 한국교육개발원.

최영선, 〈2015 개정 교육과정과 담임교사의 역할〉, 《인천시교육청, 2019년도 현장교원 교육과정 단위학교별 연수를 위한 사전 워크숍(2019.5.31.) 자료집》.

한국교육과정평가원, 2019, 〈고교학점제 연구학교 교원 하계 워크숍〉, ORM 2019-60.

교육부(고시 제2015-80호), 초·중등학교교육과정 총론.

인천광역시교육청(고시 제2020-70호), 인천광역시 고등학교교육과정.

인화여자고등학교, 교육과정 운영 규정.

한국교육개발원 교육여론조사(KEDI POLL 2019, 연구보고 RR 2019-27).

천인성, 〈학칙에 두발·복장 규정' 폐지…학교서 용모 규제 사라질 듯〉, 《중앙일보》, 2019.8.30. (https://news.joins.com/article/23566217)

윤석만, 〈인천신현고, 학생들에게 수업 선택권 줬더니 잠자는 아이들이 '싹'〉, 《중앙일보》, 2017.5.16. (http://news.joins.com/article/21577334)

다시, 학교 8부-잠자는 교실 (EBS 다큐프라임 교육대기획, 2020.2.21. 방송) (사이트 주소: http://www.ebs.co.kr/tv/show?prodId=7503&lectId=20219743)

교육통계서비스 홈페이지(https://kess.kedi.re.kr/index)

인천광역시교육청 홈페이지(학교설립과 자료실) (사이트 주소: http://www.ice.go.kr/boardCnts/list.do?boardID=1106&m=25&s=ice&depart=3)

3장

고든 설리번·마이클 하퍼, 《전쟁과 경영》(김영식 옮김), 지식노마드, 2019.

나카지마 가즈노리, 《선생이 부서져간다》(신현정 옮김), 글누림, 2016.

교육과정평가원, 2018, 〈2018년 고교학점제 연구·선도학교 성과발표회 자료집〉.

곽치광 외, 2018, 〈고교학점제 정착을 위한 인식조사 및 방안〉, 《인천교육과학연구원 교육정책연구소 연구과제 2018-01호》.

윤영돈 외, 2018, 〈고교학점제 도입을 위한 담임교사 역할모형 탐색 연구보고서〉, 2018.12, 인천시교육청 용역연구 과제)

장성여자고등학교, 2019, 〈수업과 생활 교육에 전념하는 학교 시스템 구축방안 연구〉, 《강원도교육청 지정 학교 업무 정상화 연구학교 운영보고서(2019.10.22.)》.

인천신현고등학교, 《교육계획서(2016~2019)》.

인화여자고등학교, 《교육계획서(2014, 2019)》.

강중민, 〈교총, 가벼운 벌금에도 교단 퇴출 "과도"…아동복지법 개정추진〉,《한국교육신문》, 2017.5.22. (http://www.hangyo.com/news/article.html?no=81158)

정은수, 〈교사회·학생회·학부모회 법제화 여론몰이〉,《한국교육신문》, 2019.8.11. (http://www.hangyo.com/news/article.html?no=89433)

최예나·사지원, 〈'윤서체 소송'에 떨고 있는 학교들〉,《동아일보》, 2019.5.21. (http://www.donga.com/news/article/all/20190521/95616227/1)

4장

경상북도교육청, 2020,《월별 고등학교교육과정 길잡이》, 경상북도교육청.

교육부, 2018,《진로교육집중학년·학기제 운영 사례집(특성화고)》, 교육부.

서울대학교 농업생명과학대학 교육연수원, 2019,《2019 진로교육 기반 학교교육과정 편성 운영 교원역량 신장 연수 자료집》, 서울대학교 농업생명과학대학 교육연수원.

서울진로진학정보센터, 2019,《미리보는 고등학교생활과 대학 가기》, 서울특별시교육청교육연구정보원.

영광고등학교, 2019,《2015 학생선택형 교육과정 고등학교 교과목 선택 안내 자료집》, 영광고등학교.

영광고등학교, 2019,《YK 진로진학 길라잡이》, 영광고등학교.

한국교육과정평가원, 2019,《고교학점제 연구학교 운영 안내서》, 한국교육과정평가원.

5장

김성천·민일홍·정미라,《고교학점제란 무엇인가?》, 맘에드림, 2019.

서울대학교교육연구소,《교육학 용어사전》, 하우동설, 1995.

추장훈,《로컬에듀》, 에듀니티, 2017.

김진숙, 2018, 〈2018년 고교학점제 연구학교 교원 하계 워크숍〉, 한국교육과정평가
　　원, 연구자료 ORM 2018-58.
이수광, 2016, 〈416 새로운 교육의 시작〉, 경기도교육연구원.

온타리오주 교육부 https://www.ontario.ca/page/ministry-education
로스앤젤레스 통합교육부 https://achieve.lausd.net/domain/4
헬싱키 교육부 https://www.hel.fi/kasvatuksen-ja-koulutuksen-toimiala/en

6장

강대일·정창규, 《과정중심평가란 무엇인가?》, 에듀니티, 2018.

경기도교육청, 2019, 〈2019학년도 고등학교 학업성적관리 시행지침〉.
경기도교육청, 2018, 〈2018 경기도 성장중심평가 기본문서〉.
한국교육과정평가원, 2019, 〈2019년 제2차 고교학점제 정책 포럼. 졸업 제도 및 학생
　　평가〉, 연구자료.
김정빈, 2017, 〈고교학점제 도입을 위한 기초 논의〉, 《교육비평(40)》.
김선, 2019, 〈교실수업에서 효과적인 피드백을 중심으로〉, 경기도교육청 교육전문직
　　원 워크숍 자료.
노은희 외, 2019, 〈고교학점제 도입에 따른 고등학교 교과 이수기준 설정 방안 탐색〉,
　　한국교육과정평가원.
박혜진 외, 2018, 〈고교학점제 운영 활성화를 위한 학교 간 공동교육과정 내실화 방
　　안 연구〉, 경기도교육연구원.
이명애 외, 2018, 〈고교학점제 실행을 위한 교육평가 개선 방안 연구〉, 한국교육과정
　　평가원.
이대식, 2015, 〈기초학력 부진학생의 기초학력향상을 위한 정부 지원 사업의 특징과

발전 방향〉, 《학습장애연구》.

이미숙, 2019, 〈제1차 고교학점제 정책포럼 연구자료〉, 한국교육과정평가원.

이명애 외, 2018, 〈고교학점제 실행을 위한 교육평가 개선 방안 연구〉, 한국교육과정
　　평가원.

이승미 외, 2018, 〈교육자치 강화에 따른 교육과정 거버넌스의 변화 방향 탐색〉, 한
　　국교육과정평가원.

안상진, 2017, 〈고교학점제 도입과 고교평가 혁신〉. 《교육비평》.

김대영 외, 2019, 〈고교학점제에 대한 국제비교 연구〉, 《한국교육학연구》.

서공주 외, 2019, 〈핀란드 고등학교 선택형 교육과정 운영 특징 분석〉, 《비교교육연
　　구》.

주주자 외, 2018, 〈고교학점제 해외 사례 연구〉, 경기도교육연구원 이슈페이퍼.

황유진, 2017, 〈교육과정 클러스터 운영 진단 연구〉, 경기도 교육연구원.

교육부 훈령(2019.1.19.). [학교생활기록 작성 및 관리지침] 일부개정안 행정예고.

7장

홍경숙·편해문·배성호·이승곤·김태은·이영범, 《학교 공간 어떻게 바꿀 수 있을
　　까?》, 창비교육, 2019.

광주광역시교육청, 2018, 〈2018 학생중심 학교중심 재구성 사업 백서; 아지트〉.

교육부, 2019, 〈고교학점제 연구학교 운영안내서〉.

계보경·이은상·이동국, 2017, 〈미래학습 공간의 변화 전망〉, 한국교육학술정보원.

김권호·윤준서·최관현·하순용, 2018, 〈학생교육과정 중심 미래학교 기초연구〉, 전
　　라남도교육연구정보원 교육정책연구소.

임철일·박태정·정주성, 2018, 〈미래 교육에 대응하는 학교 시설 개선 방안〉, 교육부

정책연구.

장명림·조진일·최형주·박성철·이상민·이윤서·한혜정, 2017, 〈학생중심 교육과
   정 운영을 위한 학교 공간 재구조화 방안〉, 한국교육개발원.

C-Program, 2017, 배움의 공간을 고민하는 교육자를 위한 매뉴얼(www.c-program.
   org).

8장

KAIST 문술미래전략대학원, 《대한민국 국가미래전략》, 이콘, 2017.

김성천·민일홍·정미라, 《고교학점제란 무엇인가?》, 맘에드림, 2019.

김용현·김종표, 《평생교육론-평생학습과 열린 학습사회》, 양서원, 2015.

김인엽·김진희 외, 《미래교육이 시작되다》, 즐거운학교, 2018.

김재춘, 《교육과정》, 교육과학사, 2012.

성태제·강대중 외, 《최신교육학개론》, 학지사, 2014.

G. 레이코프 외, 《삶으로서의 은유》(노양진 외 옮김), 박이정, 2006.

경기도교육청·삼일공업고등학교, 2019, 〈고교학점제 연구학교 운영 보고서〉.

광주자동화설비공업고등학교, 2019, 〈고교학점제 연구학교 운영 보고서〉.

교육부, 2017, 〈고교학점제 추진 방향 및 연구학교 운영계획〉.

교육부, 2018, 〈제4차 평생교육진흥기본계획〉.

교육부·한국직업능력개발원·한국교육과정평가원, 2019, 《고교학점제 연구·선도
   학교 안내서(직업계고 학점제)》.

교육부·한국직업능력개발원, 2019, 《직업계고학점제 연구·선도학교 설명회 자료
   집》.

교육부·한국직업능력개발원·한국교육과정평가원, 2018, 〈제4차 고교학점제 정책

포럼 직업계고 고교학점제 운영 쟁점과 과제〉.

국토교통부, 2017, 《제6회 4차 산업혁명 발전 포럼 자료집》.

김인엽 외, 2016, 〈NCS 기반 교육과정과 연계한 국가기술자격 교육·훈련과정 개편 방안 연구〉, 한국직업능력개발원.

김인엽 외, 2016, 〈NCS기반 고교직업교육과정 적용을 위한 교원 관련 법제 개선 방안〉, 한국직업능력개발원.

김인엽 외, 2017, 〈중장년의 일과 학습에 관한 연구〉, 한국직업능력개발원.

김인엽 외, 2019, 〈직업계고 고교학점제 안내자료〉, 한국직업능력개발원.

김인엽 외, 2019, 〈직업계고 학점제 연구·선도학교 안내서〉, 한국직업능력개발원.

김인엽, 2019, 〈고교학점제 그 의미와 과제, 국회 고교학점제 제2차 토론회〉.

김인엽, 2019, 〈직업계고 제4차 고교학점제 정책 포럼(직업계고 학점제 운영)_ 직업계고 학점제 운영을 위한 교육과정 편성·운영과 방안〉. 2019.10.31. 발표 자료집. 미발간.

김인엽·류지은·송기민·홍섭근·권하늬, 2020, 〈평생학습체제 수립을 위한 국가 교육 및 훈련 관련 법령 개선 방안〉, 한국직업능력개발원.

김인엽·홍섭근·최문경·권하늬, 2019, 〈고교학점제 교육과정 운영에 관한 교사의 인식 차이 분석 연구〉, 《학습자중심교과연구 Vol. 19》, No.16.

김인엽·최문경, 2020, 〈직업계고 학점제 적용을 위한 공동실습소 개편 방안 연구〉, 《상업교육연구, Vol. 34》, No.2.

김태은, 2019, 〈왜 기초학력을 갖추지 못하는가?〉, 《교육정책포럼 제313호》.

대통령직속 국가교육회의, 2018, 《국가교육회의 1주기백서》.

서울특별시교육청·경기기계공업고등학교, 2019, 〈고교학점제 연구학교 운영 보고서〉.

삶과 교육을 바꾸는
맘에드림 출판사 교육 도서

독자 여러분의 소중한 원고를 기다립니다

맘에드림 출판사는 독자 여러분의 소중한 원고를 기다리고
있습니다. 원고가 있으신 분은 momdreampub@naver.com으로
원고의 간단한 소개와 연락처를 보내주시면 빠른 시간에 검토해
연락을 드리겠습니다.

나는 혁신학교에 간다

경태영 지음 / 값 14,000원

공교육을 바꾸겠다는 거대한 희망을 품고 시작된 '혁신학교'. 이 책은 일곱 개 혁신학교의 이야기를 담고 있다. 지금 우리 교육이 변화하는 생생한 현장의 모습과 아이들이 꿈을 키우고 행복하게 공부하는 희망의 터로 새롭게 자리매김하는 학교들을 이 책에서 만날 수 있다.

혁신학교란 무엇인가

김성천 지음 / 값 15,000원

교육공동체가 만들어내는 우리 시대 혁신학교 들여다보기. 혁신학교 전반에 관한 이야기를 다루고 있는 책으로, 공교육 안에서 혁신학교가 생기게 된 역사에서부터 혁신학교의 핵심 가치, 이론적 토대, 원리와 원칙, 성공적인 혁신학교의 모습을 보이고 있는 단위학교의 모습까지 담아냈다.

학부모가 알아야 할 혁신학교의 모든 것

김성천·오재길 지음 / 값 15,000원

학부모들을 위한 혁신학교 지침서!
'혁신학교에서는 무엇을, 어떻게 가르치고 있는지, 교사·학생·학부모는 어떻게 만나서 대화하고 관계를 맺어가는지, 어떤 교육 목표를 지향하고 있는지 등 이 책은 대한민국 학부모들의 궁금증에 친절하게 답을 한다.

덕양중학교 혁신학교 도전기

김삼진 외 지음 / 값 14,500원

이 책의 1부는 지난 4년 동안 덕양중학교가 시도한 혁신과 도전, 성장을 사실과 경험에 기반한 스토리텔링 방식의 성장기로 전개하고 있다. 그리고 2부는 지역사회와 협력하여 펼치고 있는 교육 프로그램, 배움의 공동체 수업 등을 현장 사례 중심의 교육적 에세이 형태로 담고 있다.

학교 바꾸기 그 후 12년

권새봄 외 지음 / 값 14,500원

MBC 〈PD 수첩〉에 방영되어 화제가 되었던 남한산초등학교. 아이들이 모두 행복하고, 얼굴 표정이 밝은 아이들. 학교 가는 것을 무엇보다 좋아하고, 방학을 싫어하는 아이들. 수업과 발표를 즐겼던 이 학교를 졸업한 아이들이 그 후 12년의 삶을 세상에 이야기한다.

혁신교육 미래를 말한다

서용선 외 지음 / 값 14,000원

혁신교육 정책을 입안하고 추진하는 데 기여해왔던 6명의 교사 출신 연구자들이 혁신교육 발전에 필요한 정책 과제들을 모아 하나의 책으로 제시한다. 이 책은 교육철학, 교육과정, 교육행정과 학교 운영(거버넌스) 등에서 주요 이슈들을 정리하고 혁신교육의 성과와 과제를 보여준다.

좋은 엄마가 스마트폰을 이긴다

깨끗한미디어를위한교사운동 지음 / 값 13,500원

스마트폰은 '재미있고 편리하다'. 그러나 스마트폰 때문에 아이들은 시간을 빼앗기고, 건강이 나빠지고, 대화가 사라지며, 공부와 휴식, 수면마저 방해를 받는다. 이 책은 이러한 사례들을 생생하게 소개하고 부모들에게 아이들의 스마트폰 사용에 어떻게 대응해야 하는지 대안을 제시한다.

진짜 공부

김지수 외 지음 / 값 15,000원

혁신학교가 추구하는 '진짜 공부'와 '진짜 스펙'이 무엇인지 보여주는, 졸업생들의 생동감 넘치는 경험담. 12명의 졸업생들은 학교에서 탐방, 글쓰기, 독서, 발표, 토론, 연구, 동아리, 학생회 활동을 통해 자신들이 생각하지도 못한 진짜 공부를 경험했음을 보여준다. 이 책을 통해 무엇이 진짜 공부인지를 새삼 느낄 수 있다.

행복한 나는 혁신학교 학부모입니다
서울형 혁신학교학부모네트워크 지음 / 값 16,000원

이 책은 학부모가 자신의 눈높이에서 일러주는 아이들의
혁신학교 적응기일 뿐만 아니라, 학부모 역시 학교를 통해 자신의
삶을 고양시켜가는 부모 성장기라는 점에서 대한민국의 모든
학부모들에게 건네는 희망 보고서이기도 하다. 이 책은 혁신학교
학부모로서의 체험을 미리 하는 데 부족함이 없을 것이다.

일반고 리모델링 혁신고가 정답이다
김인호 · 오안근 지음 / 값 15,000원

서울의 한 일반계 고등학교가 혁신학교로서 4년간 도전과 변화를
겪으면서 쌓은 진로, 진학의 비결을 우리 사회 모든 학생, 학부모,
교사, 시민 등에게 낱낱이 소개해주는 책. 무엇보다 '혁신학교는
대학 입시에 도움이 안 된다'는 세간의 편견을 말끔히 떨어
없앤다.

교사, 어떻게 살아야 하는가
김성천 외 지음 / 값 15,000원

오랫동안 교육현장에서 교육과 연구를 병행해온 저자 5인이 쓴
'신규 교사를 위한 이 시대의 교사론'. 이 책은 학교구성원과의
관계 맺기부터 학교현장에서 맞닥뜨리게 되는 여러 가지 문제들과
극복 방법 등 어떻게 개인의 성장을 도모해야 하는지를 두루
답하고 있다.

다섯 빛깔 교육이야기
이상님 지음 / 값 16,000원

충북 혁신학교(행복씨앗학교)인 청주 동화초등학교의 동화 작가
출신 선생님이 아이들과 함께 보낸 한해살이 이야기다. 초등학생의
특성에 맞도록 활동 중심의 교육과정을 재구성하는 한편, 표현
위주의 교육을 위한 생활 글쓰기 교육을 실천하면서, 학교교육을
아이들의 삶과 연결시키고자 노력한 이야기들을 담고 있다.

만들자, 학교협동조합

박주희·주수원 지음 / 값 14,500원

이 책은 학교협동조합이 무엇인지, 어떤 유형의 학교협동조합이 가능한지, 전국적으로 현재 학교협동조합의 추진 상황은 어떠한지 국내외 사례를 통해 소개하고 안내하는 한편, 학교협동조합을 운영하는 원리와 구체적인 교육 방법을 상세하게 풀어놓고 있다.

혁신 교육 내비게이터 곽노현입니다

곽노현 편저·해제 / 값 17,000원

서울시 18대 교육감이자 첫 번째 진보 교육감으로서 혁신 교육을 펼쳤던 곽노현은, 우리 사회 전반을 아우르는 주요 교육 현안들을 이 책에서 포괄적으로 다루고 있다. 2014년 3월부터 1년간 방송된 교육 전문 팟캐스트 '나비 프로젝트' 인터뷰에 출연한 전문가들과 나눈 대화와 그에 대한 성찰적 후기를 담고 있다.

무엇이 학교 혁신을 지속가능하게 하는가

권성호·김현철·유병규·정진헌·정훈 지음 / 값 14,500원

독일 '괴팅겐 통합학교', 미국 '센트럴파크이스트 중등학교', 한국 혁신학교의 사례들을 통해 성공적인 학교 혁신의 공통점을 찾아내고 그것을 지속가능하도록 만들기 위해서 필요한 것은 무엇인지를 보여준다. 독자들은 '좋은 학교'를 만들기 위한 학교 혁신의 세계적인 공통점을 찾을 수 있다.

혁신학교의 거의 모든 것

김성천·서용선·홍섭근 지음 / 값 15,000원

이 책은 혁신학교에 대한 100가지 질문에 답하면서 혁신학교의 역사, 배경, 현황, 평가와 전망을 구체적인 증거를 통해 설명하고 있다. 이 책은 우리 사회에 필요한 교육은 무엇인지, 교사와 학생들이 더 즐겁게 가르치고 배우면서 성장할 수 있는 교육을 위해 필요한 것이 무엇인지 등을 더 깊이 생각해보게 한다.

혁신학교 효과

한희정 지음 / 값 15,000원

이 책에서 저자는 혁신학교 효과를 살펴보기 위해 혁신학교가
OECD DeSeCo 프로젝트에 제시된 '핵심 역량'을 가르치고 있는지,
학생·학부모·교사가 서로 배우는 교육공동체를 이루고 있는지,
학생의 발달을 위한 다양한 교육과정을 운영하고 있는지 등을 반
학교와 비교하여 설명한다.

더불어 읽기

한현미 지음 / 값 13,500원

이 책은 교사들이 학습공동체를 통해 교직의 전문성과 자율성을
새롭게 발견하며 성장하는 이야기를 다룬다. 이 책에서 저자는
이러한 비인격적인 제도와 환경 아래서 교사들이 행복을 되찾기
위해서는 서로 협력하며 같이 배우면서 아이들과 함께 성장할 수
있어야 한다고 말한다.

I Love 학교협동조합

박선하 외 지음 / 값 13,000원

학교에 협동조합을 만드는 일에 참여했던 학생들의 협동조합
활동과 더불어 자신과 친구들이 어떻게 성장했는지를 이야기한다.
글쓴이 중에는 중학교 1학년 때부터 사회복지사라는 장래 희망을
가지고 학교협동조합에 참여한 학생도 있고, '뭔가 재밌을 것
같다'는 호기심을 가지고 시작한 학생 등 다양한 사례를 담고 있다.

내면 아이

이준원·김은정 지음 / 값 15,500원

'내면 아이'가 자녀/학생과의 관계에서 어떠한 영향력을
행사하는지, 어떻게 갈등을 일으키는지 볼 수 있게 한다. 그 뿌리를
찾아 근원부터 치유하는 방법들은 필자의 경험을 바탕으로 종합한
것이다. 또한 임상 경험을 아주 쉽게 소개하여 스스로 자신의 '내면
아이'를 만나고 치유할 수 있도록 하는 데 중점을 두었다.

어서 와, 학부모회는 처음이지?

조용미 지음 / 값 15,000원

두 아이의 엄마인 저자가 다년간 학부모회 활동을 하면서 알게 된 노하우와 그간의 이야기들을 담은 책. 학부모회 활동을 처음 시작하는 이들이나, 이미 학부모회에서 활동 중이지만 학교라는 높은 벽에 부딪혀 방향성을 고민 중인 이들에게 권한다.

학교협동조합 A to Z

주수원·박주희 지음 / 값 11,500원

'학교협동조합'의 설립 및 운영과 관련해 학생, 학부모, 교사들이 궁금해할 만한 이야기들을 질문과 답변 형식으로 풀어냈다. 강의와 상담을 통해 자주 접하는 질문들로 구성했으며, 학교협동조합과 관련된 개념들을 좀 더 쉽고 빠르게 이해하는 데 중점을 두었다.

교육을 교육답게 우리교육 다시 세우기

최승복 지음 / 값 16,000원

20여 년간 교육부 공무원으로 정책을 연구하고 입안해온 저자가 우리 사회가 당면한 교육 문제의 본질과 대안을 명확하게 정리한 책. 저자는 표준화된 교육과정과 평가에 따라 학생들에게 획일성과 경쟁만 강조해왔던 과거의 교육을 단호히 비판하고 학생 개개인에게 맞는 개별화 교육이 필요하다고 주장한다.

혁신교육 정책피디아

한기현 지음 / 값 15,000원

이 책의 저자는 교육 현장은 물론, 행정 프로세스에 대한 경험을 모두 갖춘 만큼 교원 업무 정상화, 학폭법의 개정, 상향식 평가, 교사 인권 보호, 교육청 인사, 교원연수 등과 관련해 교육 현장의 가려운 곳을 제대로 짚어 긁어주면서도 현실성 높은 다양한 정책들을 제안한다.

혁신교육지구란 무엇인가?

강민정 · 안선영 · 박동국 지음 / 값 16,000원

이 책은 혁신교육지구에 관한 거의 모든 것을 아우른다. 시흥시와 도봉구의 실제 운영 사례와 향후 과제는 물론 정책 제안까지 담고 있어, 혁신교육지구에 관심을 가진 사람들뿐만 아니라 혁신교육지구와 관련된 업무를 담당하고 있는 현장의 전문가 및 정책 입안자들에게도 큰 도움이 될 것이다.

공교육, 위기와 도전

김인호 지음 / 값 15,000원

학생들에게 무한경쟁만 강요하는, 우리 교육 시스템과 그로 인해 붕괴된 교실에서 교육주체들은 길을 잃고 말았다. 이 책은 이러한 시스템 속에서 고통을 겪고 있는 교사, 학생, 학부모, 지역사회가 연대하여, 교육과정·수업·평가·진로 등 모든 영역에서 잘못된 교육 제도와 관행을 이겨낼 수 있는 대안과 실천 사례를 상세히 제시한다.

고교학점제란 무엇인가?

김성천 · 민일홍 · 정미라 지음 / 값 17,000원

이 책은 아직까지 우리나라에서는 생소한 개념인 고교학점제에 대한 거의 모든 것을 아우른다. 아울러 고교학점제가 올바로 정착하기 위해 학교 현장의 교사는 물론 학생, 학부모에게도 학점제를 좀 더 깊이 이해하기 위한 좋은 지침서가 되어줄 것이다.

학교, 민주시민교육을 만나다!

김성천, 김형태, 서지연, 임재일, 윤상준 지음 / 값 15,000원

2016년 '촛불 혁명'의 광장에서 보인 학생들의 민주성은 학교에서는 찾아보기 힘들다. 민주시민교육은 법률과 교육과정 총론에 명시되어 있지만 그 중요성을 실제로는 인정받지 못해왔다. 또한 '정치적 중립성'이 대체로 '정치의 배제'로 잘못 해석됨으로써 구체적인 쟁점이나 현안을 외면해왔다. 이 책은 교육과정, 학교문화 등 다양한 측면에서 시민교육을 성찰하고 정책 대안을 제시한다.

학교, 민주시민교육을 실천하다!
세종도서 학술부문 선정도서
교육정책디자인연구소시민모임 지음 / 값 17,000원

학교에서 어떤 식으로 민주시민교육이 이루어져야 하는지를 이야기 한다. 특히 학생들의 눈높이에 맞춰 민주주의를 그들의 삶과 어떻게 연결시킬지에 초점을 맞추었다. 18세 선거권, 다문화와 젠더 등 다양한 차별과 혐오 이슈, 미디어 홍수 시대의 시민교육, 통일 이후의 평화로운 공존 방안 등의 시민교육 주제들을 아우른다.

시인 체육교사로 산다는 것
김재룡 지음 / 값 16,000원

이 책은 정년퇴임까지의 한평생을 체육교사이자 시인으로서 살아온 저자가 솔직하고 담담한 자세로 쓴 일상의 기록이며, 한편으로는 구술사를 꾸준히 고민해온 저자 자신의 역사가 담긴 사료(史料)이다. 그는 자신의 삶 속에서 타인의 고통과 접속하며 자신의 고통을 대면하여 가볍게 만드는, 자기치유의 가능성을 말한다. 사소한 순간의 기억이 모여 운명처럼 완성된 한 생애의 이야기가 여기에 있다.

포스트 코로나 시대, 학교가 디자인하는 미래교육
송영범 지음/ 값 15,500원

이 책은 인류의 생존마저 위협하는 다양한 글로벌 문제들의 해결에 있어 학교교육의 역할과 포스트 코로나 시대 미래학교의 방향성을 인본주의 관점에서 다시 짚어본다. 교육사조를 통해 미래교육의 집중 방향을 조명하는 한편, 실제 학교교육의 진화로 이어지는 실천을 위해 최근의 국내외 교육 트렌드와 함께 구체적인 실천 방법에 관해서도 이야기한다.

나의 첫 쌍방향 온라인 수업
상우고등학교 온라인교육과정연구회 지음/ 값 17,500원

이 책은 교사들이 함께 힘을 모아 차근차근 만들어간 '쌍방향' 온라인 수업 실천 기록이다. 교과별 주요 특성과 교육 목표 및 온라인이 가진 장점을 최대한 반영해 교육과정과 수업, 평가를 운영하기 위해 고뇌한 흔적이 엿보인다. 교과 수업뿐만 아니라, 학급경영이나 시스템 구축 및 온·오프라인으로 병행한 진로·진학 및 체험활동에 관한 이야기도 함께 담았다.

교실 한구석에서 시작하는 학교 공간혁신
세종도서 학술부문 선정도서
한현미 지음/ 값 20,000원

이 책은 공간과 인간의 상호작용에 주목하며, 공간이 인간에게 미치
는 영향력을 살펴보는 것에서 출발한다. 그리고 교실 한구석부터 교
무실, 계단, 운동장 등 학교 곳곳의 공간을 미래학교에 맞게 어떻게
혁신해 나갈 것인지 다양한 사례와 함께 제안한다. 또한 사용자 주
체의 민주적인 공간혁신 방안과과 각 주체들의 역할에 관해서도 이
야기한다.

고교학점제, 진로교육을 다시 디자인하다
세종도서 학술부문 선정도서
정미라, 곽충훈, 노병태, 박기윤, 서승억 지음/ 값 17,900원

이 책은 진로학업설계를 기반으로 학교의 일상과 함께하는 지속가
능한 진로교육을 제안한다. 전담조직의 구성부터, 진로지도, 과목선
택지도, 과목이수설계지도, 학업관리지도 등의 전 과정을 포괄적으
로 살펴본다. 또한 중학교, 나아가 유·초등과도 연계한 장기적 체계
적인 진로학업설계의 필요성과 실천 방안 및 해외의 진로학업설계
사례 등도 폭넓게 아우른다.